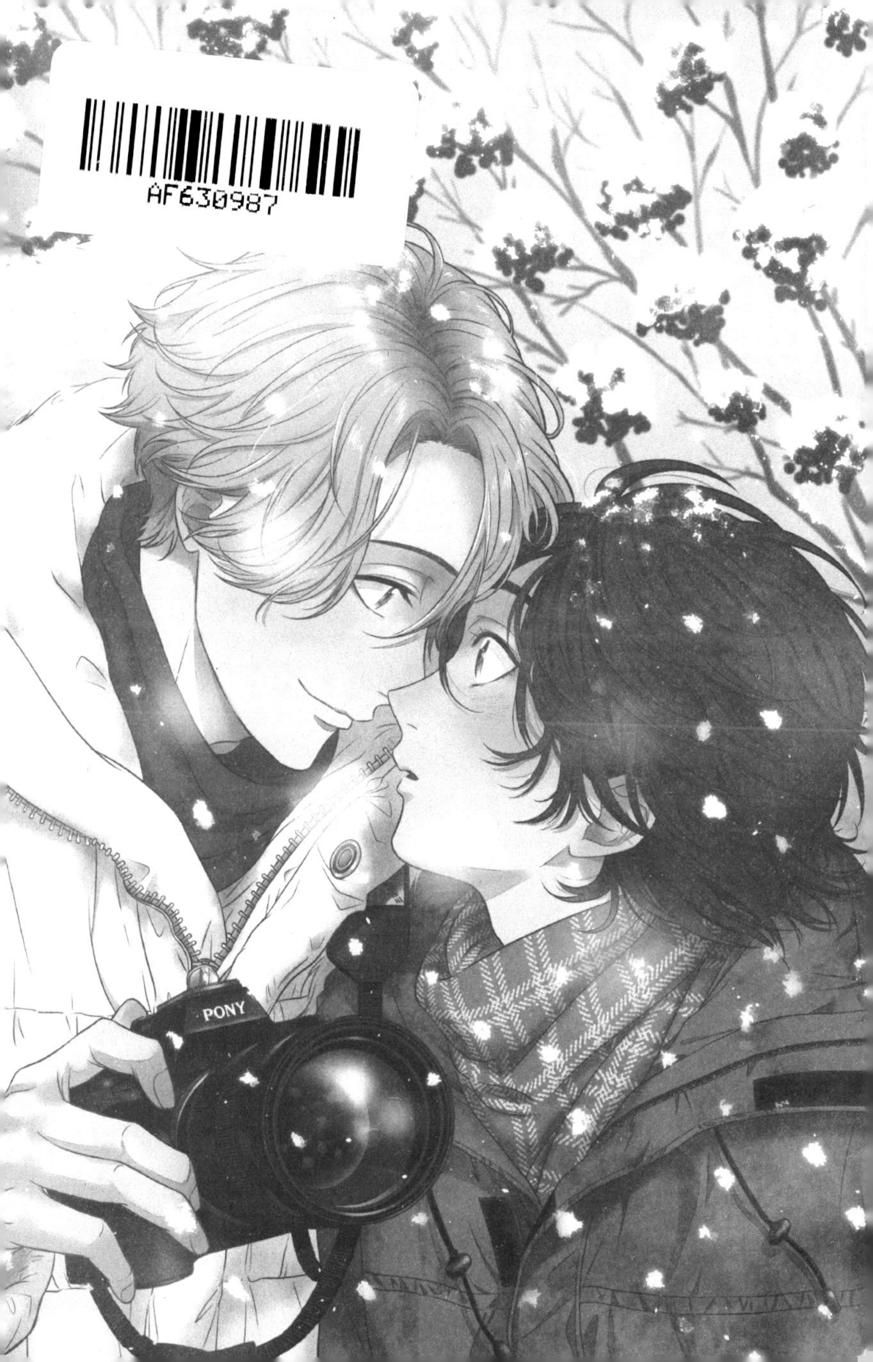
PONY

Inhalt

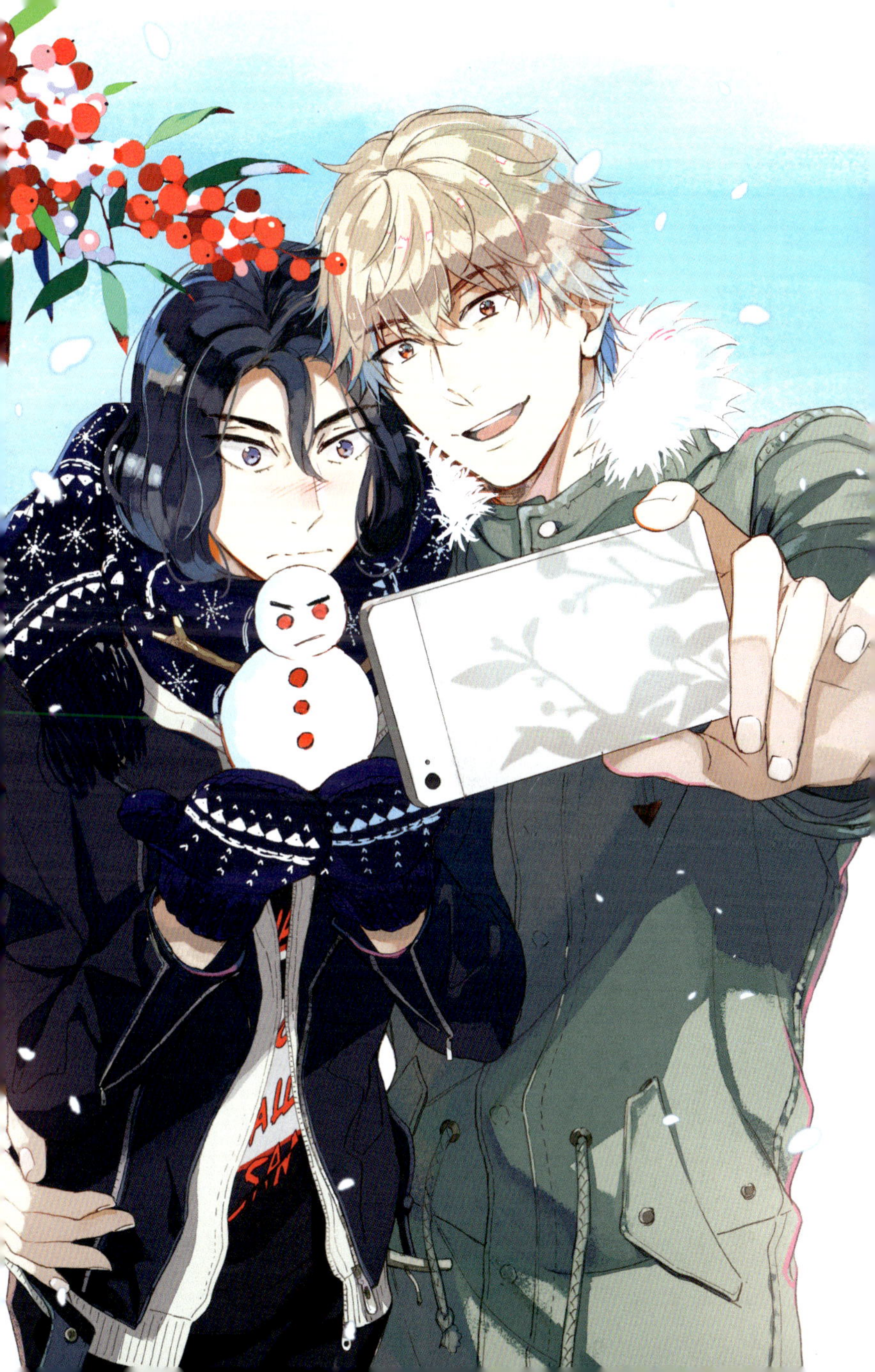

INHALT

Der Metalhead von nebenan

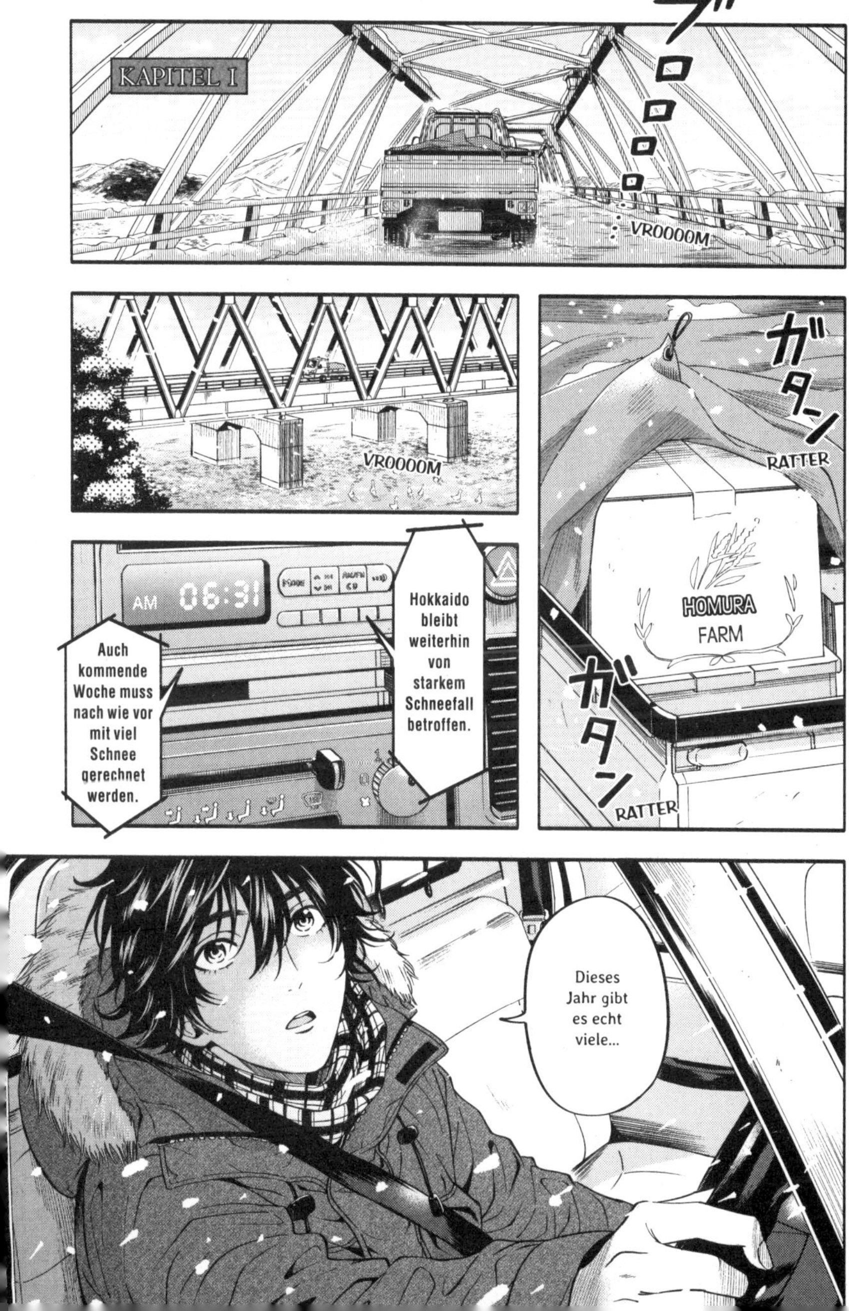
KAPITEL 1
ブロロロロ
VROOOOM
VROOOOM
ガタン
RATTER
HOMURA FARM
ガタン
RATTER
AM 06:31
Hokkaido bleibt weiterhin von starkem Schneefall betroffen.
Auch kommende Woche muss nach wie vor mit viel Schnee gerechnet werden.
Dieses Jahr gibt es echt viele...

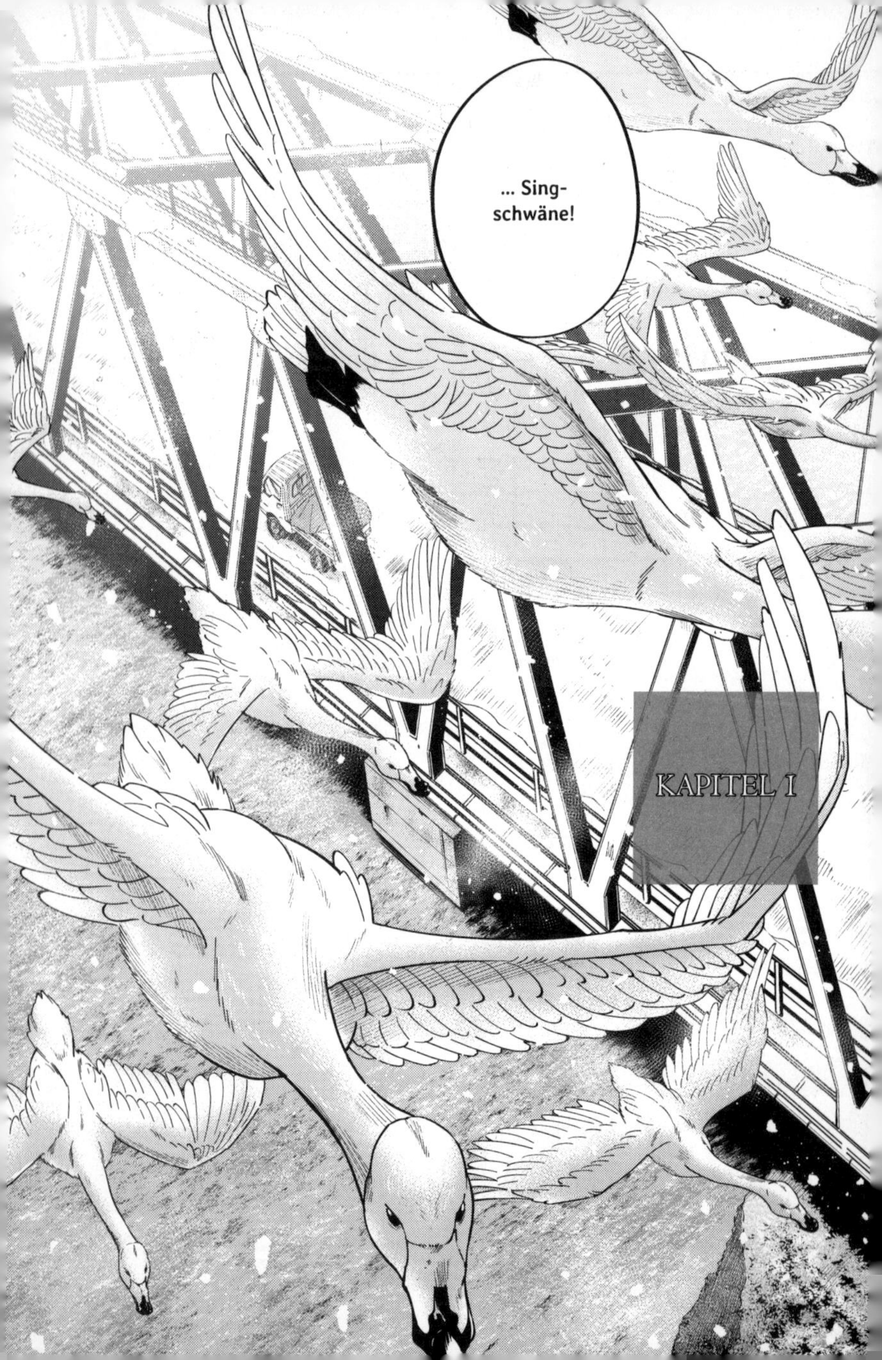
... Sing-
schwäne!
KAPITEL 1

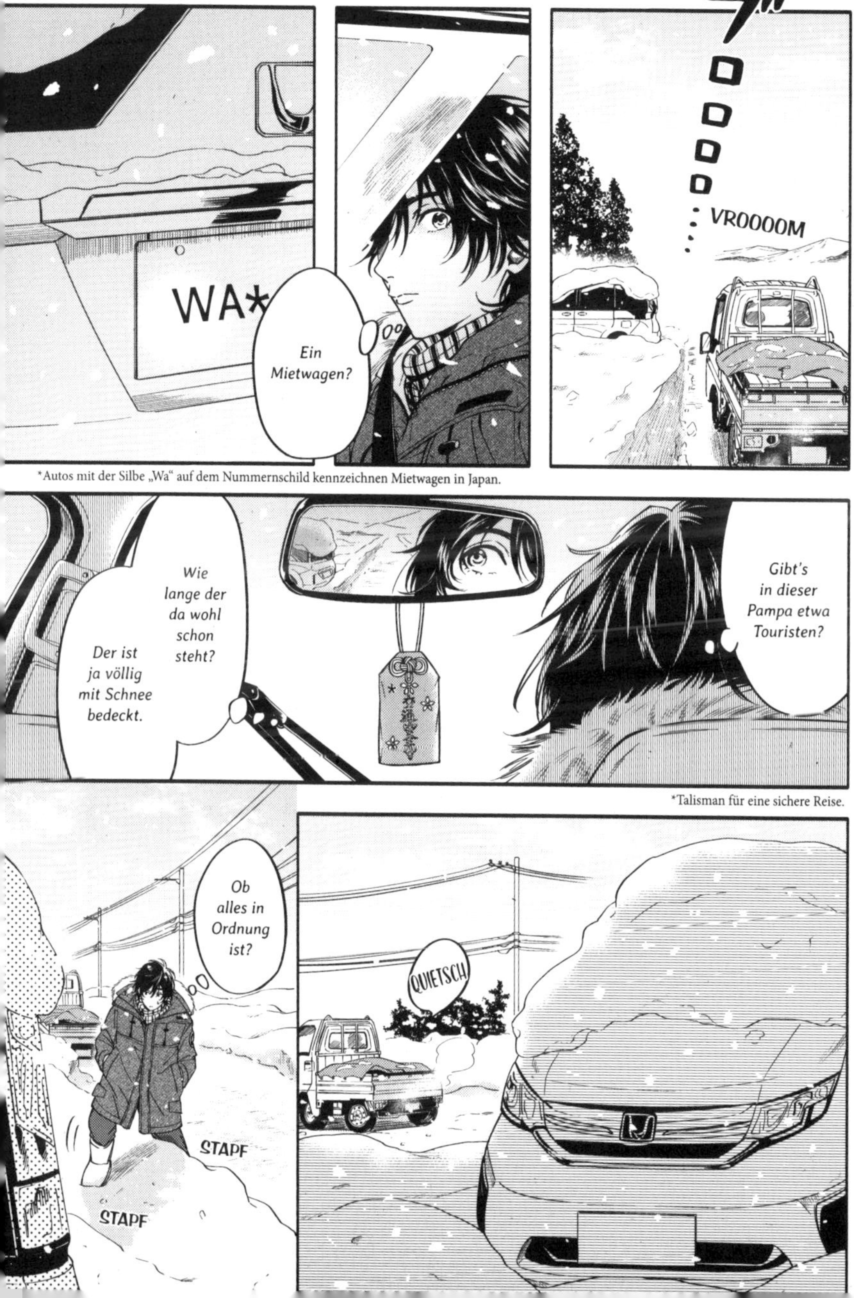

*Autos mit der Silbe „Wa“ auf dem Nummernschild kennzeichnen Mietwagen in Japan.

*Talisman für eine sichere Reise.

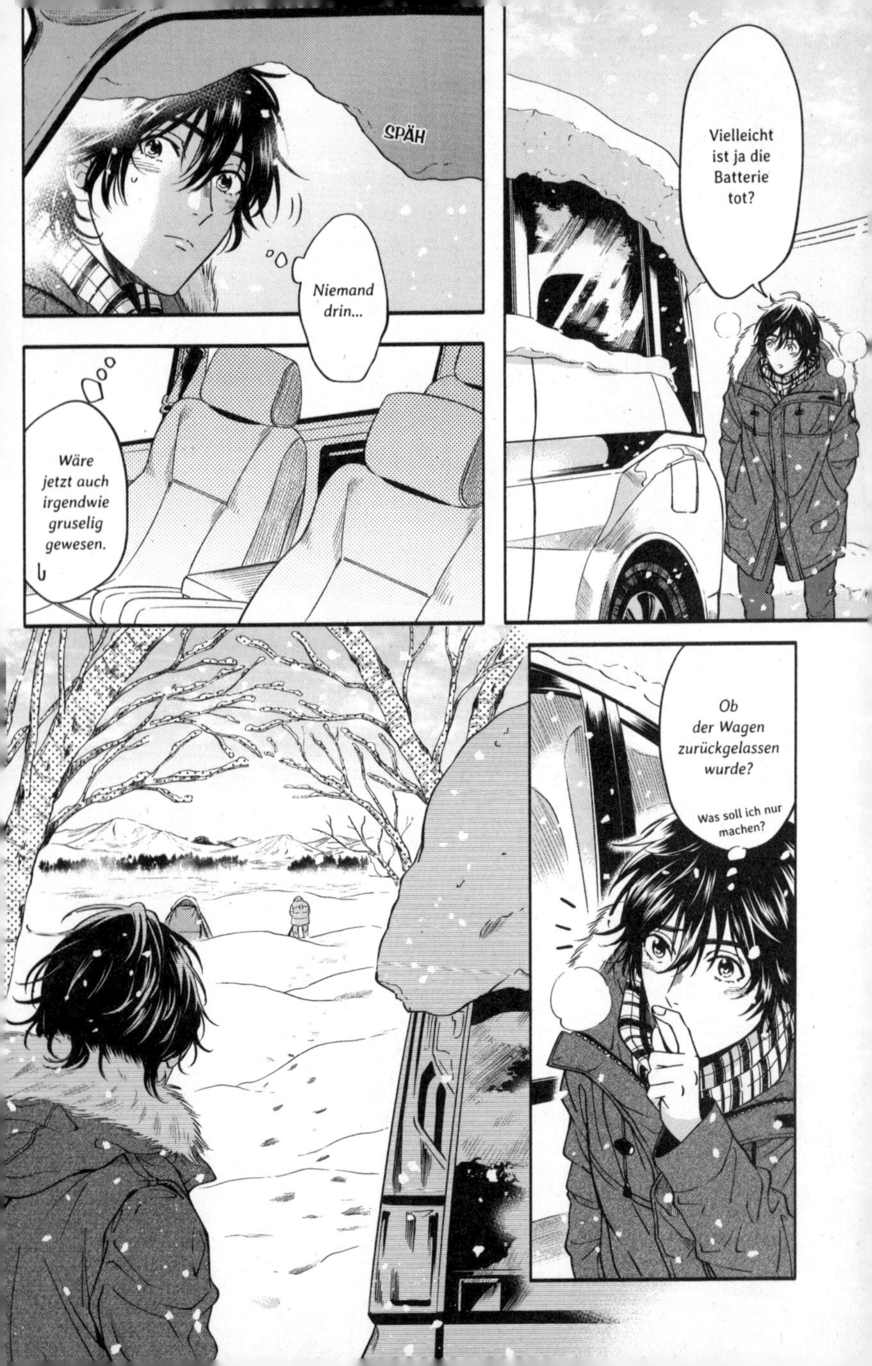
Vielleicht ist ja die Batterie tot?
SPÄH
Niemand drin...
Wäre jetzt auch irgendwie gruselig gewesen.
Ob der Wagen zurückgelassen wurde?
Was soll ich nur machen?

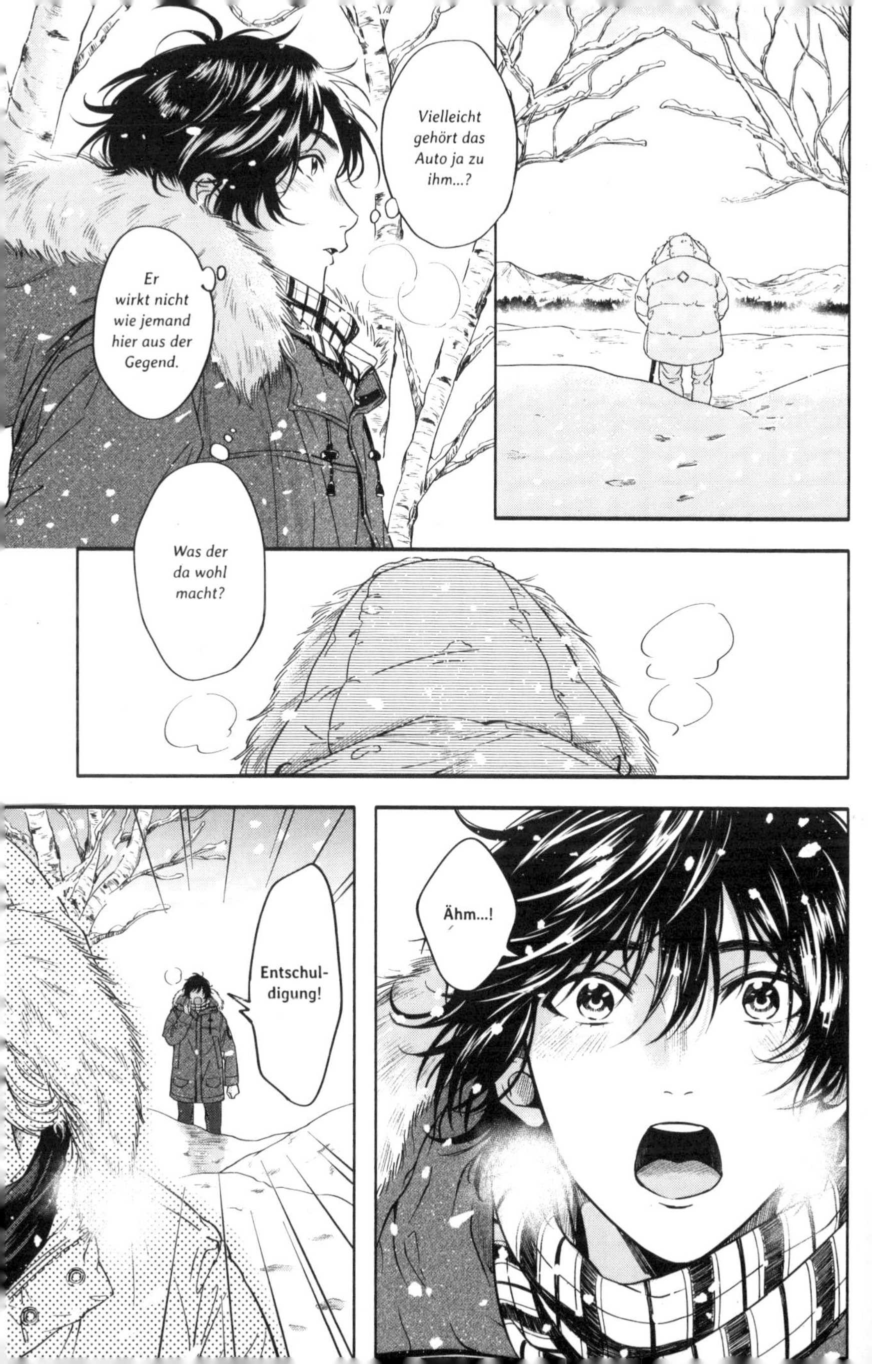
Vielleicht gehört das Auto ja zu ihm...?
Er wirkt nicht wie jemand hier aus der Gegend.
Was der da wohl macht?
Ähm...!
Entschul-digung!

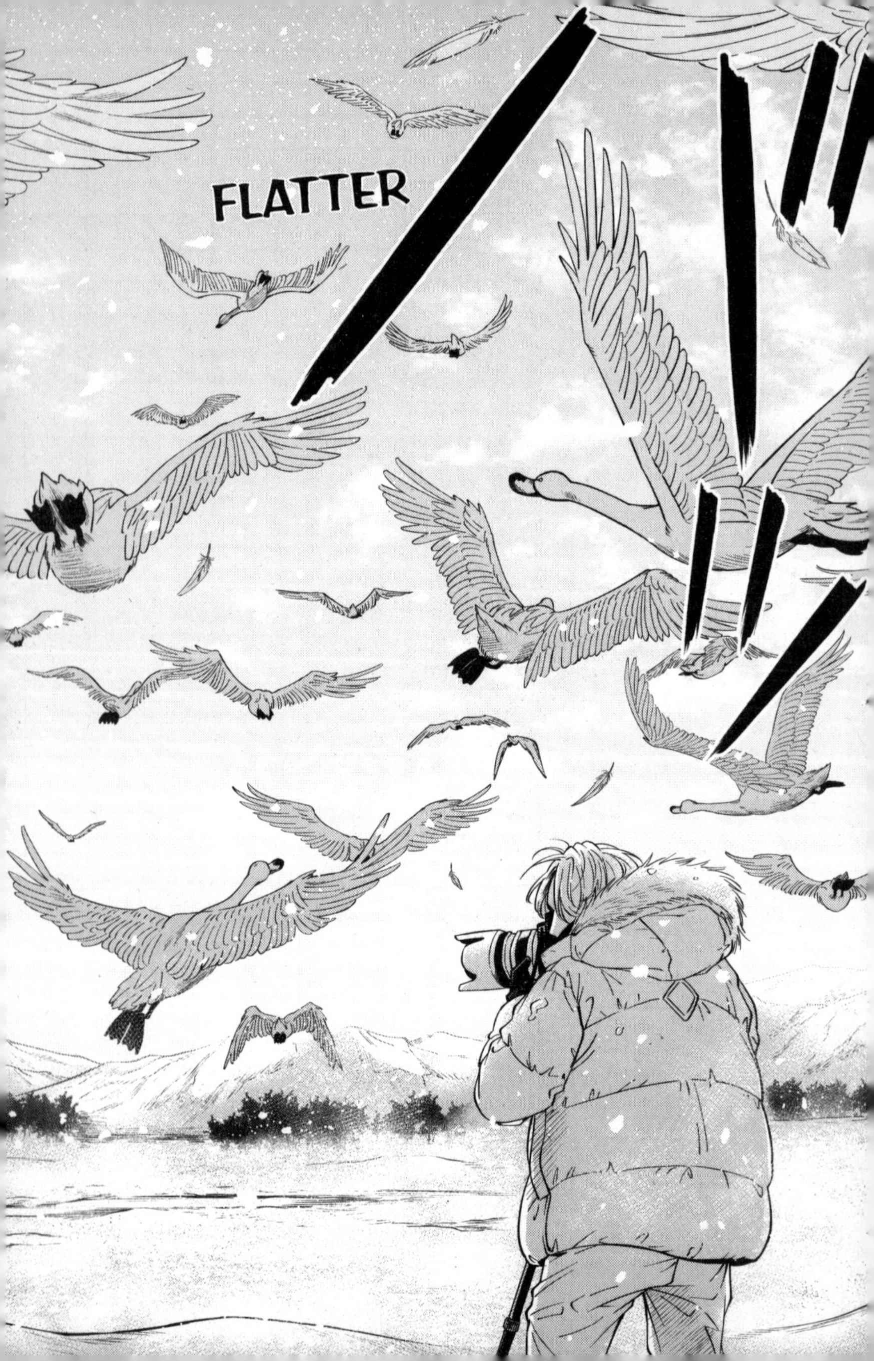
FLATTER

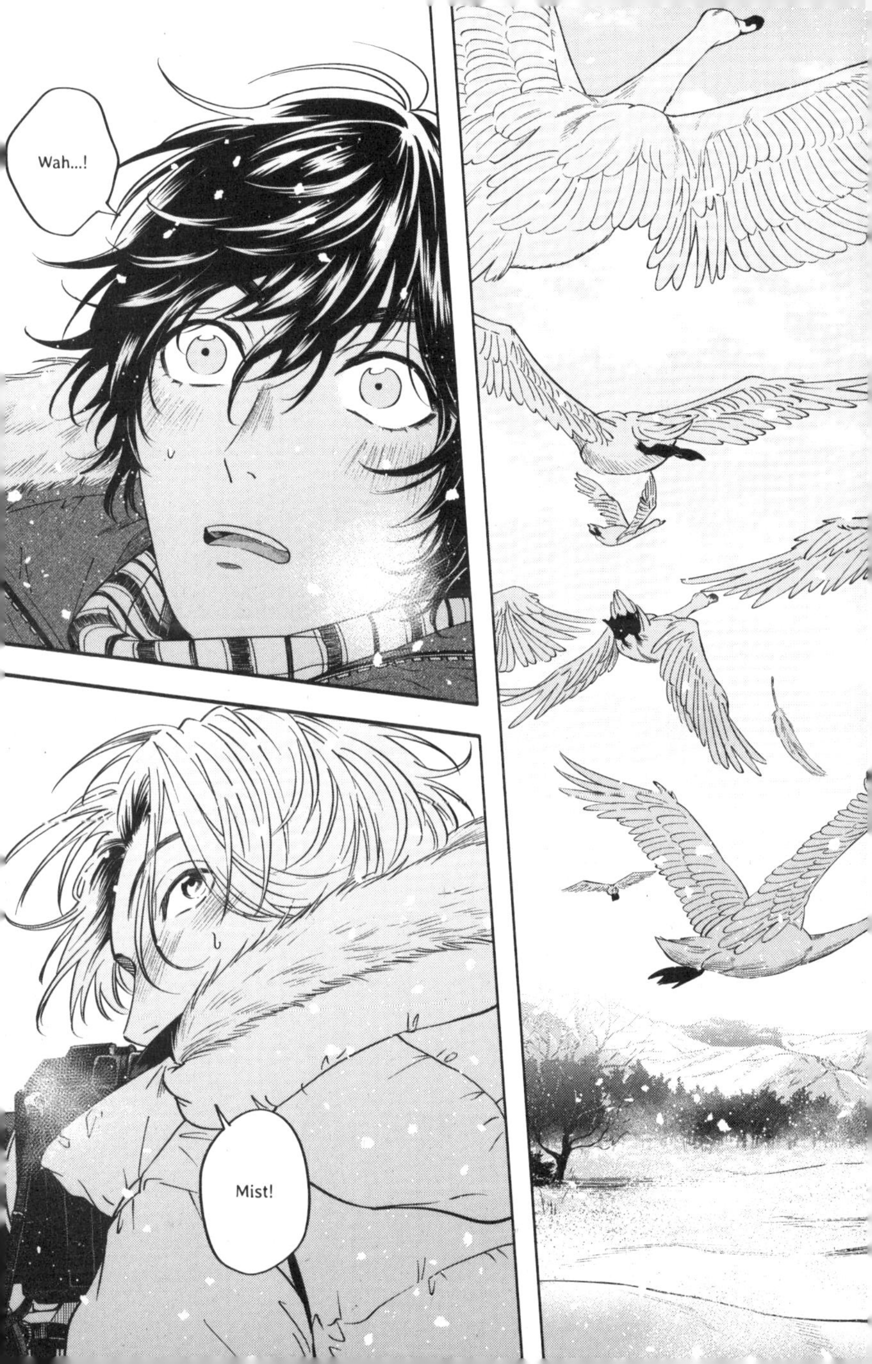
Wah...!
Mist!

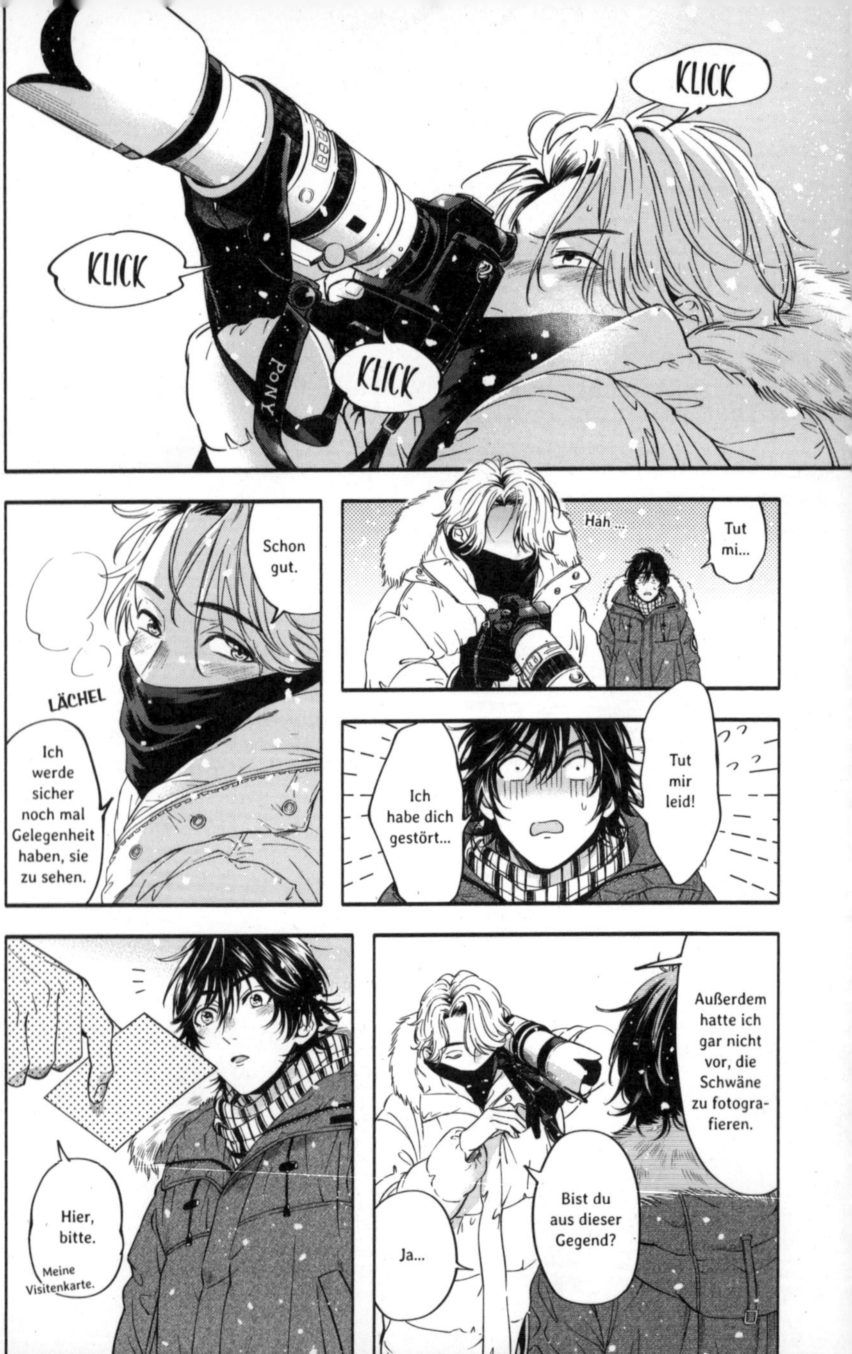
KLICK
KLICK
KLICK
Hah ...
Tut mi...
Tut mir leid!
Ich habe dich gestört...
Schon gut.
LÄCHEL
Ich werde sicher noch mal Gelegenheit haben, sie zu sehen.
Außerdem hatte ich gar nicht vor, die Schwäne zu fotografieren.
Bist du aus dieser Gegend?
Ja...
Hier, bitte.
Meine Visitenkarte.

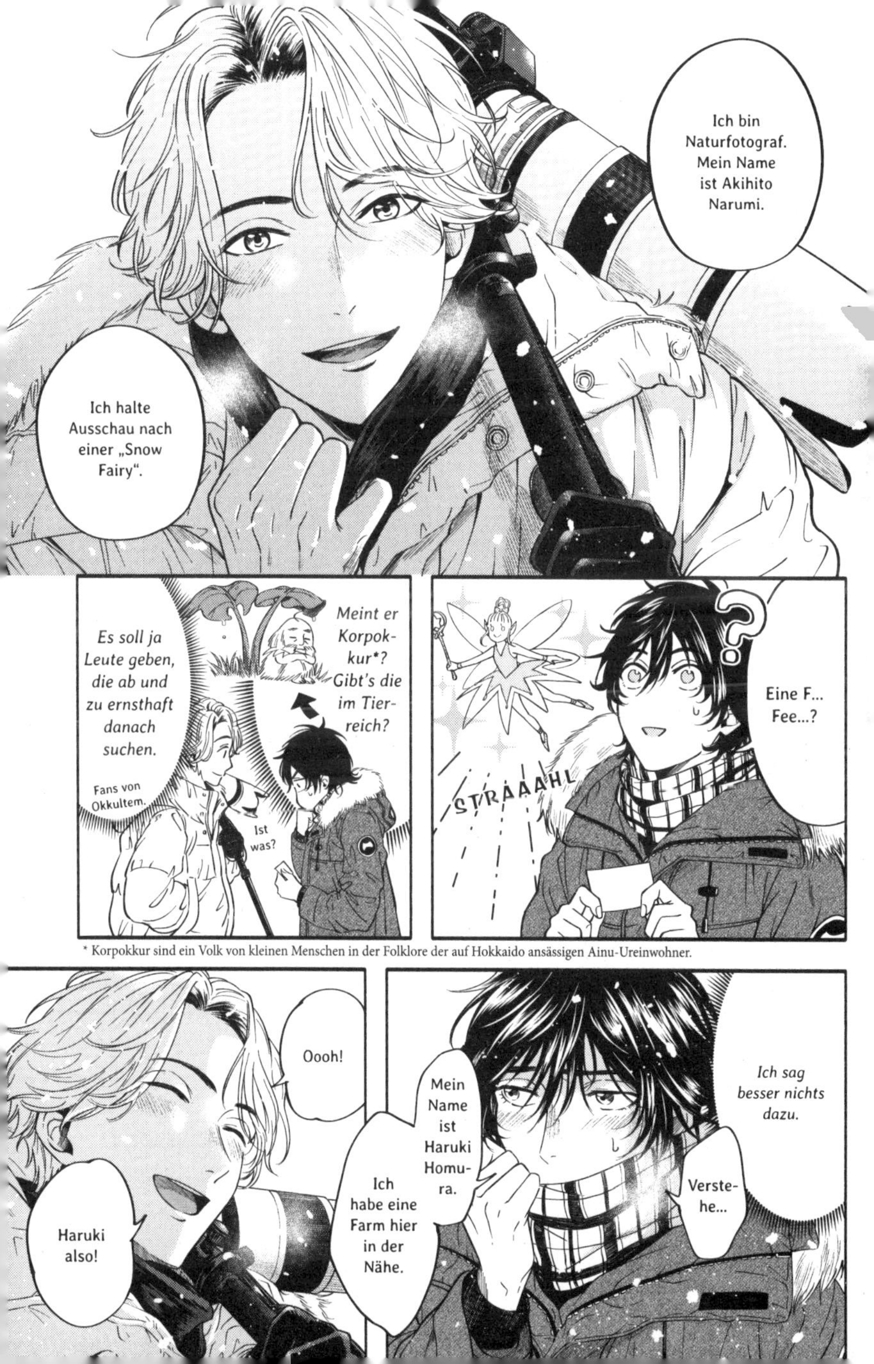

* Korpokkur sind ein Volk von kleinen Menschen in der Folklore der auf Hokkaido ansässigen Ainu-Ureinwohner.

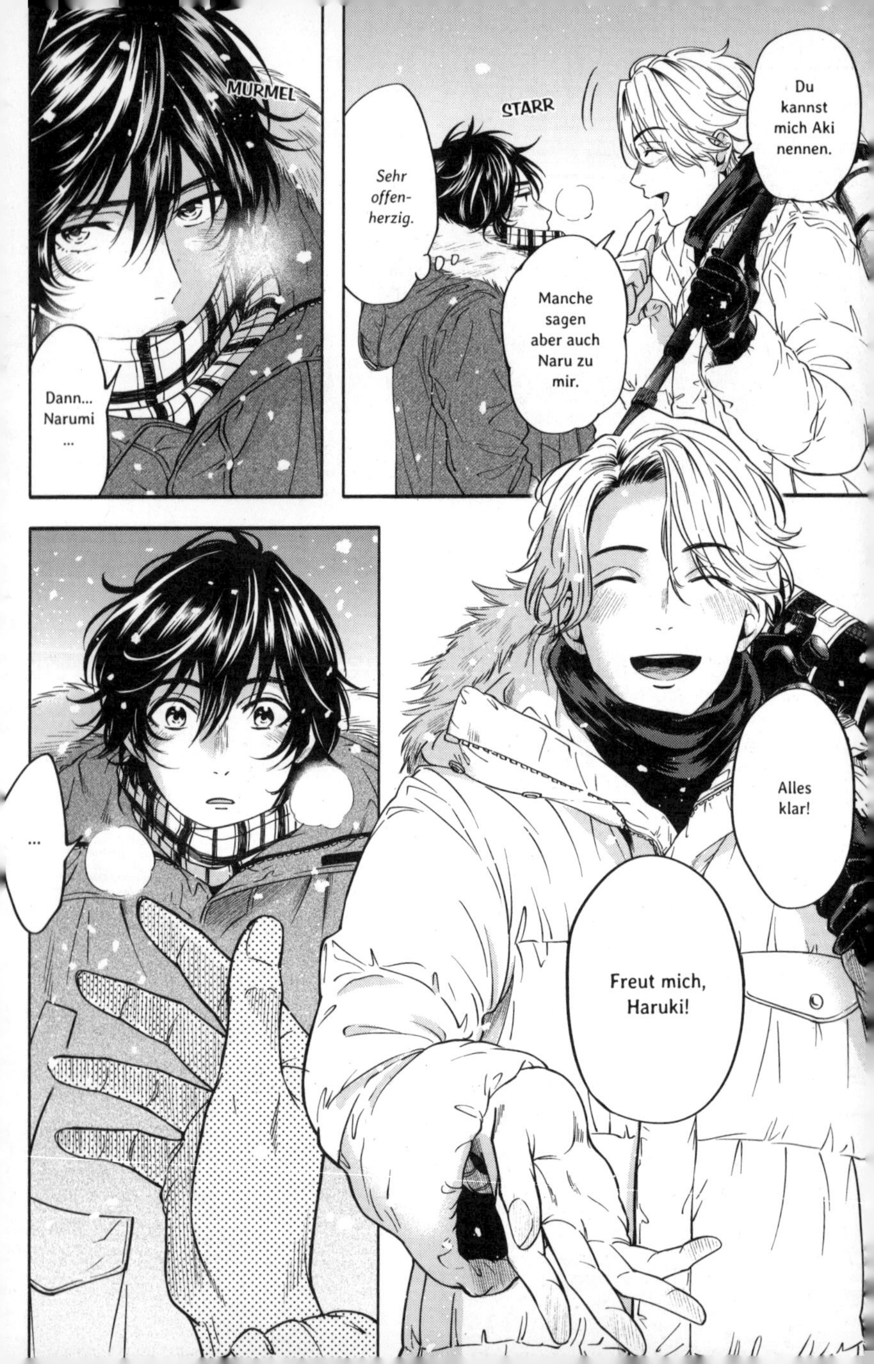
Du kannst mich Aki nennen.
STARR
Sehr offenherzig.
Manche sagen aber auch Naru zu mir.
MURMEL
Dann... Narumi ...
Alles klar!
Freut mich, Haruki!
...

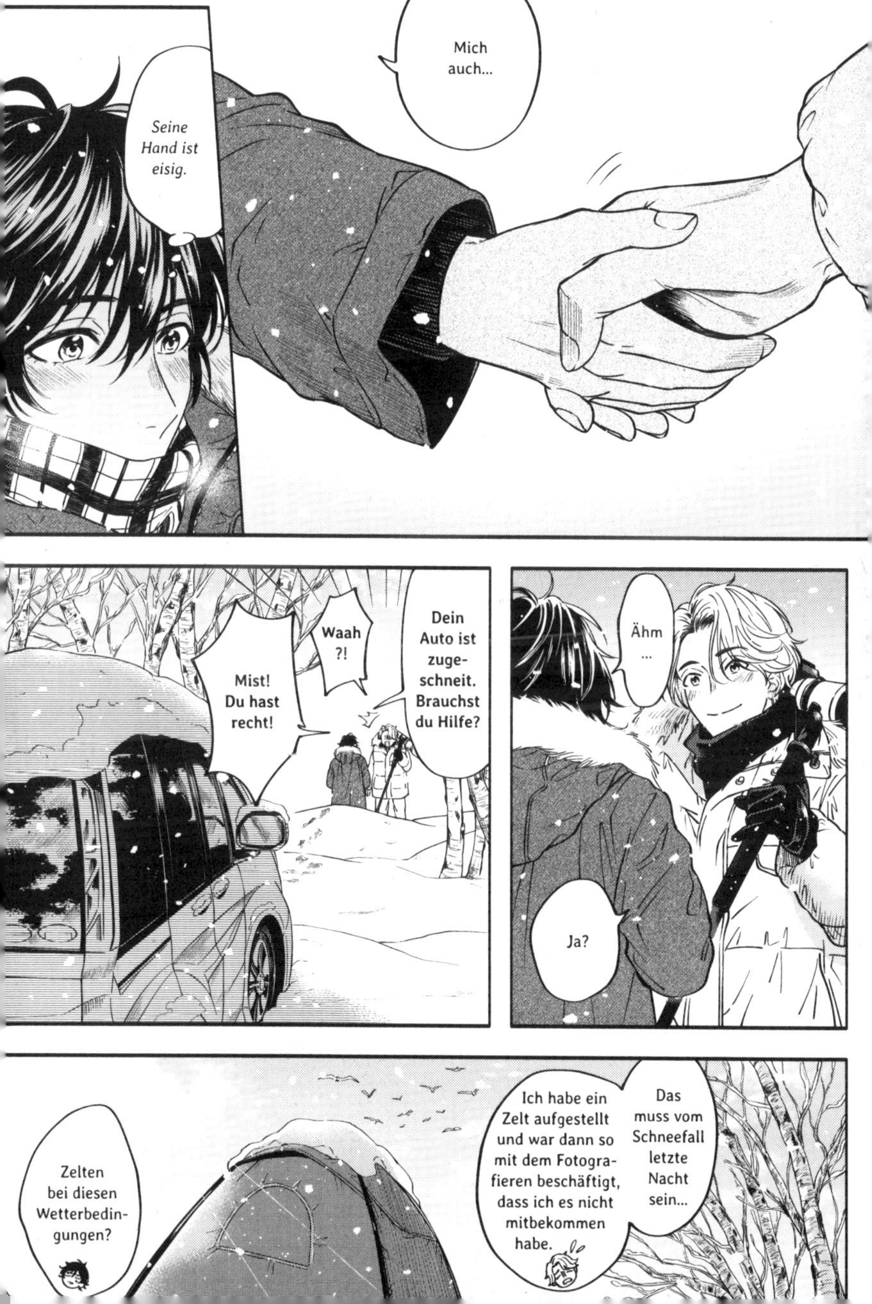
Mich auch...
Seine Hand ist eisig.
Dein Auto ist zugeschneit. Brauchst du Hilfe?
Waah?!
Mist! Du hast recht!
Ähm ...
Ja?
Das muss vom Schneefall letzte Nacht sein...
Ich habe ein Zelt aufgestellt und war dann so mit dem Fotografieren beschäftigt, dass ich es nicht mitbekommen habe.
Zelten bei diesen Wetterbedingungen?

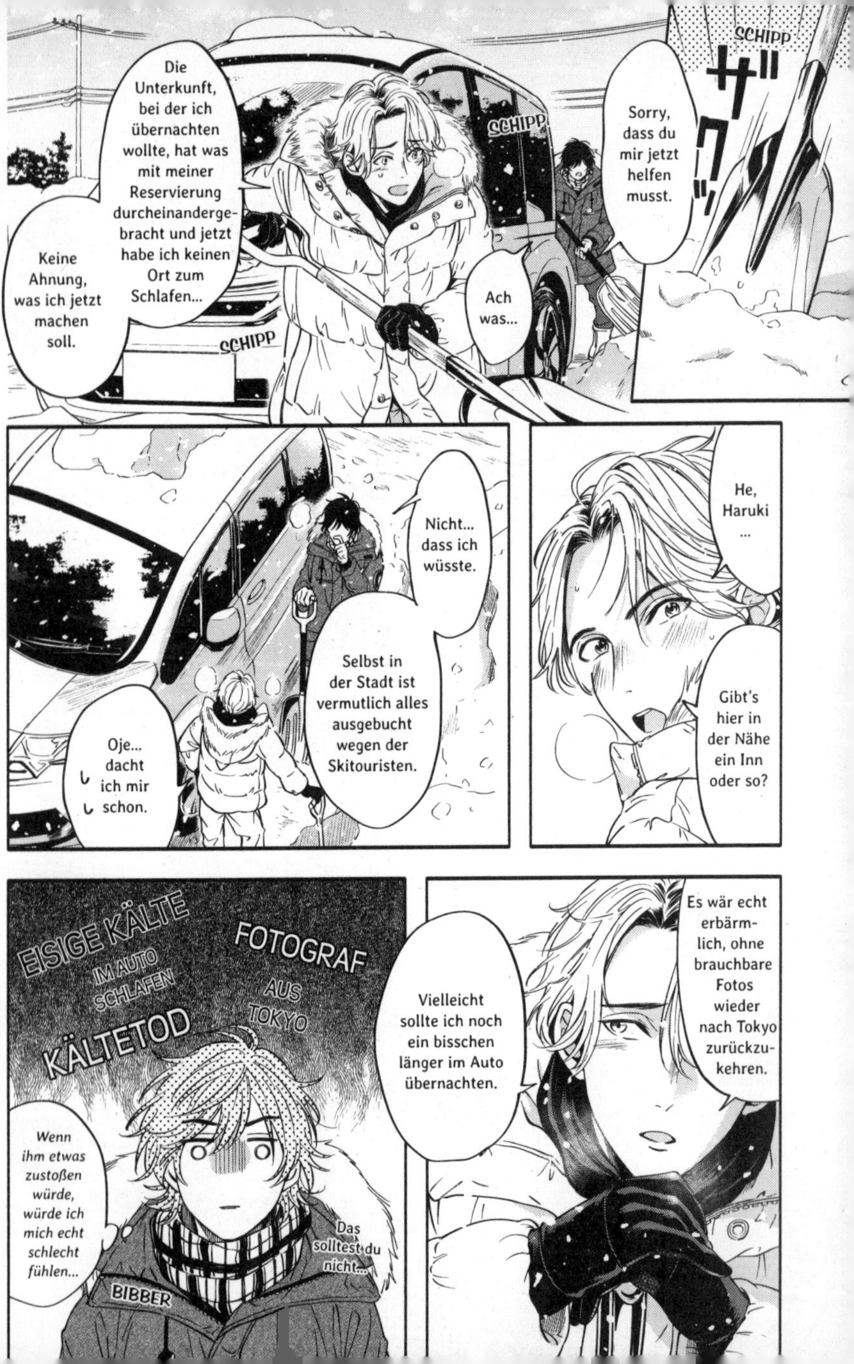
SCHIPP
Sorry, dass du mir jetzt helfen musst.
SCHIPP
Ach was...
Die Unterkunft, bei der ich übernachten wollte, hat was mit meiner Reservierung durcheinandergebracht und jetzt habe ich keinen Ort zum Schlafen...
Keine Ahnung, was ich jetzt machen soll.
SCHIPP
He, Haruki ...
Gibt's hier in der Nähe ein Inn oder so?
Nicht... dass ich wüsste.
Selbst in der Stadt ist vermutlich alles ausgebucht wegen der Skitouristen.
Oje... dacht ich mir schon.
Es wär echt erbärmlich, ohne brauchbare Fotos wieder nach Tokyo zurückzukehren.
Vielleicht sollte ich noch ein bisschen länger im Auto übernachten.
EISIGE KÄLTE
IM AUTO SCHLAFEN
FOTOGRAF
AUS TOKYO
KÄLTETOD
Wenn ihm etwas zustoßen würde, würde ich mich echt schlecht fühlen...
Das solltest du nicht...
BIBBER

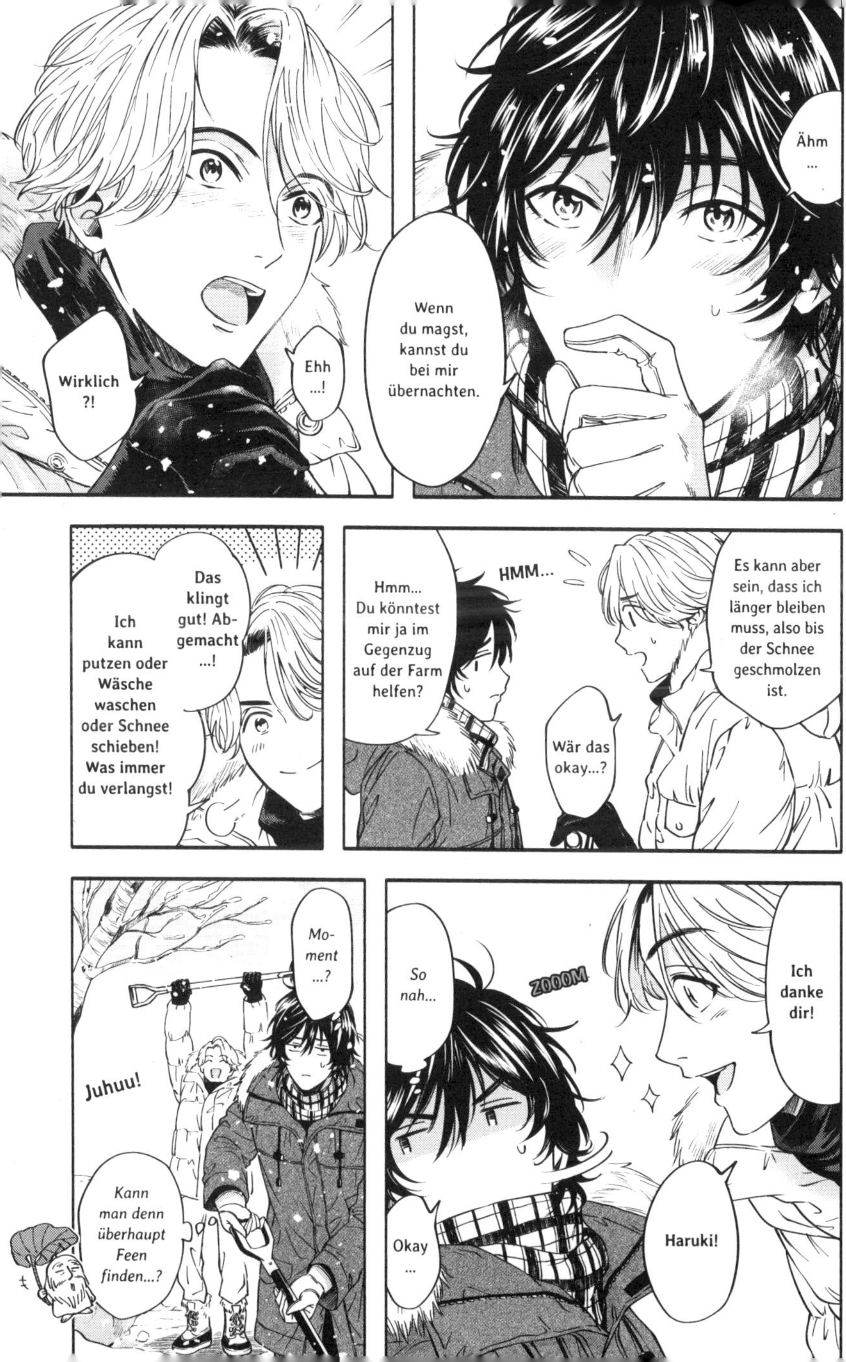
Ähm ...
Wenn du magst, kannst du bei mir übernachten.
Ehh ...!
Wirklich ?!
Es kann aber sein, dass ich länger bleiben muss, also bis der Schnee geschmolzen ist.
Wär das okay...?
HMM...
Hmm... Du könntest mir ja im Gegenzug auf der Farm helfen?
Das klingt gut! Abgemacht ...!
Ich kann putzen oder Wäsche waschen oder Schnee schieben! Was immer du verlangst!
Ich danke dir!
ZOOOM
So nah...
Haruki!
Okay ...
Moment ...?
Juhuu!
Kann man denn überhaupt Feen finden...?

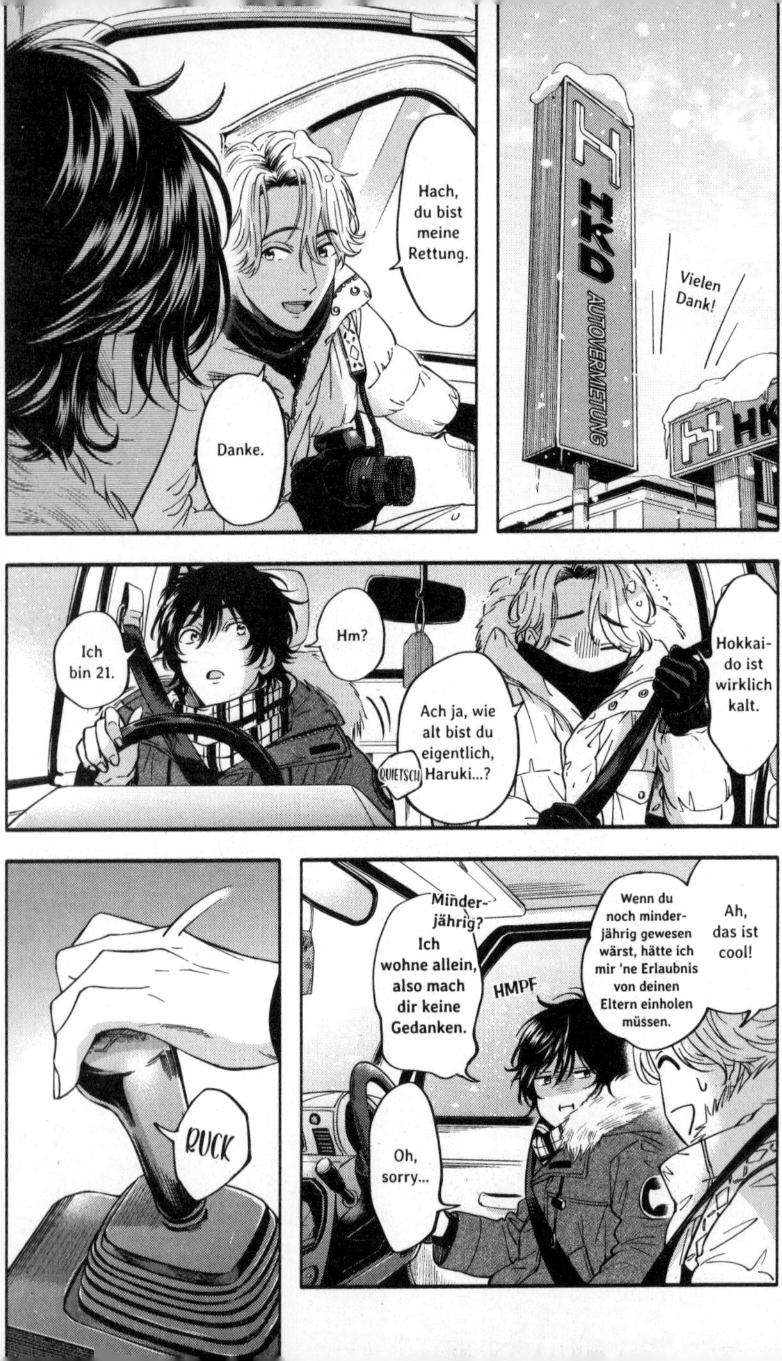
HKD
AUTOVERMIETUNG
Vielen Dank!
Hach, du bist meine Rettung.
Danke.
Hokkaido ist wirklich kalt.
Ach ja, wie alt bist du eigentlich, Haruki...?
QUIETSCH
Hm?
Ich bin 21.
Ah, das ist cool!
Wenn du noch minderjährig gewesen wärst, hätte ich mir 'ne Erlaubnis von deinen Eltern einholen müssen.
HMPF
Minderjährig? Ich wohne allein, also mach dir keine Gedanken.
Oh, sorry...
RUCK

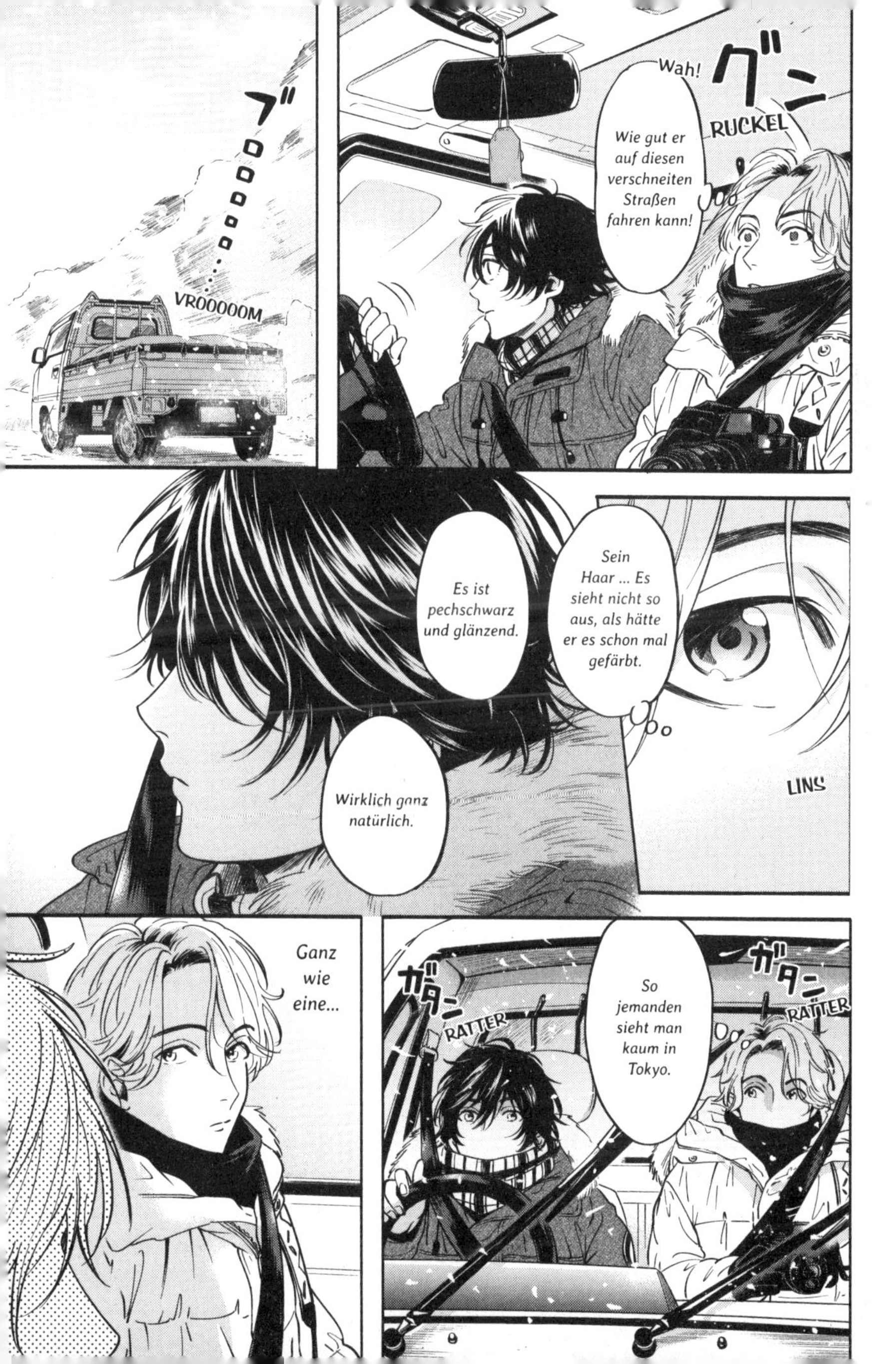

Wah!
グン
RUCKEL
Wie gut er auf diesen verschneiten Straßen fahren kann!
VROOOOOM
Sein Haar ... Es sieht nicht so aus, als hätte er es schon mal gefärbt.
Es ist pechschwarz und glänzend.
Wirklich ganz natürlich.
LINS
ガタン
RATTER
ガタン
RATTER
So jemanden sieht man kaum in Tokyo.
Ganz wie eine...

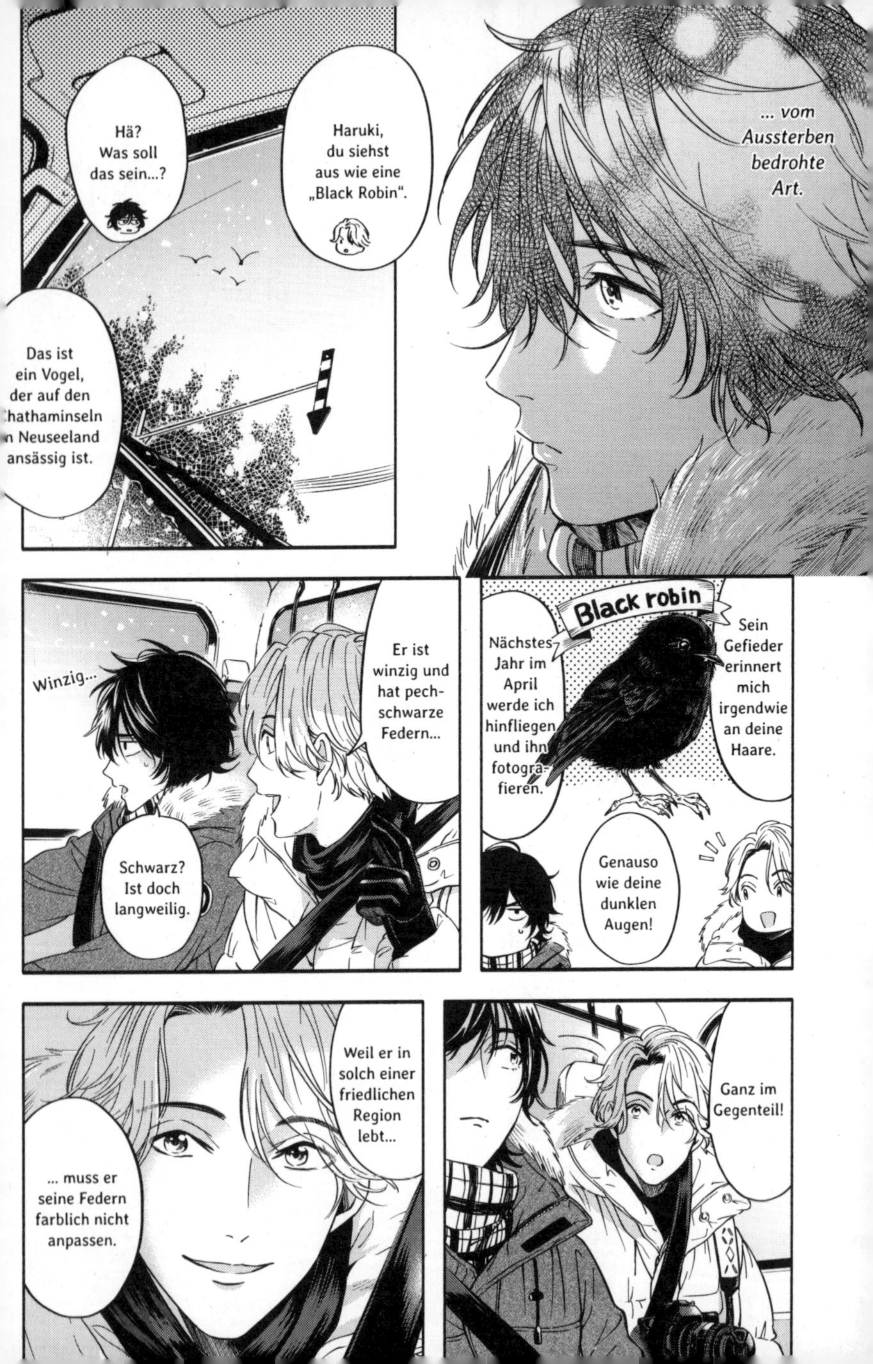

... vom Aussterben bedrohte Art.
Haruki, du siehst aus wie eine „Black Robin“.
Hä? Was soll das sein...?
Das ist ein Vogel, der auf den hathaminseln n Neuseeland ansässig ist.
Black robin
Sein Gefieder erinnert mich irgendwie an deine Haare.
Nächstes Jahr im April werde ich hinfliegen und ihn fotografieren.
Genauso wie deine dunklen Augen!
Er ist winzig und hat pechschwarze Federn...
Winzig...
Schwarz? Ist doch langweilig.
Ganz im Gegenteil!
Weil er in solch einer friedlichen Region lebt...
... muss er seine Federn farblich nicht anpassen.

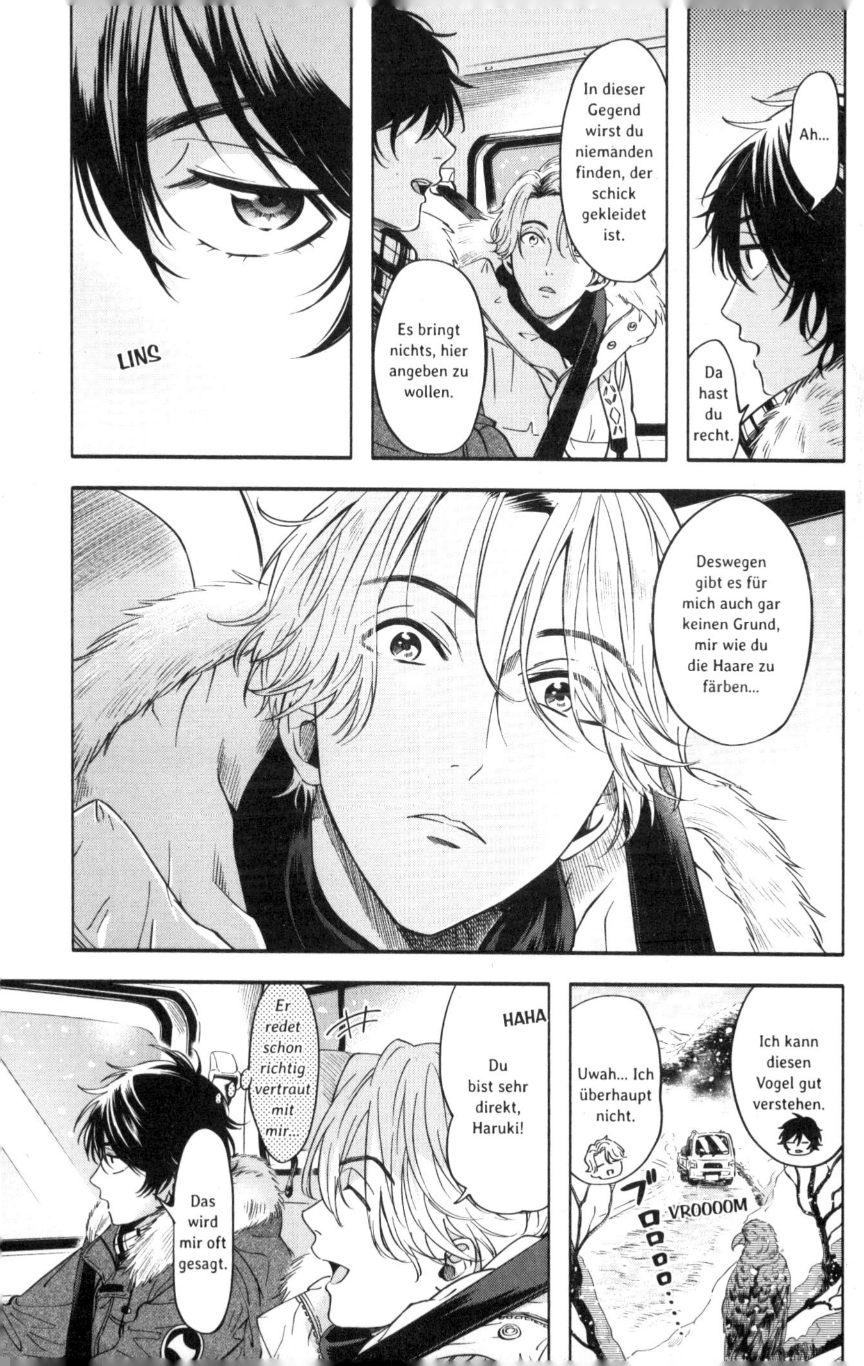
Ah...
Da hast du recht.
In dieser Gegend wirst du niemanden finden, der schick gekleidet ist.
Es bringt nichts, hier angeben zu wollen.
LINS
Deswegen gibt es für mich auch gar keinen Grund, mir wie du die Haare zu färben...
Ich kann diesen Vogel gut verstehen.
Uwah... Ich überhaupt nicht.
VROOOOM
HAHA
Du bist sehr direkt, Haruki!
Er redet schon richtig vertraut mit mir...
Das wird mir oft gesagt.

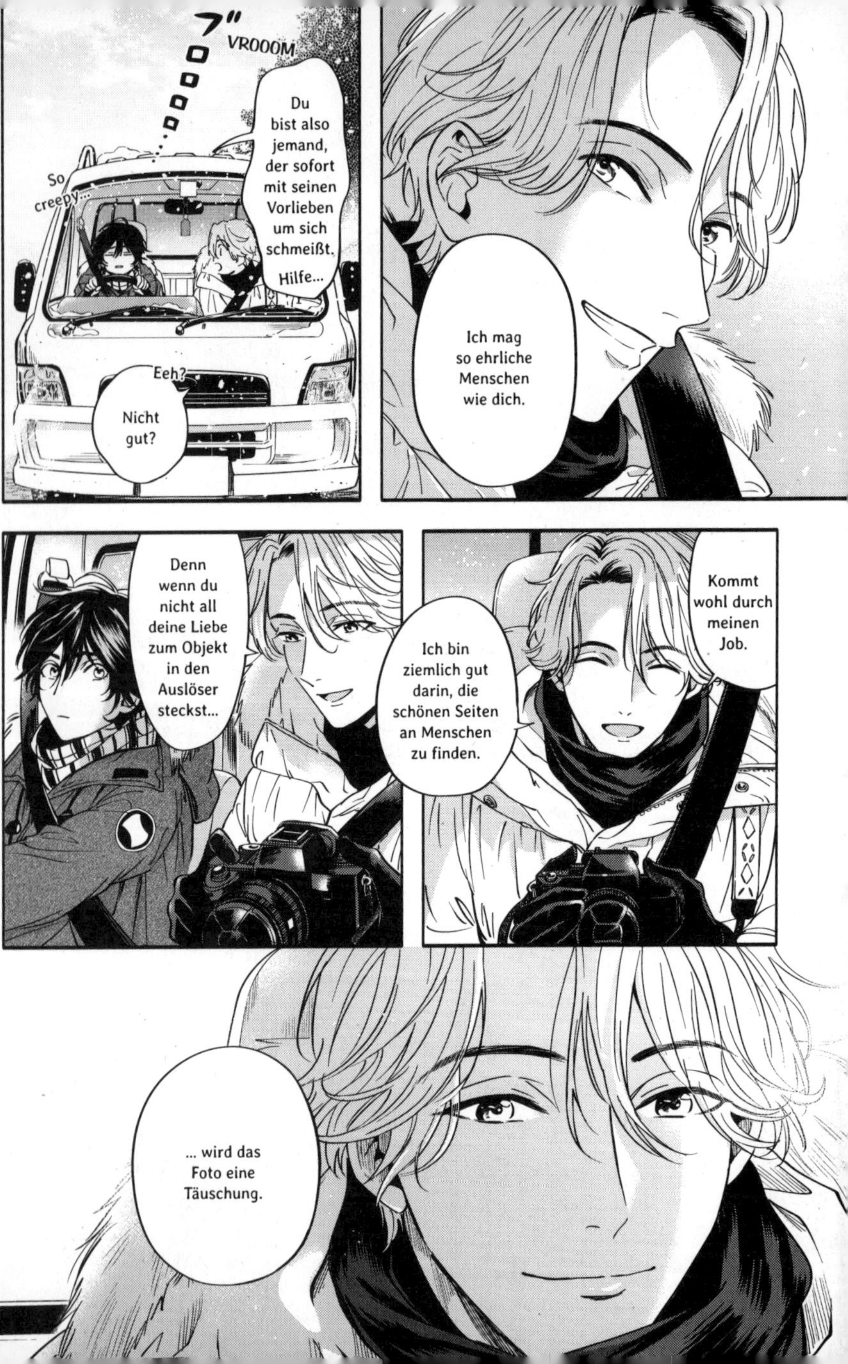
Ich mag so ehrliche Menschen wie dich.
VROOOM
Du bist also jemand, der sofort mit seinen Vorlieben um sich schmeißt. Hilfe...
So creepy...
Eeh?
Nicht gut?
Kommt wohl durch meinen Job.
Ich bin ziemlich gut darin, die schönen Seiten an Menschen zu finden.
Denn wenn du nicht all deine Liebe zum Objekt in den Auslöser steckst...
... wird das Foto eine Täuschung.

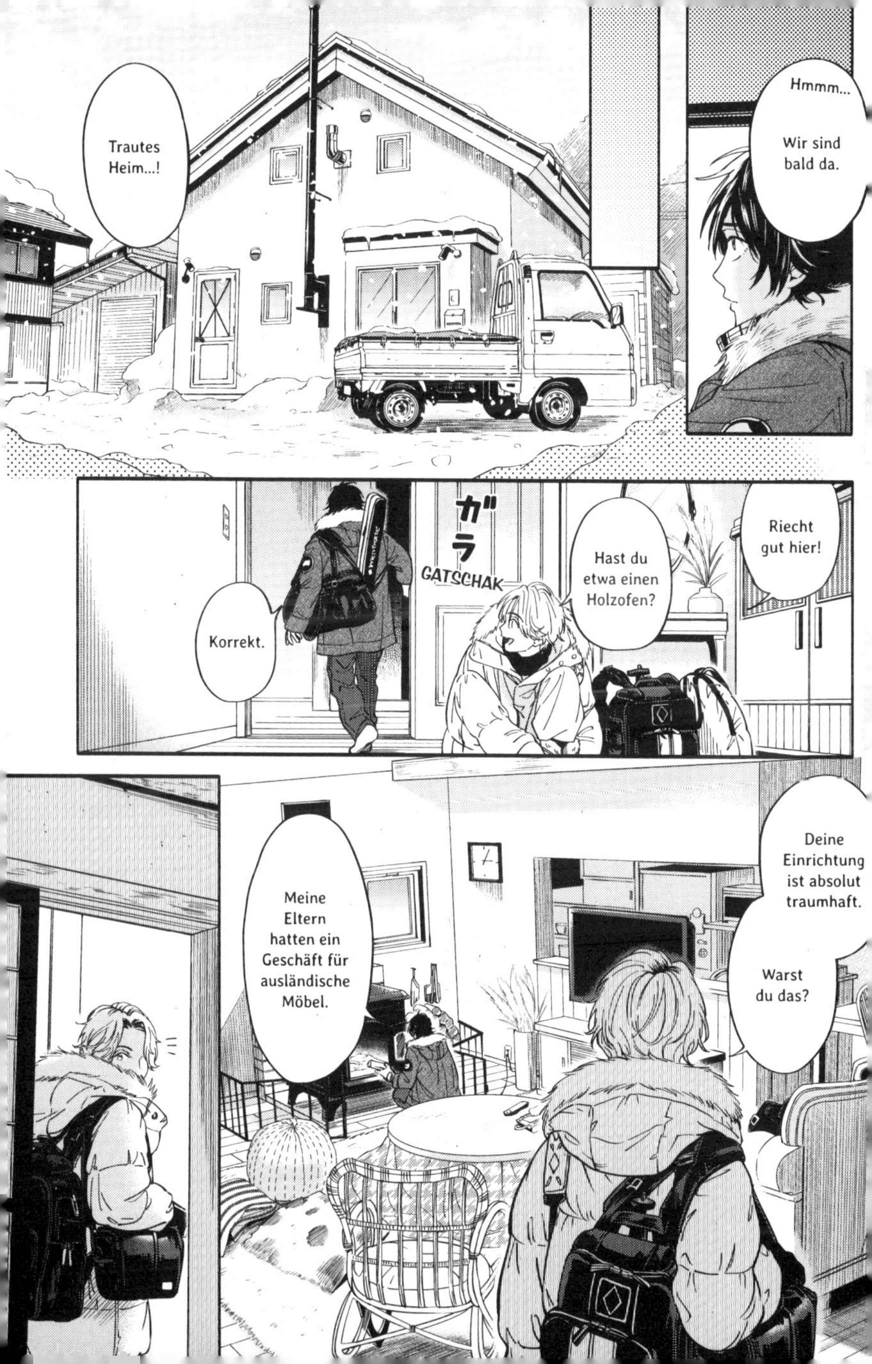
Hmmm...
Wir sind bald da.
Trautes Heim...!
Riecht gut hier!
Hast du etwa einen Holzofen?
ガラ
GATSCHAK
Korrekt.
Deine Einrichtung ist absolut traumhaft.
Warst du das?
Meine Eltern hatten ein Geschäft für ausländische Möbel.

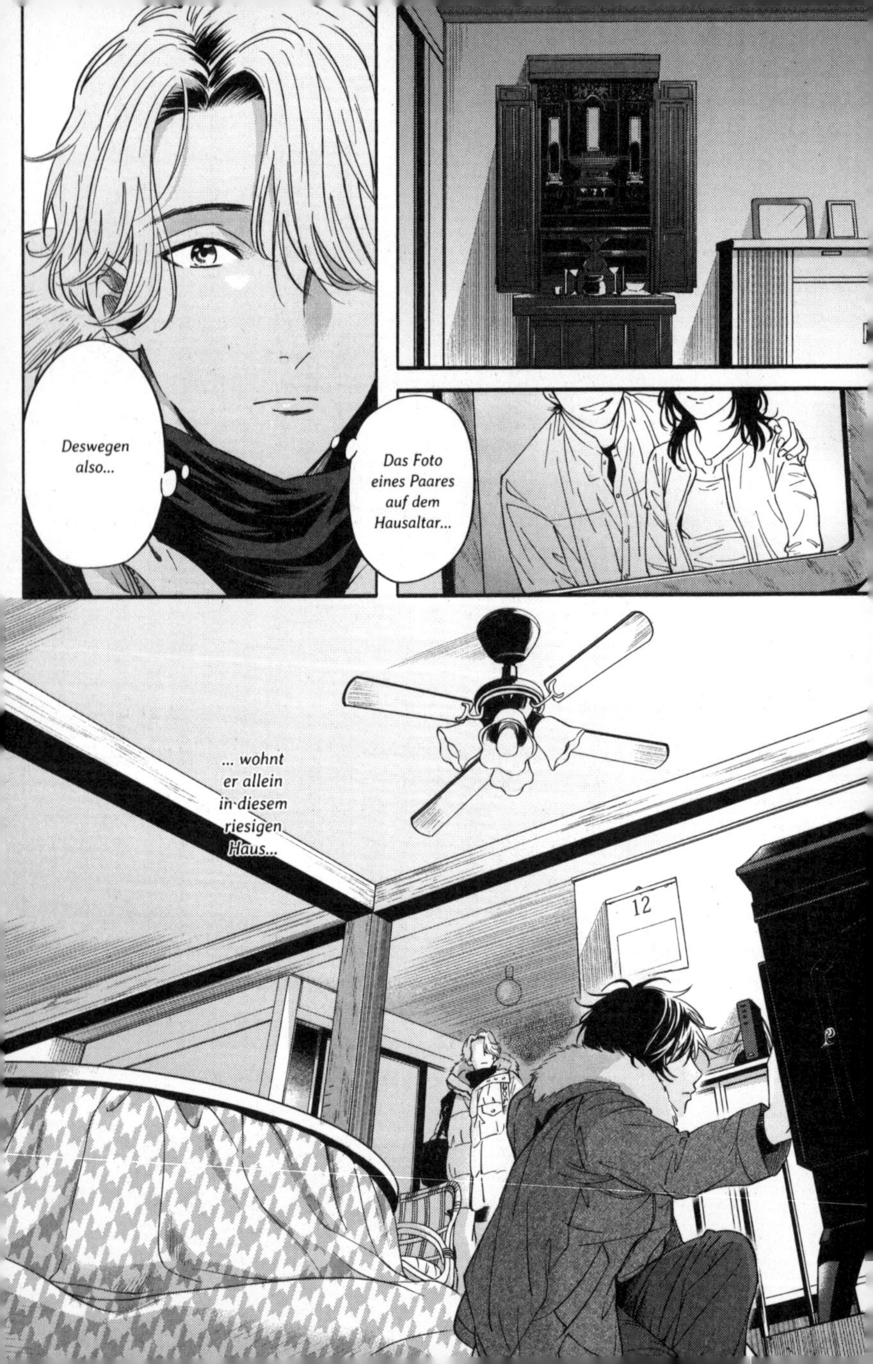
Das Foto eines Paares auf dem Hausaltar...
Deswegen also...
... wohnt er allein in diesem riesigen Haus...
12

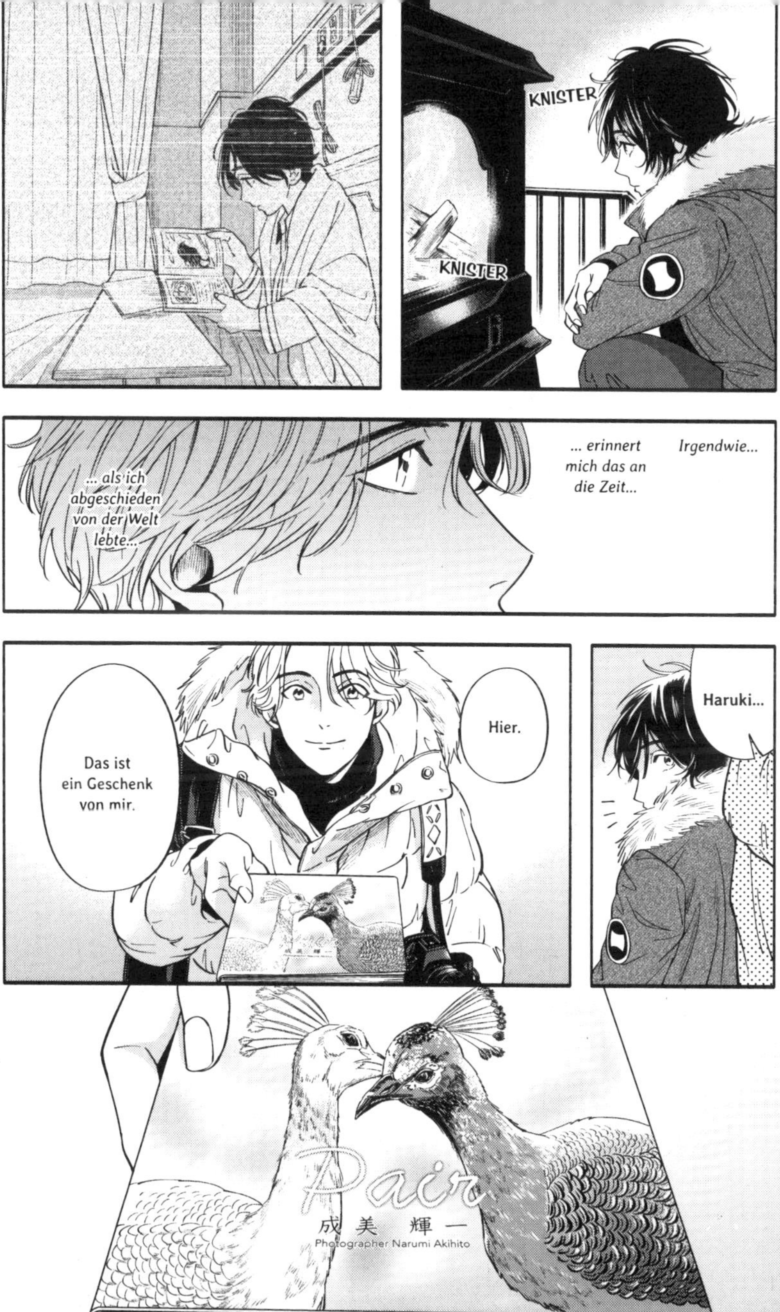
KNISTER
KNISTER
Irgendwie...
... erinnert mich das an die Zeit...
... als ich abgeschieden von der Welt lebte...
Haruki...
Hier.
Das ist ein Geschenk von mir.
Pair
成美 輝一
Photographer Narumi Akihito

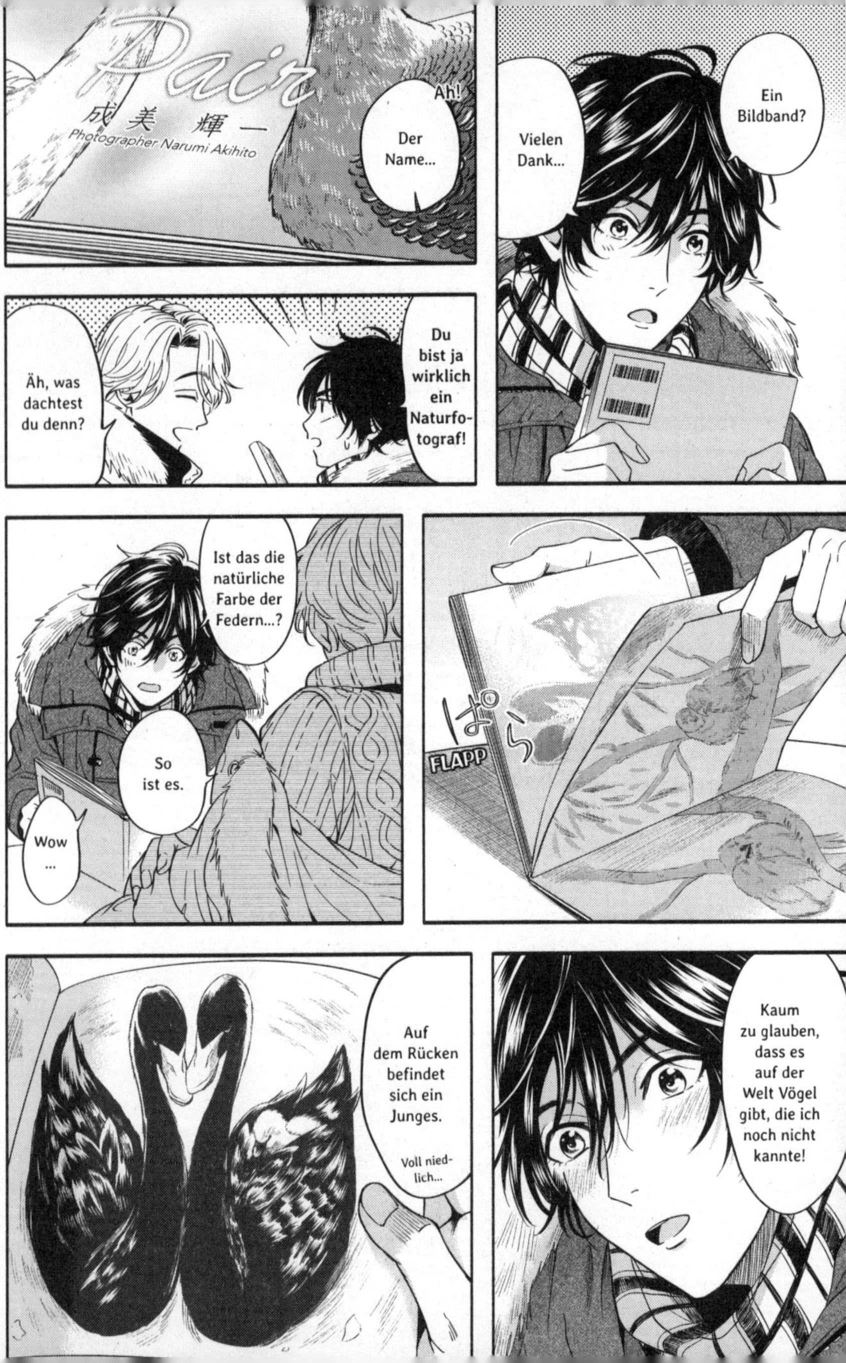
Ein Bildband?
Vielen Dank...
Ah!
Der Name...
Pair
成美輝一
Photographer Narumi Akihito
Du bist ja wirklich ein Naturfotograf!
Äh, was dachtest du denn?
ぱら
FLAPP
Ist das die natürliche Farbe der Federn...?
So ist es.
Wow ...
Kaum zu glauben, dass es auf der Welt Vögel gibt, die ich noch nicht kannte!
Auf dem Rücken befindet sich ein Junges.
Voll niedlich...

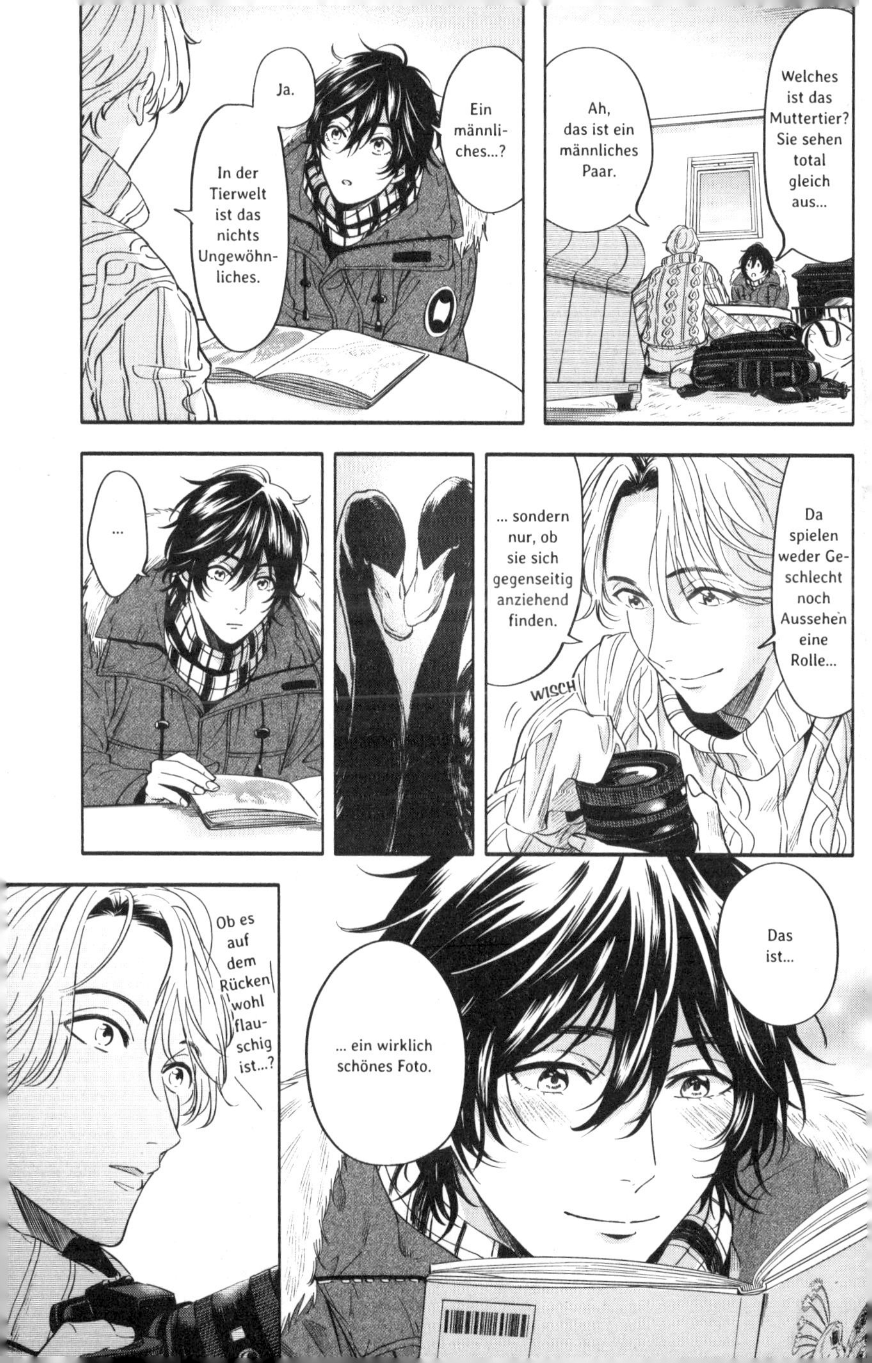
Welches ist das Muttertier? Sie sehen total gleich aus...
Ah, das ist ein männliches Paar.
Ein männliches...?
Ja.
In der Tierwelt ist das nichts Ungewöhnliches.
Da spielen weder Geschlecht noch Aussehen eine Rolle...
... sondern nur, ob sie sich gegenseitig anziehend finden.
WISCH
...
Das ist...
... ein wirklich schönes Foto.
Ob es auf dem Rücken wohl flauschig ist...?

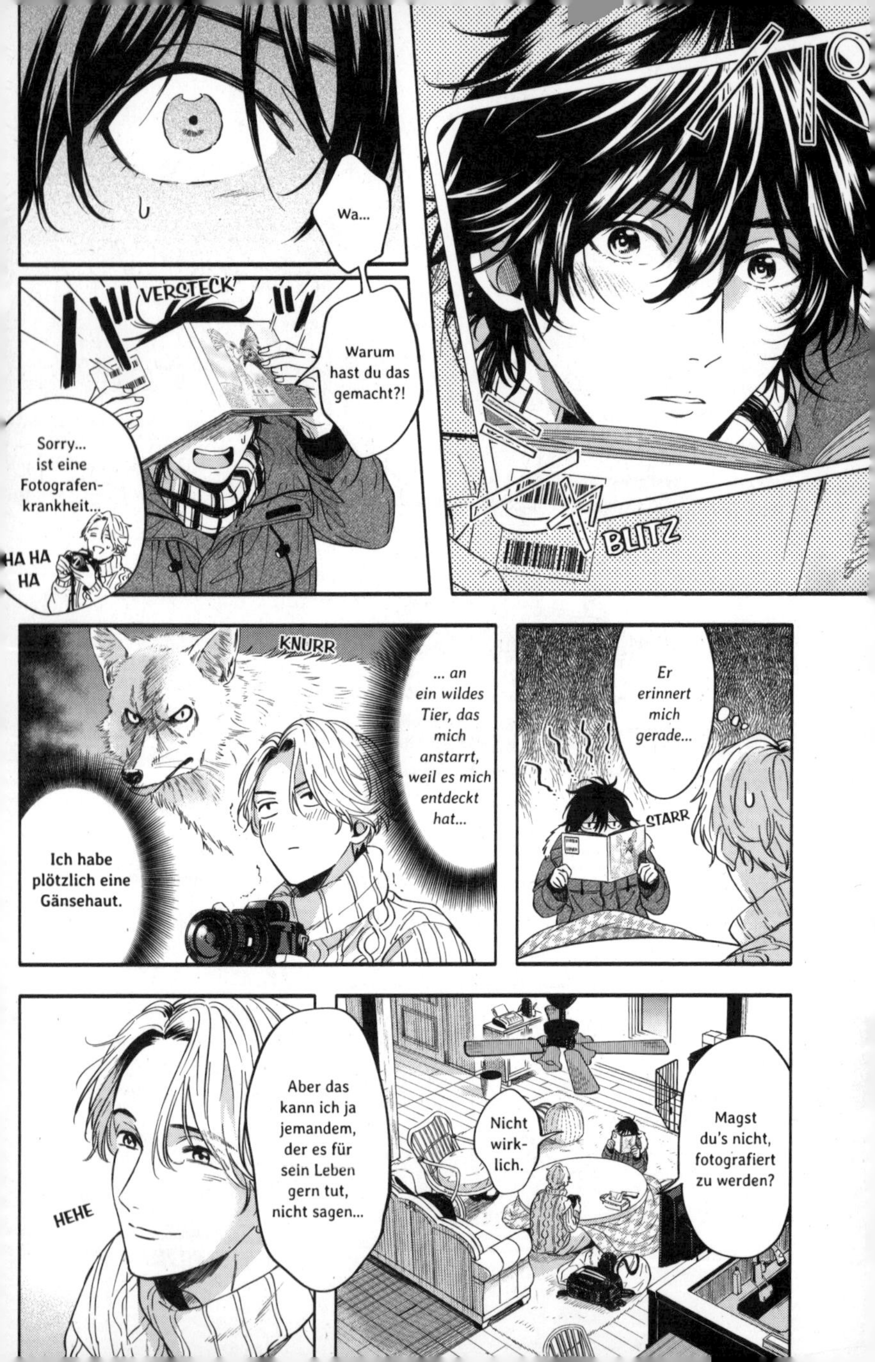
BLITZ
Wa...
VERSTECK
Warum hast du das gemacht?!
Sorry... ist eine Fotografen-krankheit...
HA HA HA
Er erinnert mich gerade...
STARR
... an ein wildes Tier, das mich anstarrt, weil es mich entdeckt hat...
KNURR
Ich habe plötzlich eine Gänsehaut.
Magst du's nicht, fotografiert zu werden?
Nicht wirk-lich.
Aber das kann ich ja jemandem, der es für sein Leben gern tut, nicht sagen...
HEHE

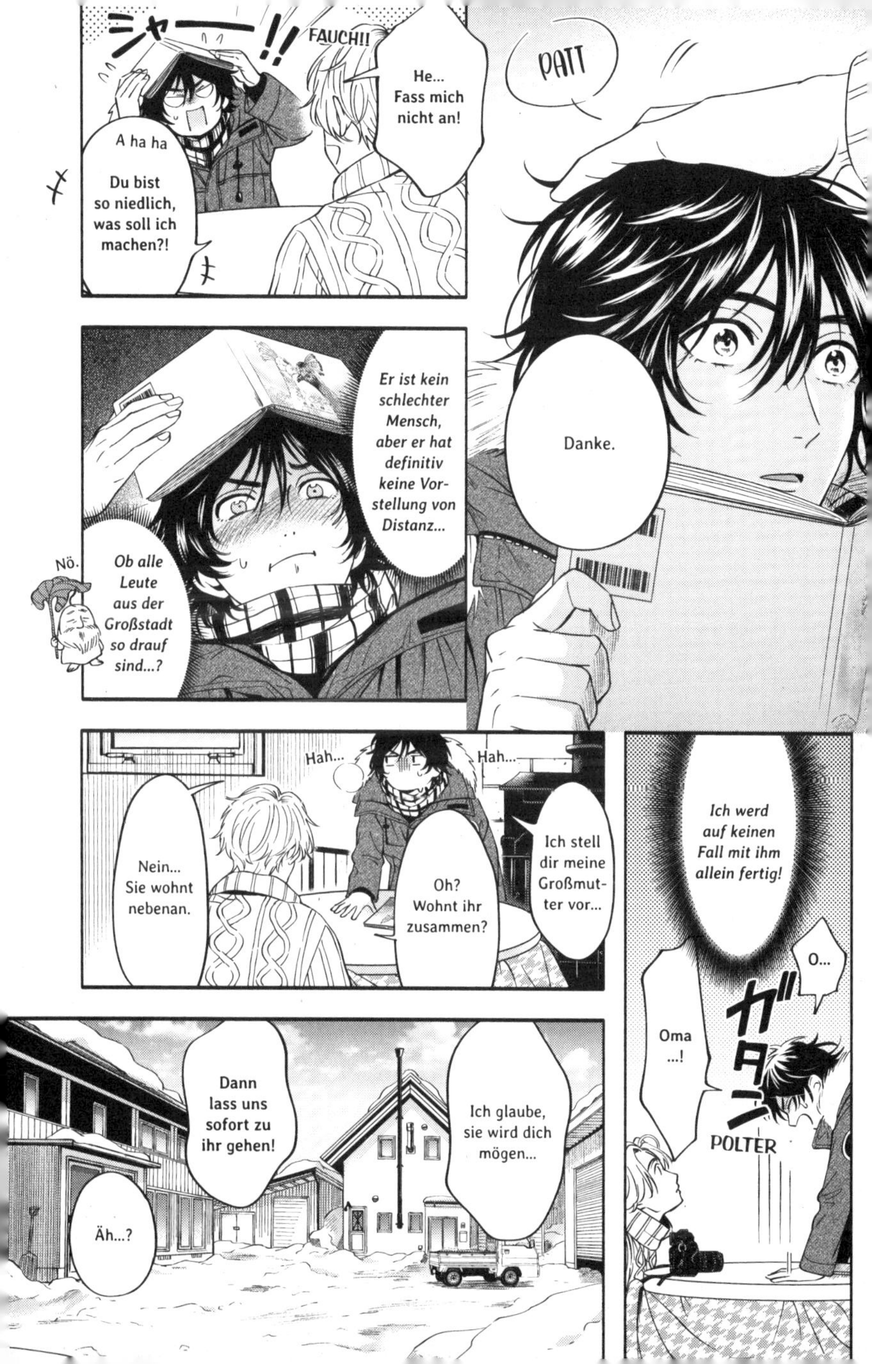
PATT
Danke.
シャーー!!
FAUCH!!
He... Fass mich nicht an!
A ha ha
Du bist so niedlich, was soll ich machen?!
Er ist kein schlechter Mensch, aber er hat definitiv keine Vorstellung von Distanz...
Ob alle Leute aus der Großstadt so drauf sind...?
Nö.
Ich werd auf keinen Fall mit ihm allein fertig!
O...
Oma ...!
ガタン
POLTER
Hah...
Hah...
Ich stell dir meine Großmutter vor...
Oh? Wohnt ihr zusammen?
Nein... Sie wohnt nebenan.
Ich glaube, sie wird dich mögen...
Dann lass uns sofort zu ihr gehen!
Äh...?

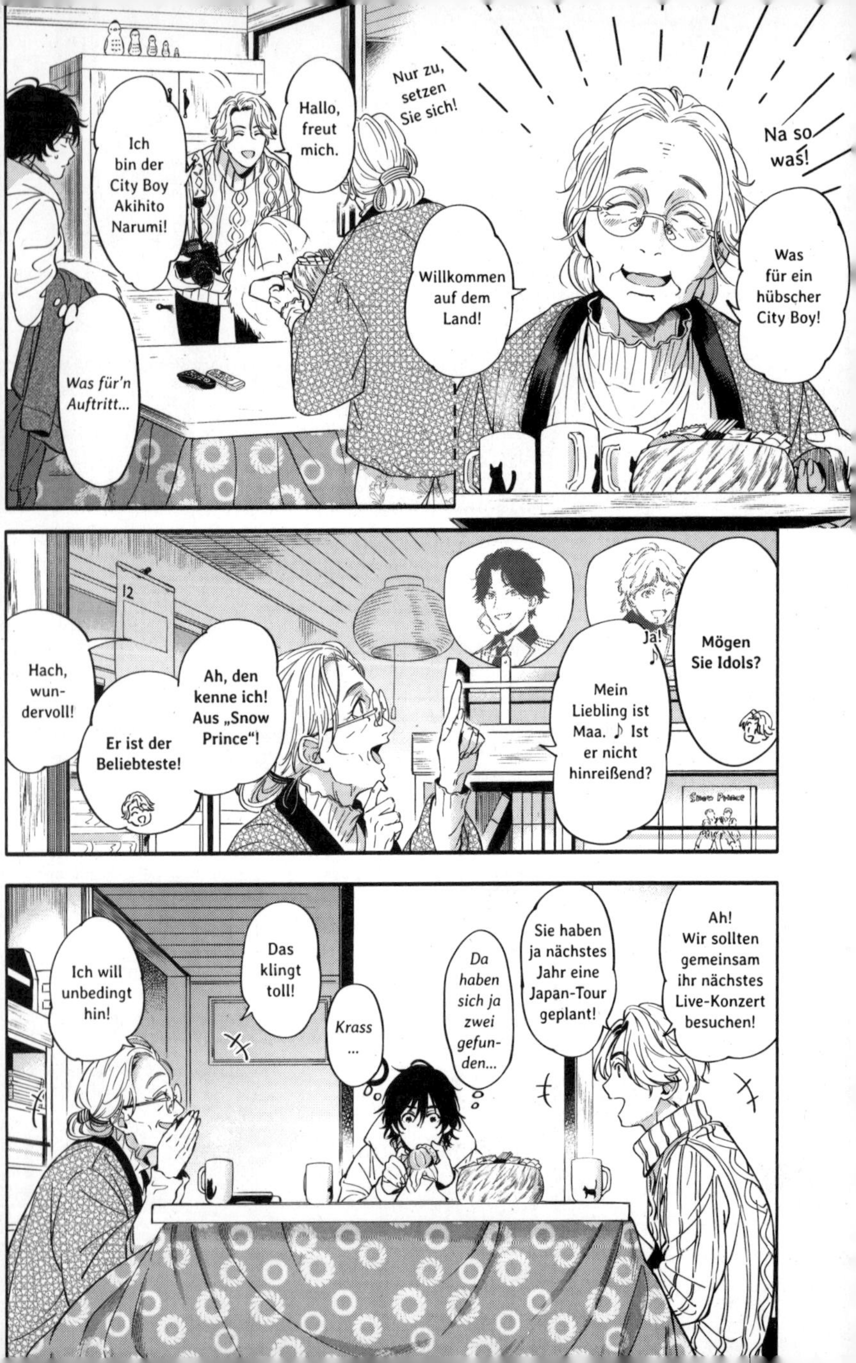
Na so was!
Was für ein hübscher City Boy!
Nur zu, setzen Sie sich!
Willkommen auf dem Land!
Hallo, freut mich.
Ich bin der City Boy Akihito Narumi!
Was für'n Auftritt...
Mögen Sie Idols?
Ja! ♪
Mein Liebling ist Maa. ♪ Ist er nicht hinreißend?
Ah, den kenne ich! Aus „Snow Prince“!
Er ist der Beliebteste!
Hach, wundervoll!
Ah! Wir sollten gemeinsam ihr nächstes Live-Konzert besuchen!
Sie haben ja nächstes Jahr eine Japan-Tour geplant!
Da haben sich ja zwei gefunden...
Krass ...
Das klingt toll!
Ich will unbedingt hin!

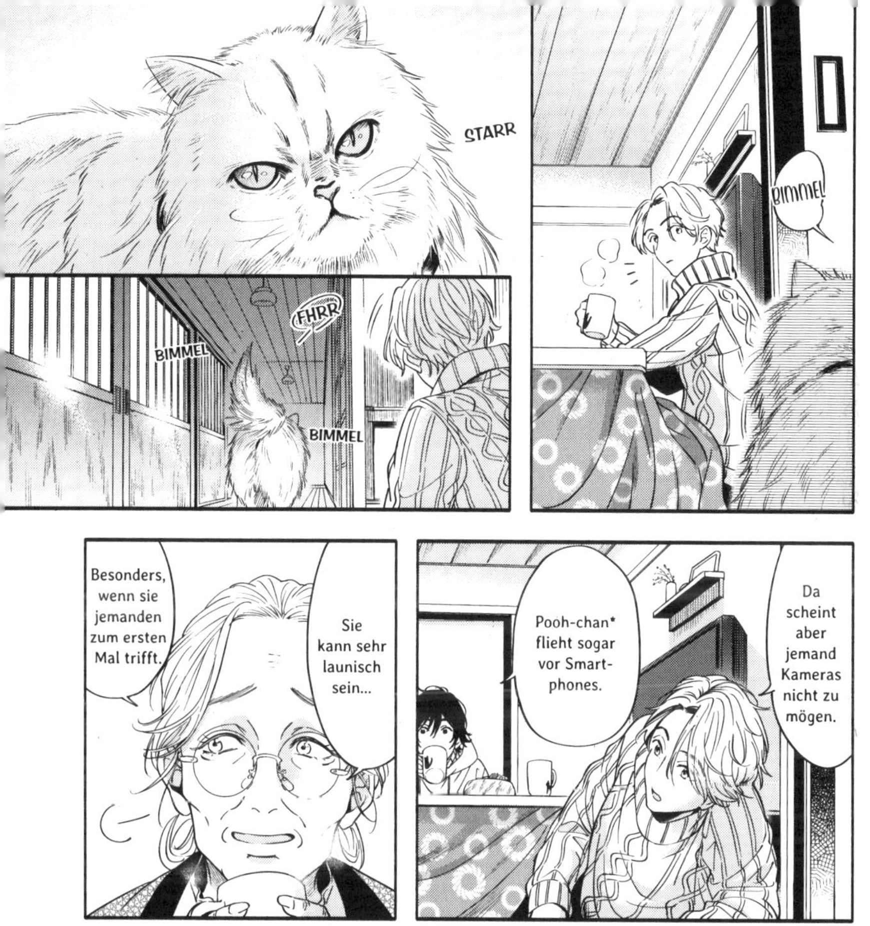

*verniedlichende Anrede für gute Freunde, Kinder und Tiere

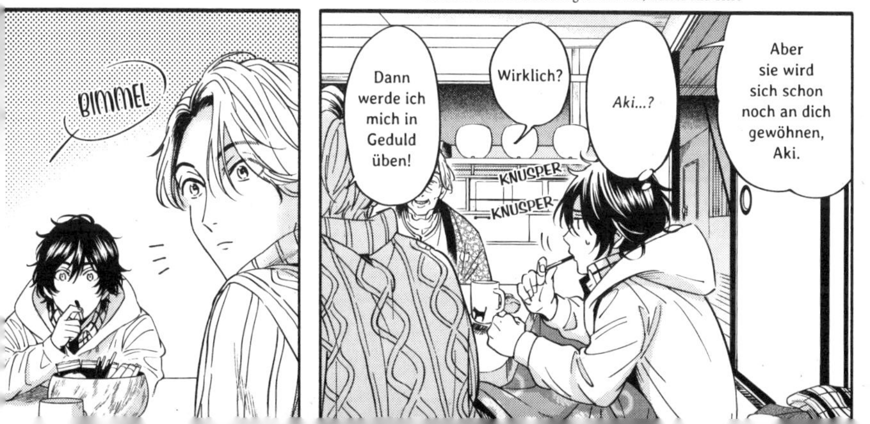

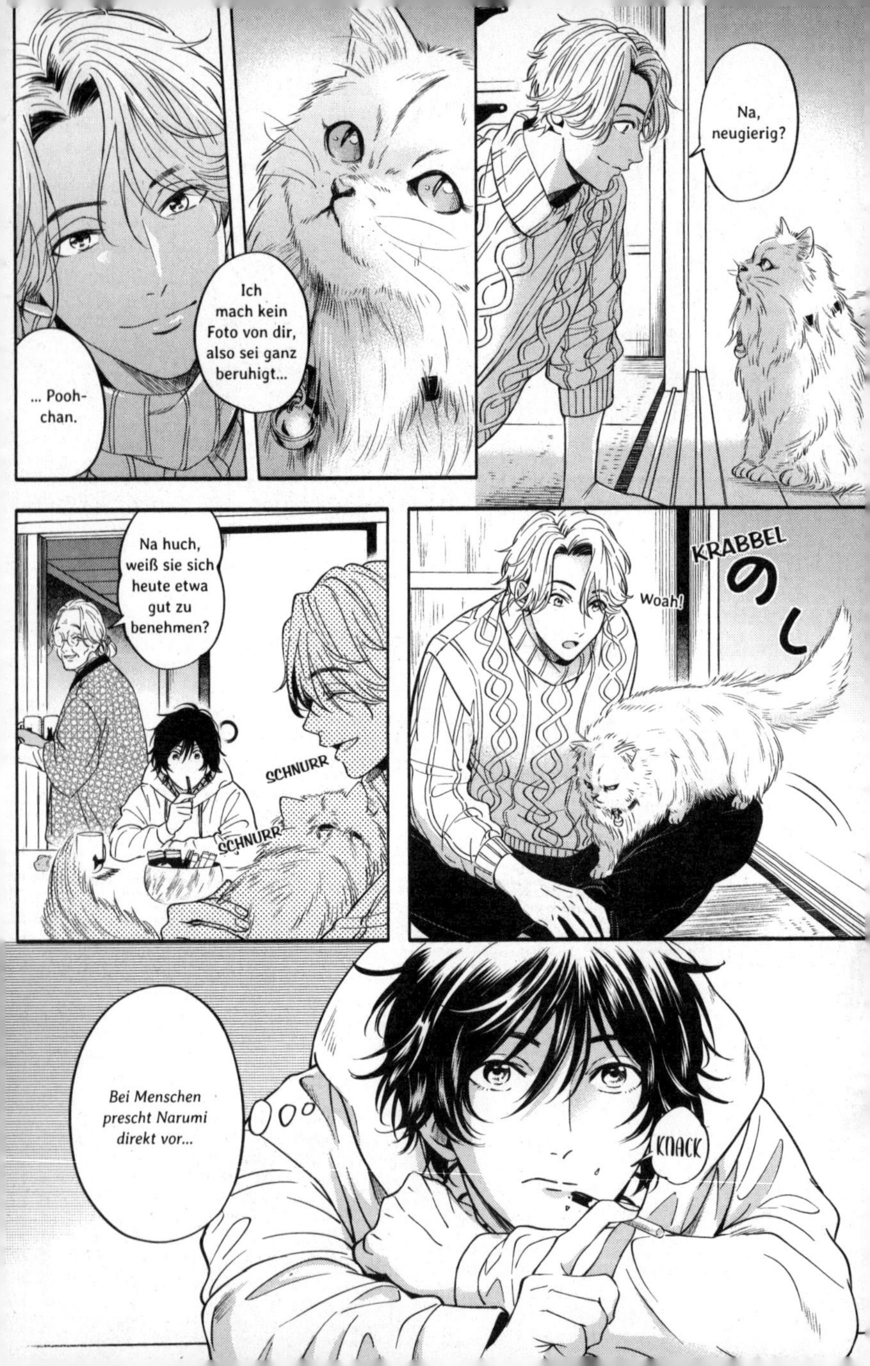

Na, neugierig?
Ich mach kein Foto von dir, also sei ganz beruhigt...
... Pooh-chan.
KRABBEL
Woah!
Na huch, weiß sie sich heute etwa gut zu benehmen?
SCHNURR
SCHNURR
KNACK
Bei Menschen prescht Narumi direkt vor...

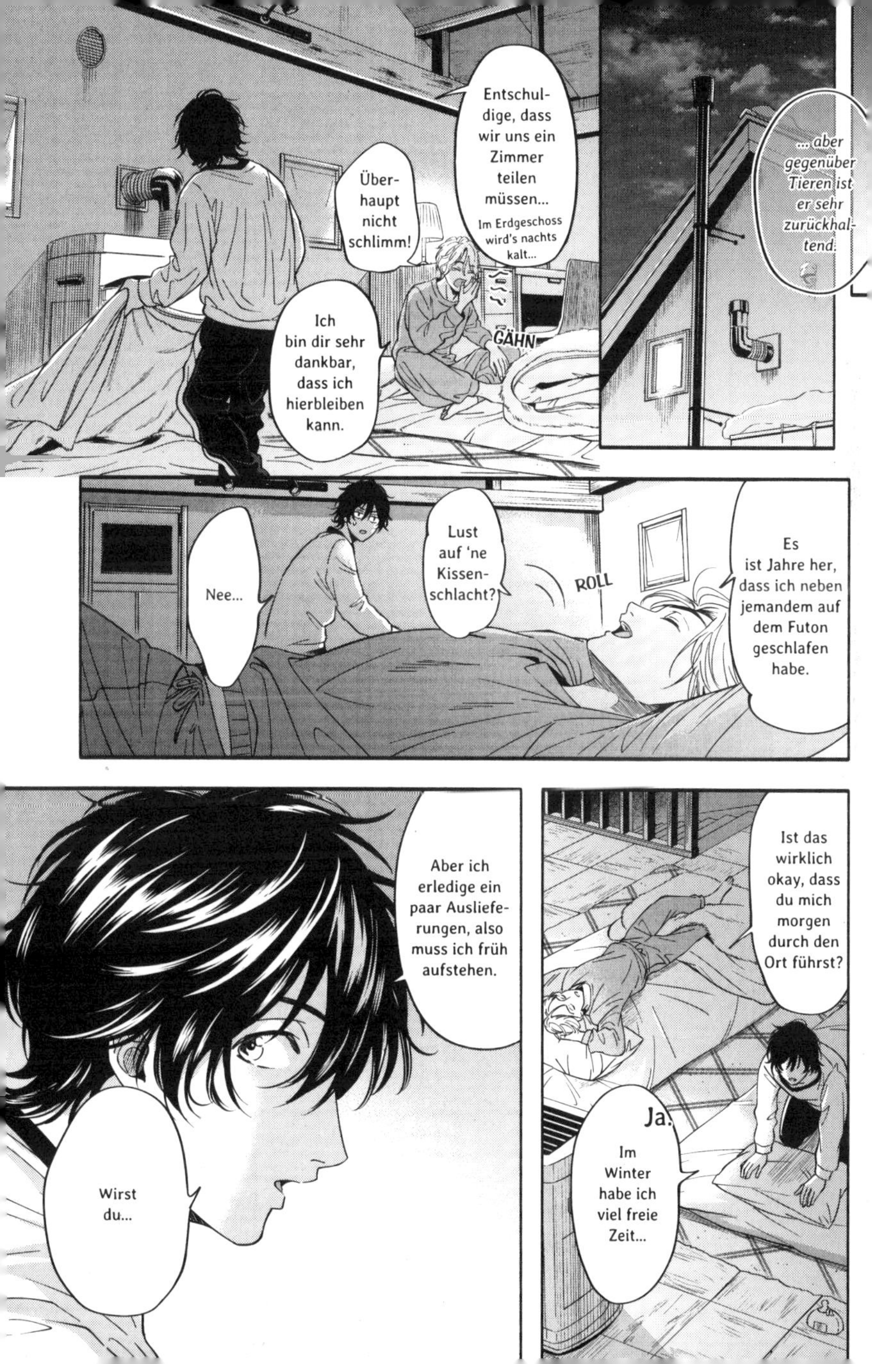

... aber gegenüber Tieren ist er sehr zurückhaltend.
Entschuldige, dass wir uns ein Zimmer teilen müssen...
Im Erdgeschoss wird's nachts kalt...
Überhaupt nicht schlimm!
GÄHN
Ich bin dir sehr dankbar, dass ich hierbleiben kann.
Es ist Jahre her, dass ich neben jemandem auf dem Futon geschlafen habe.
ROLL
Lust auf 'ne Kissenschlacht?
Nee...
Ist das wirklich okay, dass du mich morgen durch den Ort führst?
Ja.
Im Winter habe ich viel freie Zeit...
Aber ich erledige ein paar Auslieferungen, also muss ich früh aufstehen.
Wirst du...

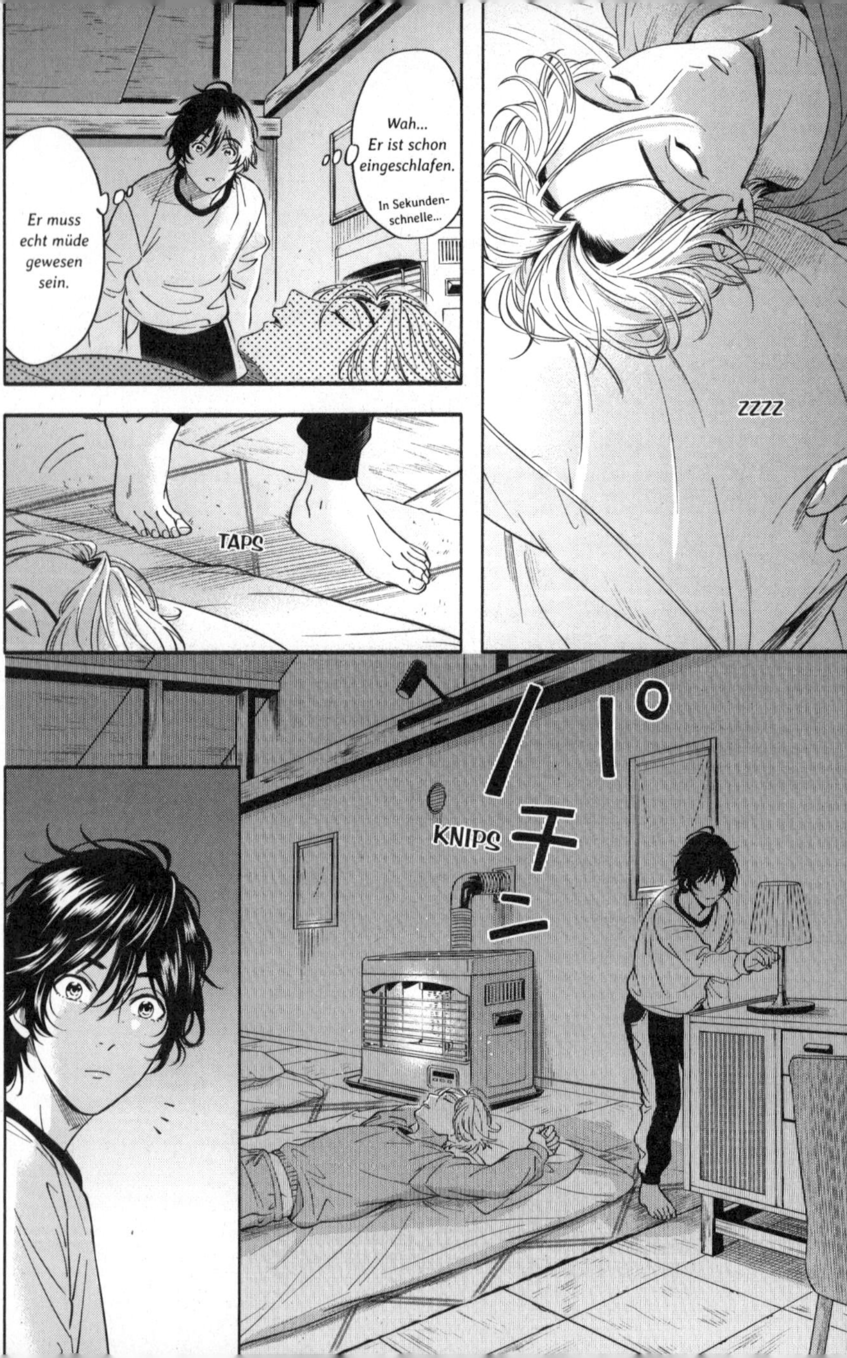
ZZZZ
Wah...
Er ist schon eingeschlafen.
In Sekundenschnelle...
Er muss echt müde gewesen sein.
TAPS
パチン
KNIPS

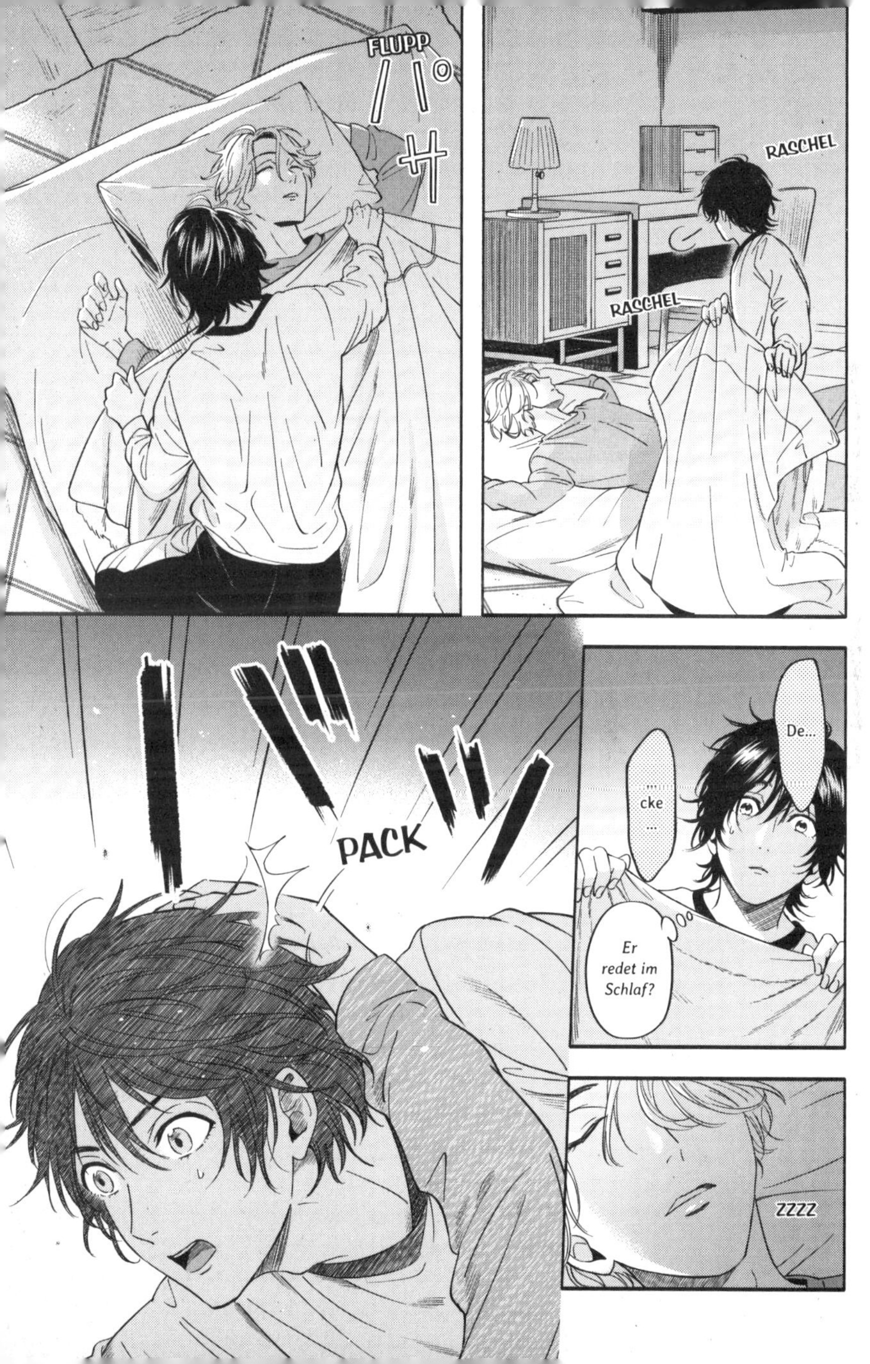
FLUPP
RASCHEL
RASCHEL
De...
... cke ...
Er redet im Schlaf?
PACK
ZZZZ

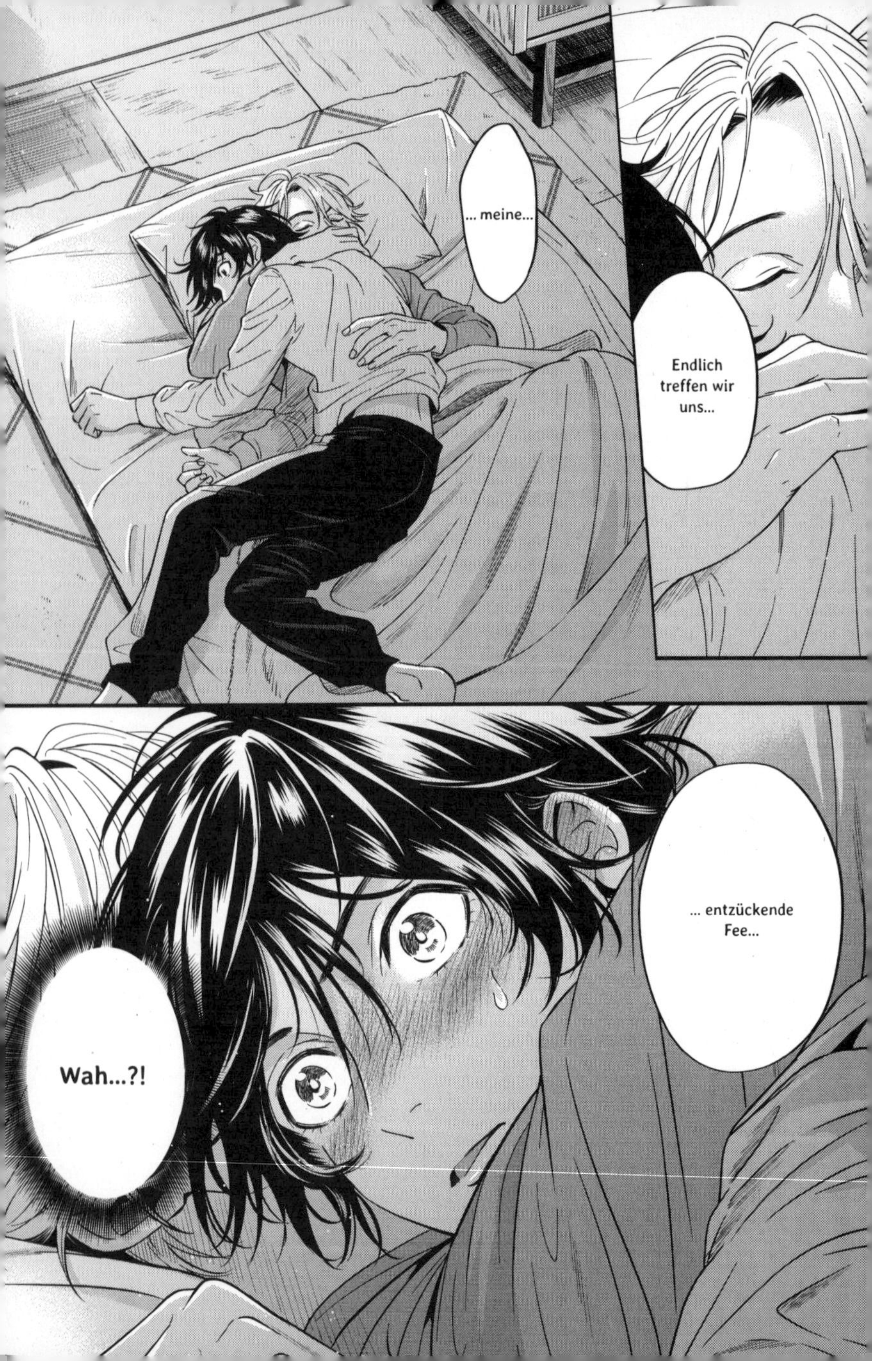

Endlich treffen wir uns...
... meine...
... entzückende Fee...
Wah...?!

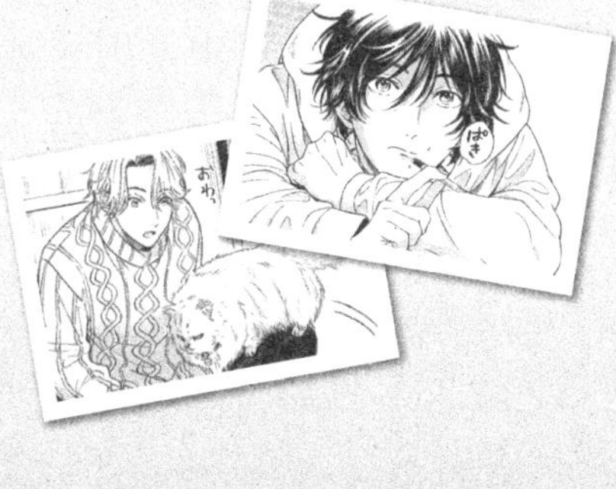
ぱき
おわっ

SNOW FAIRY

Tomo Serizawa

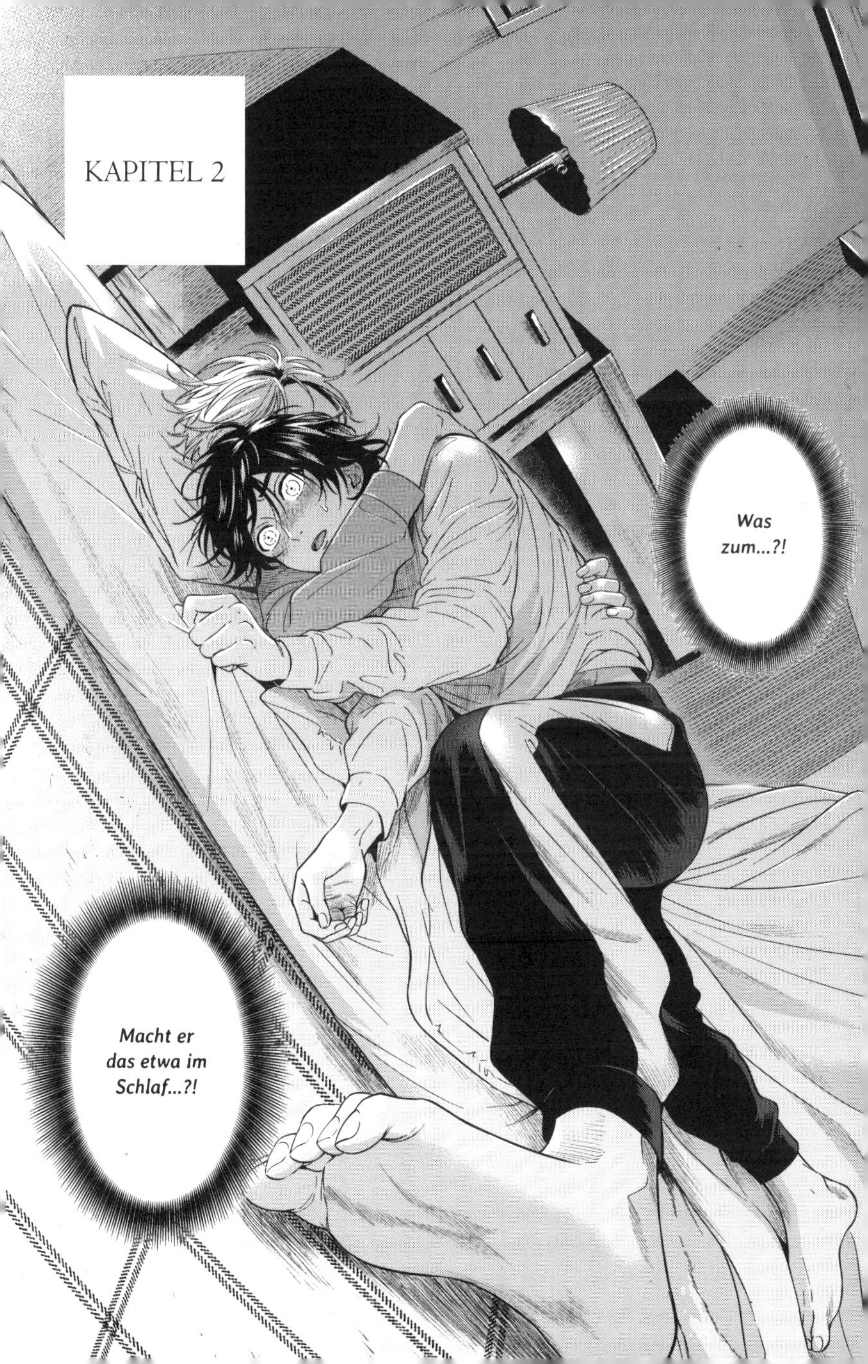
KAPITEL 2
Was zum...?!
Macht er das etwa im Schlaf...?!

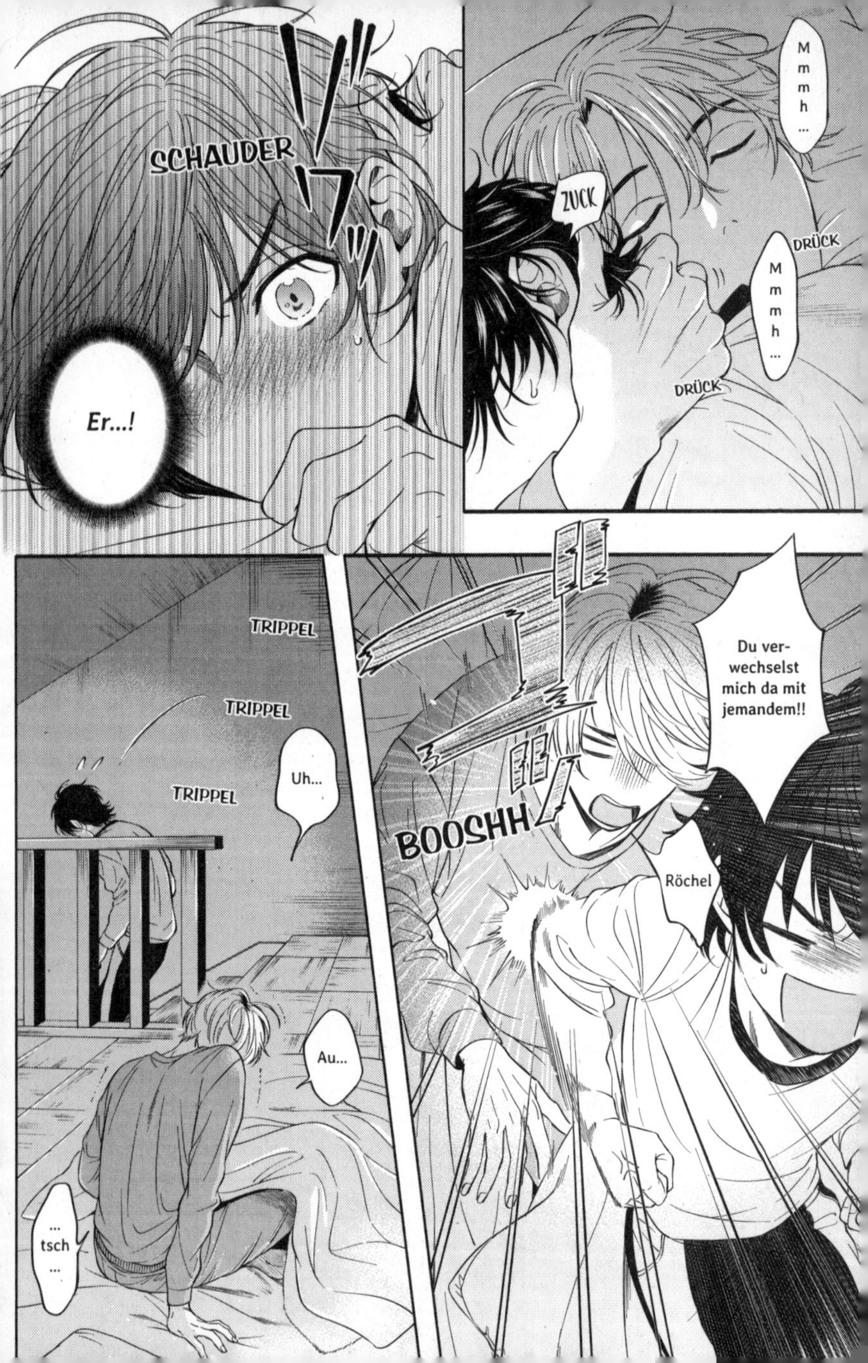
Mmmh …
ZUCK
DRÜCK
Mmmh …
DRÜCK
SCHAUDER
Er…!
Du verwechselst mich da mit jemandem!!
BOOSHH
Röchel
TRIPPEL
TRIPPEL
TRIPPEL
Uh…
Au…
… tsch …

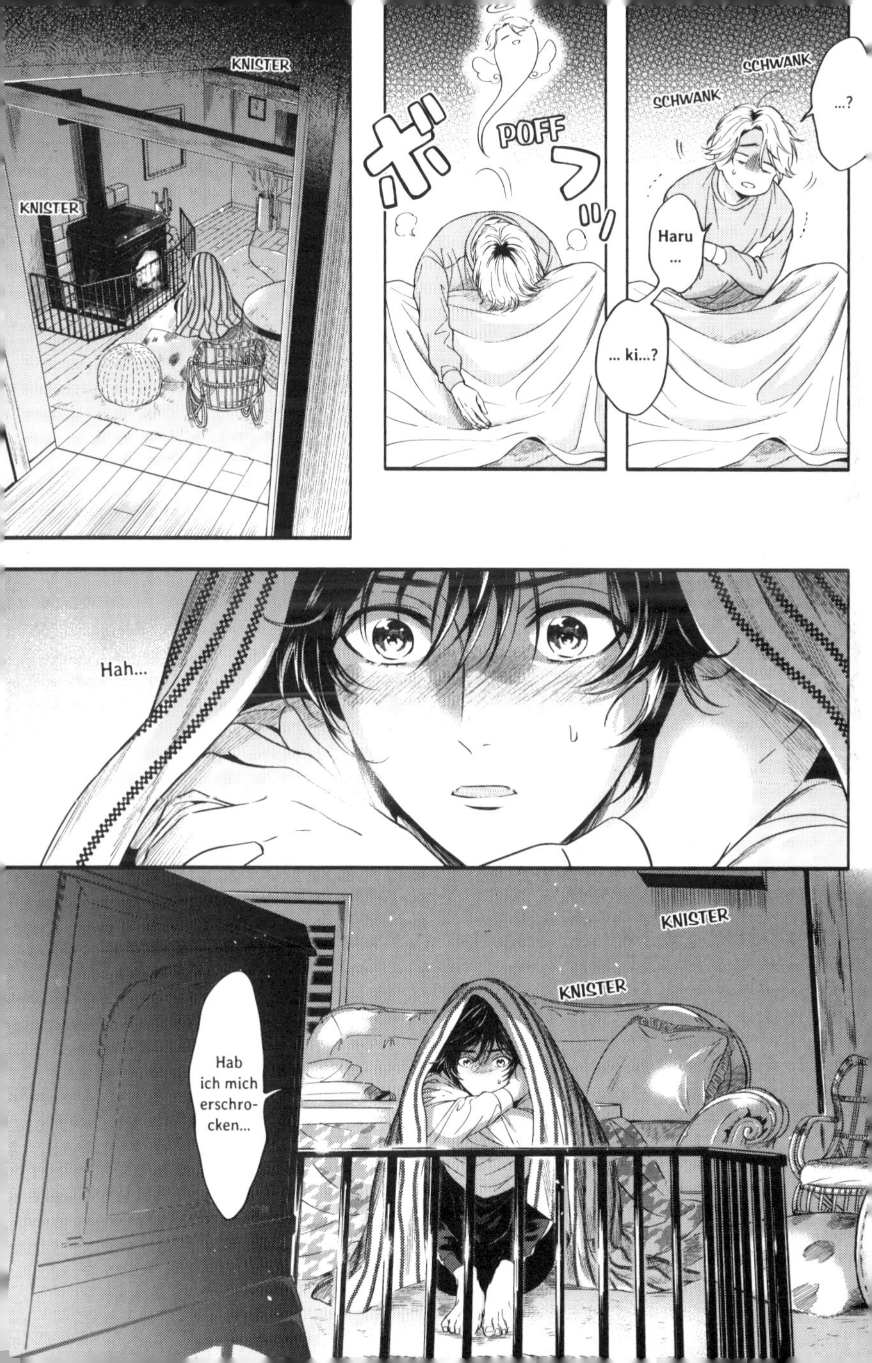
...?
SCHWANK
SCHWANK
Haru ...
... ki...?
POFF
KNISTER
KNISTER
Hah...
KNISTER
KNISTER
Hab ich mich erschrocken...

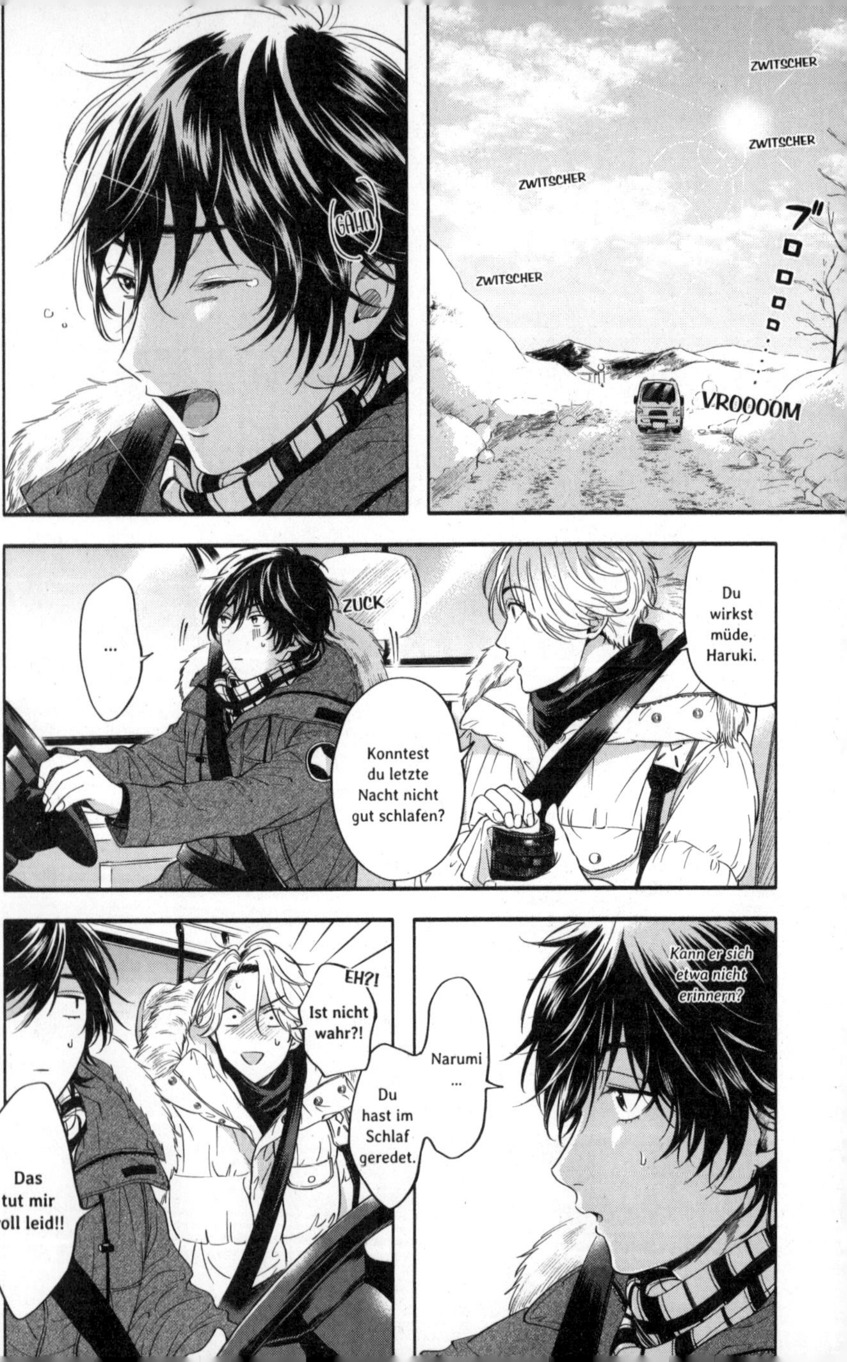
ZWITSCHER
ZWITSCHER
ZWITSCHER
ZWITSCHER
ブロロロロ…
VROOOOM
GAHN
Du wirkst müde, Haruki.
Konntest du letzte Nacht nicht gut schlafen?
ZUCK
...
Kann er sich etwa nicht erinnern?
Narumi ...
Du hast im Schlaf geredet.
EH?!
Ist nicht wahr?!
Das tut mir voll leid!!

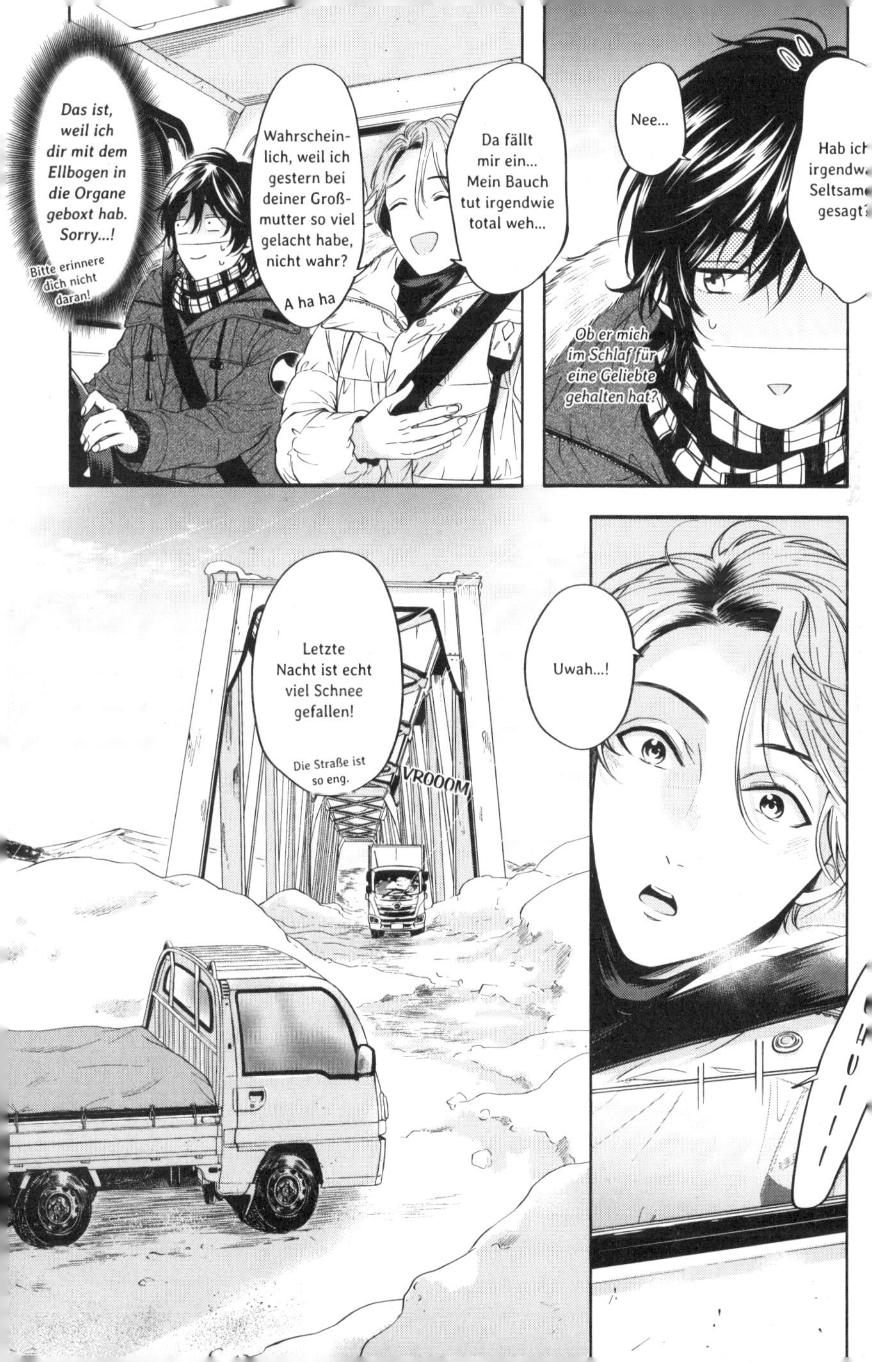
Nee...
Hab ich irgendw Seltsam gesagt
Ob er mich im Schlaf für eine Geliebte gehalten hat?
Da fällt mir ein... Mein Bauch tut irgendwie total weh...
Wahrscheinlich, weil ich gestern bei deiner Großmutter so viel gelacht habe, nicht wahr?
A ha ha
Das ist, weil ich dir mit dem Ellbogen in die Organe geboxt hab. Sorry...!
Bitte erinnere dich nicht daran!
Uwah...!
Letzte Nacht ist echt viel Schnee gefallen!
Die Straße ist so eng.
VROOOM

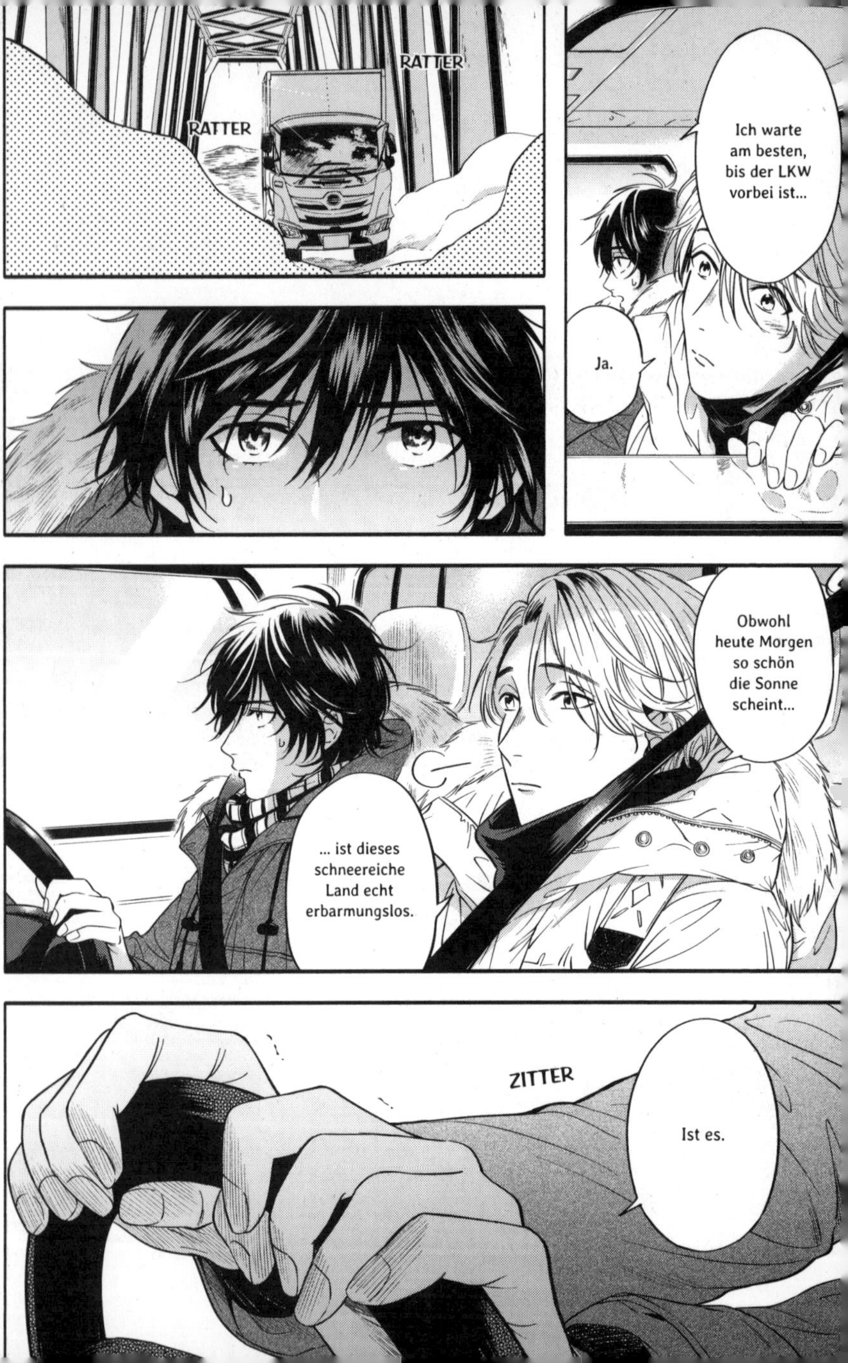
RATTER
RATTER
Ich warte am besten, bis der LKW vorbei ist...
Ja.
Obwohl heute Morgen so schön die Sonne scheint...
... ist dieses schneereiche Land echt erbarmungslos.
ZITTER
Ist es.

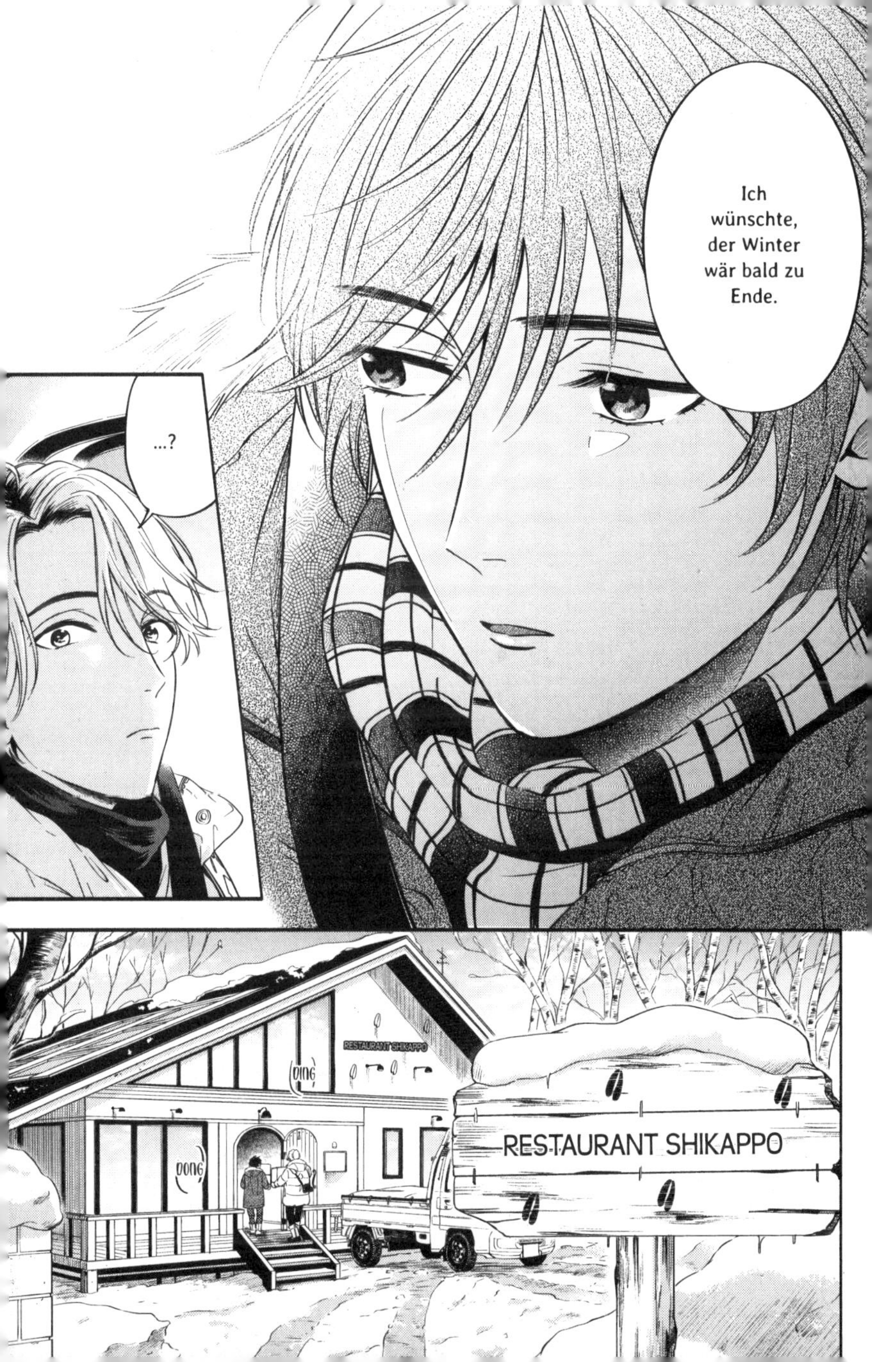
Ich wünschte, der Winter wär bald zu Ende.
...?
RESTAURANT SHIKAPPO
DING
DONG
RESTAURANT SHIKAPPO

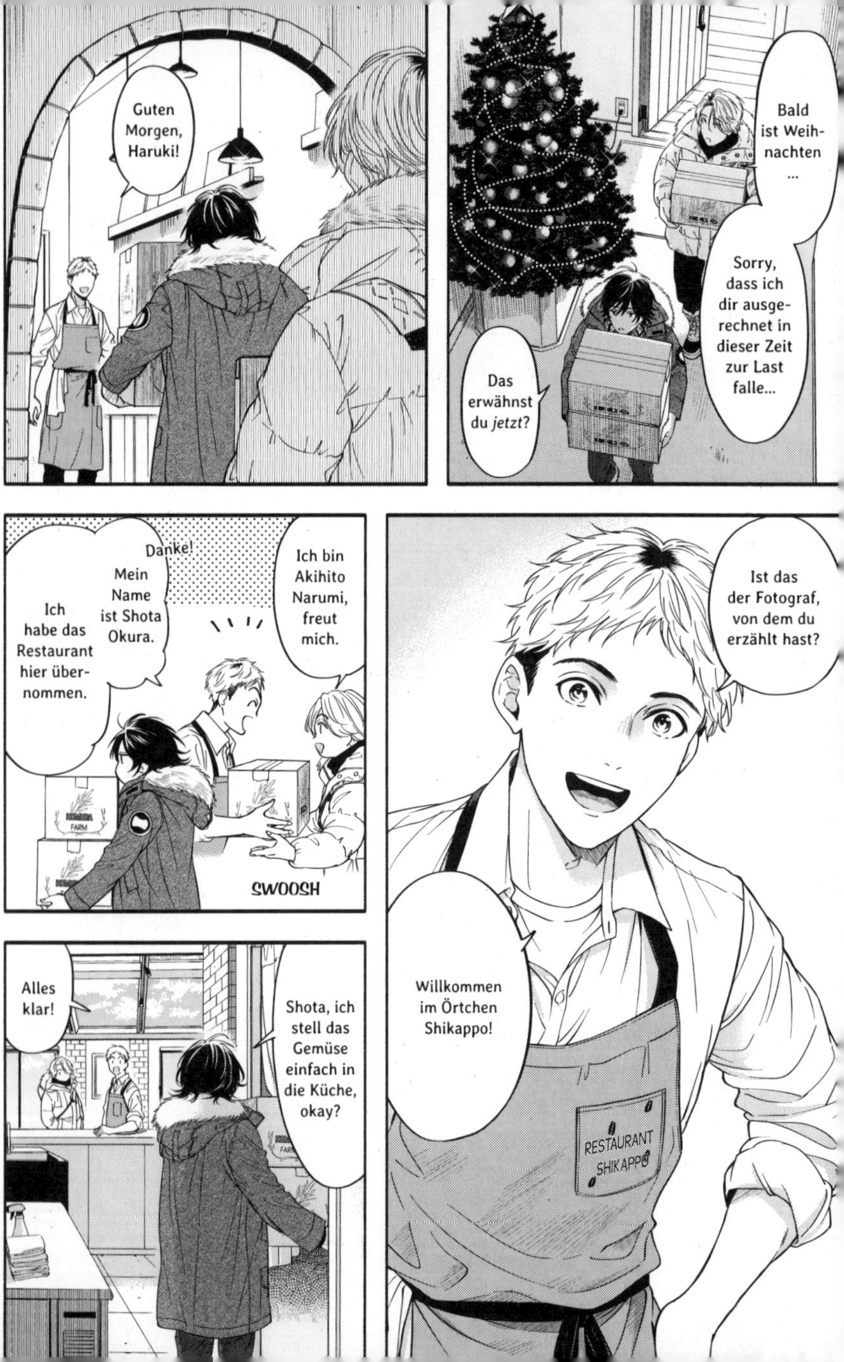
Bald ist Weihnachten ...
Sorry, dass ich dir ausgerechnet in dieser Zeit zur Last falle...
Das erwähnst du *jetzt*?
Guten Morgen, Haruki!
Ist das der Fotograf, von dem du erzählt hast?
Willkommen im Örtchen Shikappo!
RESTAURANT SHIKAPPO
Ich bin Akihito Narumi, freut mich.
Danke!
Mein Name ist Shota Okura.
Ich habe das Restaurant hier übernommen.
SWOOSH
Shota, ich stell das Gemüse einfach in die Küche, okay?
Alles klar!

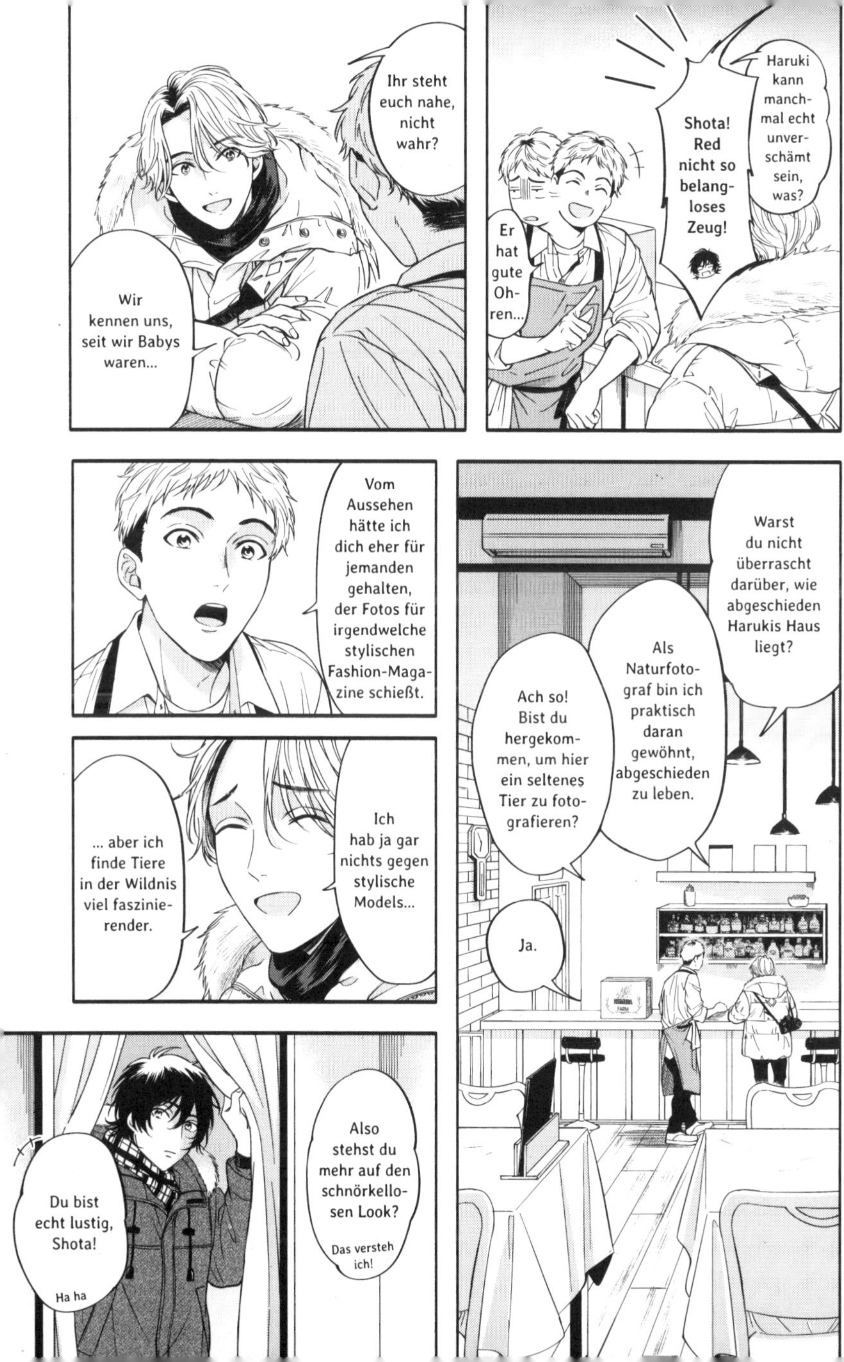

Haruki kann manchmal echt unverschämt sein, was?
Shota! Red nicht so belangloses Zeug!
Er hat gute Ohren...
Ihr steht euch nahe, nicht wahr?
Wir kennen uns, seit wir Babys waren...
Warst du nicht überrascht darüber, wie abgeschieden Harukis Haus liegt?
Als Naturfotograf bin ich praktisch daran gewöhnt, abgeschieden zu leben.
Ach so! Bist du hergekommen, um hier ein seltenes Tier zu fotografieren?
Ja.
Vom Aussehen hätte ich dich eher für jemanden gehalten, der Fotos für irgendwelche stylischen Fashion-Magazine schießt.
Ich hab ja gar nichts gegen stylische Models...
... aber ich finde Tiere in der Wildnis viel faszinierender.
Also stehst du mehr auf den schnörkellosen Look?
Das versteh ich!
Du bist echt lustig, Shota!
Ha ha

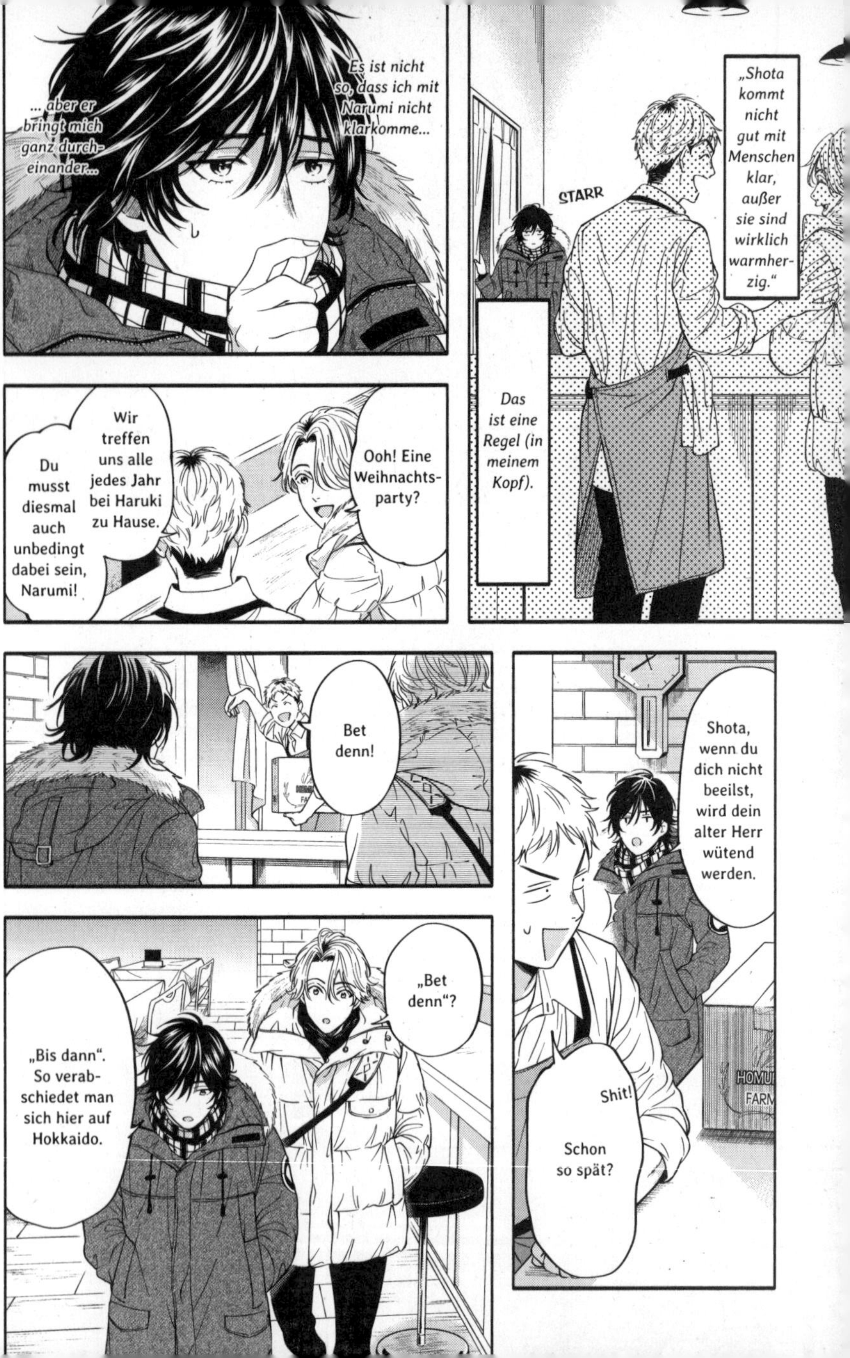
„Shota kommt nicht gut mit Menschen klar, außer sie sind wirklich warmherzig.“
STARR
Das ist eine Regel (in meinem Kopf).
Es ist nicht so, dass ich mit Narumi nicht klarkomme...
... aber er bringt mich ganz durcheinander...
Ooh! Eine Weihnachtsparty?
Wir treffen uns alle jedes Jahr bei Haruki zu Hause.
Du musst diesmal auch unbedingt dabei sein, Narumi!
Shota, wenn du dich nicht beeilst, wird dein alter Herr wütend werden.
Shit!
Schon so spät?
Bet denn!
„Bet denn“?
„Bis dann“. So verabschiedet man sich hier auf Hokkaido.

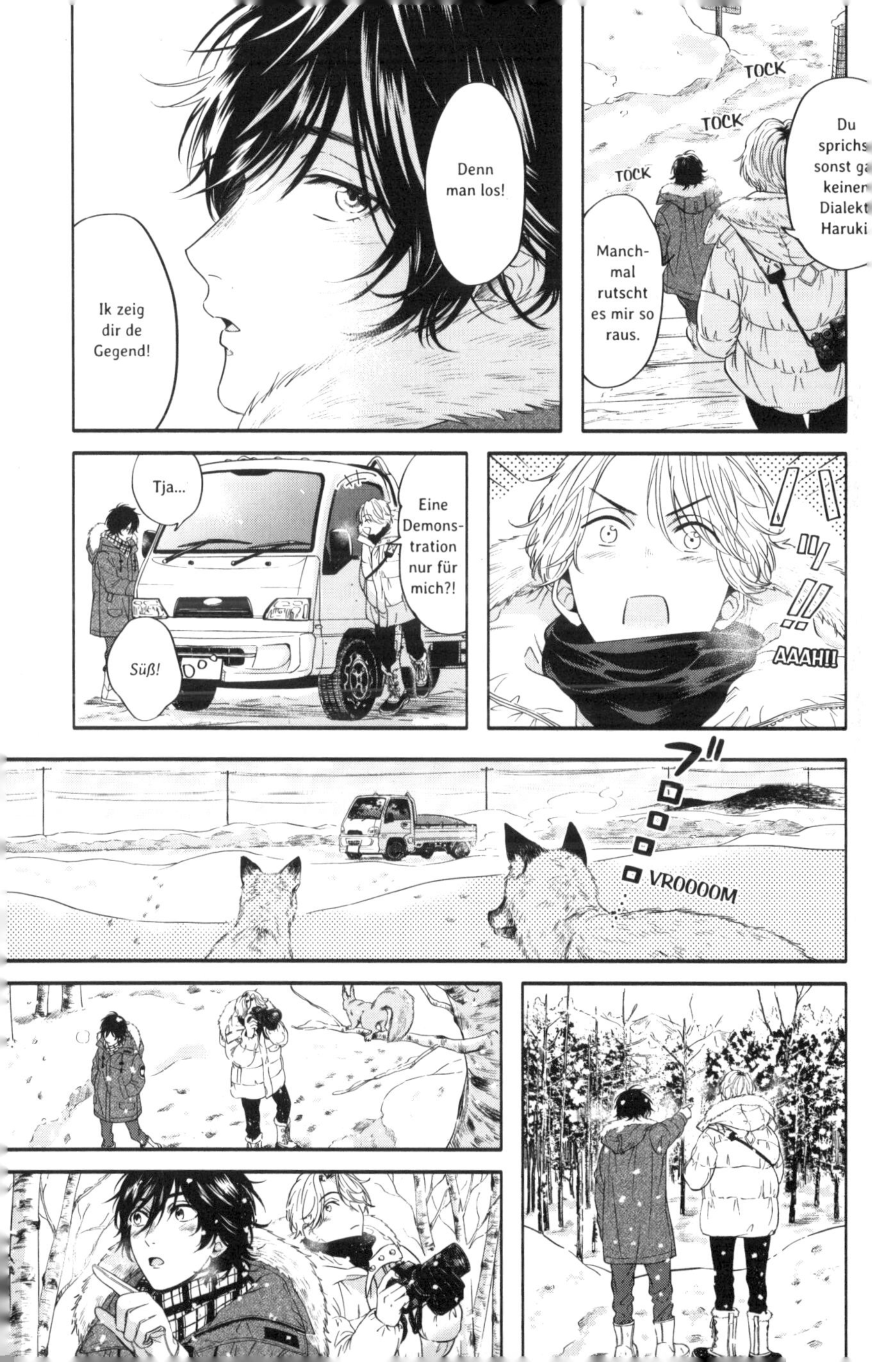

TOCK
TOCK
TOCK
Du sprichs sonst ga keinen Dialekt Haruki
Manch-mal rutscht es mir so raus.
Denn man los!
Ik zeig dir de Gegend!
AAAH!!
Eine Demons-tration nur für mich?!
Tja…
Süß!
VROOOOM

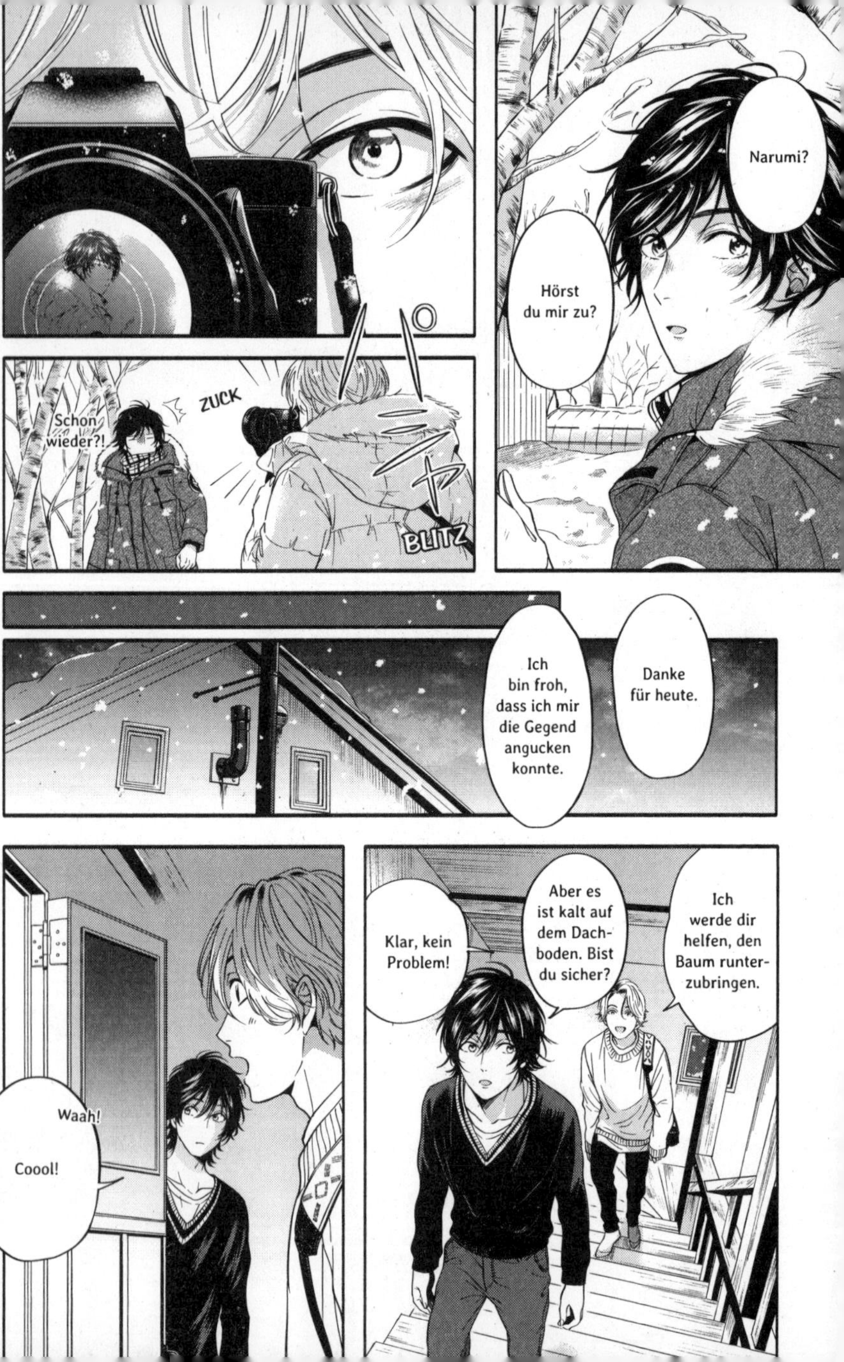

Narumi?
Hörst du mir zu?
ZUCK
Schon wieder?!
BLITZ
Danke für heute.
Ich bin froh, dass ich mir die Gegend angucken konnte.
Ich werde dir helfen, den Baum runterzubringen.
Aber es ist kalt auf dem Dachboden. Bist du sicher?
Klar, kein Problem!
Waah!
Coool!

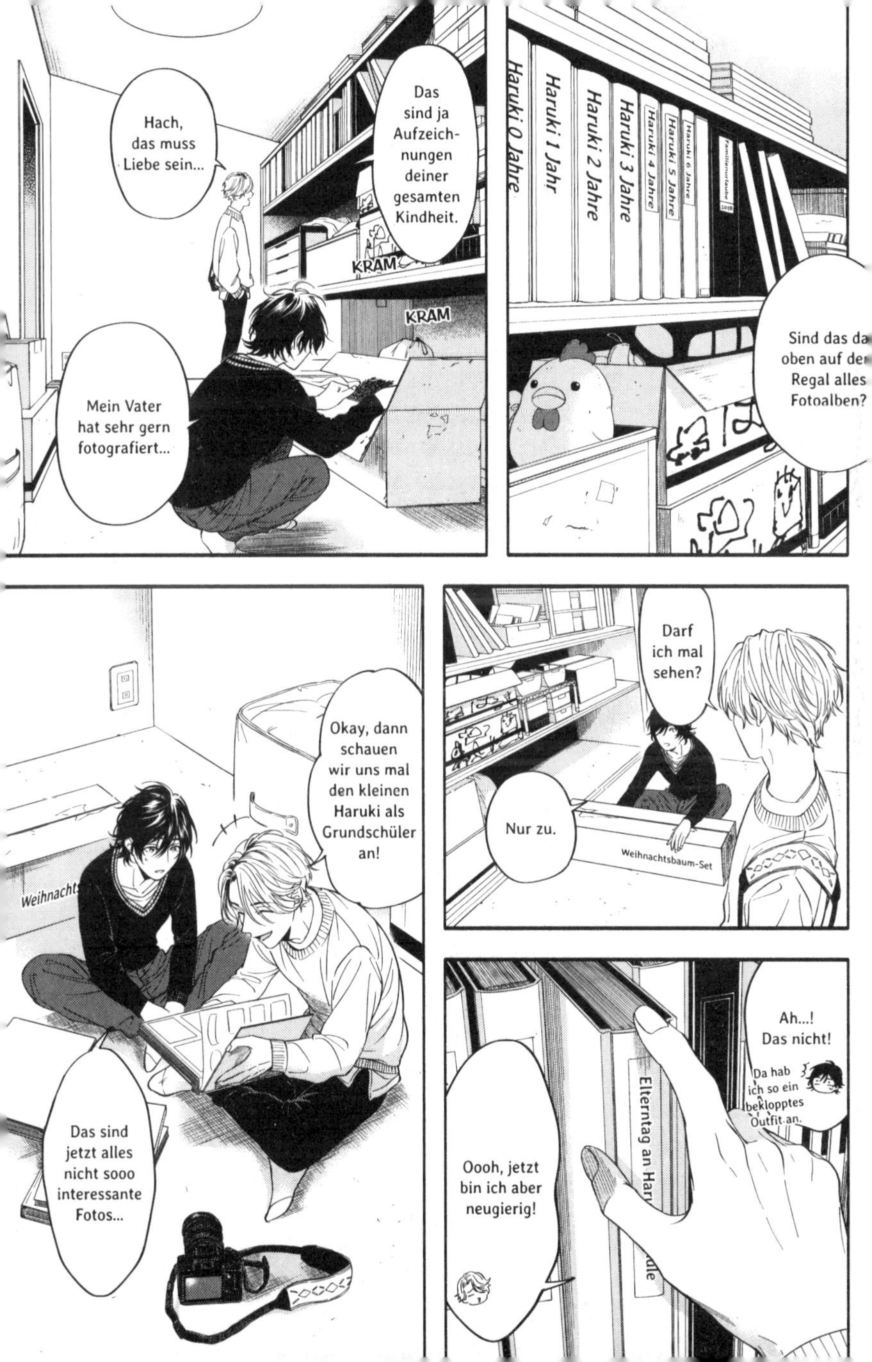
Haruki 0 Jahre
Haruki 1 Jahr
Haruki 2 Jahre
Haruki 3 Jahre
Haruki 4 Jahre
Haruki 5 Jahre
Haruki 6 Jahre
Sind das da oben auf dem Regal alles Fotoalben?
Mein Vater hat sehr gern fotografiert...
KRAM
KRAM
Das sind ja Aufzeichnungen deiner gesamten Kindheit.
Hach, das muss Liebe sein...
Darf ich mal sehen?
Nur zu.
Weihnachtsbaum-Set
Elterntag an Har
Ah...! Das nicht!
Da hab ich so ein beklopptes Outfit an.
Oooh, jetzt bin ich aber neugierig!
Okay, dann schauen wir uns mal den kleinen Haruki als Grundschüler an!
Weihnachts
Das sind jetzt alles nicht sooo interessante Fotos...

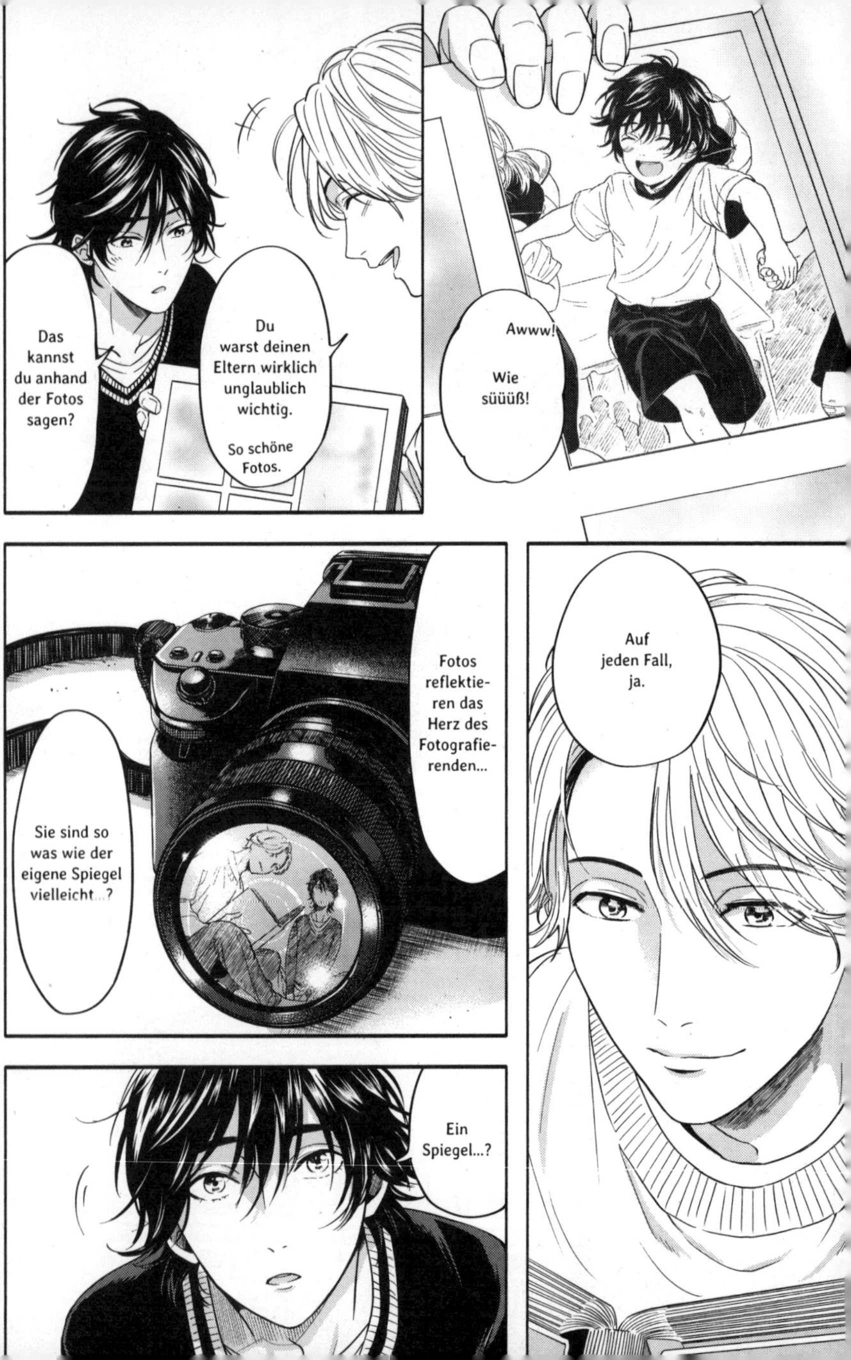
Awww!
Wie süüüß!
Du warst deinen Eltern wirklich unglaublich wichtig.
So schöne Fotos.
Das kannst du anhand der Fotos sagen?
Auf jeden Fall, ja.
Fotos reflektieren das Herz des Fotografierenden...
Sie sind so was wie der eigene Spiegel vielleicht...?
Ein Spiegel...?

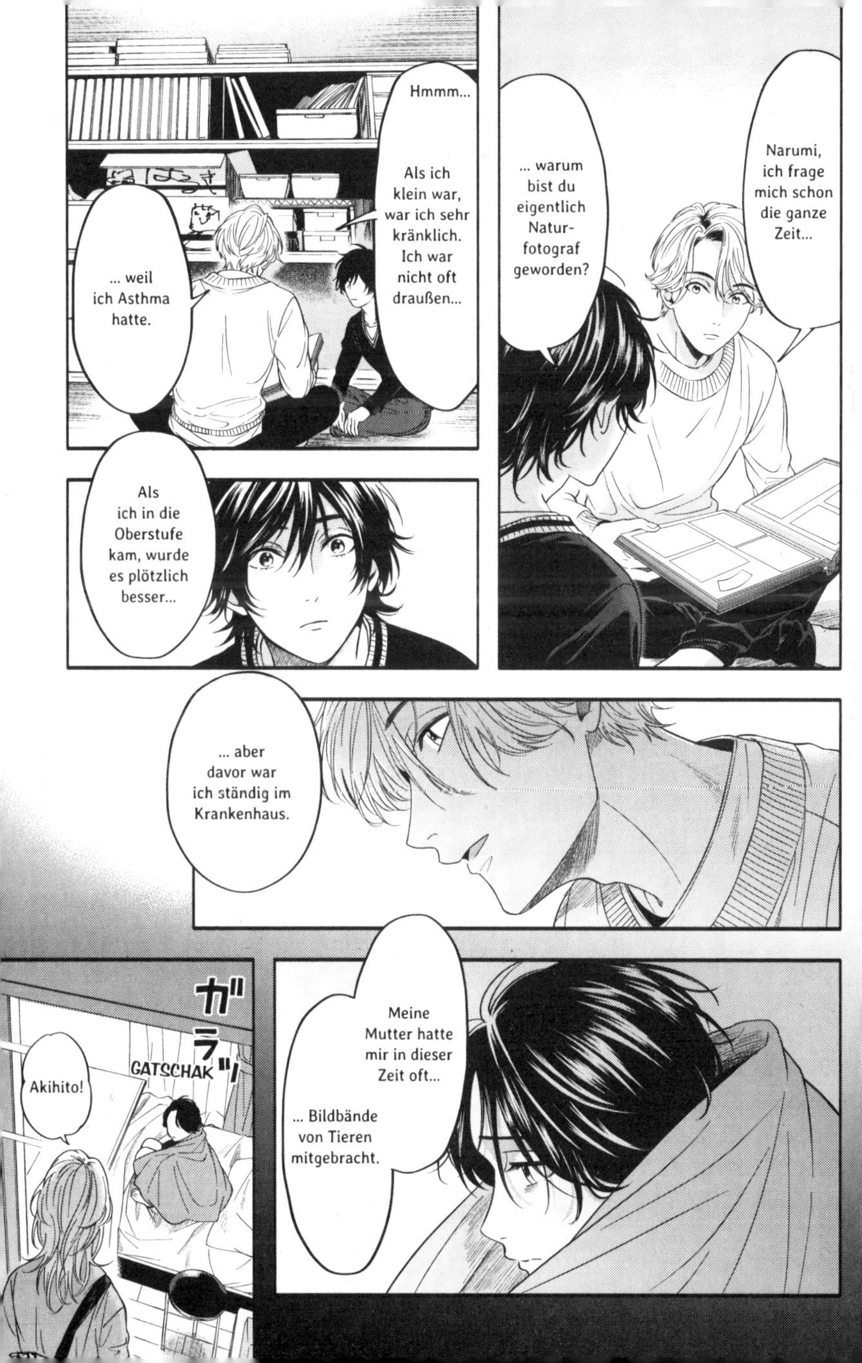

Narumi, ich frage mich schon die ganze Zeit...
... warum bist du eigentlich Naturfotograf geworden?
Hmmm...
Als ich klein war, war ich sehr kränklich. Ich war nicht oft draußen...
... weil ich Asthma hatte.
Als ich in die Oberstufe kam, wurde es plötzlich besser...
... aber davor war ich ständig im Krankenhaus.
Meine Mutter hatte mir in dieser Zeit oft...
... Bildbände von Tieren mitgebracht.
ガラッ
GATSCHAK
Akihito!

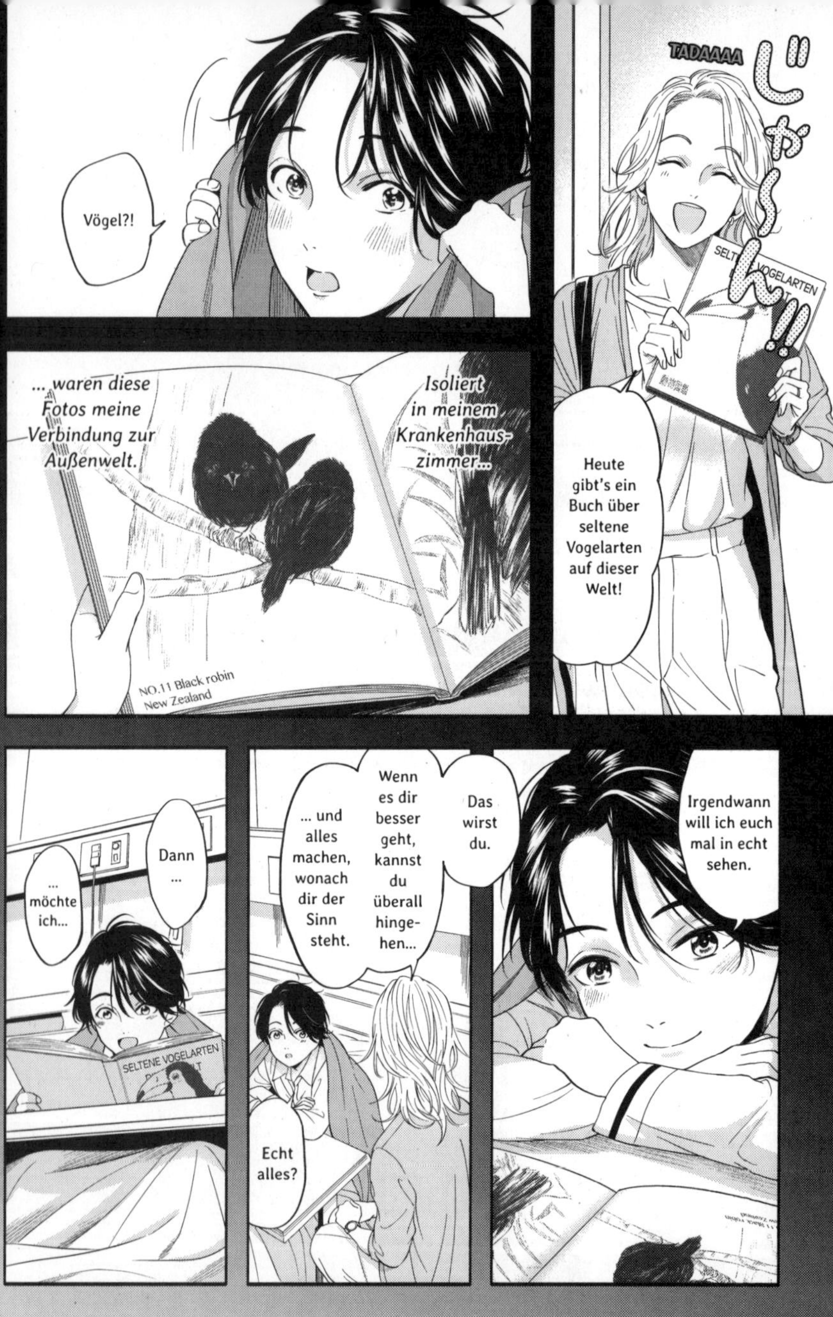
TADAAAA
じゃ〜ん!!
Heute gibt's ein Buch über seltene Vogelarten auf dieser Welt!
SELTENE VOGELARTEN
Vögel?!
Isoliert in meinem Krankenhaus-zimmer...
... waren diese Fotos meine Verbindung zur Außenwelt.
NO.11 Black robin
New Zealand
Irgendwann will ich euch mal in echt sehen.
Das wirst du.
Wenn es dir besser geht, kannst du überall hinge-hen...
... und alles machen, wonach dir der Sinn steht.
Echt alles?
Dann ...
... möchte ich...
SELTENE VOGELARTEN

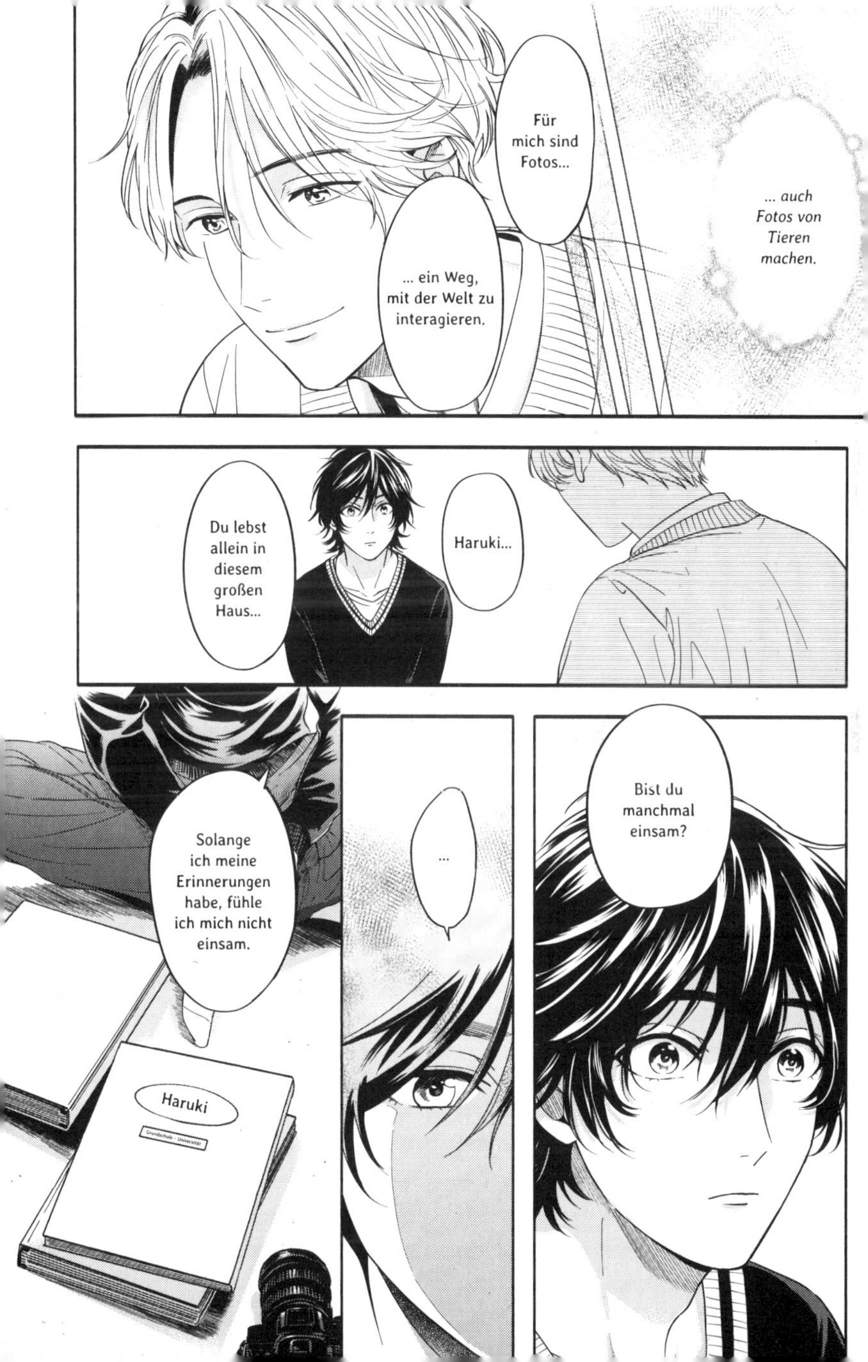
... auch Fotos von Tieren machen.
Für mich sind Fotos...
... ein Weg, mit der Welt zu interagieren.
Haruki...
Du lebst allein in diesem großen Haus...
Bist du manchmal einsam?
...
Solange ich meine Erinnerungen habe, fühle ich mich nicht einsam.
Haruki
Grundschule – Universität

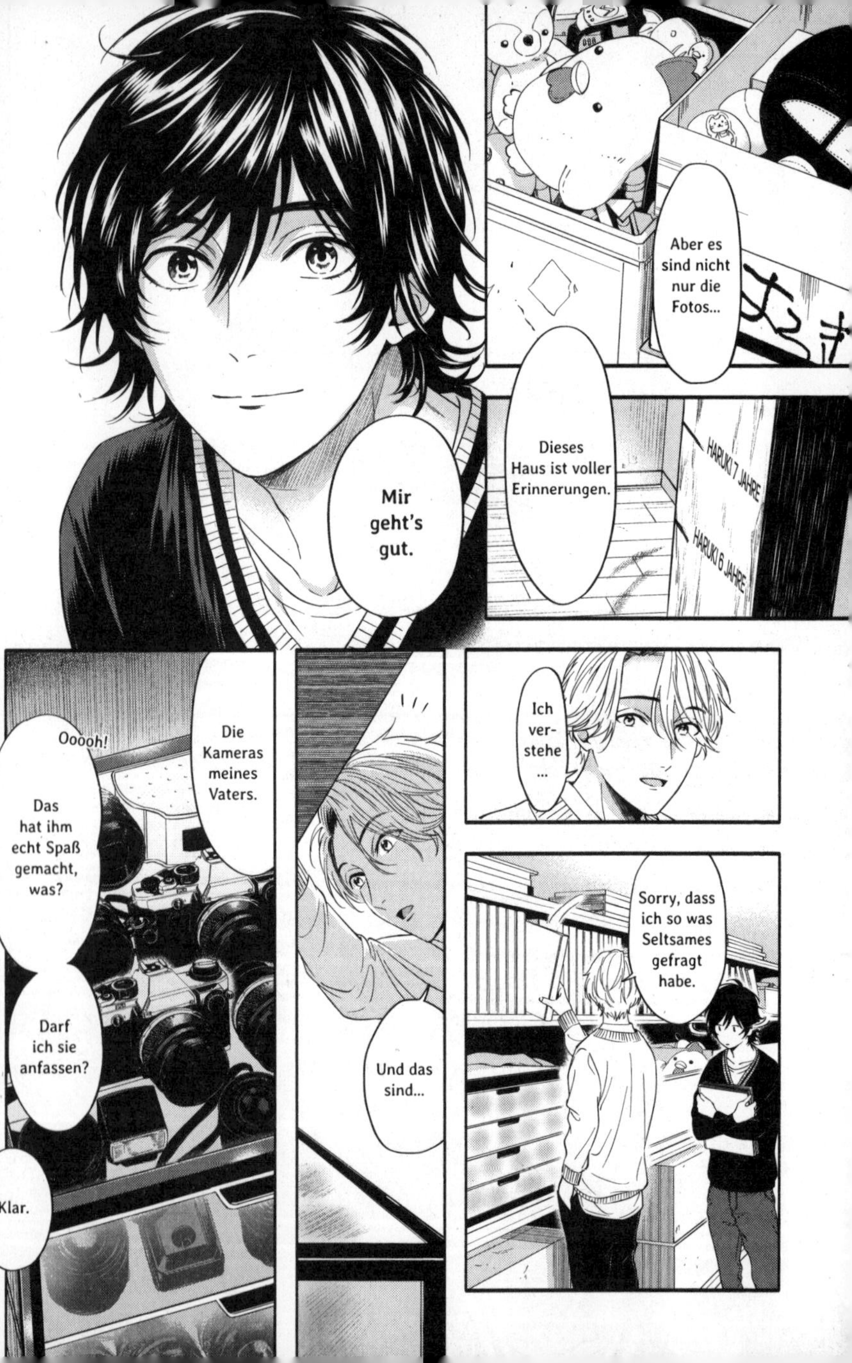

Aber es sind nicht nur die Fotos...
Dieses Haus ist voller Erinnerungen.
HARUKI 7 JAHRE
HARUKI 6 JAHRE
Mir geht's gut.
Ich ver-stehe ...
Sorry, dass ich so was Seltsames gefragt habe.
Und das sind...
Die Kameras meines Vaters.
Ooooh!
Das hat ihm echt Spaß gemacht, was?
Darf ich sie anfassen?
Klar.

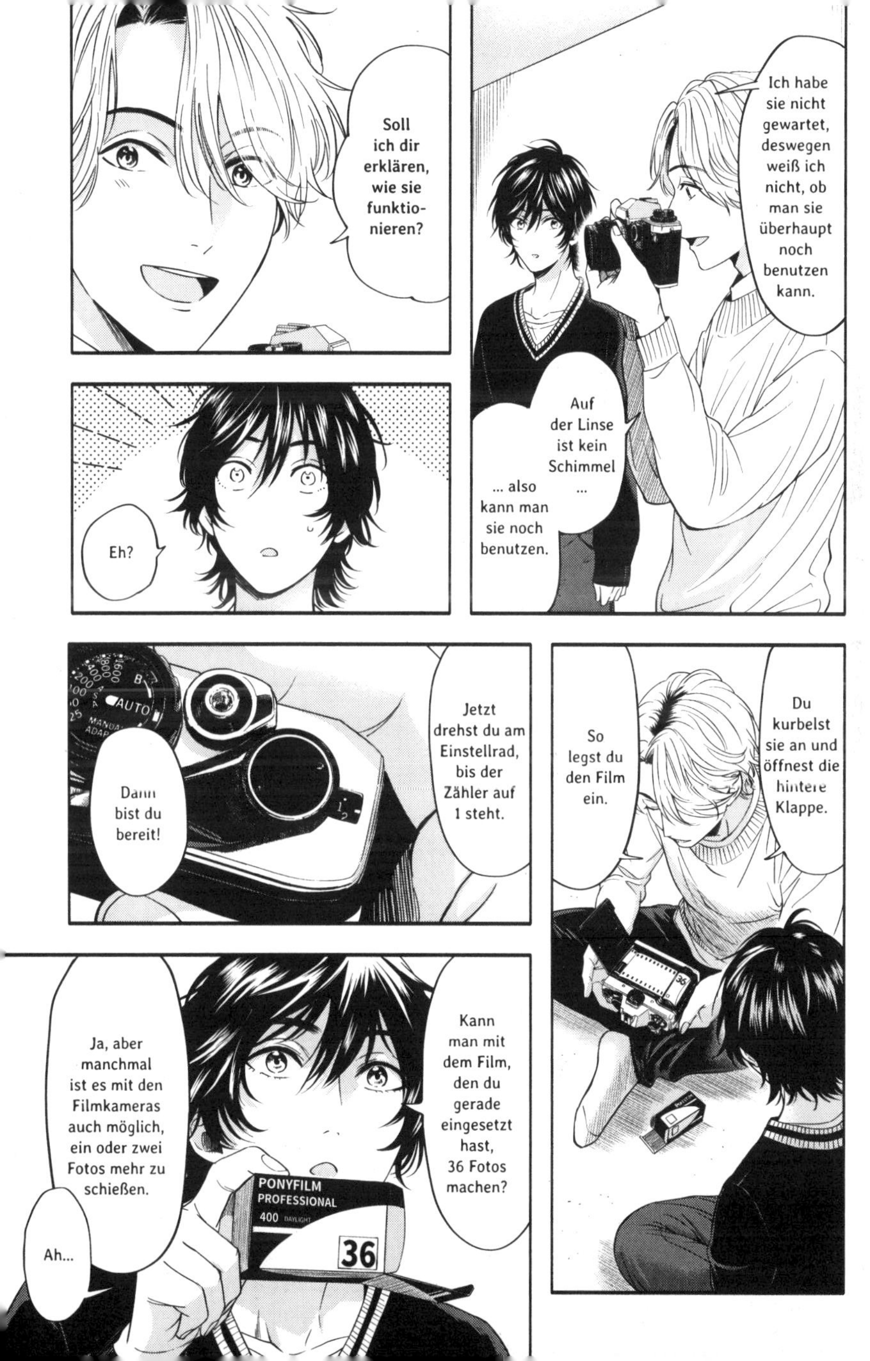
Ich habe sie nicht gewartet, deswegen weiß ich nicht, ob man sie überhaupt noch benutzen kann.
Auf der Linse ist kein Schimmel …
… also kann man sie noch benutzen.
Soll ich dir erklären, wie sie funktionieren?
Eh?
Du kurbelst sie an und öffnest die hintere Klappe.
So legst du den Film ein.
Jetzt drehst du am Einstellrad, bis der Zähler auf 1 steht.
Dann bist du bereit!
Kann man mit dem Film, den du gerade eingesetzt hast, 36 Fotos machen?
Ja, aber manchmal ist es mit den Filmkameras auch möglich, ein oder zwei Fotos mehr zu schießen.
Ah…
PONYFILM PROFESSIONAL
400 DAYLIGHT
36

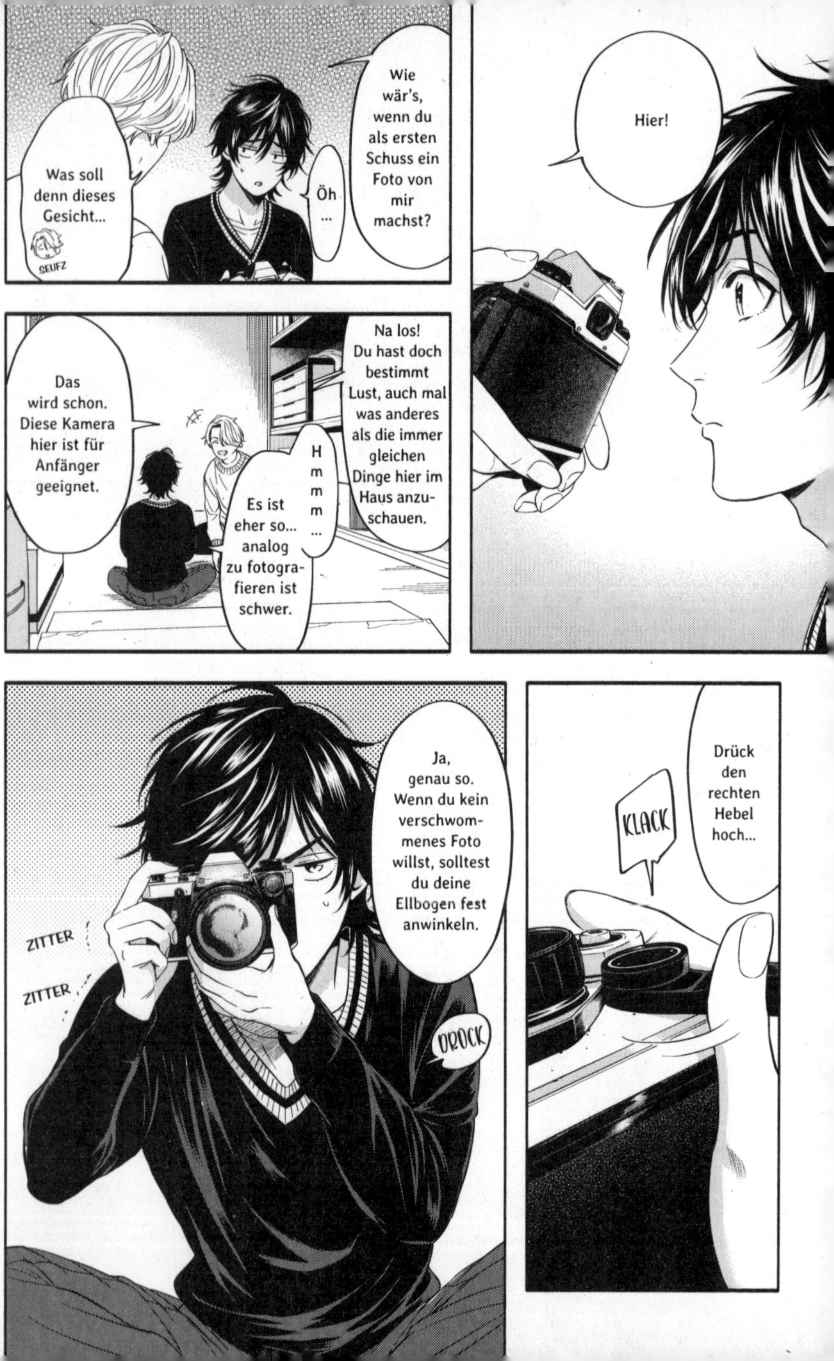
Hier!
Wie wär's, wenn du als ersten Schuss ein Foto von mir machst?
Öh ...
Was soll denn dieses Gesicht...
SEUFZ
Na los! Du hast doch bestimmt Lust, auch mal was anderes als die immer gleichen Dinge hier im Haus anzu-schauen.
Hmmm...
Es ist eher so... analog zu fotogra-fieren ist schwer.
Das wird schon. Diese Kamera hier ist für Anfänger geeignet.
Drück den rechten Hebel hoch...
KLACK
Ja, genau so. Wenn du kein verschwom-menes Foto willst, solltest du deine Ellbogen fest anwinkeln.
DRÜCK
ZITTER
ZITTER

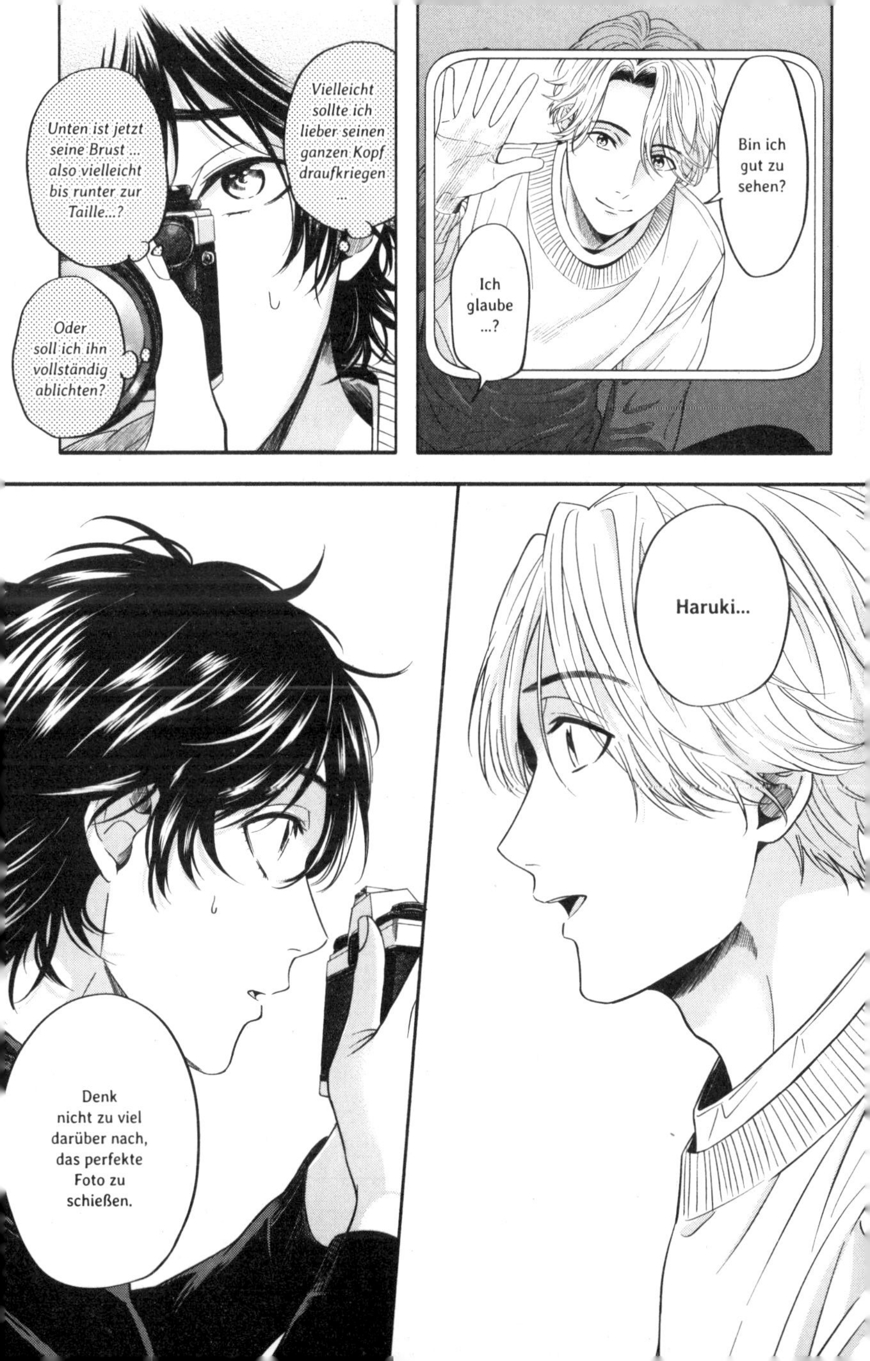
Bin ich gut zu sehen?
Ich glaube ...?
Vielleicht sollte ich lieber seinen ganzen Kopf draufkriegen ...
Unten ist jetzt seine Brust ... also vielleicht bis runter zur Taille...?
Oder soll ich ihn vollständig ablichten?
Haruki...
Denk nicht zu viel darüber nach, das perfekte Foto zu schießen.

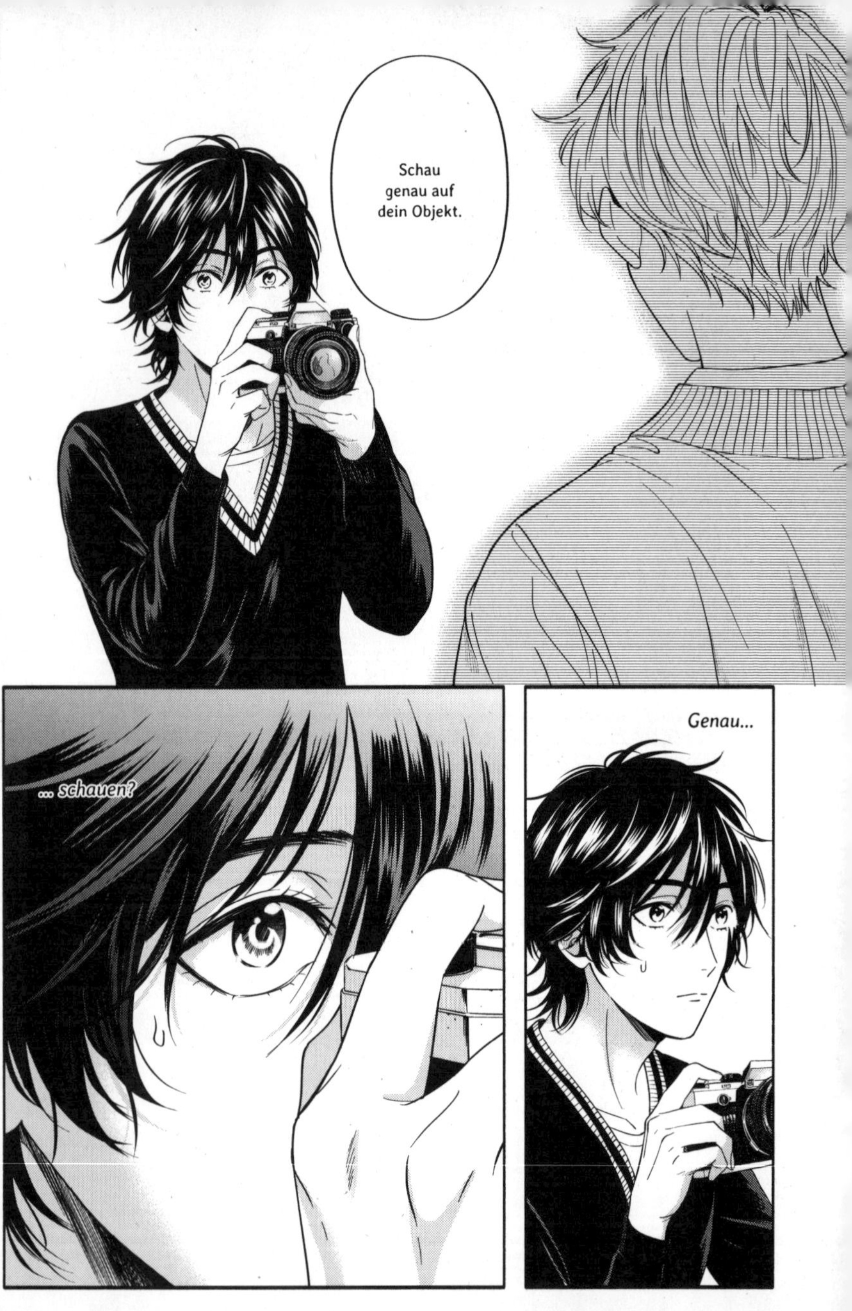

Schau genau auf dein Objekt.
Genau...
... schauen?

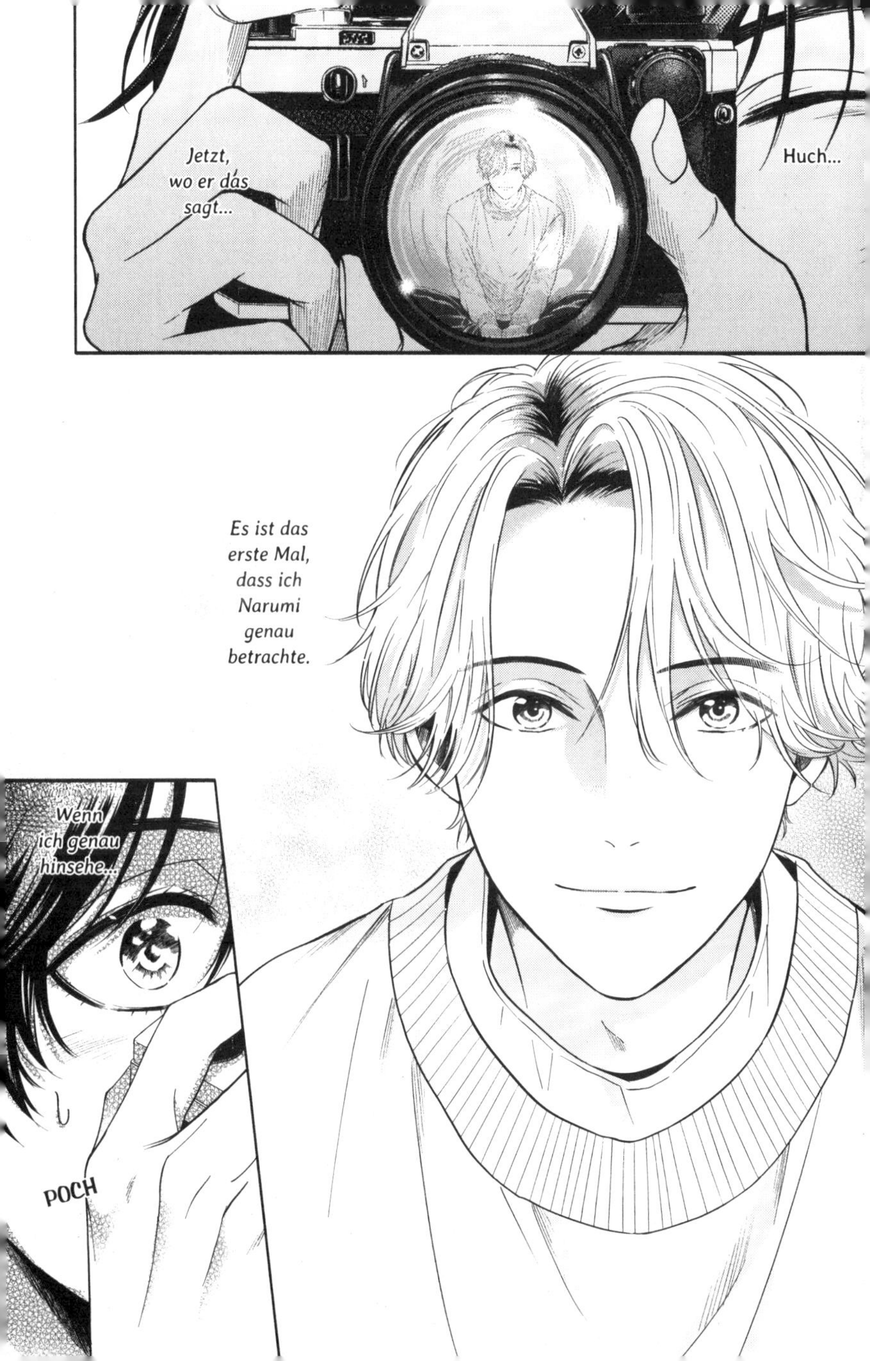
Huch...
Jetzt, wo er das sagt...
Es ist das erste Mal, dass ich Narumi genau betrachte.
Wenn ich genau hinsehe...
POCH

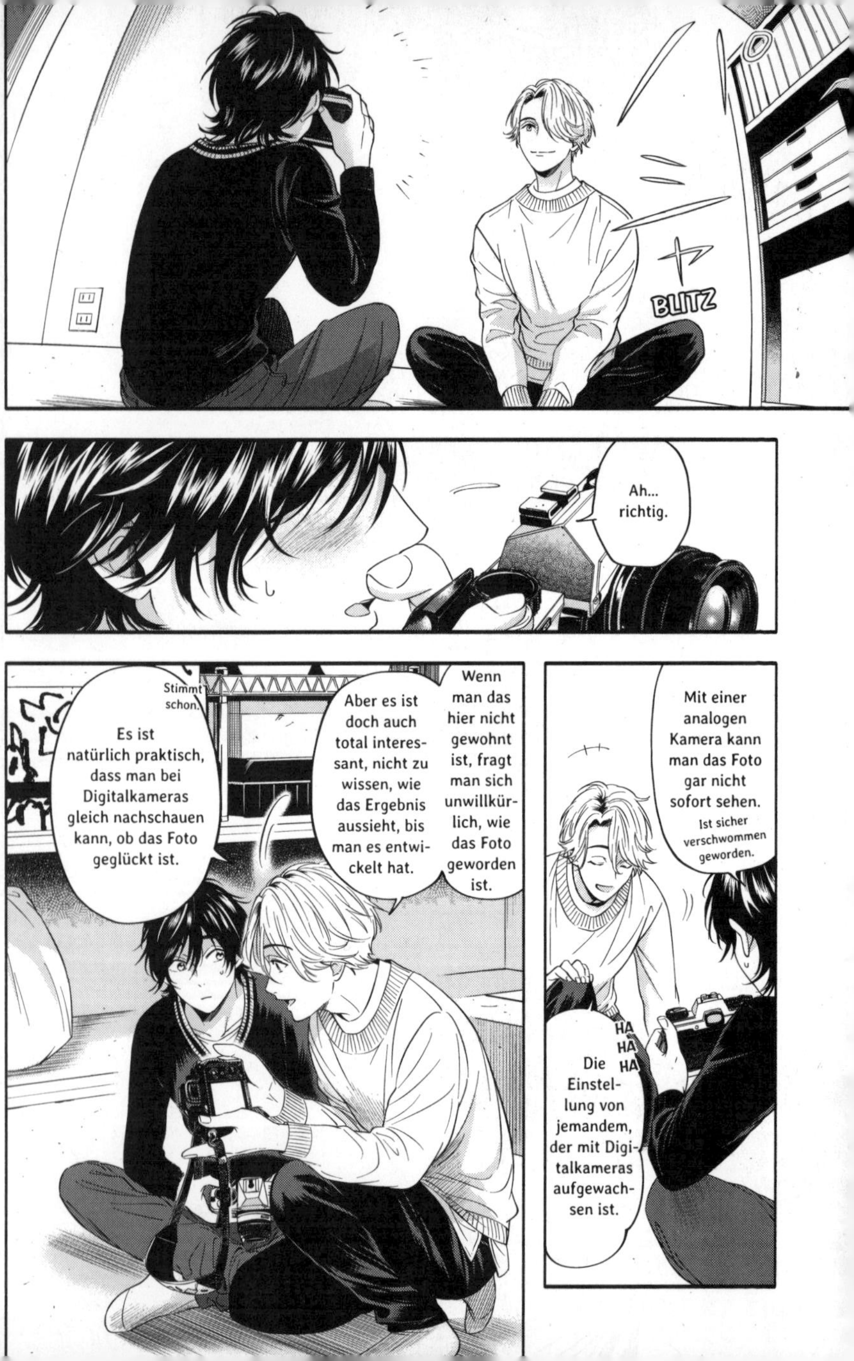
BLITZ
Ah... richtig.
Mit einer analogen Kamera kann man das Foto gar nicht sofort sehen.
Ist sicher verschwommen geworden.
HA HA HA
Die Einstellung von jemandem, der mit Digitalkameras aufgewachsen ist.
Wenn man das hier nicht gewohnt ist, fragt man sich unwillkürlich, wie das Foto geworden ist.
Aber es ist doch auch total interessant, nicht zu wissen, wie das Ergebnis aussieht, bis man es entwickelt hat.
Stimmt schon.
Es ist natürlich praktisch, dass man bei Digitalkameras gleich nachschauen kann, ob das Foto geglückt ist.

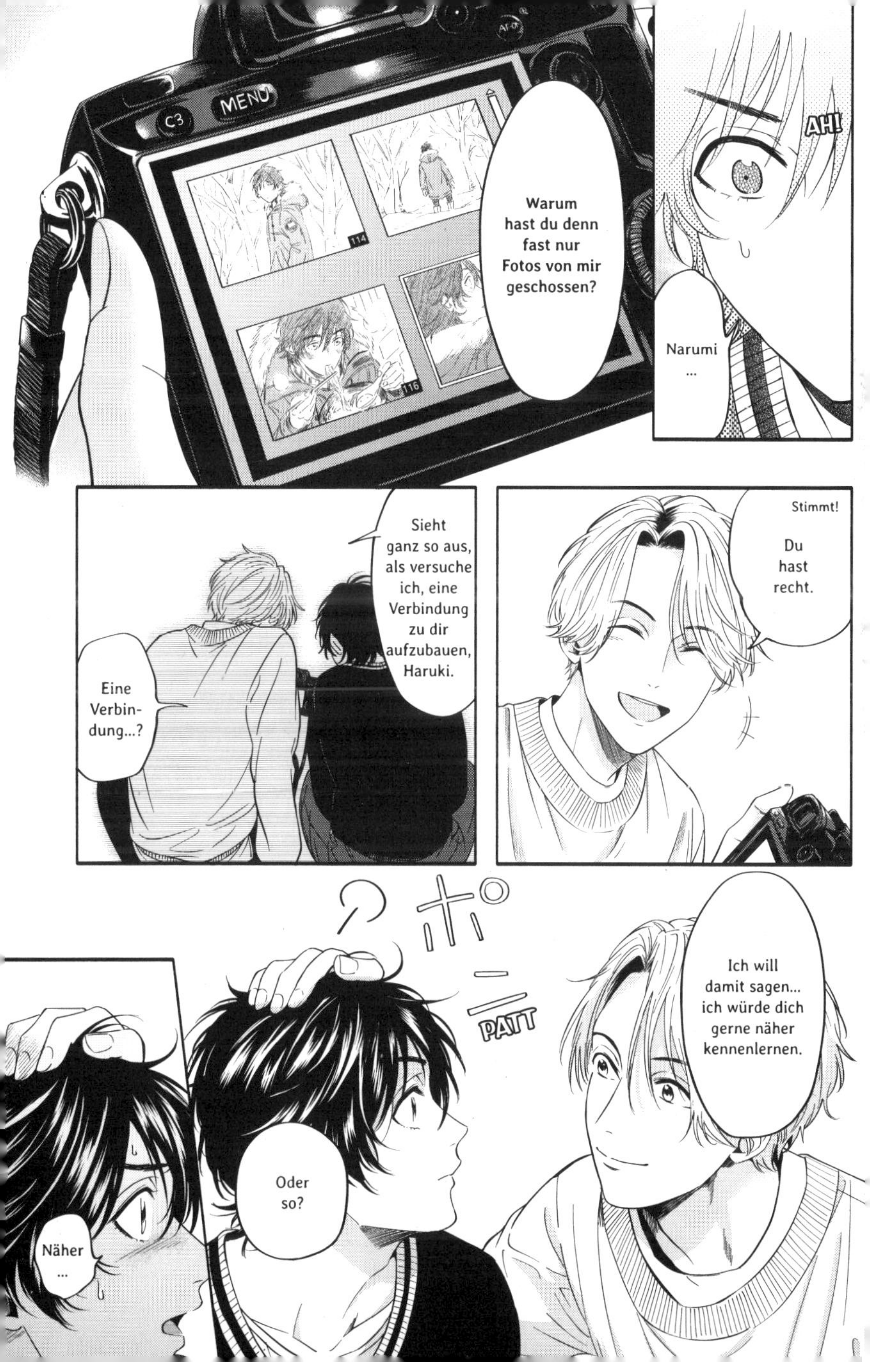
MENU
C3
114
116
AH!
Narumi ...
Warum hast du denn fast nur Fotos von mir geschossen?
Stimmt!
Du hast recht.
Sieht ganz so aus, als versuche ich, eine Verbindung zu dir aufzubauen, Haruki.
Eine Verbin-dung...?
Ich will damit sagen... ich würde dich gerne näher kennenlernen.
ポ
PATT
Oder so?
Näher ...

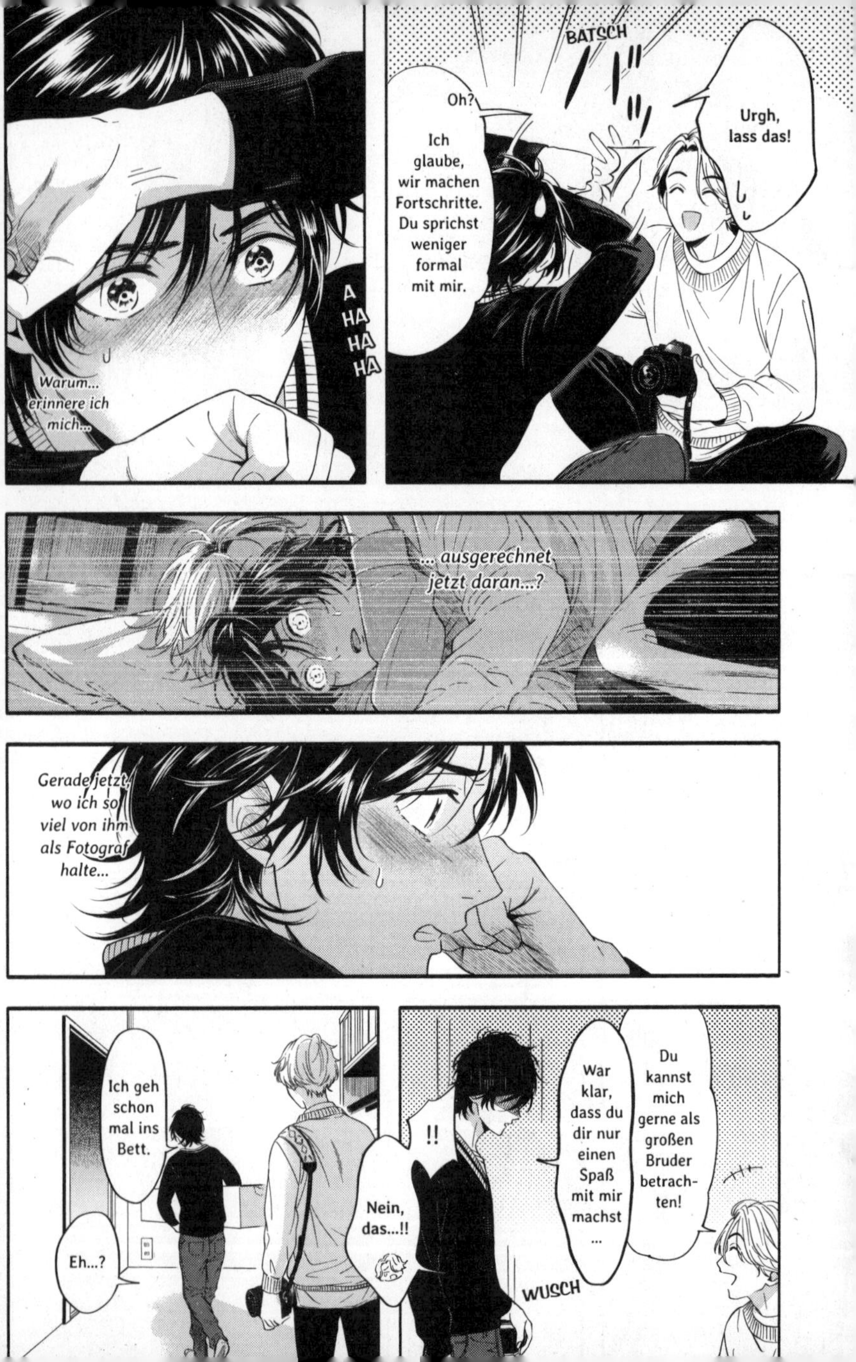
BATSCH
Urgh, lass das!
Oh?
Ich glaube, wir machen Fortschritte. Du sprichst weniger formal mit mir.
A HA HA HA
Warum... erinnere ich mich...
... ausgerechnet jetzt daran...?
Gerade jetzt, wo ich so viel von ihm als Fotograf halte...
Du kannst mich gerne als großen Bruder betrachten!
War klar, dass du dir nur einen Spaß mit mir machst ...
WUSCH
!!
Nein, das...!!
Ich geh schon mal ins Bett.
Eh...?

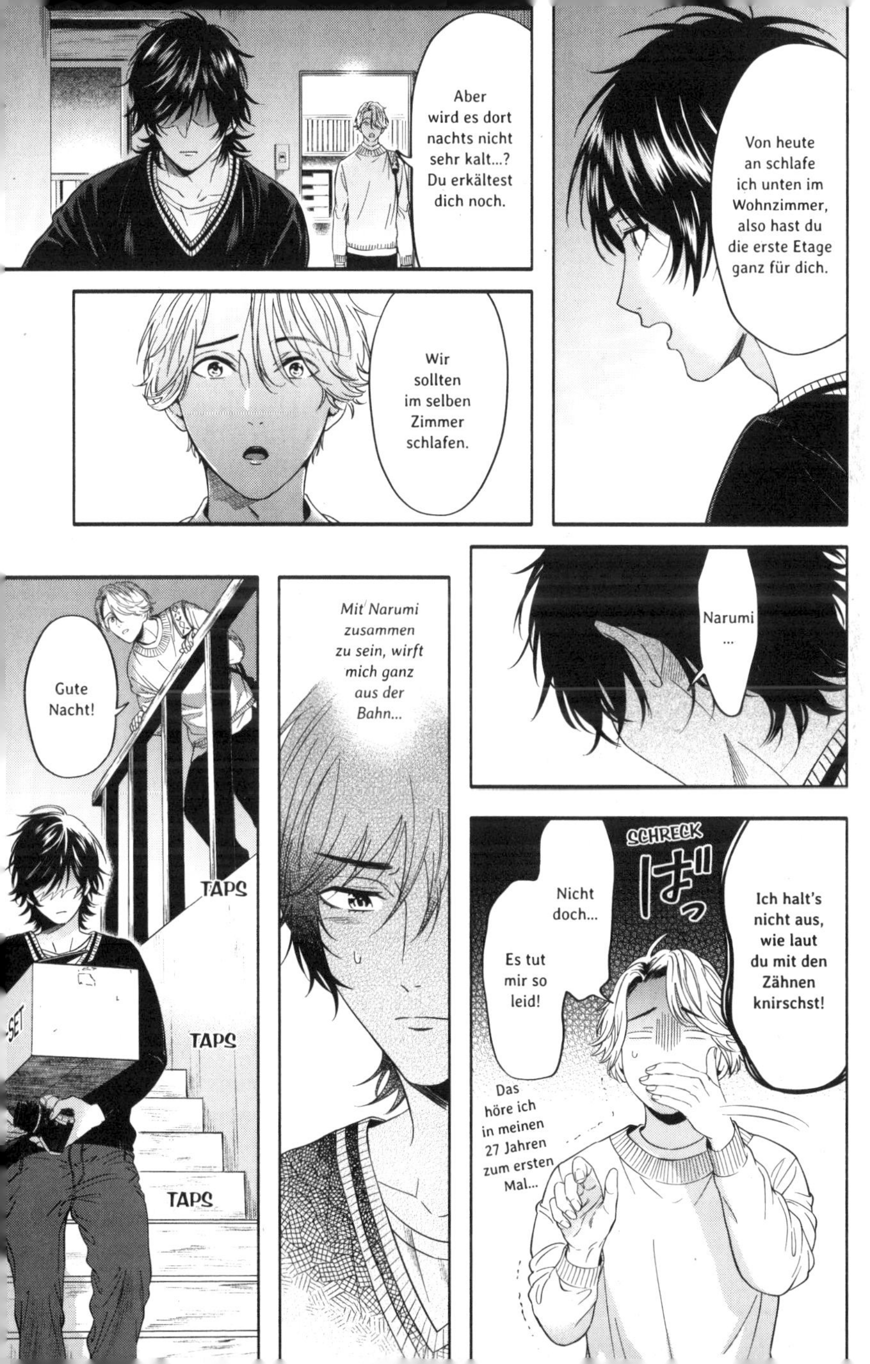
Von heute an schlafe ich unten im Wohnzimmer, also hast du die erste Etage ganz für dich.
Aber wird es dort nachts nicht sehr kalt...? Du erkältest dich noch.
Wir sollten im selben Zimmer schlafen.
Narumi ...
SCHRECK
ばっ
Ich halt's nicht aus, wie laut du mit den Zähnen knirschst!
Nicht doch...
Es tut mir so leid!
Das höre ich in meinen 27 Jahren zum ersten Mal...
Mit Narumi zusammen zu sein, wirft mich ganz aus der Bahn...
Gute Nacht!
TAPS
TAPS
TAPS

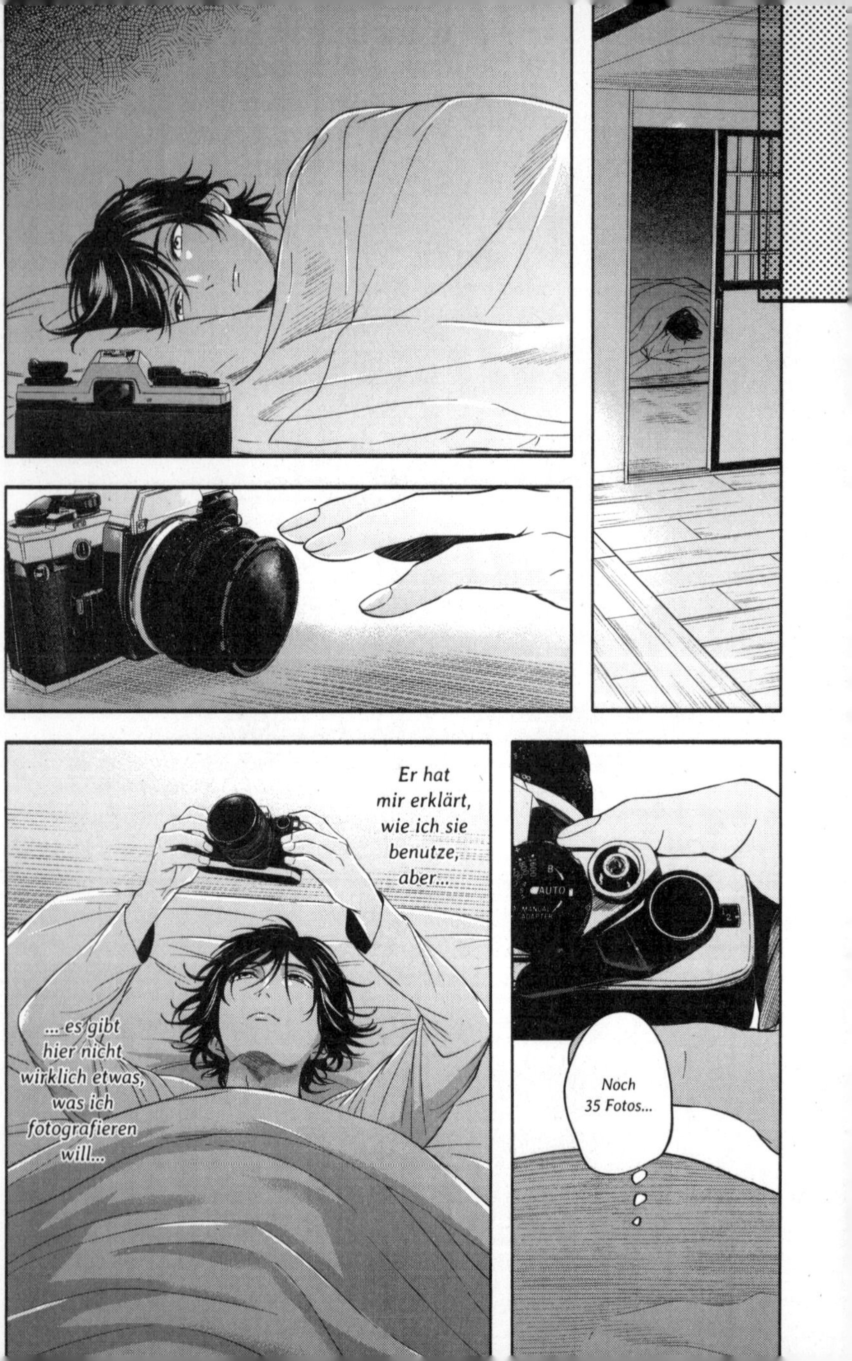
Er hat mir erklärt, wie ich sie benutze, aber...
... es gibt hier nicht wirklich etwas, was ich fotografieren will...
AUTO
MANUAL ADAPTER
Noch 35 Fotos...

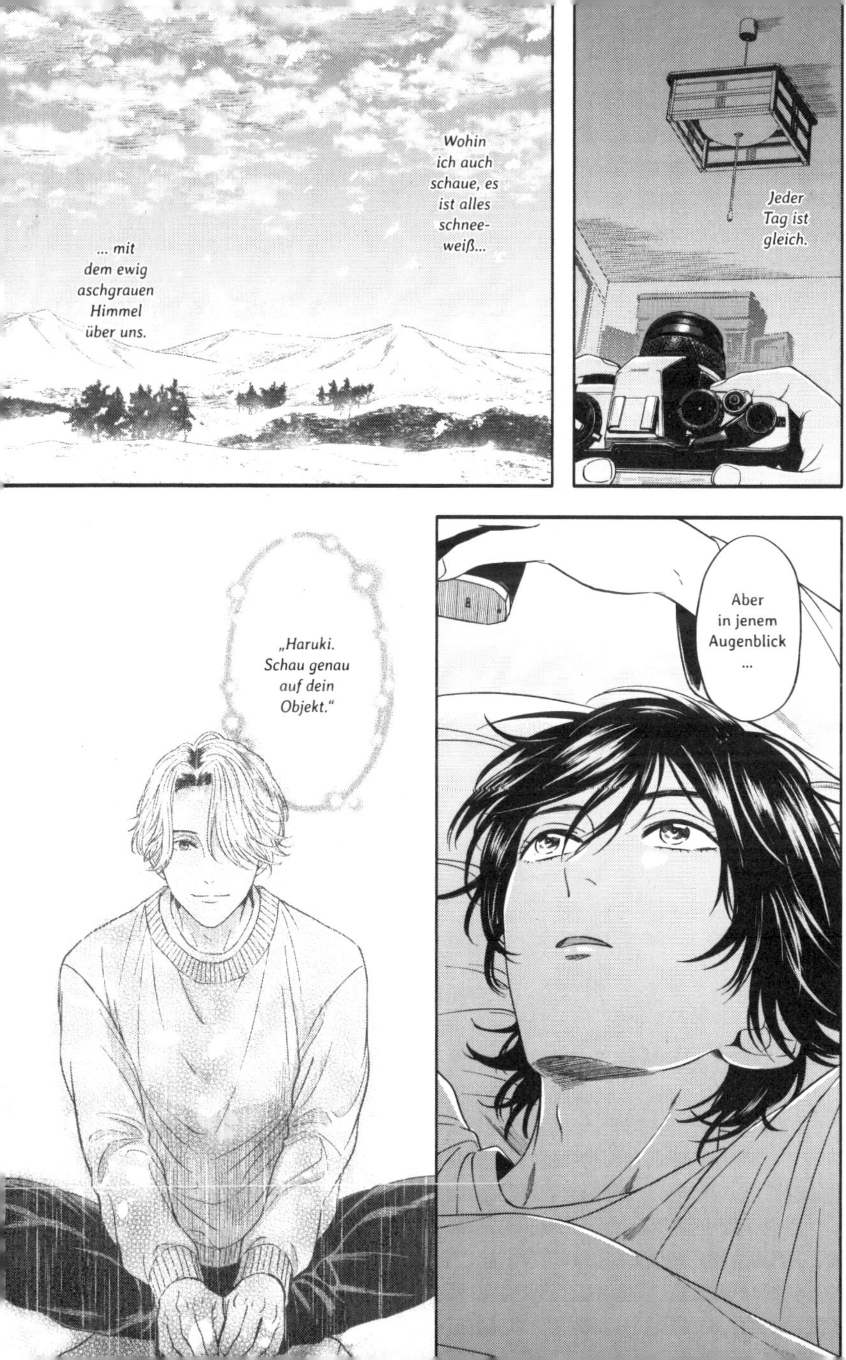
Jeder Tag ist gleich.
Wohin ich auch schaue, es ist alles schnee-weiß…
… mit dem ewig aschgrauen Himmel über uns.
Aber in jenem Augenblick …
„Haruki. Schau genau auf dein Objekt.“

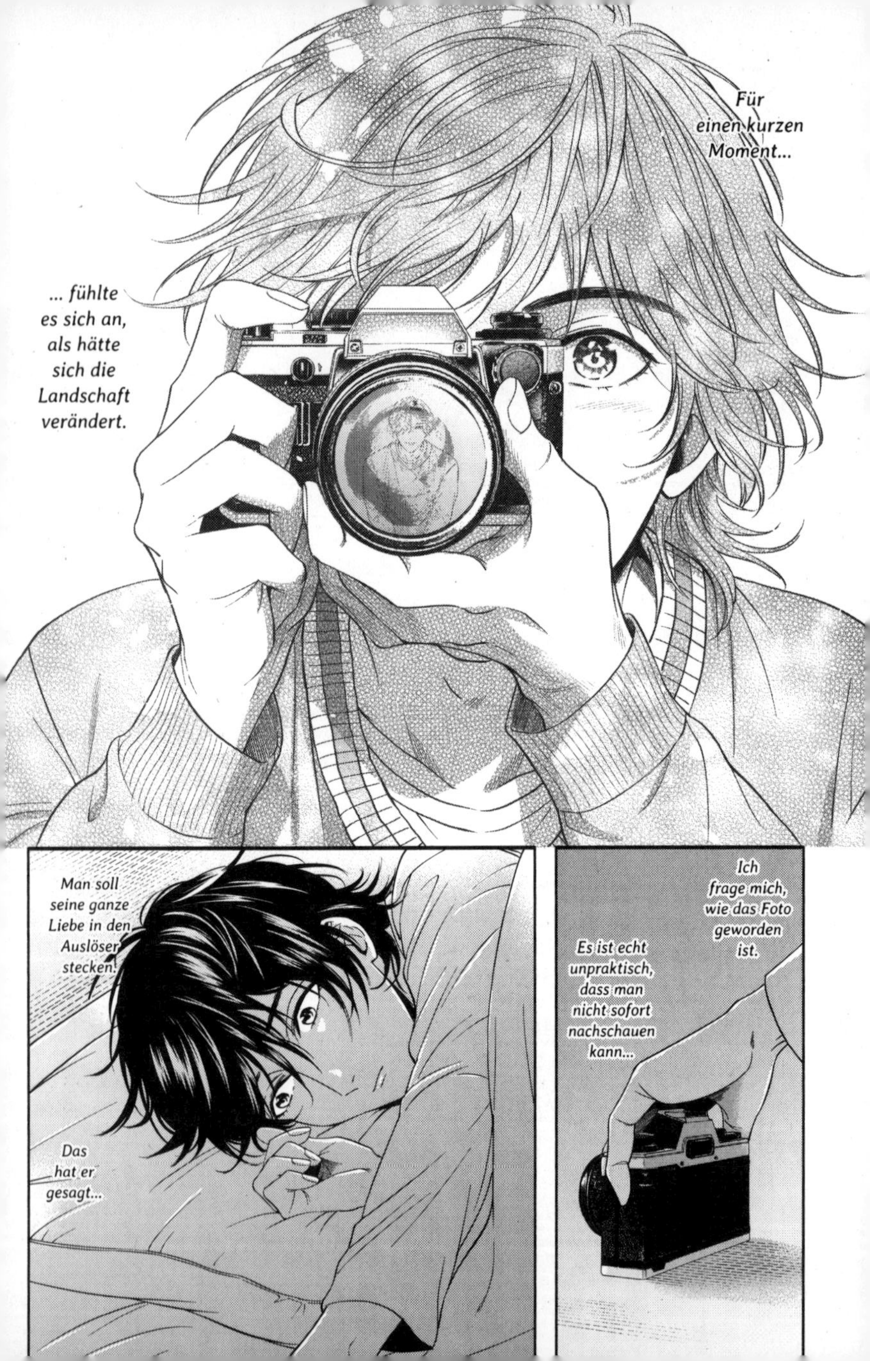

Für einen kurzen Moment...
... fühlte es sich an, als hätte sich die Landschaft verändert.
Ich frage mich, wie das Foto geworden ist.
Es ist echt unpraktisch, dass man nicht sofort nachschauen kann...
Man soll seine ganze Liebe in den Auslöser stecken.
Das hat er gesagt...

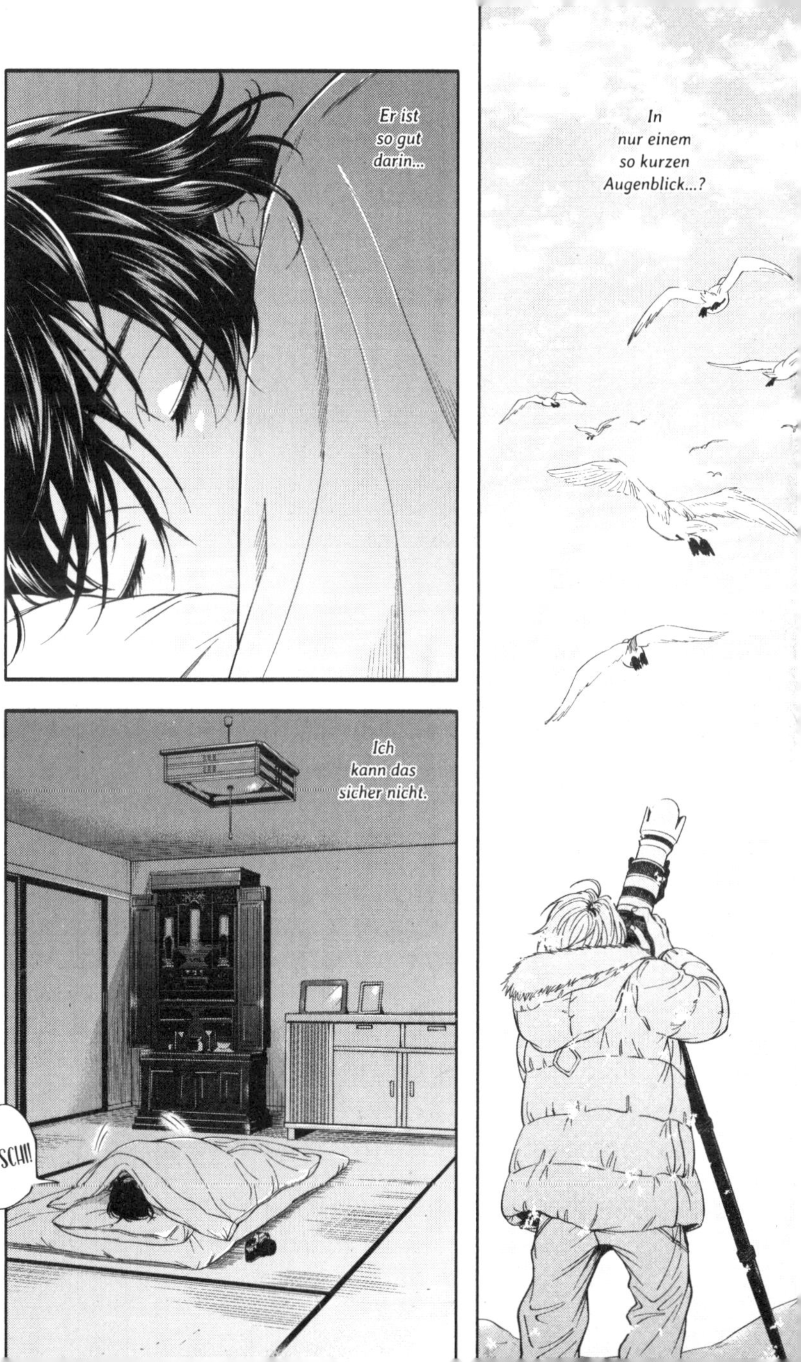
In nur einem so kurzen Augenblick...?
Er ist so gut darin...
Ich kann das sicher nicht.
HATSCHI!

SNOW FAIRY

Tomo Serizawa

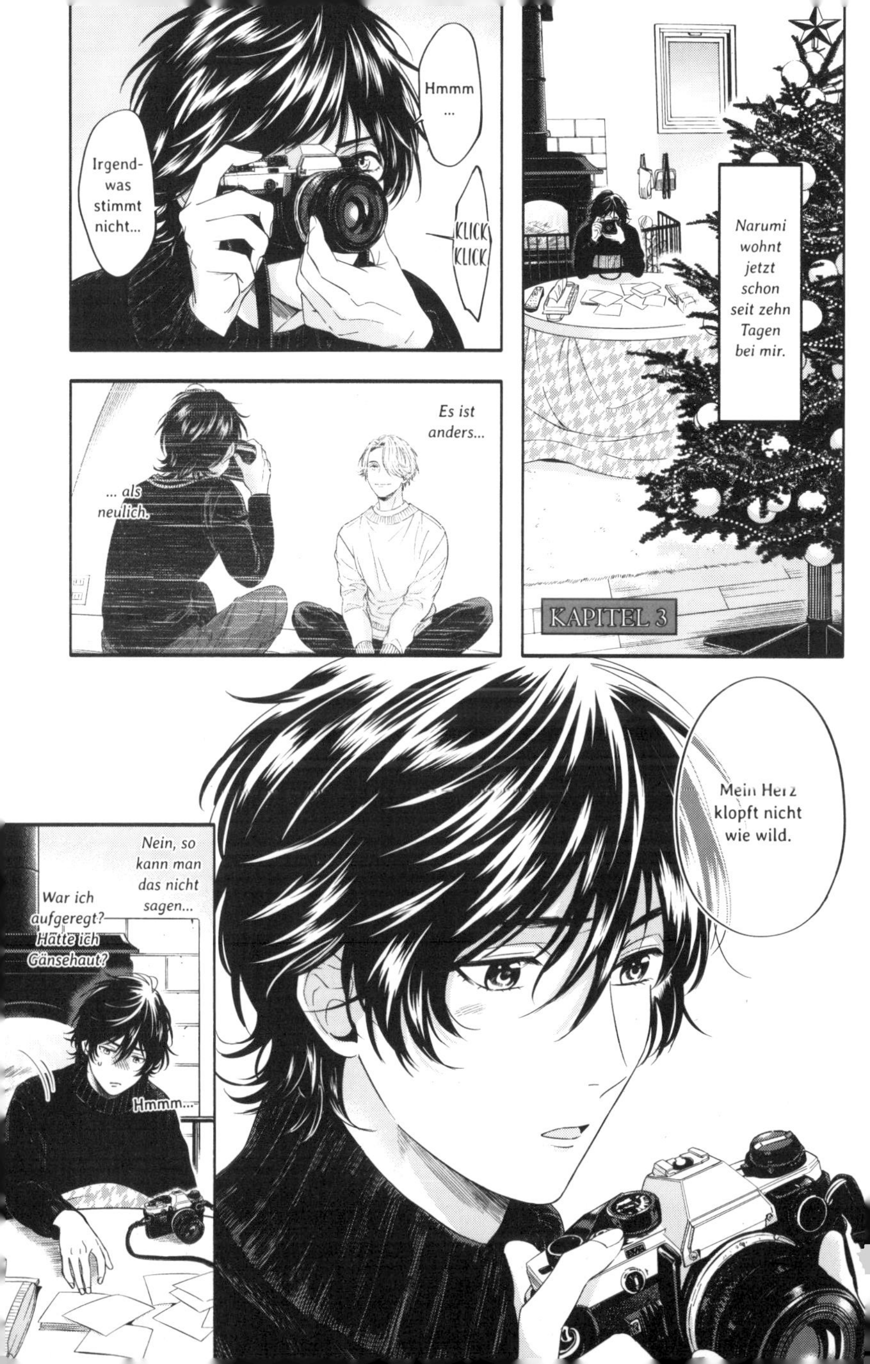

Narumi wohnt jetzt schon seit zehn Tagen bei mir.
KAPITEL 3
Hmmm ...
KLICK KLICK
Irgend-was stimmt nicht...
Es ist anders...
... als neulich.
Mein Herz klopft nicht wie wild.
Nein, so kann man das nicht sagen...
War ich aufgeregt? Hätte ich Gänsehaut?
Hmmm...

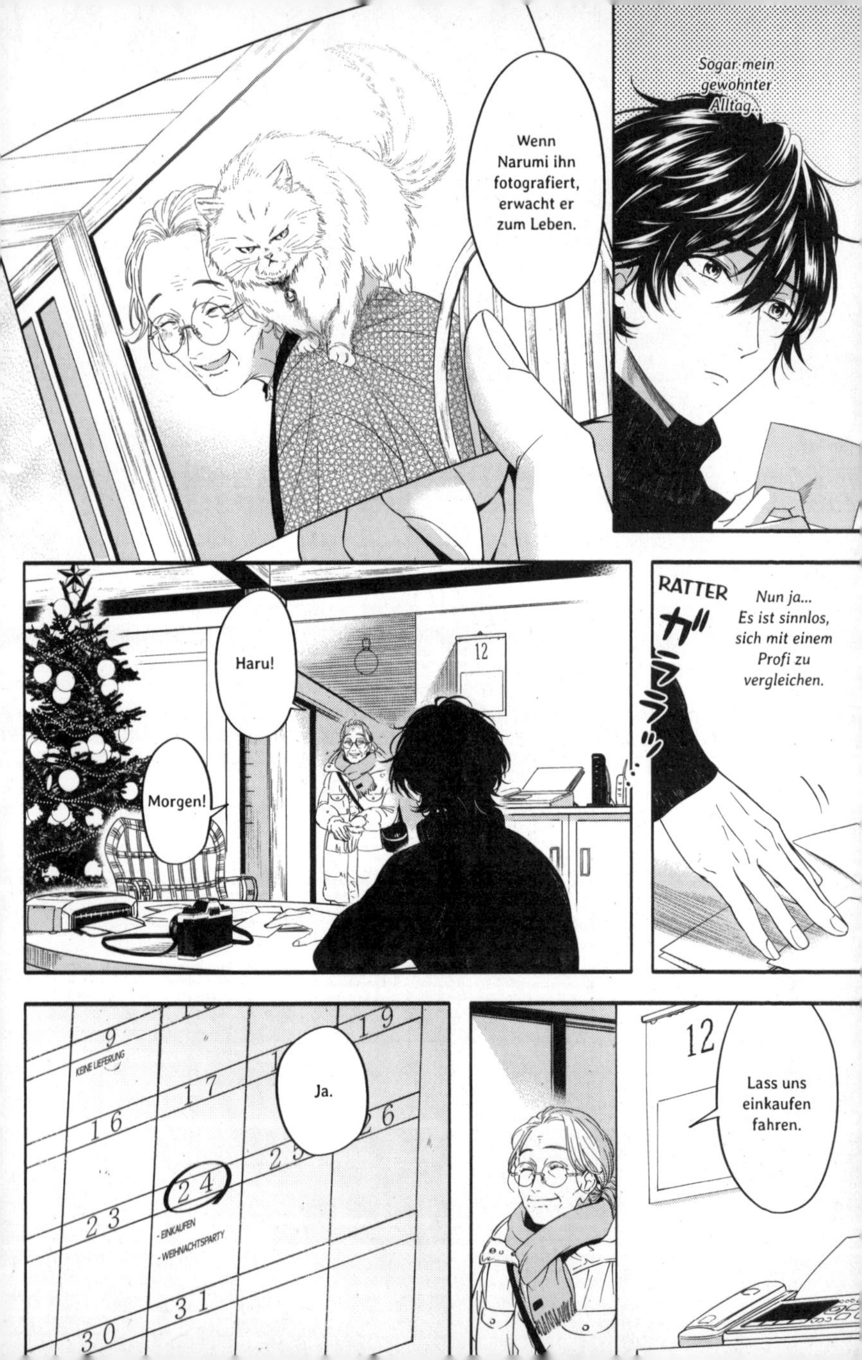
Sogar mein gewohnter Alltag...
Wenn Narumi ihn fotografiert, erwacht er zum Leben.
RATTER
ガラッ
Nun ja... Es ist sinnlos, sich mit einem Profi zu vergleichen.
Haru!
Morgen!
12
Lass uns einkaufen fahren.
Ja.
KEINE LIEFERUNG
- EINKAUFEN
- WEIHNACHTSPARTY

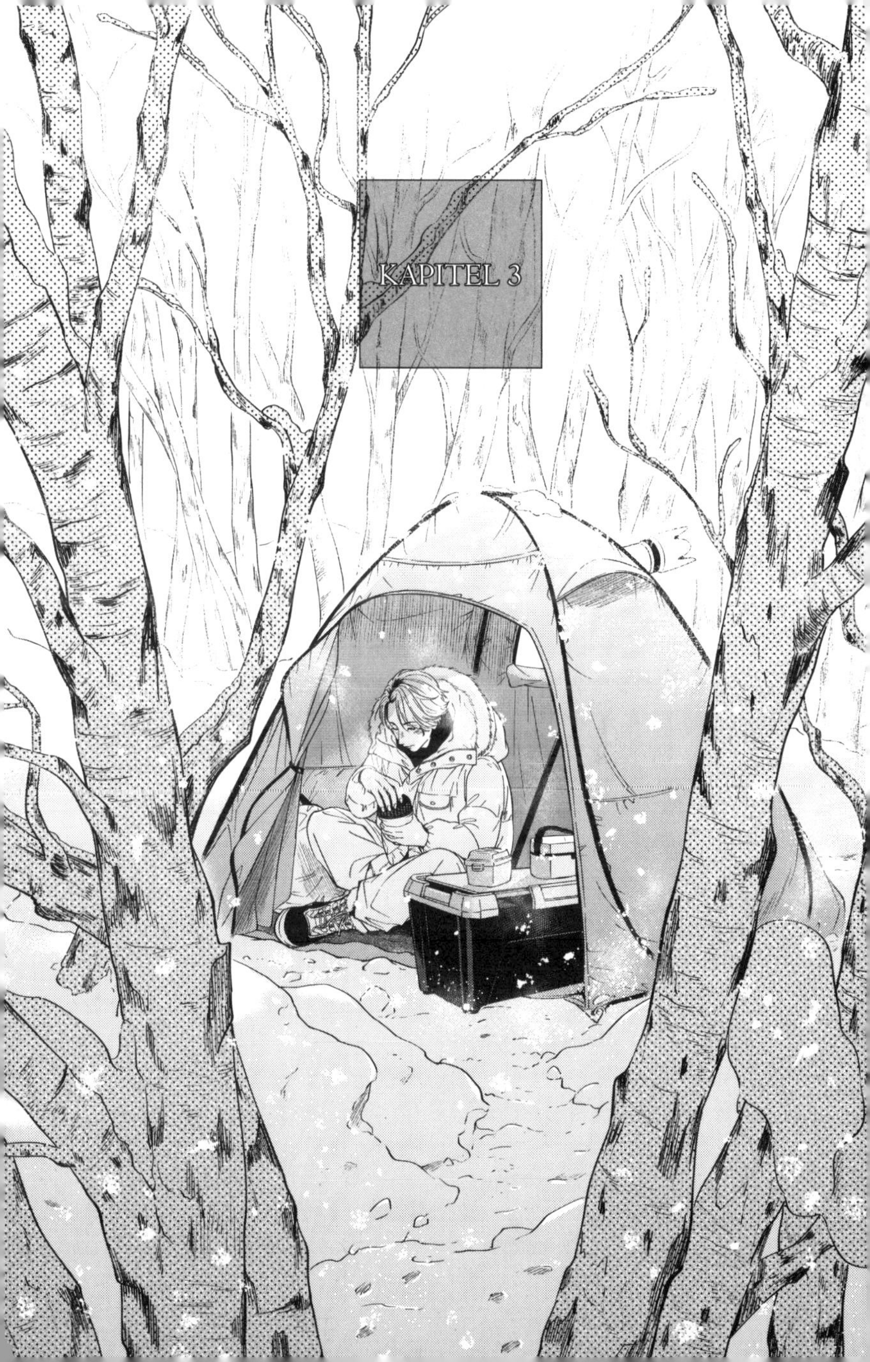
KAPITEL 3

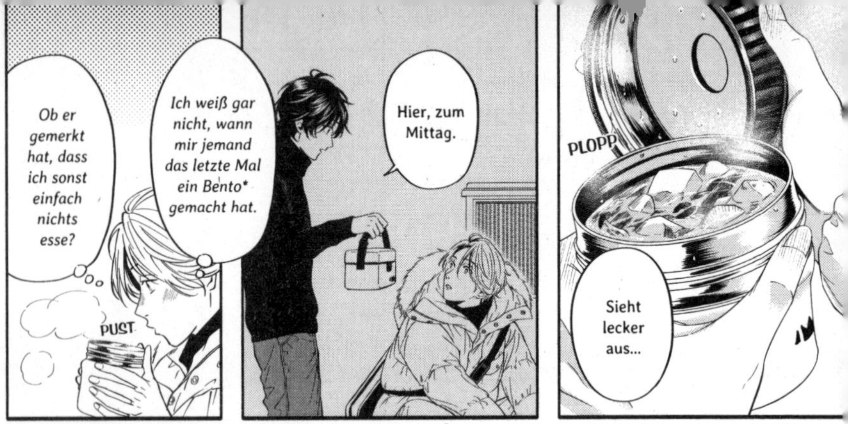

*eine kleine Mahlzeit für unterwegs

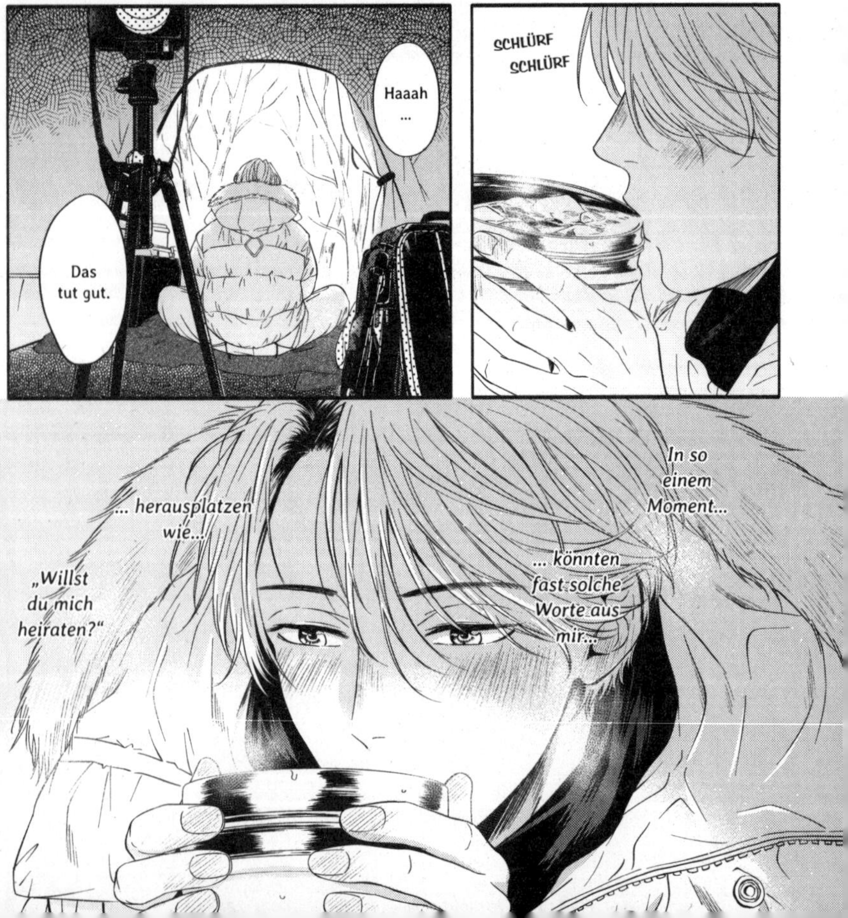

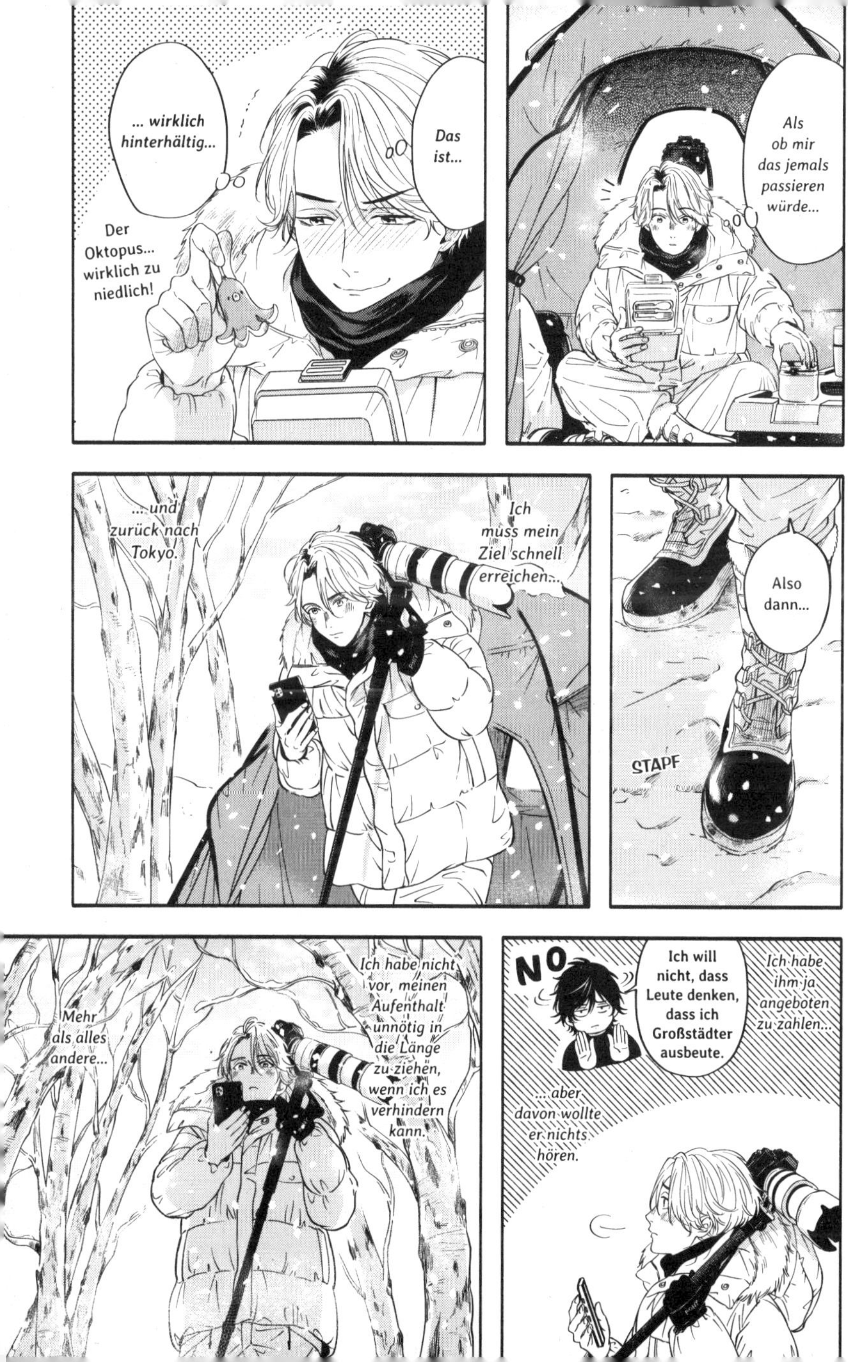
Als ob mir das jemals passieren würde...
Das ist...
... wirklich hinterhältig...
Der Oktopus... wirklich zu niedlich!
Also dann...
STAPF
Ich muss mein Ziel schnell erreichen...
... und zurück nach Tokyo.
Ich habe ihm ja angeboten zu zahlen...
Ich will nicht, dass Leute denken, dass ich Großstädter ausbeute.
NO
... aber davon wollte er nichts hören.
Ich habe nicht vor, meinen Aufenthalt unnötig in die Länge zu ziehen, wenn ich es verhindern kann.
Mehr als alles andere...

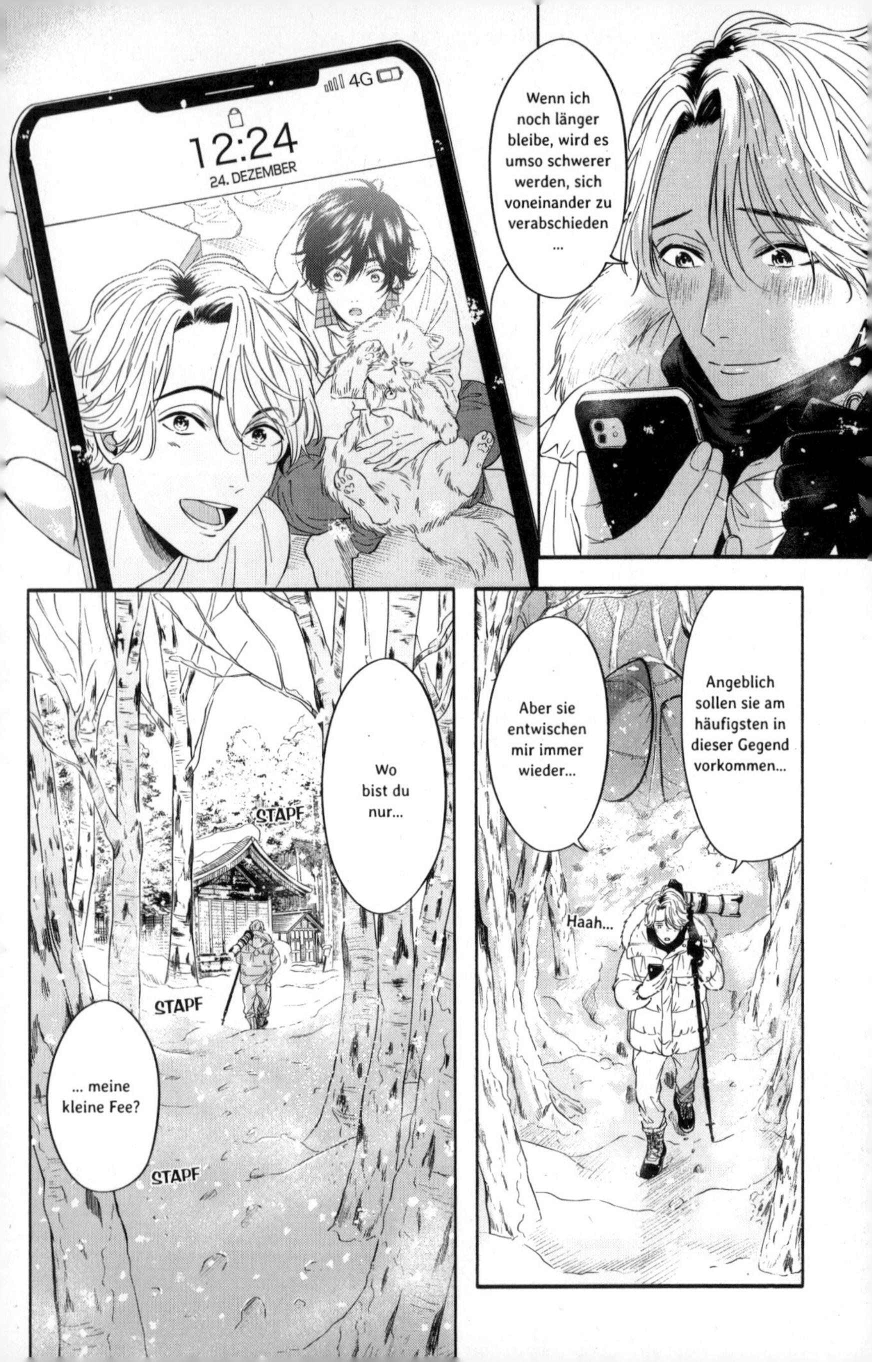
4G
12:24
24. DEZEMBER
Wenn ich noch länger bleibe, wird es umso schwerer werden, sich voneinander zu verabschieden ...
Angeblich sollen sie am häufigsten in dieser Gegend vorkommen...
Aber sie entwischen mir immer wieder...
Haah...
Wo bist du nur...
STAPF
STAPF
... meine kleine Fee?
STAPF

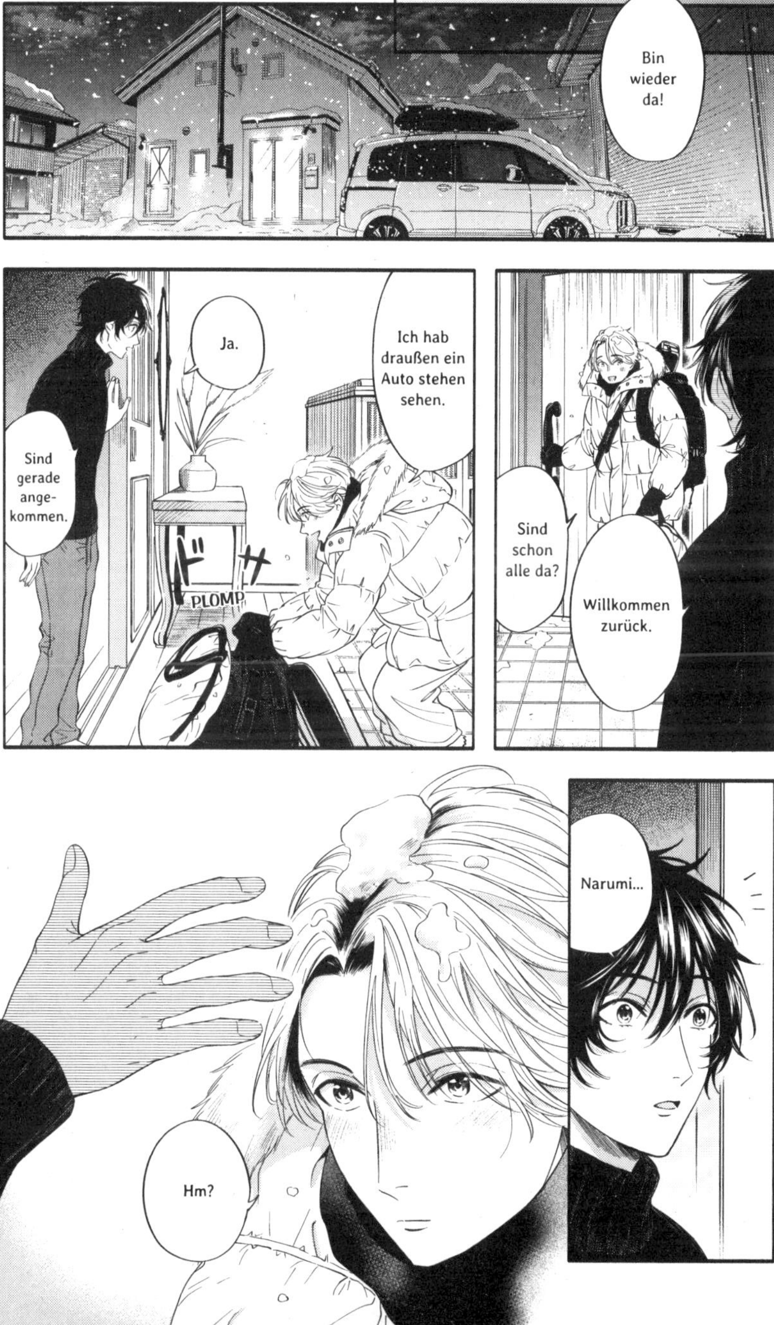

Bin wieder da!
Willkommen zurück.
Sind schon alle da?
Ich hab draußen ein Auto stehen sehen.
Ja.
Sind gerade ange-kommen.
ドサ
PLOMP
Narumi...
Hm?

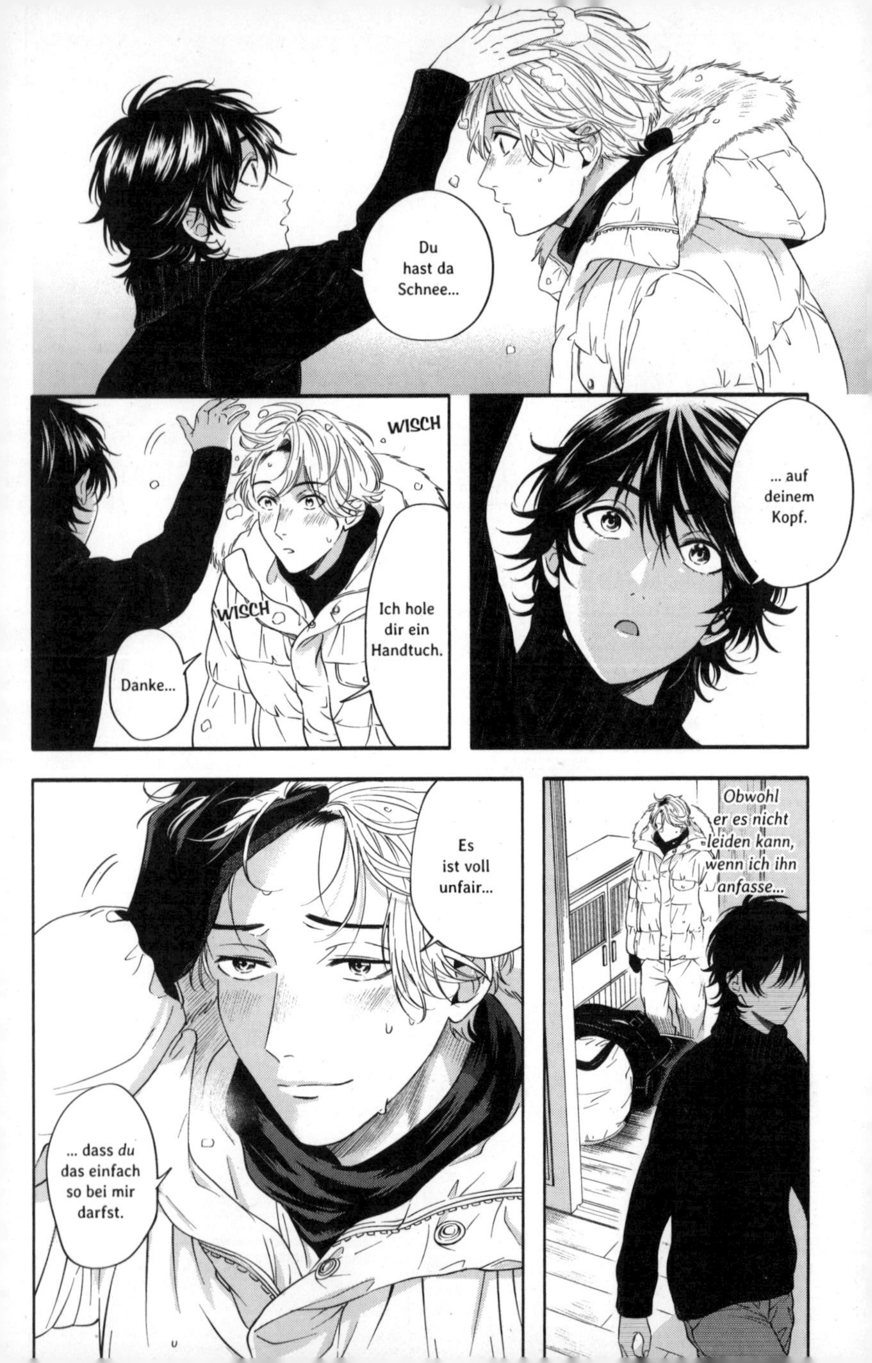
Du hast da Schnee...
... auf deinem Kopf.
WISCH
WISCH
Ich hole dir ein Handtuch.
Danke...
Obwohl er es nicht leiden kann, wenn ich ihn anfasse...
Es ist voll unfair...
... dass *du* das einfach so bei mir darfst.

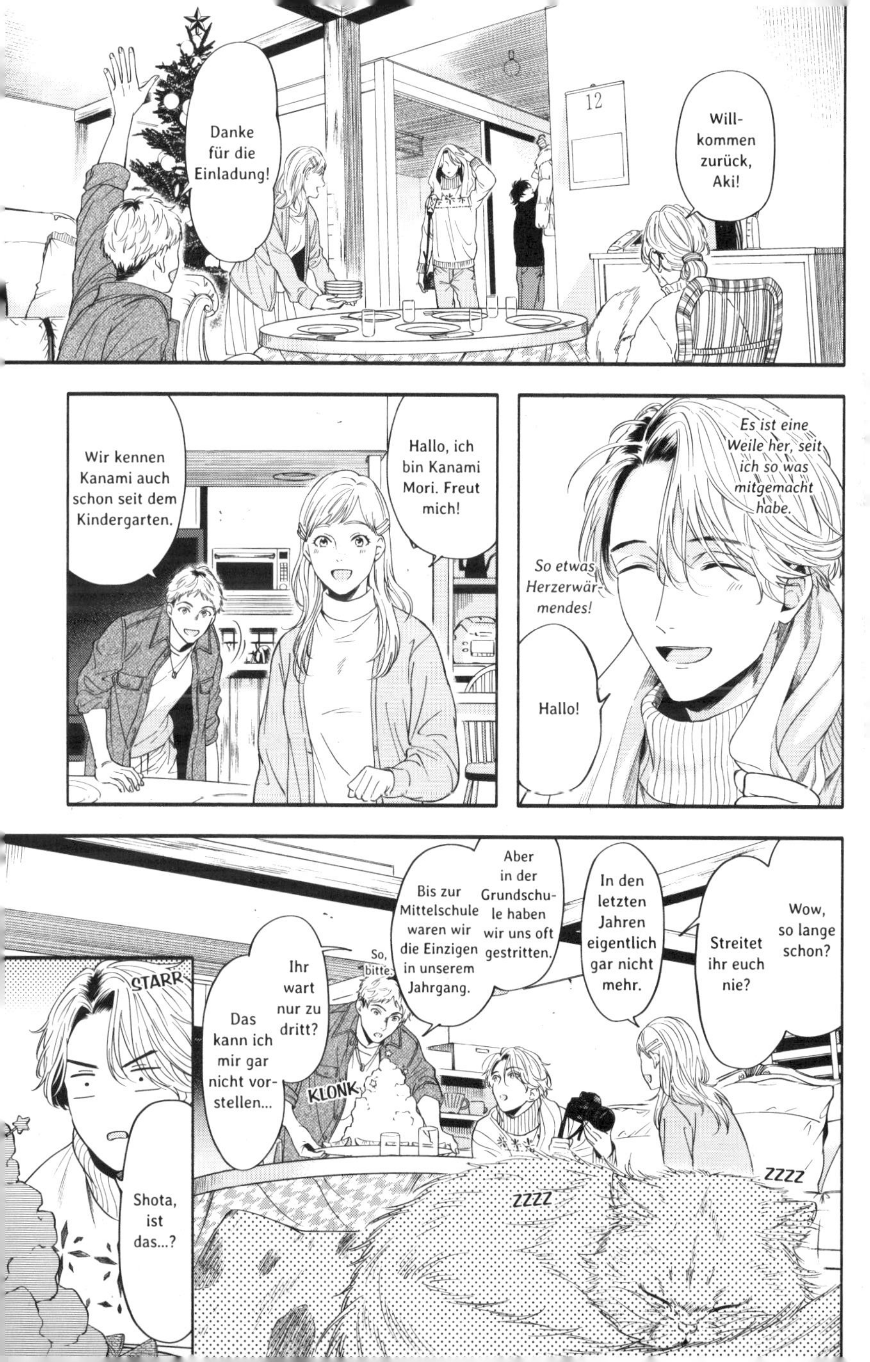
Willkommen zurück, Aki!
Danke für die Einladung!
Es ist eine Weile her, seit ich so was mitgemacht habe.
So etwas Herzerwärmendes!
Hallo!
Hallo, ich bin Kanami Mori. Freut mich!
Wir kennen Kanami auch schon seit dem Kindergarten.
Wow, so lange schon?
Streitet ihr euch nie?
In den letzten Jahren eigentlich gar nicht mehr.
Aber in der Grundschule haben wir uns oft gestritten.
Bis zur Mittelschule waren wir die Einzigen in unserem Jahrgang.
So, bitte.
Ihr wart nur zu dritt?
Das kann ich mir gar nicht vorstellen...
KLONK
ZZZZ
ZZZZ
STARR
Shota, ist das...?

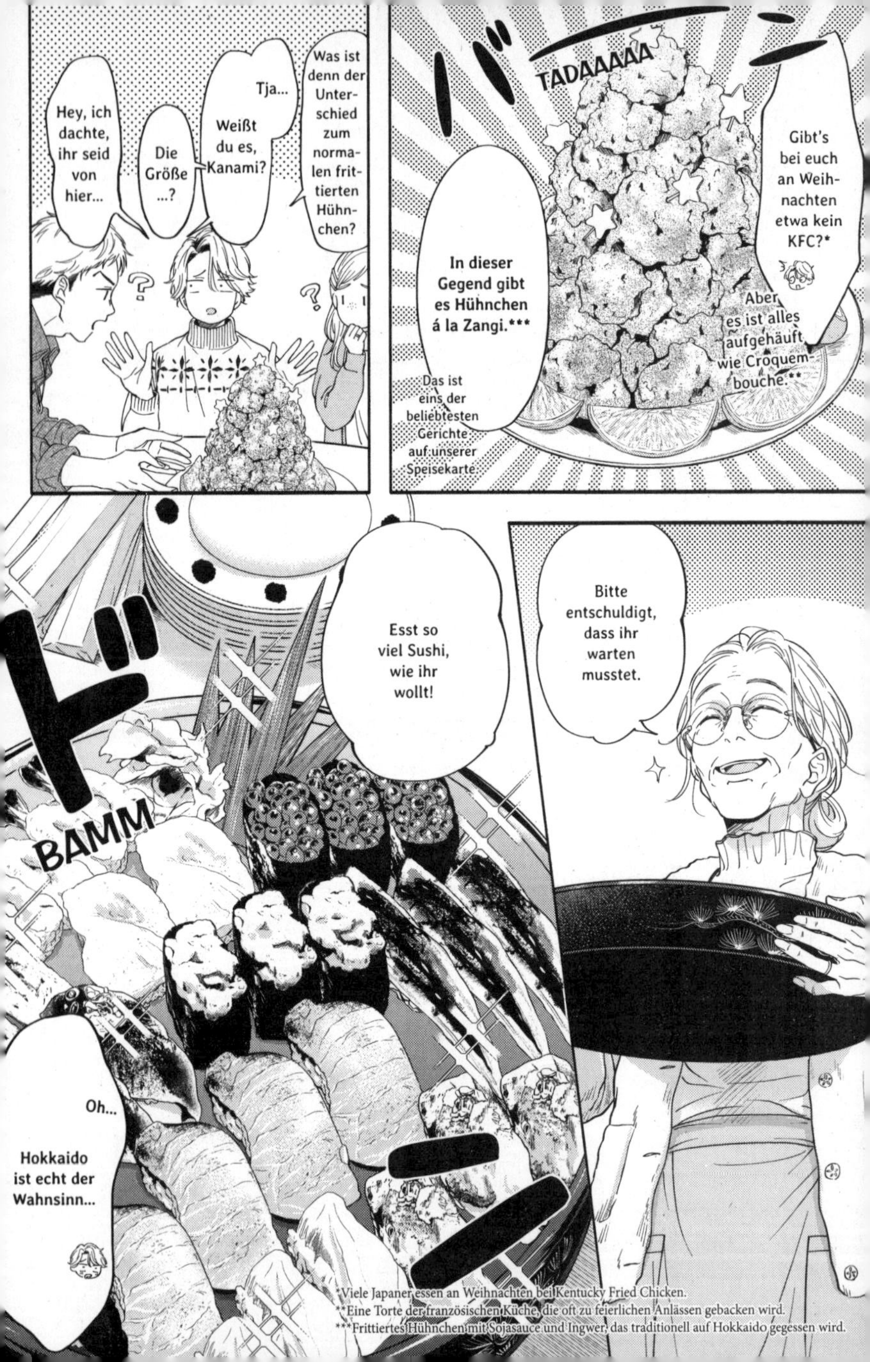

*Viele Japaner essen an Weihnachten bei Kentucky Fried Chicken.
**Eine Torte der französischen Küche, die oft zu feierlichen Anlässen gebacken wird.
***Frittiertes Hühnchen mit Sojasauce und Ingwer, das traditionell auf Hokkaido gegessen wird.

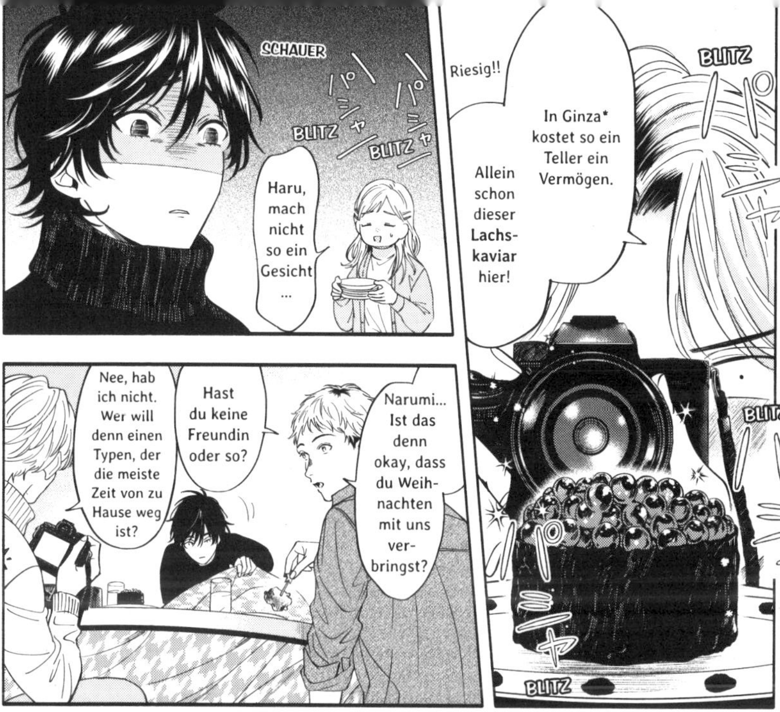

*Stadtviertel in Tokyo, das für seine teuren Einkaufsstraßen bekannt ist

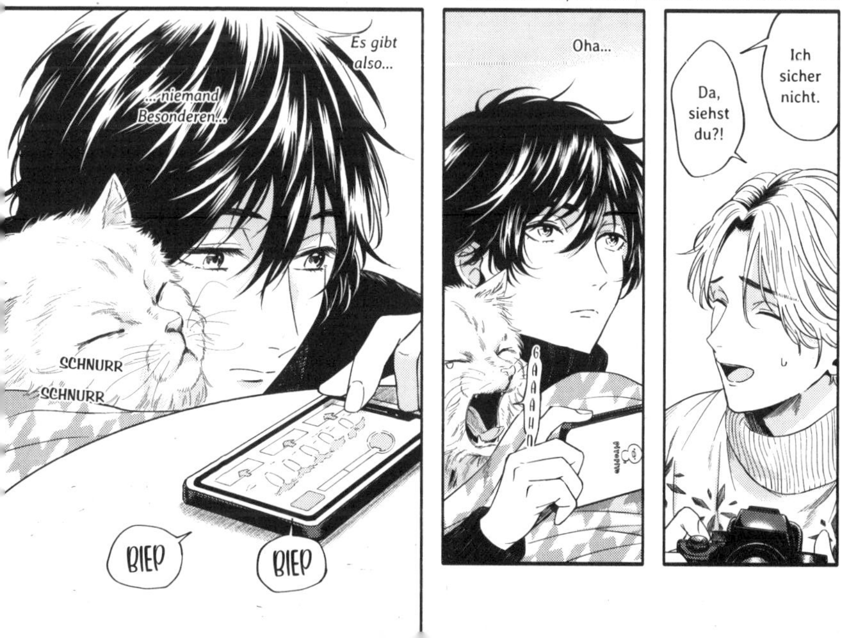

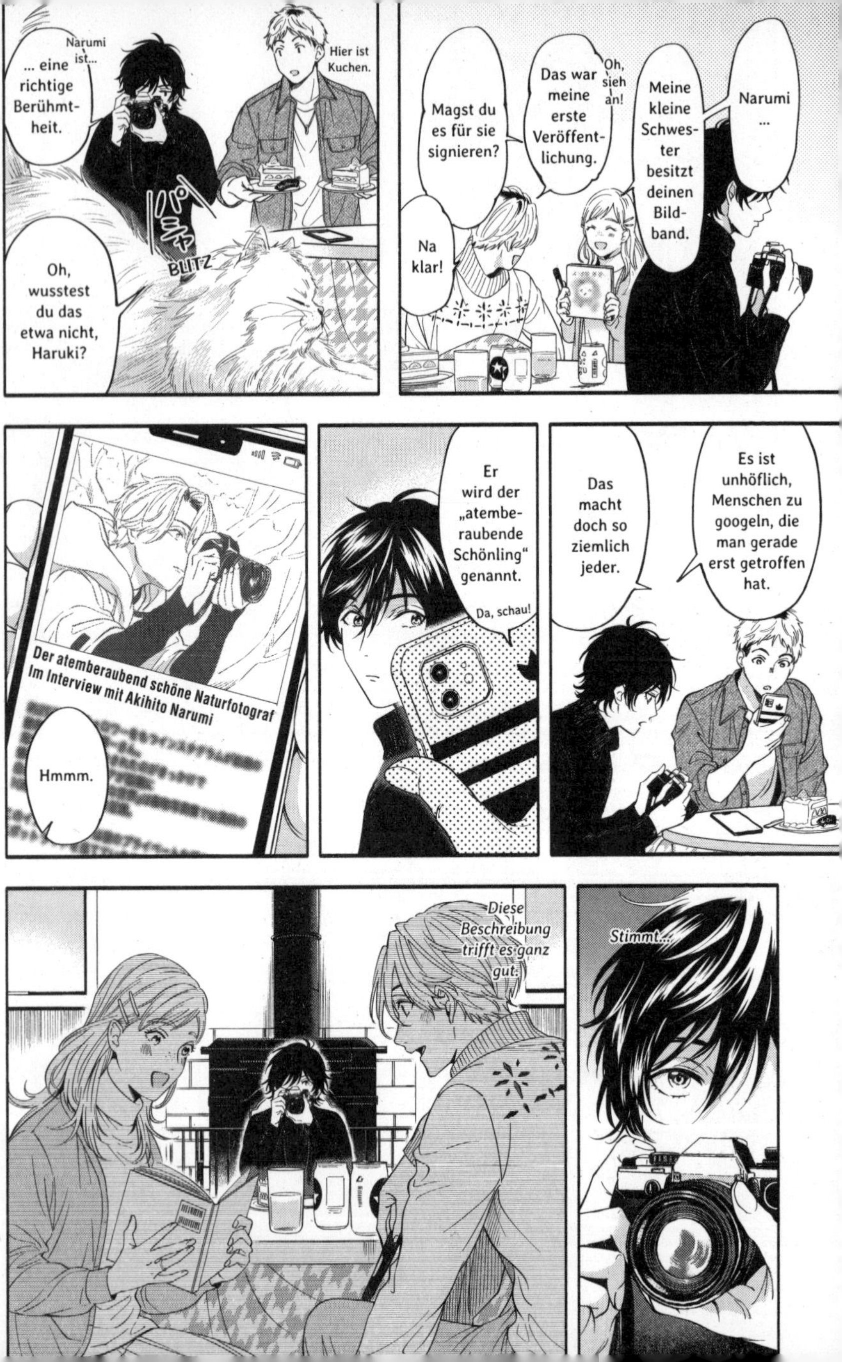
Narumi ...
Meine kleine Schwester besitzt deinen Bildband.
Oh, sieh an!
Das war meine erste Veröffentlichung.
Magst du es für sie signieren?
Na klar!
Hier ist Kuchen.
Narumi ist...
... eine richtige Berühmtheit.
パシャ
BLITZ
Oh, wusstest du das etwa nicht, Haruki?
Es ist unhöflich, Menschen zu googeln, die man gerade erst getroffen hat.
Das macht doch so ziemlich jeder.
Er wird der „atemberaubende Schönling“ genannt.
Da, schau!
Der atemberaubend schöne Naturfotograf
Im Interview mit Akihito Narumi
Hmmm.
Stimmt...
Diese Beschreibung trifft es ganz gut.

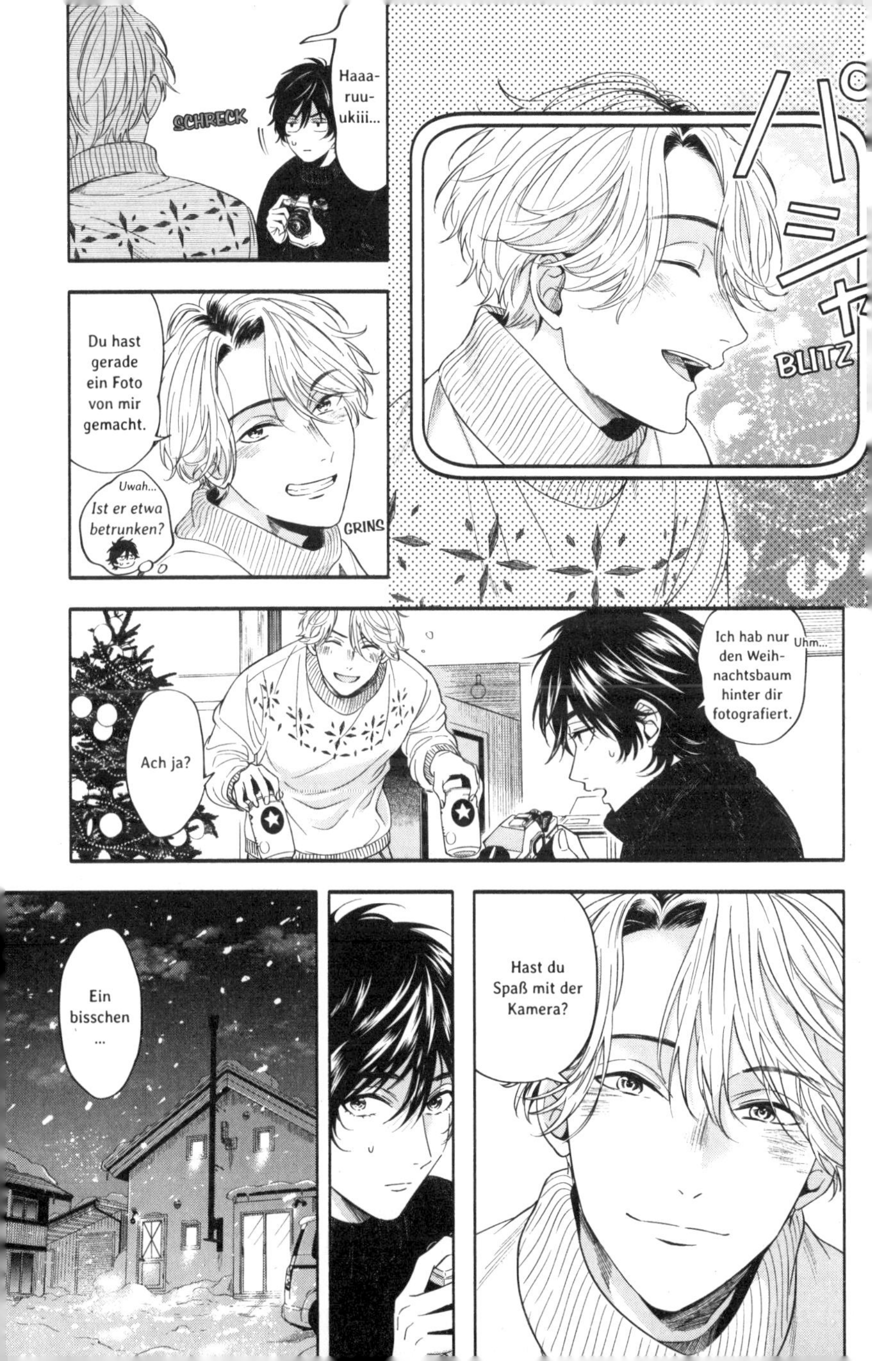
BLITZ
SCHRECK
Haaa-ruu-ukiii...
Du hast gerade ein Foto von mir gemacht.
GRINS
Uwah... Ist er etwa betrunken?
Uhm...
Ich hab nur den Weihnachtsbaum hinter dir fotografiert.
Ach ja?
Hast du Spaß mit der Kamera?
Ein bisschen ...

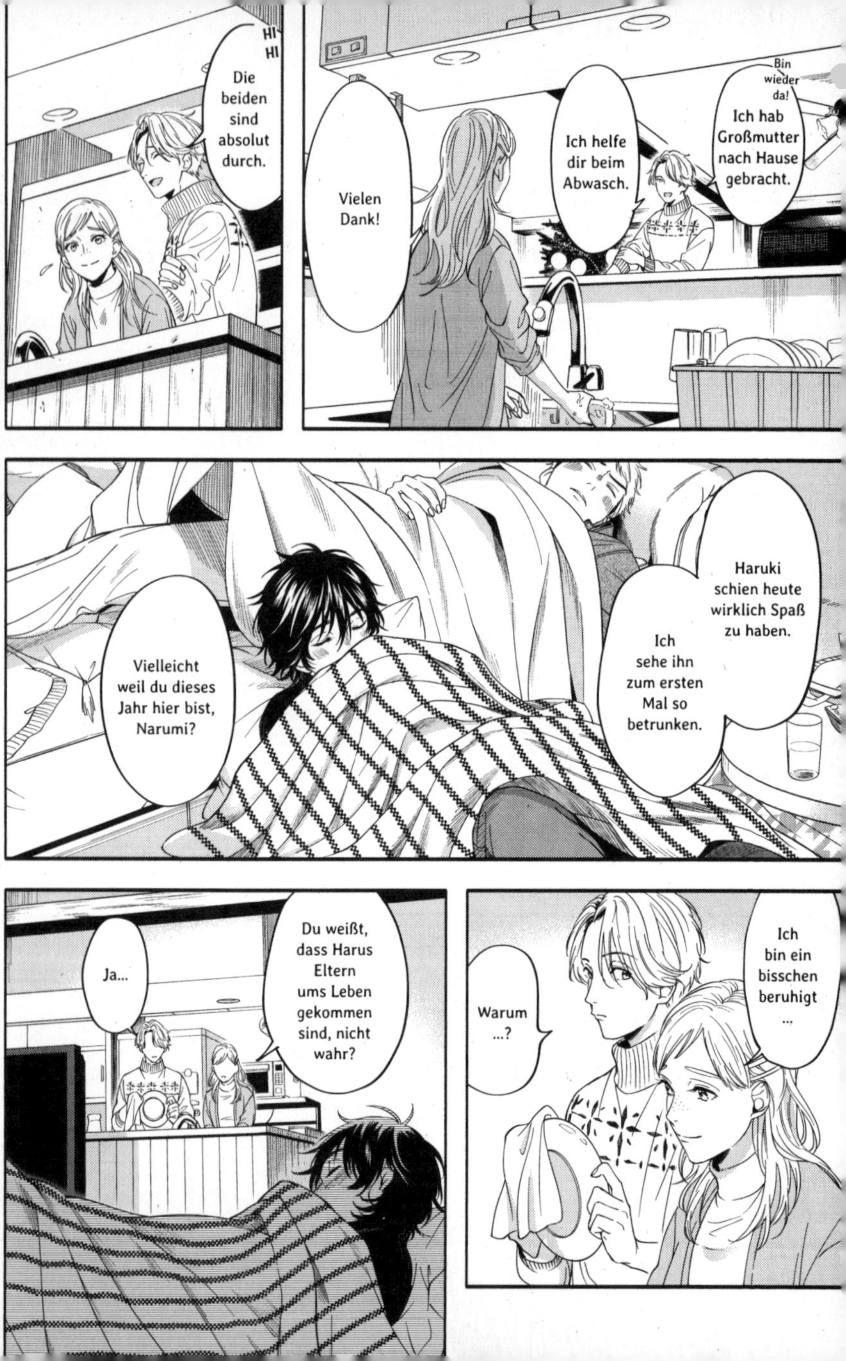
Bin wieder da!
Ich hab Großmutter nach Hause gebracht.
Ich helfe dir beim Abwasch.
Vielen Dank!
HI HI
Die beiden sind absolut durch.
Haruki schien heute wirklich Spaß zu haben.
Ich sehe ihn zum ersten Mal so betrunken.
Vielleicht weil du dieses Jahr hier bist, Narumi?
Ich bin ein bisschen beruhigt ...
Warum ...?
Du weißt, dass Harus Eltern ums Leben gekommen sind, nicht wahr?
Ja...

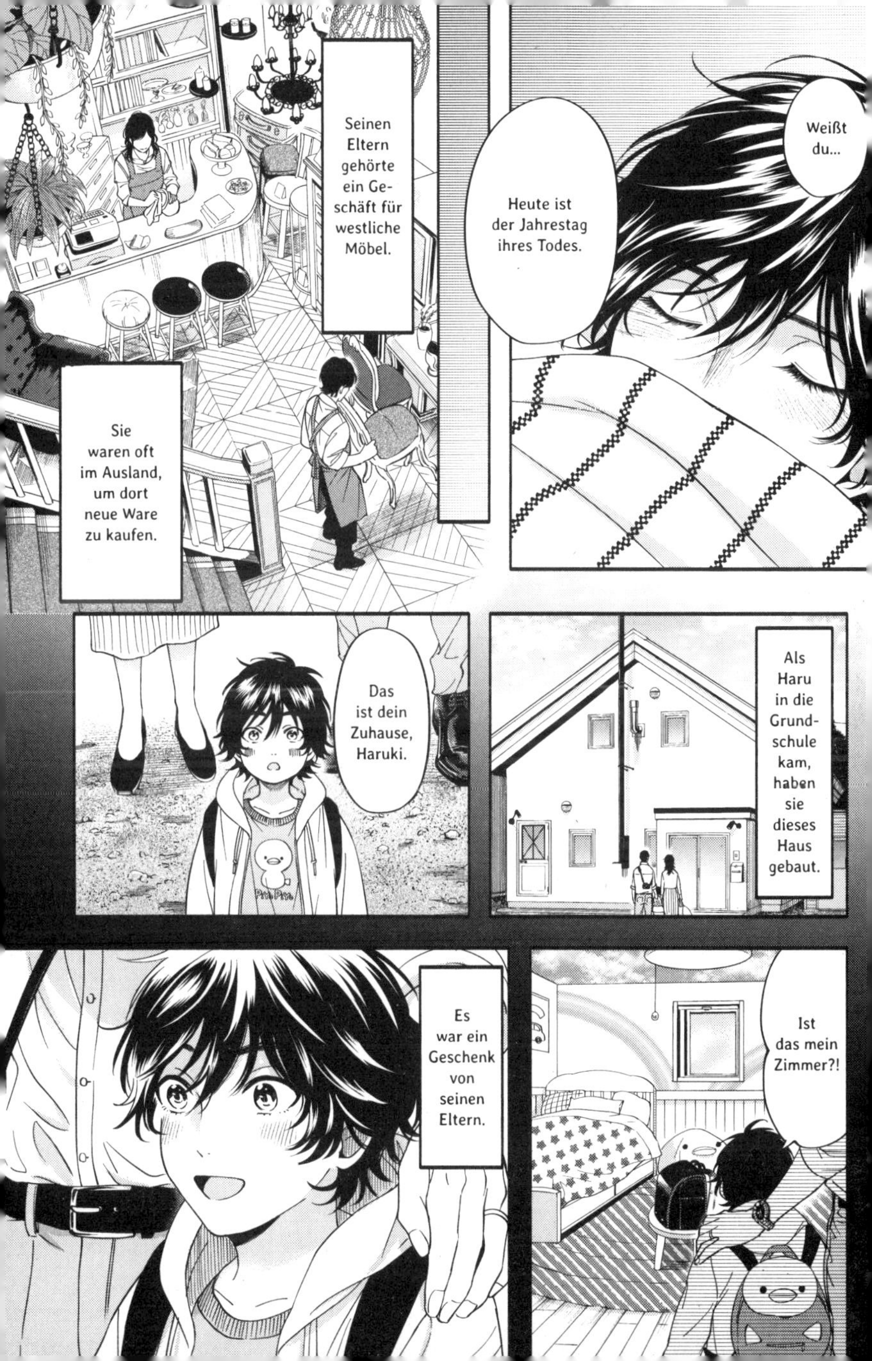
Weißt du...
Heute ist der Jahrestag ihres Todes.
Seinen Eltern gehörte ein Geschäft für westliche Möbel.
Sie waren oft im Ausland, um dort neue Ware zu kaufen.
Als Haru in die Grundschule kam, haben sie dieses Haus gebaut.
Das ist dein Zuhause, Haruki.
Ist das mein Zimmer?!
Es war ein Geschenk von seinen Eltern.

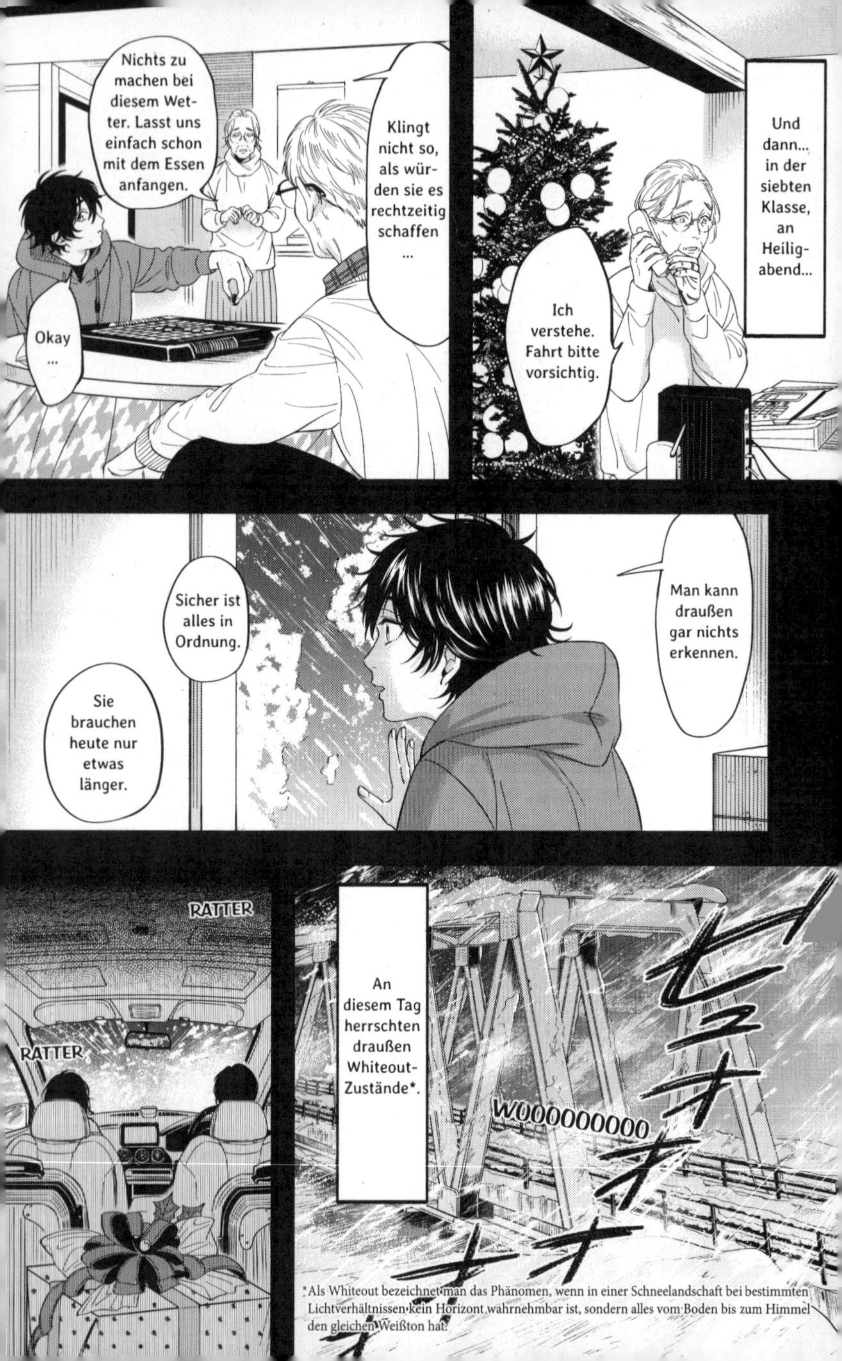

*Als Whiteout bezeichnet man das Phänomen, wenn in einer Schneelandschaft bei bestimmten Lichtverhältnissen kein Horizont wahrnehmbar ist, sondern alles vom Boden bis zum Himmel den gleichen Weißton hat.

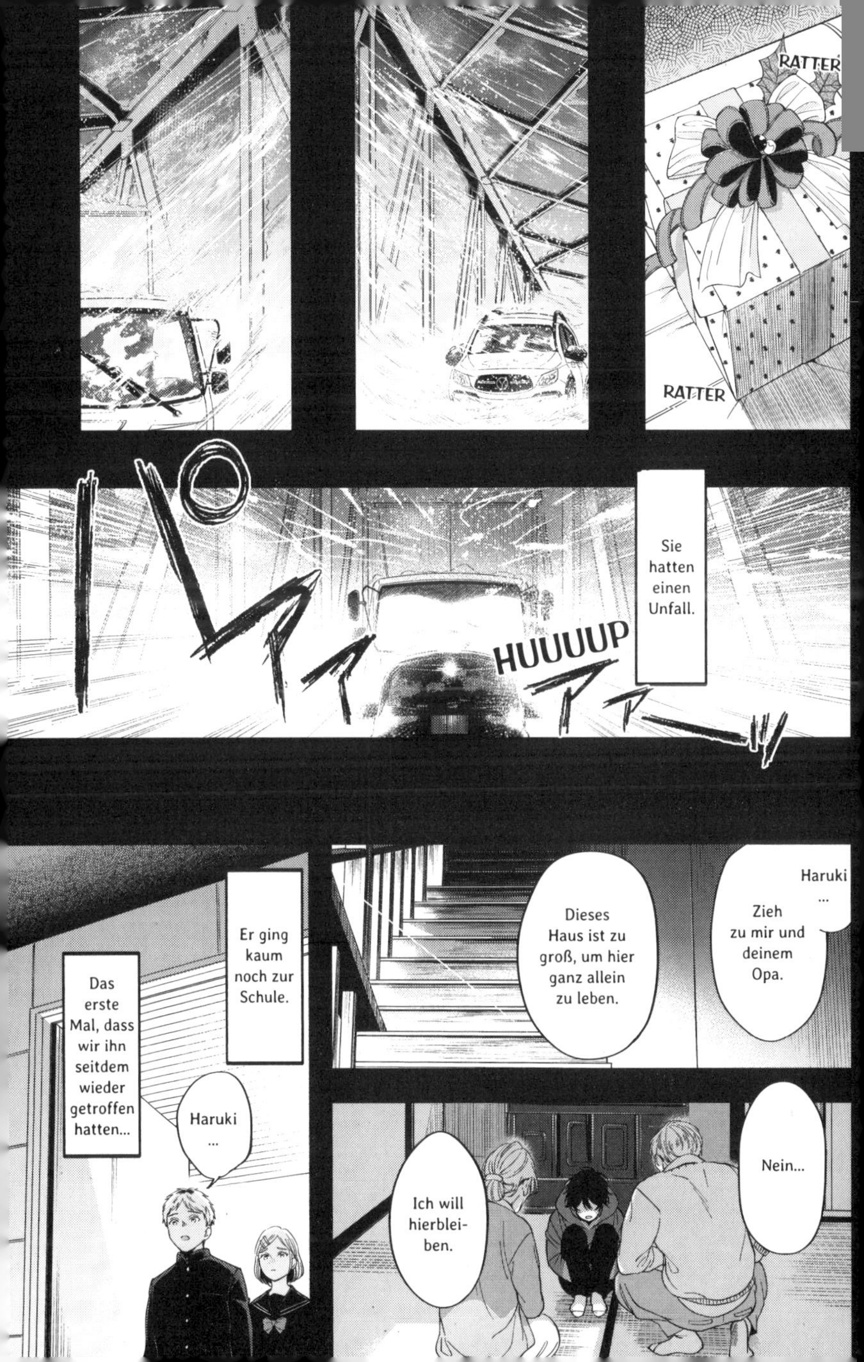
RATTER
RATTER
Sie hatten einen Unfall.
HUUUUP
Haruki ...
Zieh zu mir und deinem Opa.
Dieses Haus ist zu groß, um hier ganz allein zu leben.
Er ging kaum noch zur Schule.
Das erste Mal, dass wir ihn seitdem wieder getroffen hatten...
Haruki ...
Nein...
Ich will hierblei-ben.

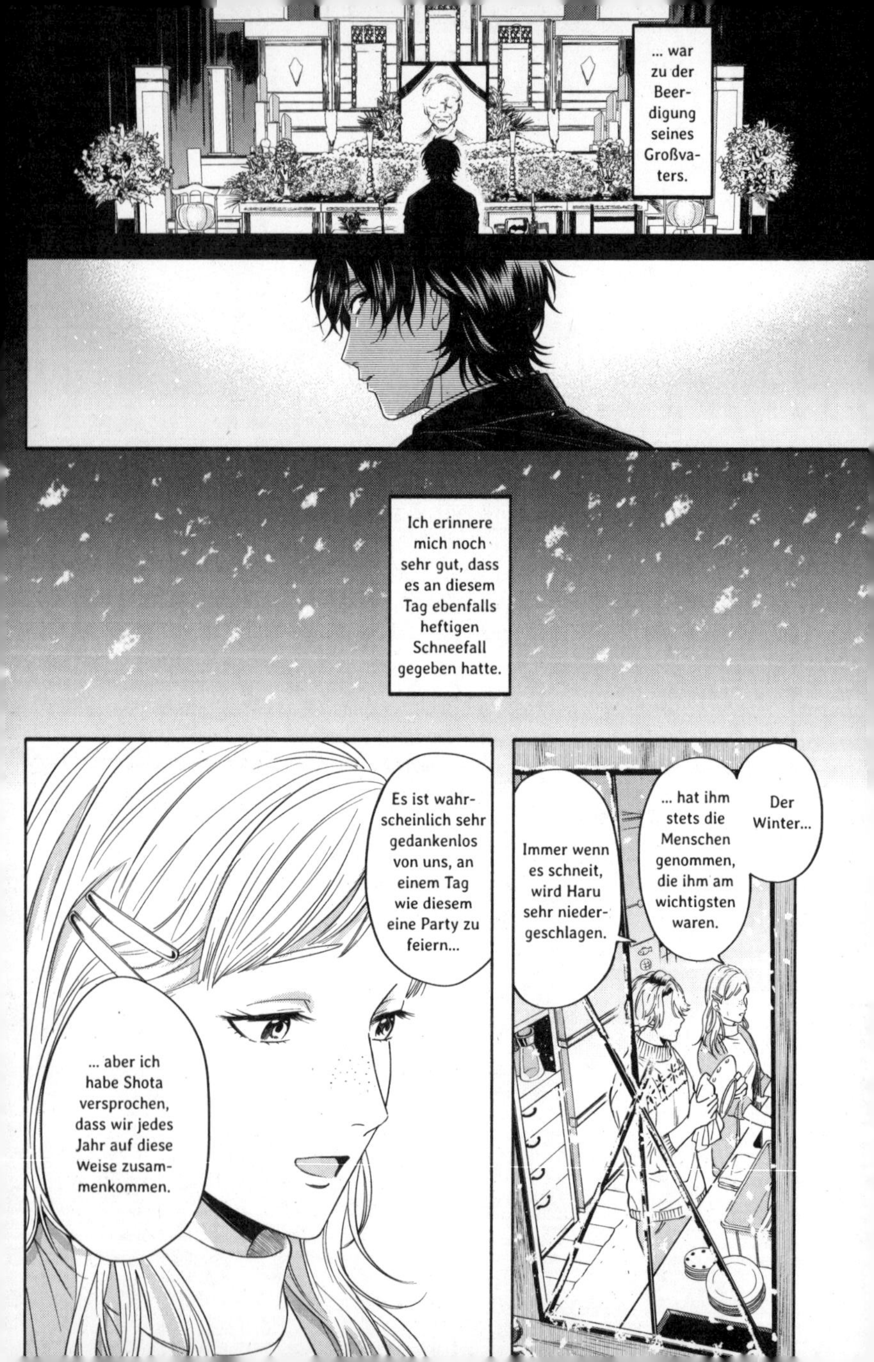
... war zu der Beerdigung seines Großvaters.
Ich erinnere mich noch sehr gut, dass es an diesem Tag ebenfalls heftigen Schneefall gegeben hatte.
Der Winter...
... hat ihm stets die Menschen genommen, die ihm am wichtigsten waren.
Immer wenn es schneit, wird Haru sehr niedergeschlagen.
Es ist wahrscheinlich sehr gedankenlos von uns, an einem Tag wie diesem eine Party zu feiern...
... aber ich habe Shota versprochen, dass wir jedes Jahr auf diese Weise zusammenkommen.

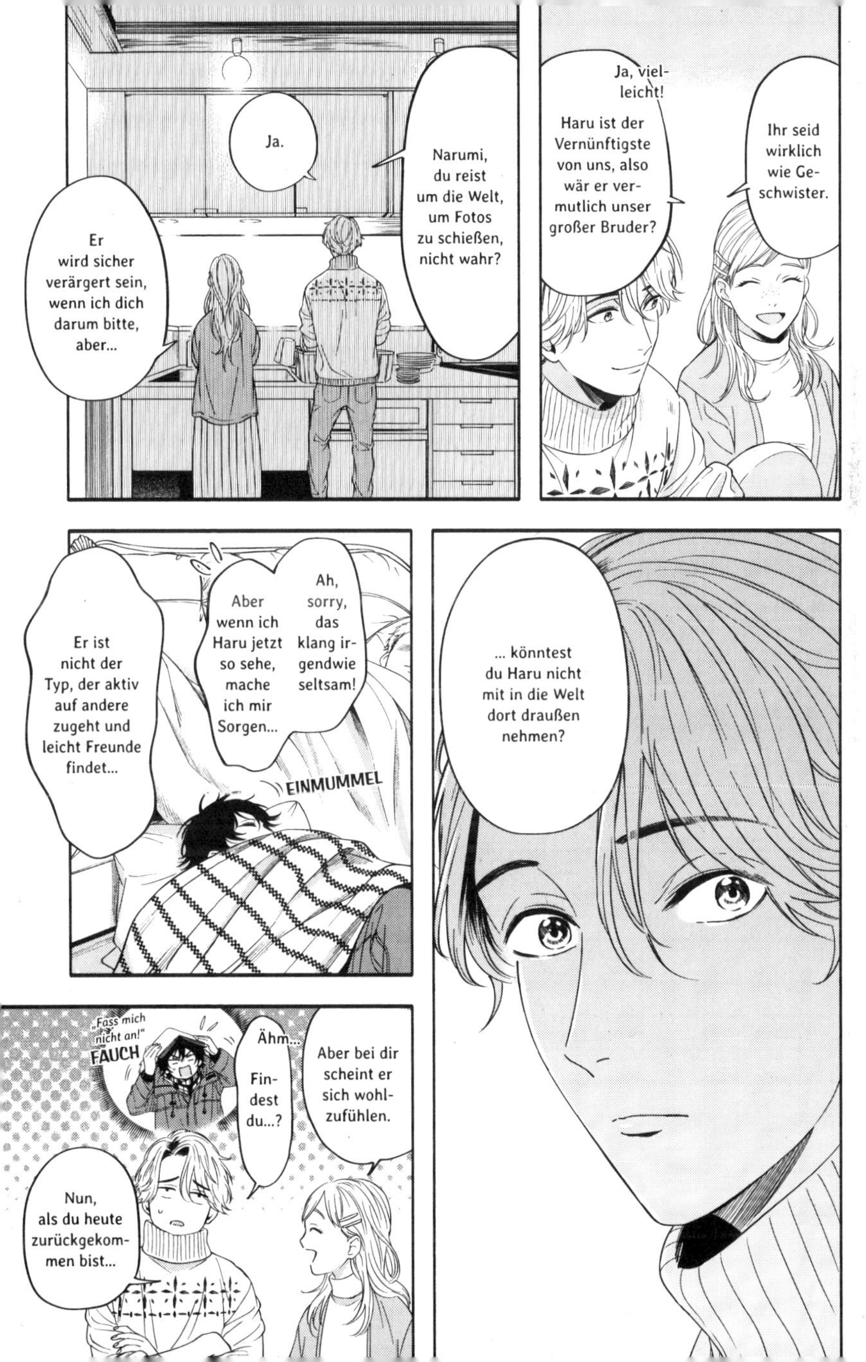

Ihr seid wirklich wie Geschwister.
Ja, vielleicht!
Haru ist der Vernünftigste von uns, also wär er vermutlich unser großer Bruder?
Narumi, du reist um die Welt, um Fotos zu schießen, nicht wahr?
Ja.
Er wird sicher verärgert sein, wenn ich dich darum bitte, aber...
... könntest du Haru nicht mit in die Welt dort draußen nehmen?
Ah, sorry, das klang irgendwie seltsam!
Aber wenn ich Haru jetzt so sehe, mache ich mir Sorgen...
Er ist nicht der Typ, der aktiv auf andere zugeht und leicht Freunde findet...
EINMUMMEL
Aber bei dir scheint er sich wohlzufühlen.
Ähm...
Findest du...?
Nun, als du heute zurückgekommen bist...
„Fass mich nicht an!"
FAUCH

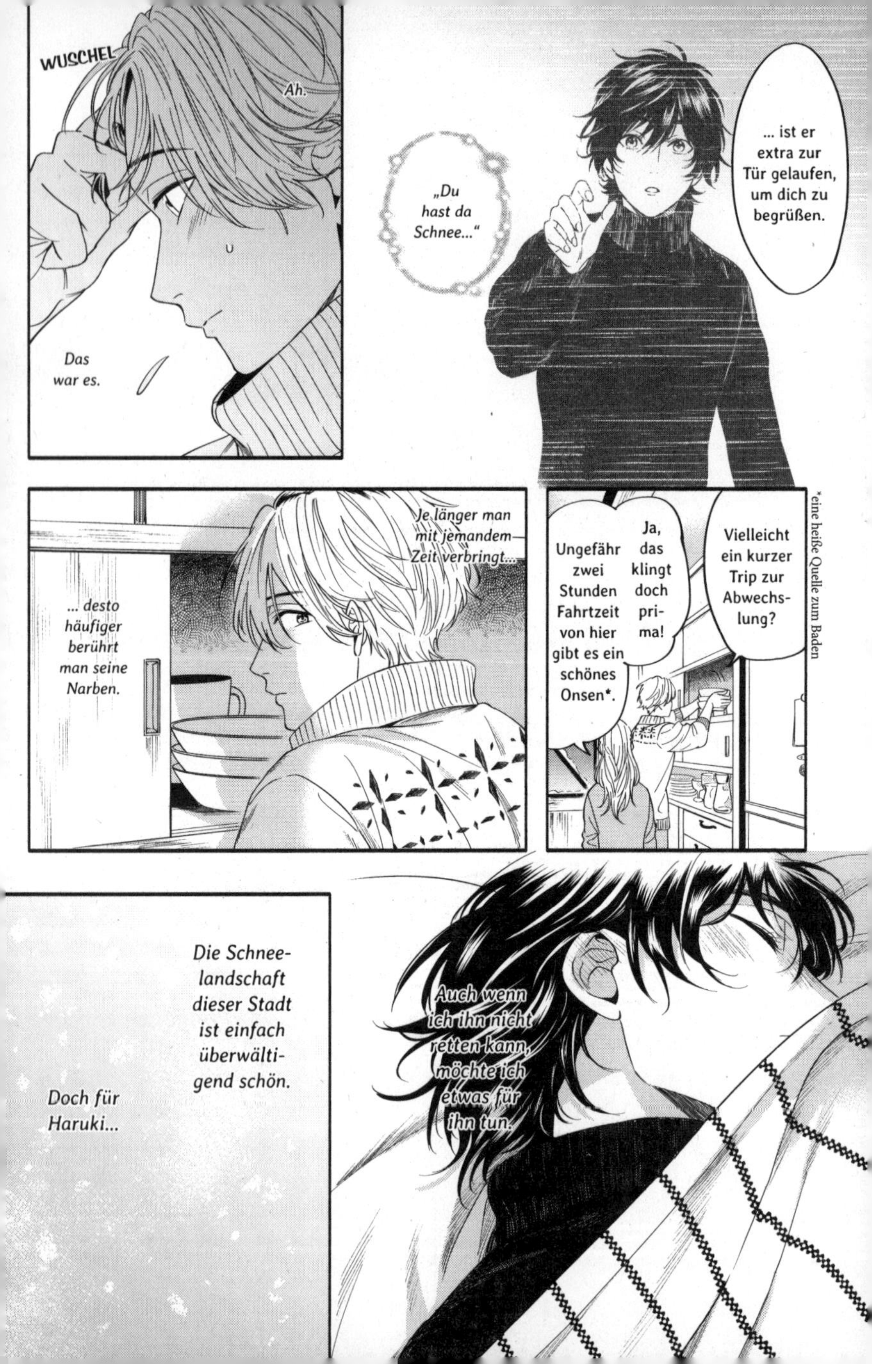
... ist er extra zur Tür gelaufen, um dich zu begrüßen.
„Du hast da Schnee...“
WUSCHEL
Ah.
Das war es.
Vielleicht ein kurzer Trip zur Abwechslung?
Ja, das klingt doch prima!
Ungefähr zwei Stunden Fahrtzeit von hier gibt es ein schönes Onsen*.
*eine heiße Quelle zum Baden
Je länger man mit jemandem Zeit verbringt...
... desto häufiger berührt man seine Narben.
Auch wenn ich ihn nicht retten kann, möchte ich etwas für ihn tun.
Die Schneelandschaft dieser Stadt ist einfach überwältigend schön.
Doch für Haruki...

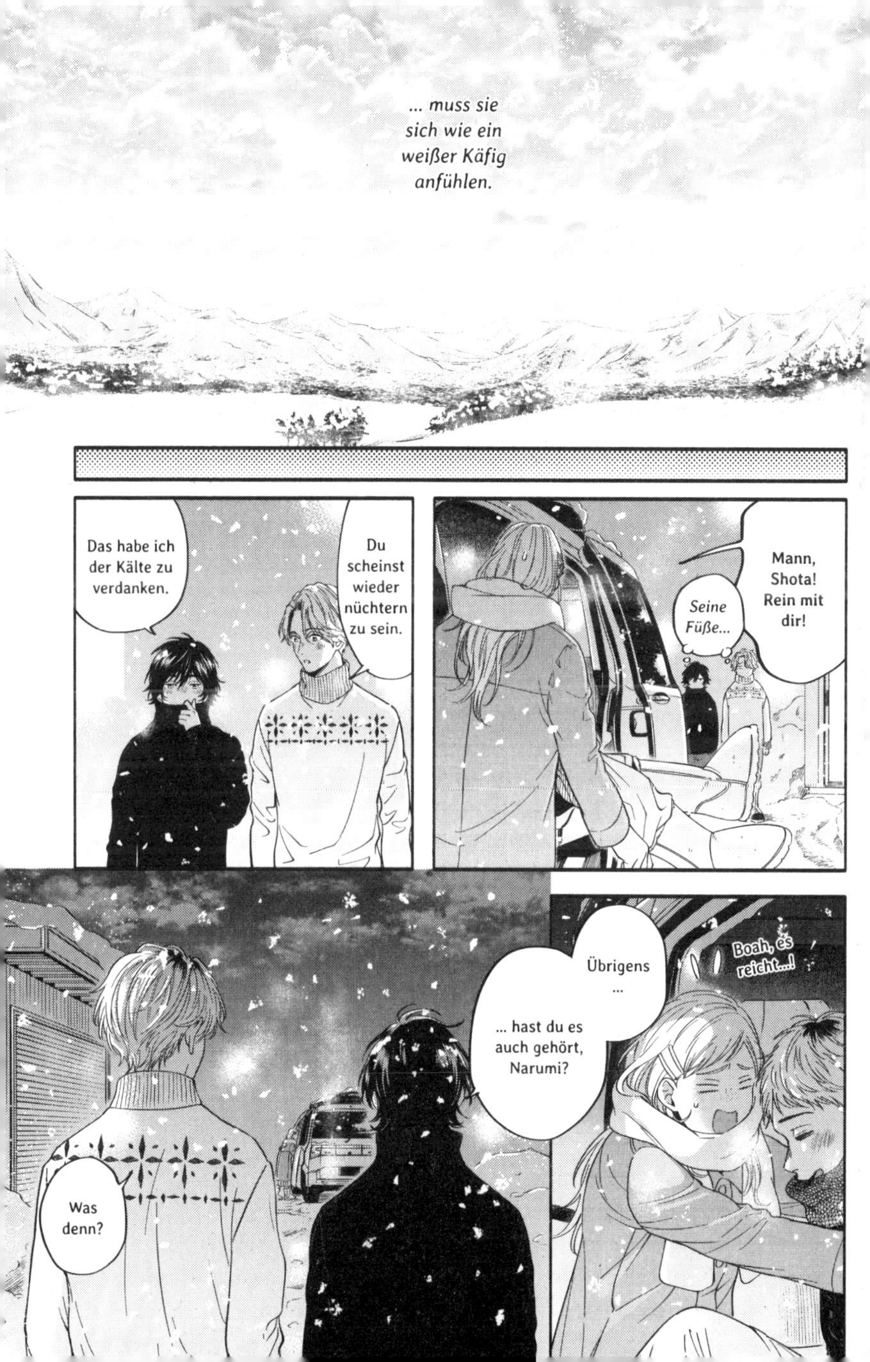
... muss sie sich wie ein weißer Käfig anfühlen.
Mann, Shota! Rein mit dir!
Seine Füße...
Du scheinst wieder nüchtern zu sein.
Das habe ich der Kälte zu verdanken.
Boah, es reicht...!
Übrigens ...
... hast du es auch gehört, Narumi?
Was denn?

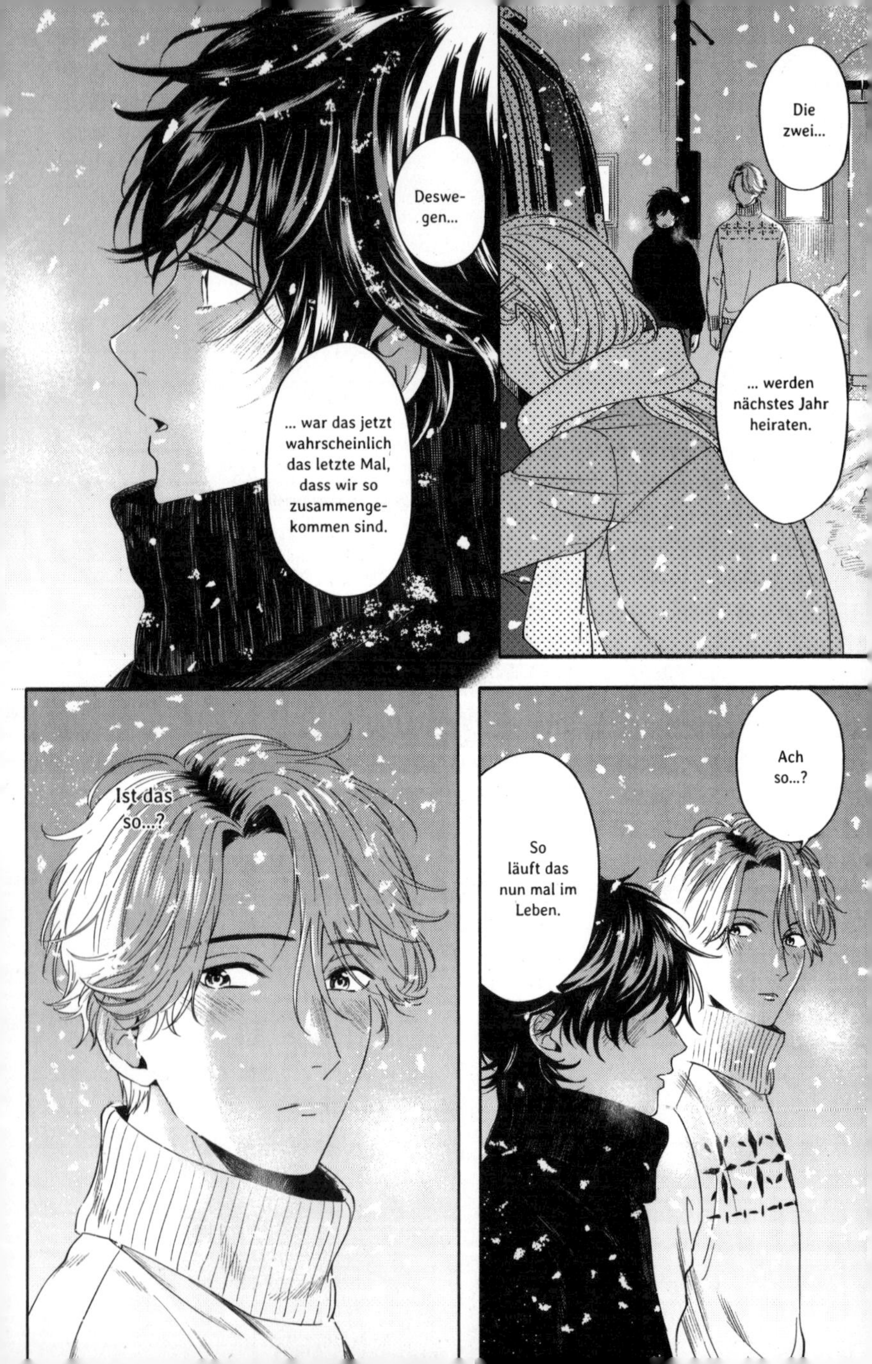
Die zwei...
... werden nächstes Jahr heiraten.
Deswegen...
... war das jetzt wahrscheinlich das letzte Mal, dass wir so zusammengekommen sind.
Ach so...?
So läuft das nun mal im Leben.
Ist das so...?

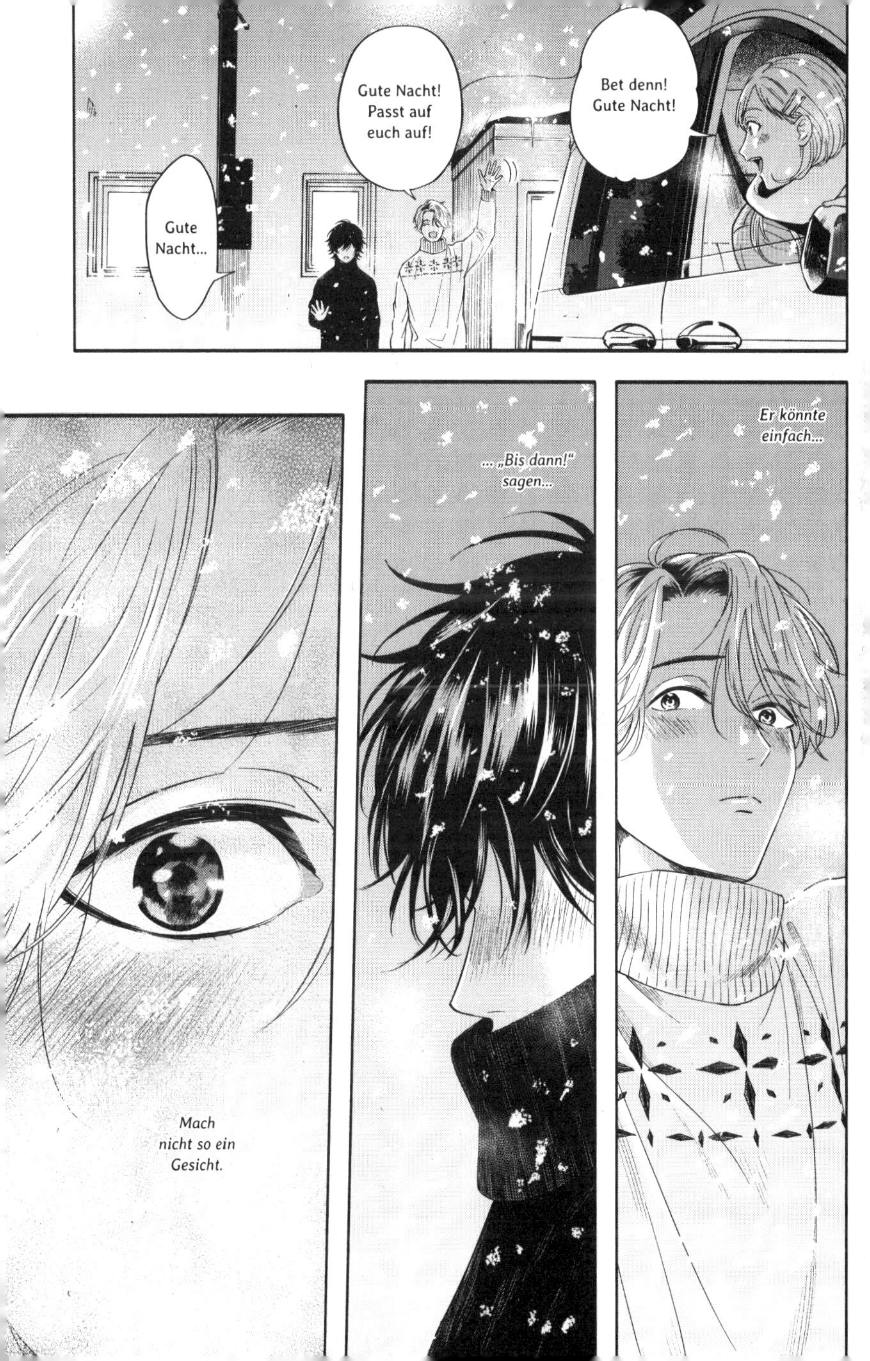
Bet denn! Gute Nacht!
Gute Nacht! Passt auf euch auf!
Gute Nacht...
Er könnte einfach...
... „Bis dann!“ sagen...
Mach nicht so ein Gesicht.

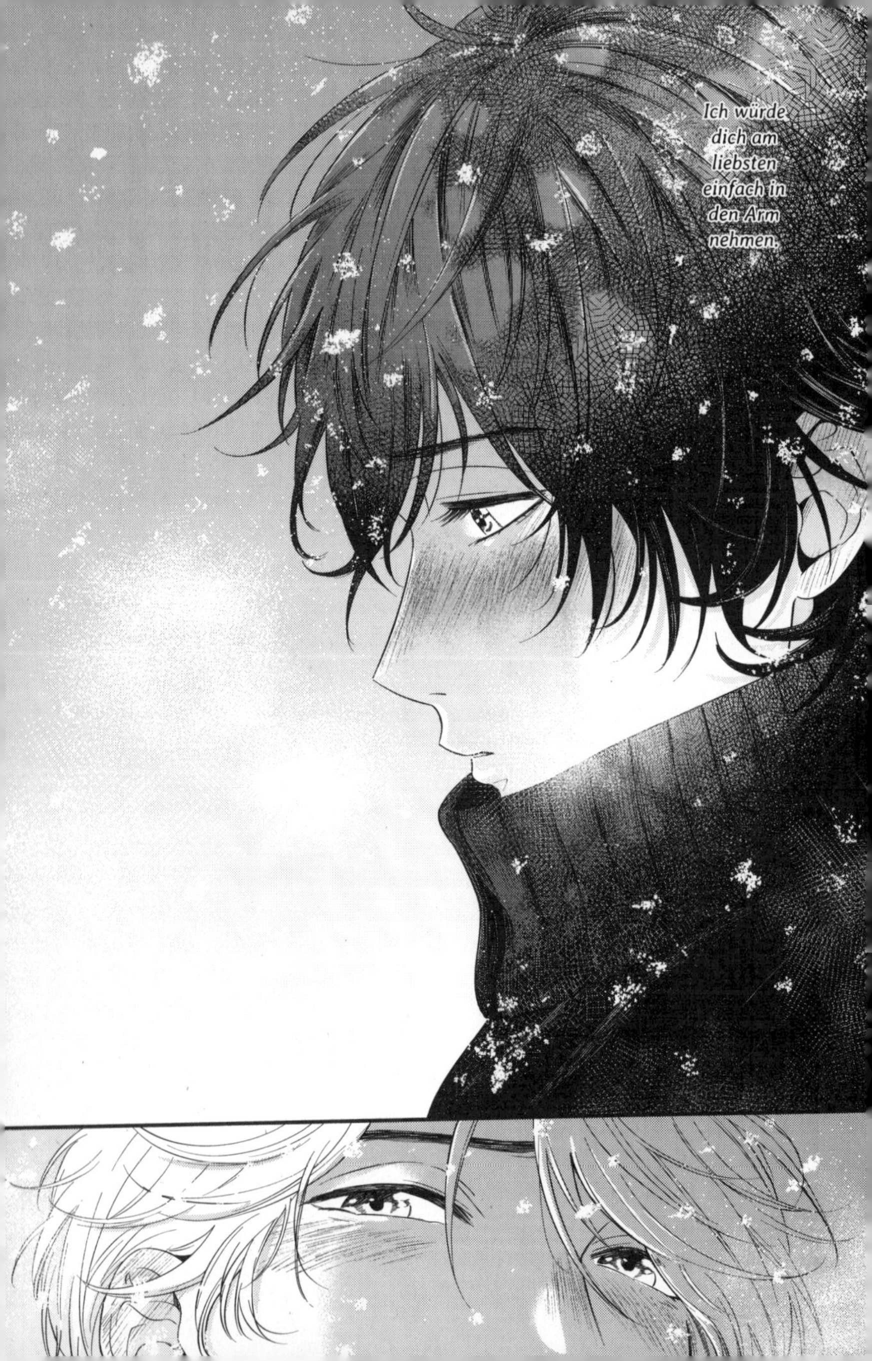
Ich würde dich am liebsten einfach in den Arm nehmen.

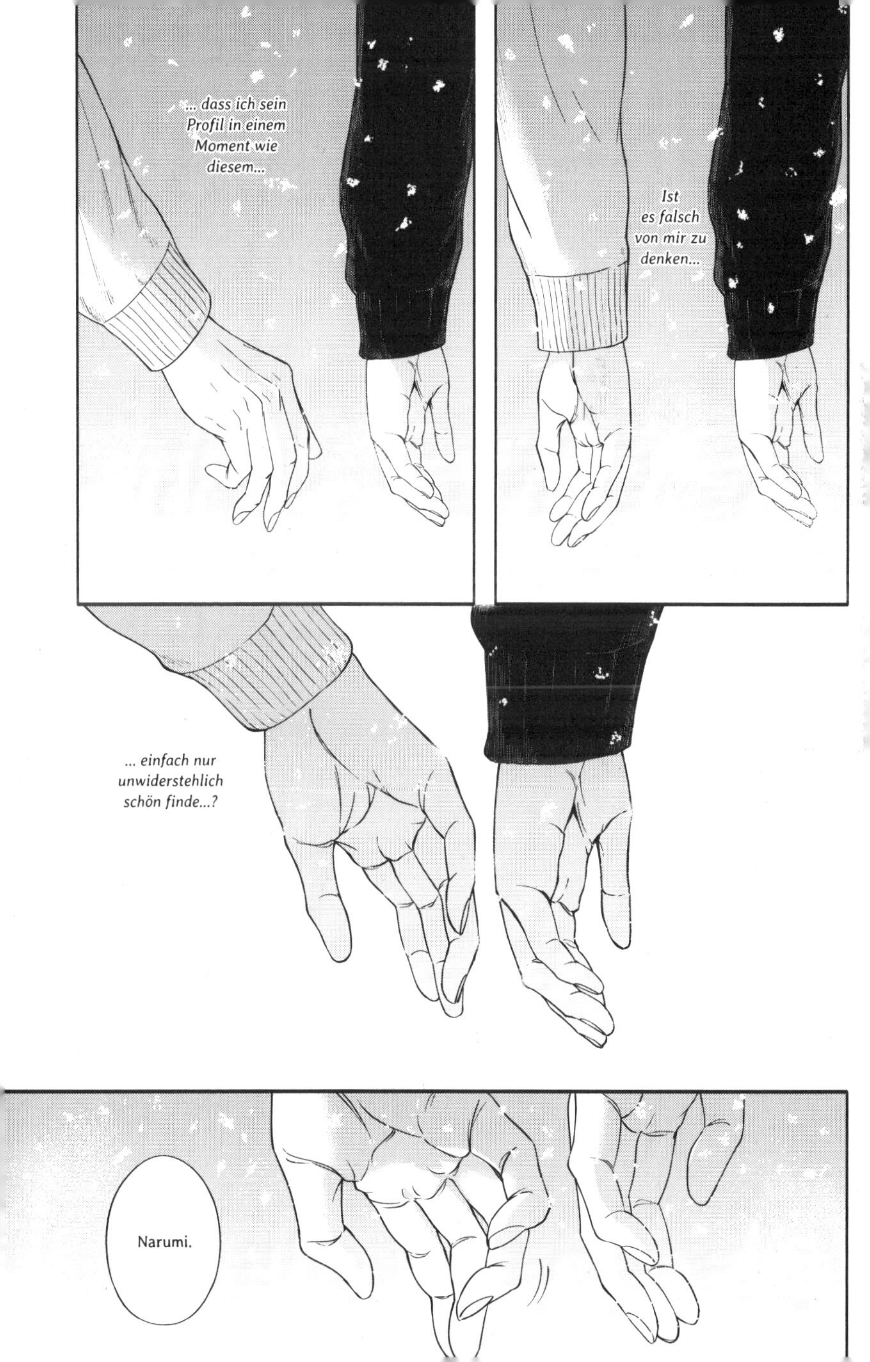
Ist
es falsch
von mir zu
denken...
... dass ich sein
Profil in einem
Moment wie
diesem...
... einfach nur
unwiderstehlich
schön finde...?
Narumi.

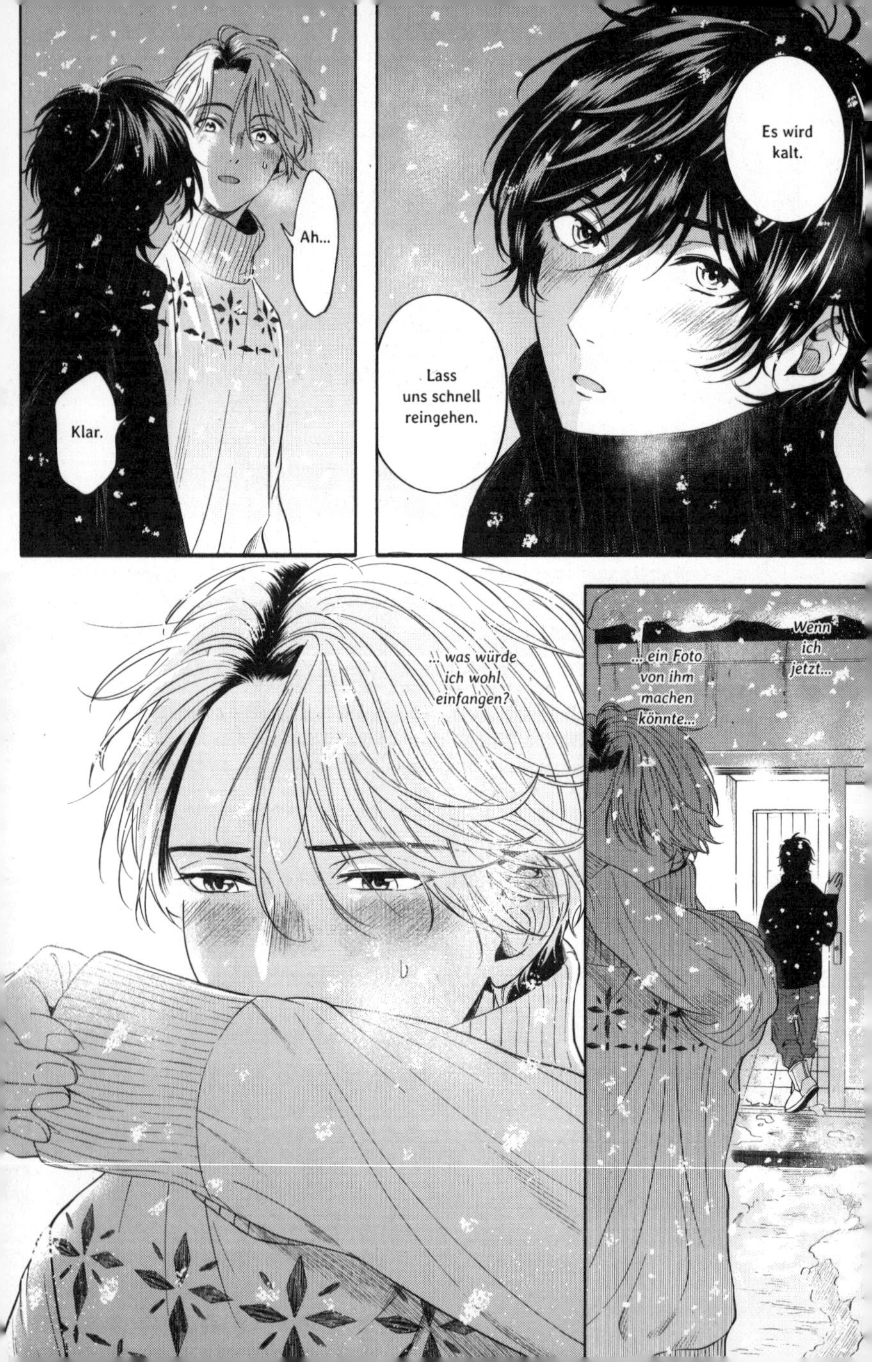
Es wird kalt.
Lass uns schnell reingehen.
Ah...
Klar.
Wenn ich jetzt...
... ein Foto von ihm machen könnte...
... was würde ich wohl einfangen?

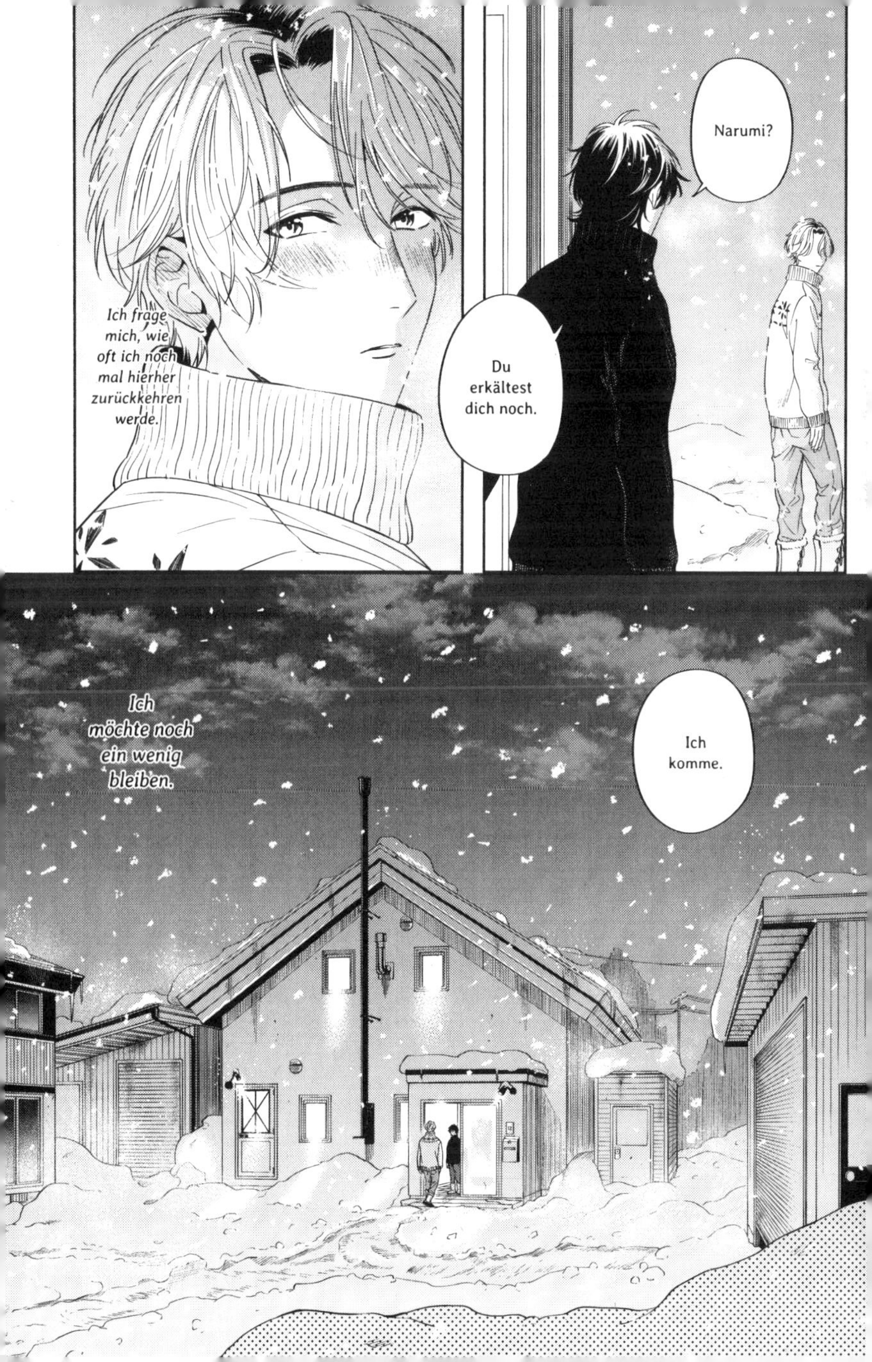
Narumi?
Du erkältest dich noch.
Ich frage mich, wie oft ich noch mal hierher zurückkehren werde.
Ich komme.
Ich möchte noch ein wenig bleiben.

SNOW FAIRY

Tomo Serizawa

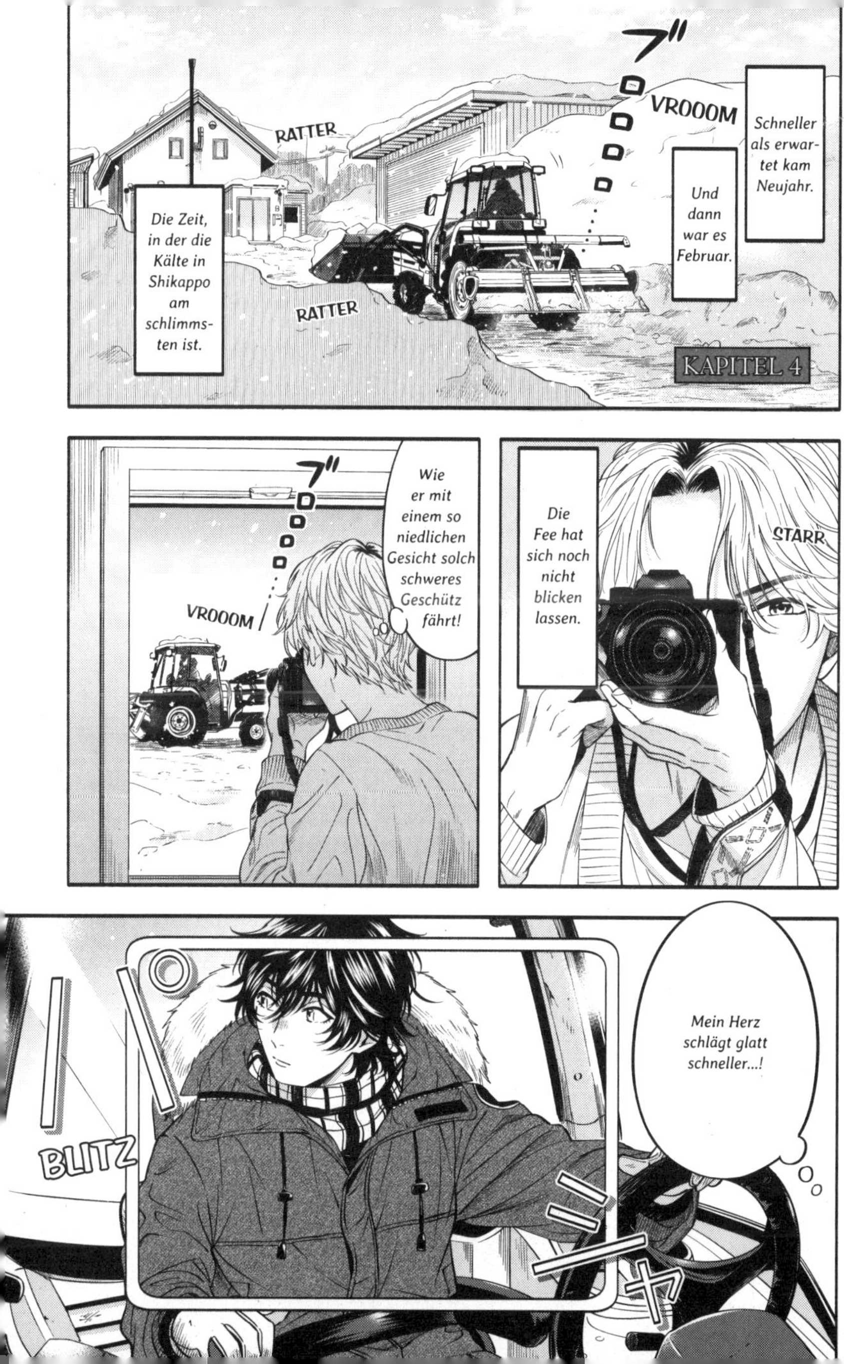
VROOOM
Schneller als erwartet kam Neujahr.
Und dann war es Februar.
RATTER
Die Zeit, in der die Kälte in Shikappo am schlimmsten ist.
RATTER
KAPITEL 4
Die Fee hat sich noch nicht blicken lassen.
STARR
Wie er mit einem so niedlichen Gesicht solch schweres Geschütz fährt!
VROOOM
Mein Herz schlägt glatt schneller...!
BLITZ

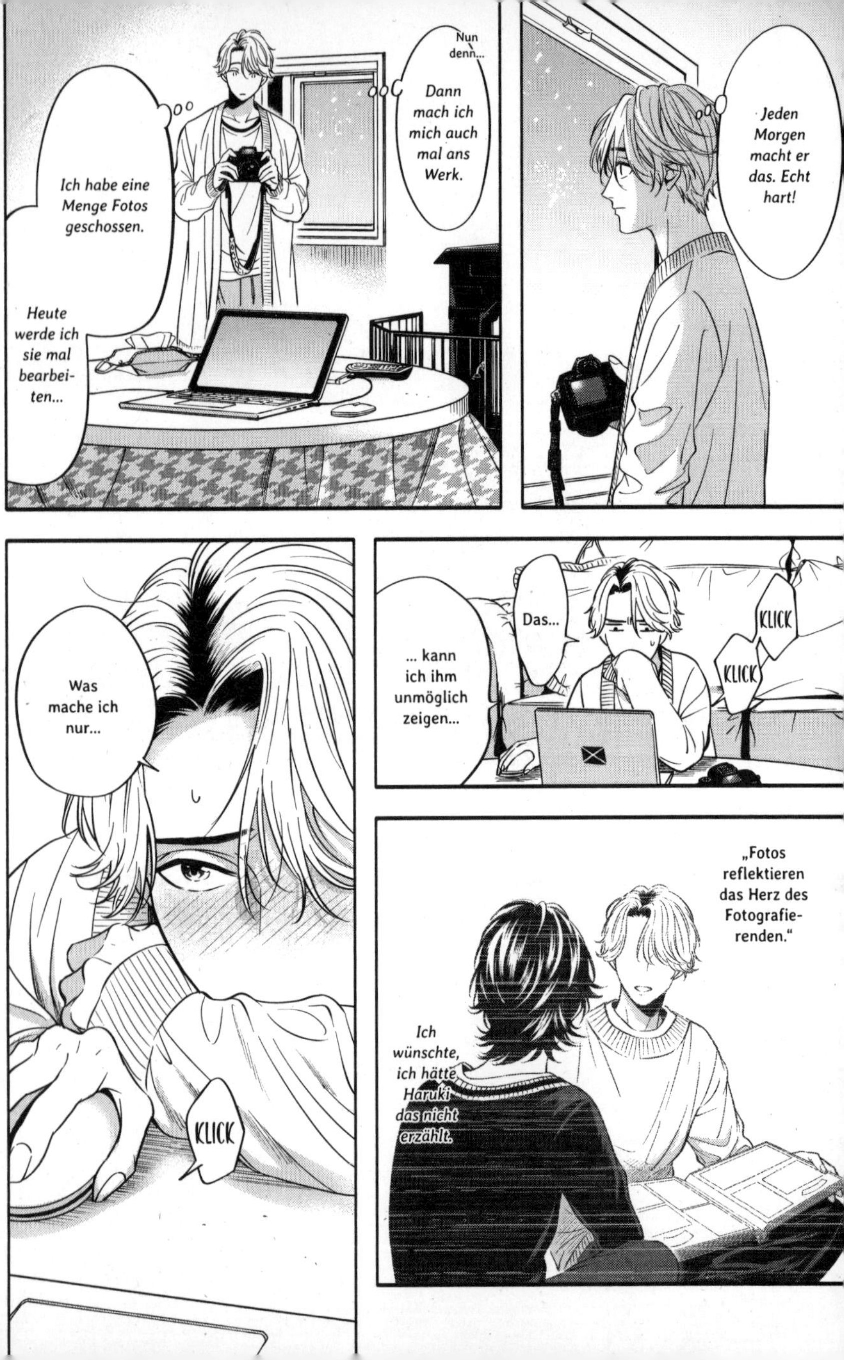
Jeden Morgen macht er das. Echt hart!
Nun denn...
Dann mach ich mich auch mal ans Werk.
Ich habe eine Menge Fotos geschossen.
Heute werde ich sie mal bearbeiten...
KLICK
KLICK
Das...
... kann ich ihm unmöglich zeigen...
„Fotos reflektieren das Herz des Fotografierenden.“
Ich wünschte, ich hätte Haruki das nicht erzählt.
Was mache ich nur...
KLICK

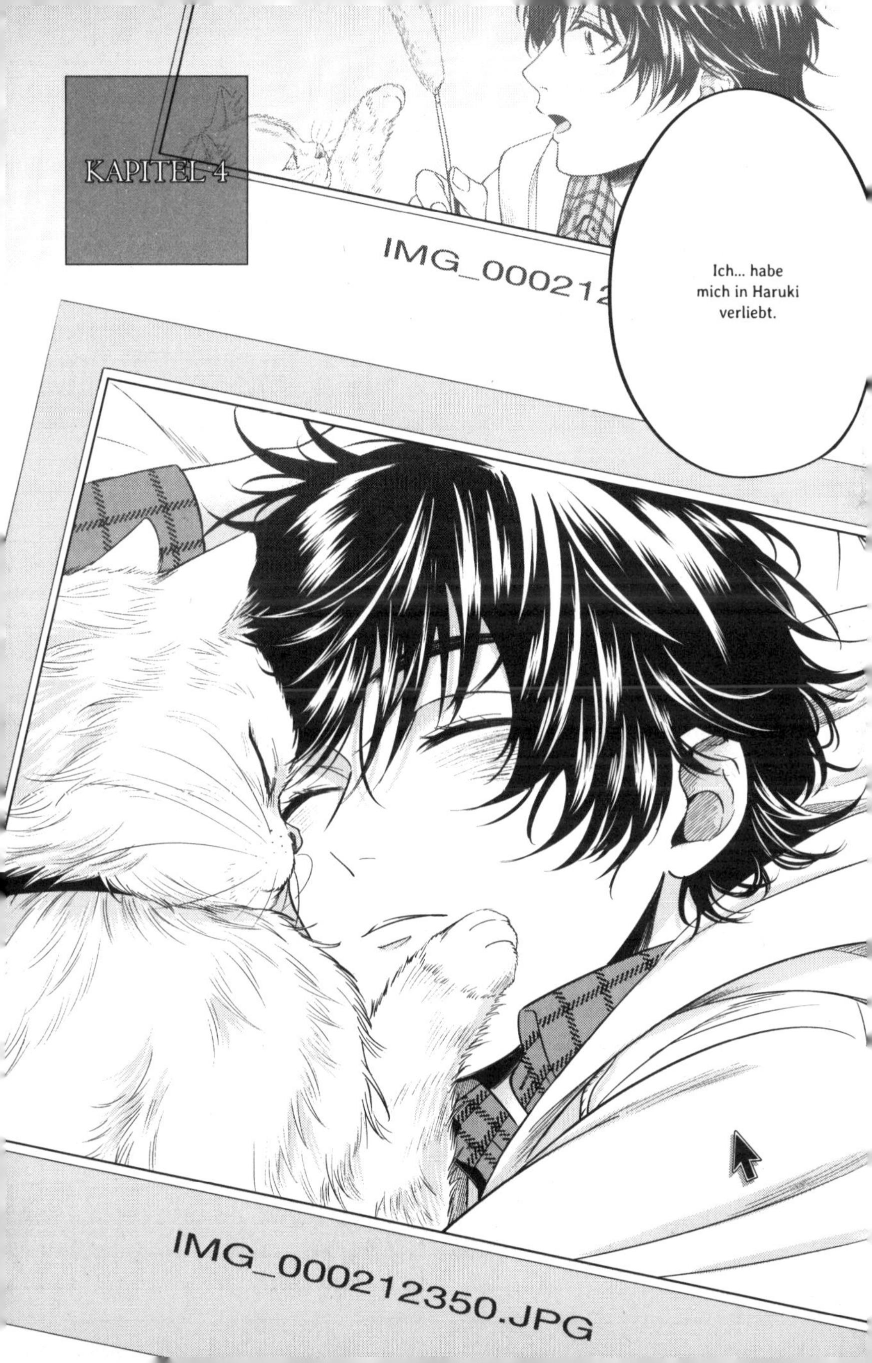
KAPITEL 4
Ich... habe mich in Haruki verliebt.
IMG_000212
IMG_000212350.JPG

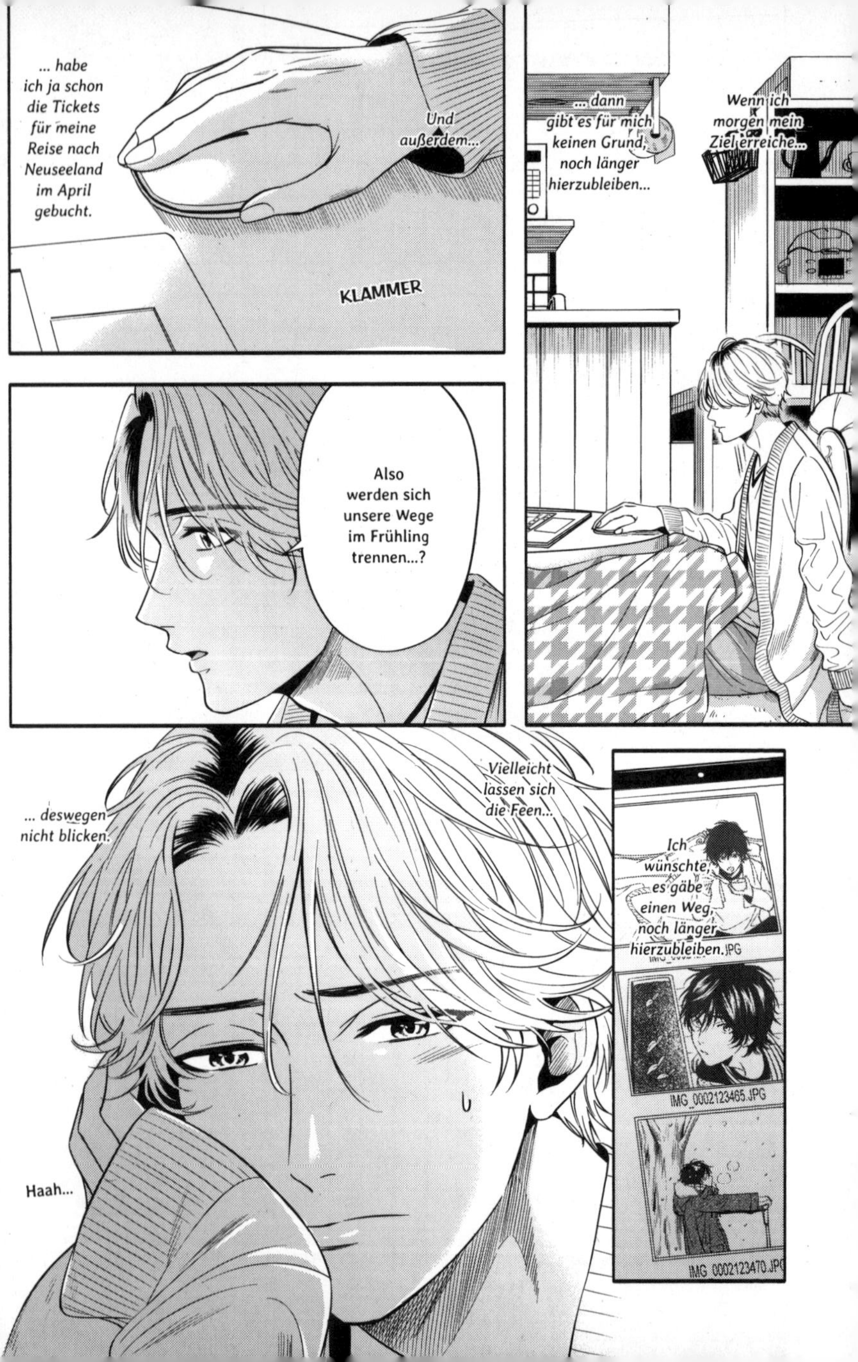
Wenn ich morgen mein Ziel erreiche...
... dann gibt es für mich keinen Grund, noch länger hierzubleiben...
Und außerdem...
... habe ich ja schon die Tickets für meine Reise nach Neuseeland im April gebucht.
KLAMMER
Also werden sich unsere Wege im Frühling trennen...?
Ich wünschte, es gäbe einen Weg, noch länger hierzubleiben.JPG
IMG_0002123465.JPG
IMG_0002123470.JPG
Vielleicht lassen sich die Feen...
... deswegen nicht blicken.
Haah...

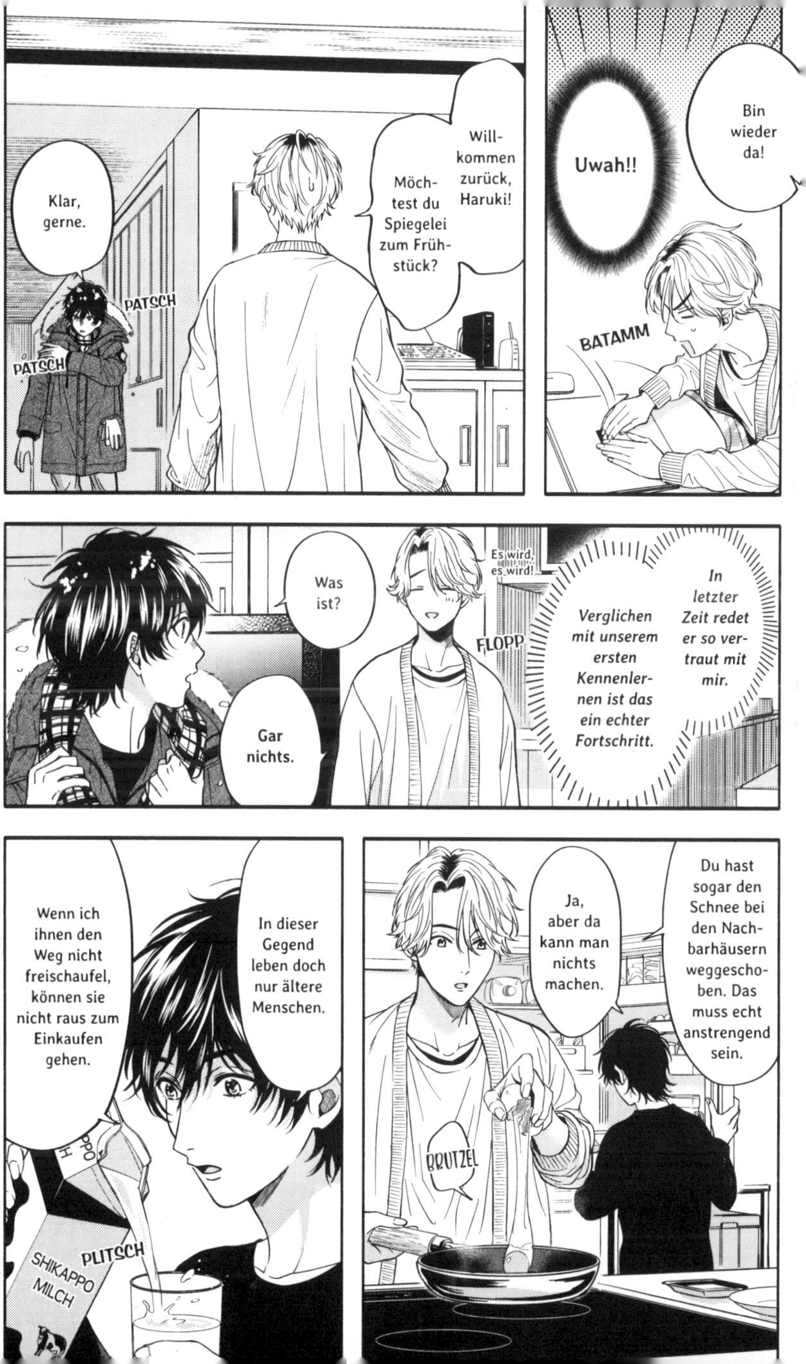

Bin wieder da!
Uwah!!
BATAMM
Willkommen zurück, Haruki!
Möchtest du Spiegelei zum Frühstück?
Klar, gerne.
PATSCH
PATSCH
In letzter Zeit redet er so vertraut mit mir.
Verglichen mit unserem ersten Kennenlernen ist das ein echter Fortschritt.
Es wird, es wird!
FLOPP
Was ist?
Gar nichts.
Du hast sogar den Schnee bei den Nachbarhäusern weggeschoben. Das muss echt anstrengend sein.
Ja, aber da kann man nichts machen.
BRUTZEL
In dieser Gegend leben doch nur ältere Menschen.
Wenn ich ihnen den Weg nicht freischaufel, können sie nicht raus zum Einkaufen gehen.
PLITSCH
SHIKAPPO MILCH

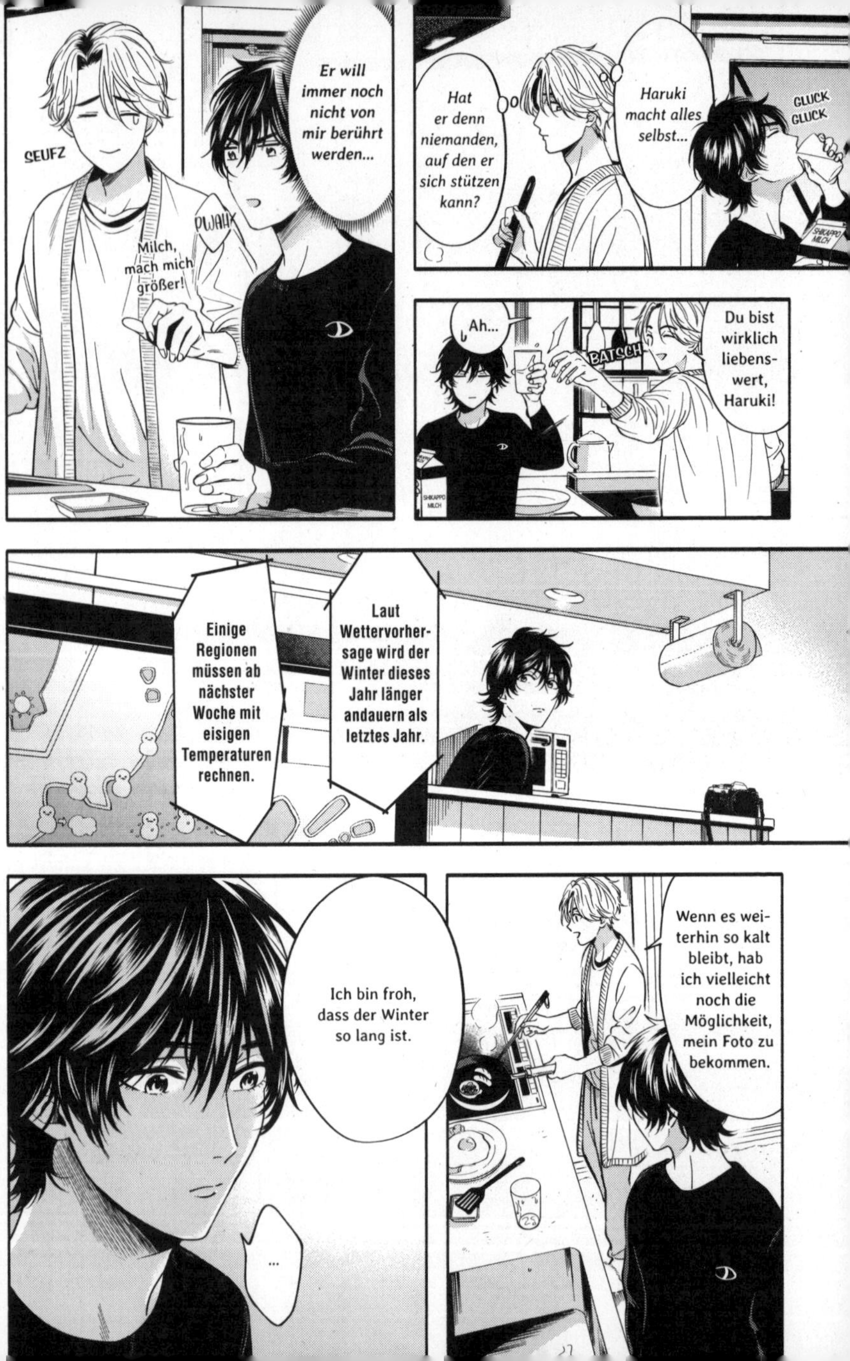
GLUCK GLUCK
Haruki macht alles selbst...
Hat er denn niemanden, auf den er sich stützen kann?
SHIKAPPO MILCH
Er will immer noch nicht von mir berührt werden...
PWAH
Milch, mach mich größer!
SEUFZ
Du bist wirklich liebenswert, Haruki!
BATSCH
Ah...
SHIKAPPO MILCH
Laut Wettervorhersage wird der Winter dieses Jahr länger andauern als letztes Jahr.
Einige Regionen müssen ab nächster Woche mit eisigen Temperaturen rechnen.
Wenn es weiterhin so kalt bleibt, hab ich vielleicht noch die Möglichkeit, mein Foto zu bekommen.
Ich bin froh, dass der Winter so lang ist.
...

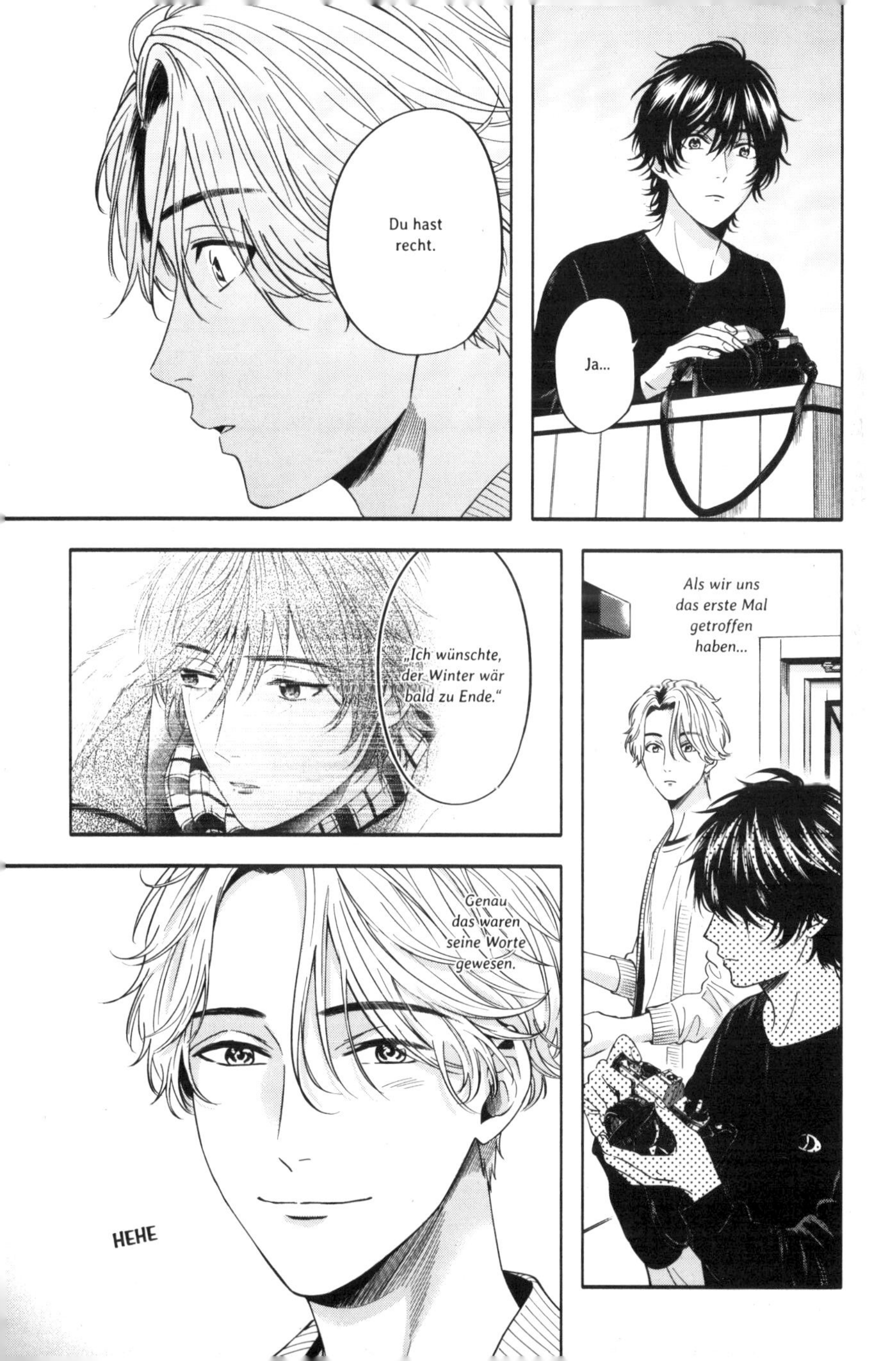
Ja…
Du hast recht.
Als wir uns das erste Mal getroffen haben…
„Ich wünschte, der Winter wär bald zu Ende.“
Genau das waren seine Worte gewesen.
HEHE

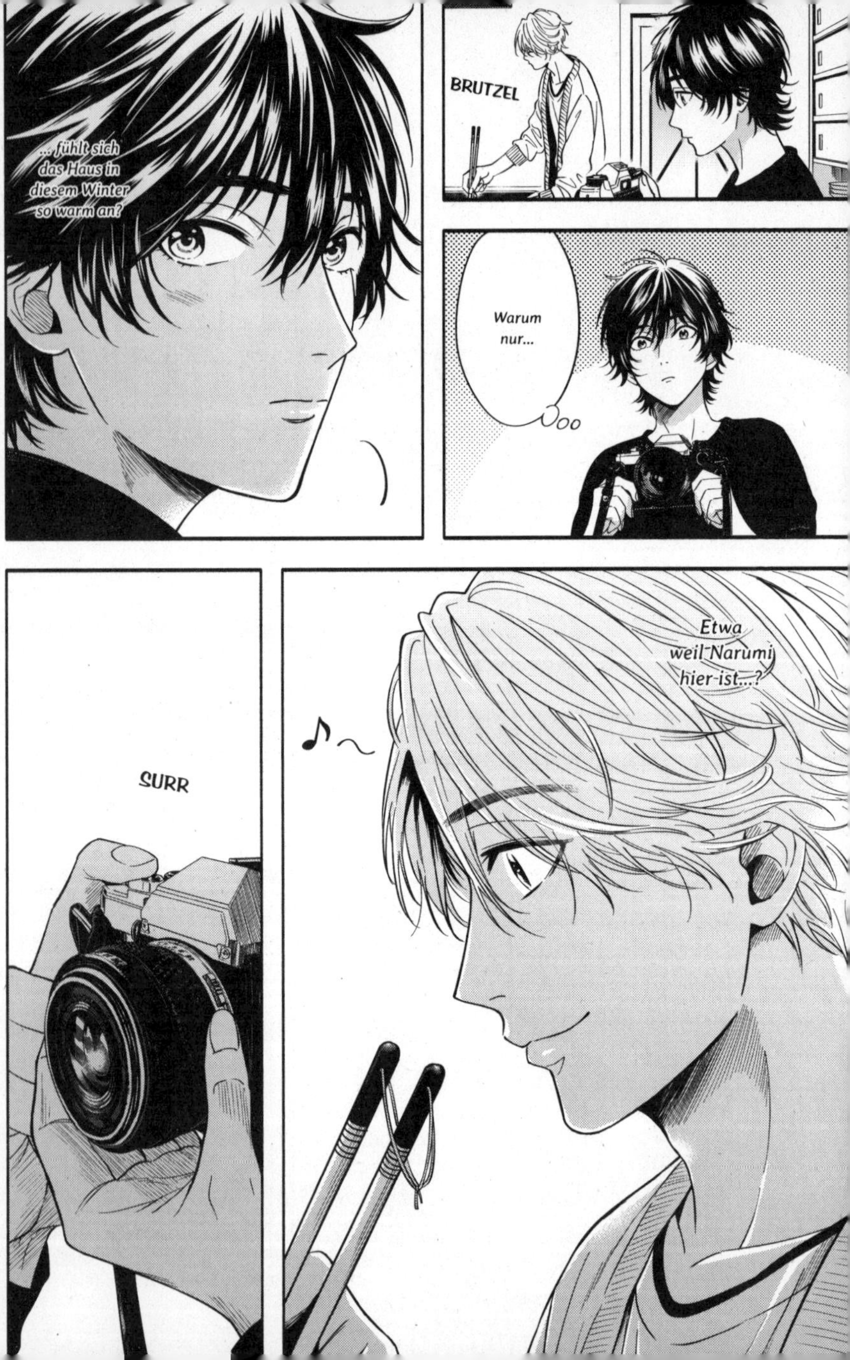
BRUTZEL
... fühlt sich das Haus in diesem Winter so warm an?
Warum nur...
Etwa weil Narumi hier ist...?
♪~
SURR

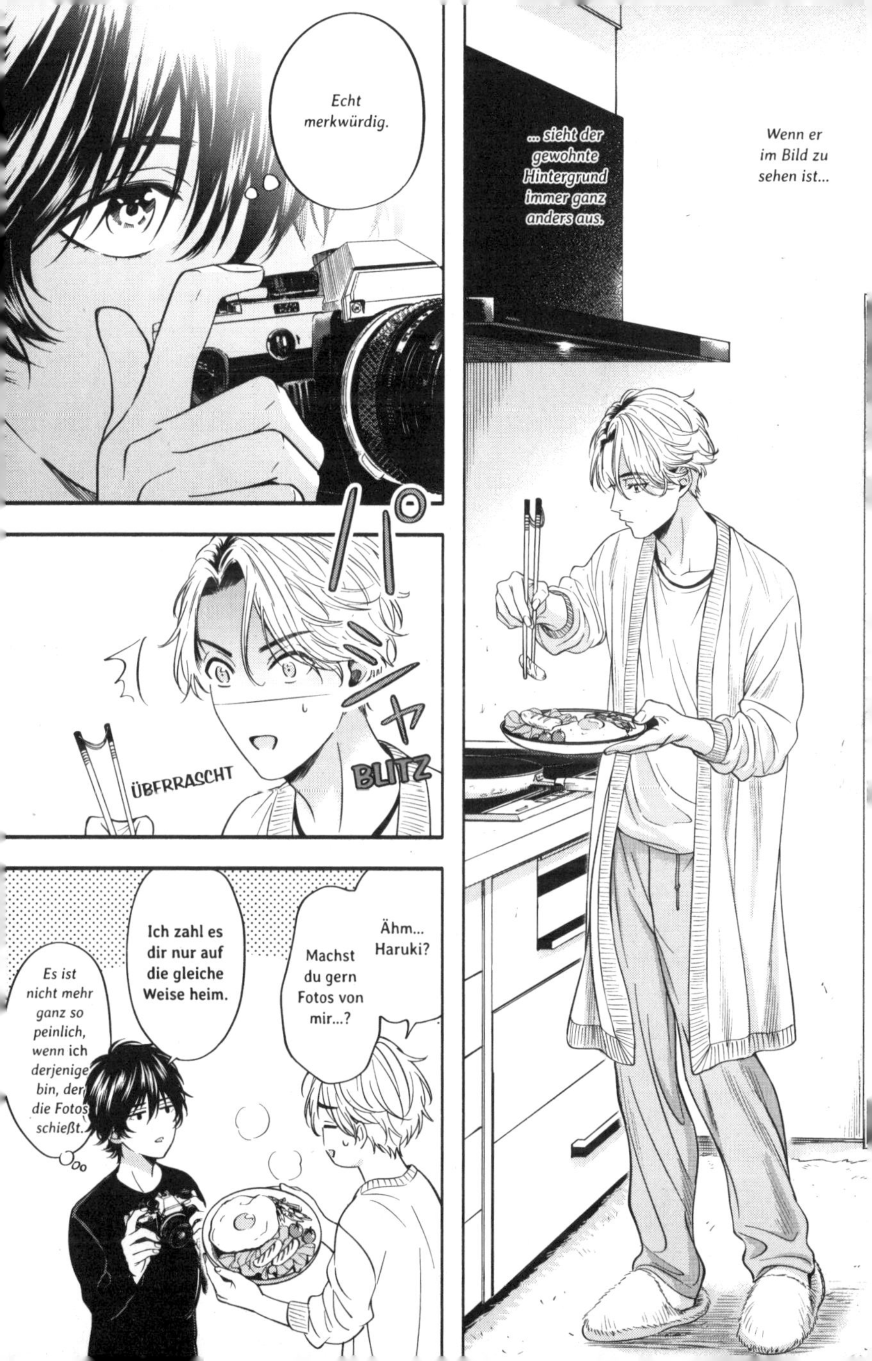
Wenn er im Bild zu sehen ist...
... sieht der gewohnte Hintergrund immer ganz anders aus.
Echt merkwürdig.
BLITZ
ÜBERRASCHT
Ähm... Haruki?
Machst du gern Fotos von mir...?
Ich zahl es dir nur auf die gleiche Weise heim.
Es ist nicht mehr ganz so peinlich, wenn ich derjenige bin, der die Fotos schießt.

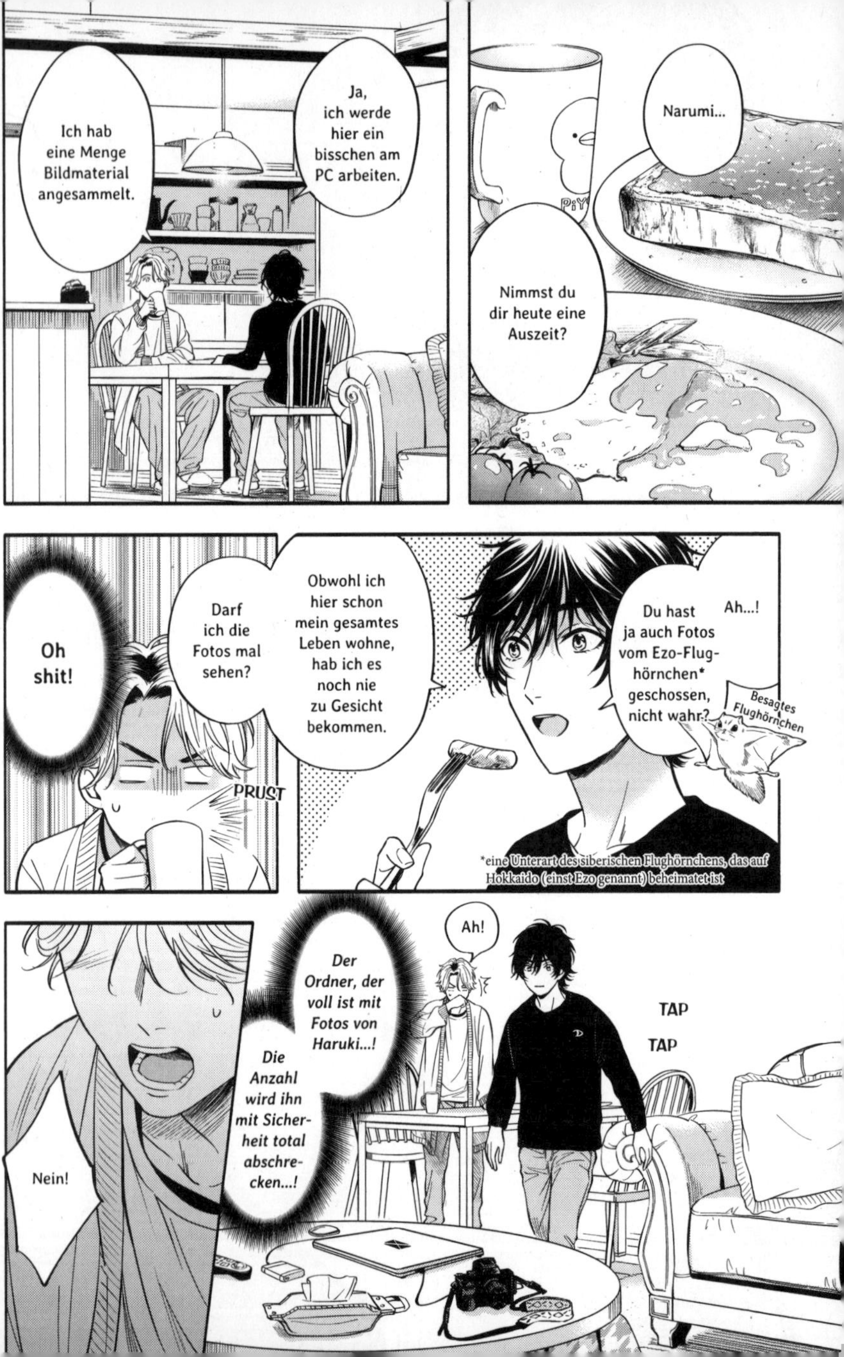

*eine Unterart des siberischen Flughörnchens, das auf Hokkaido (einst Ezo genannt) beheimatet ist

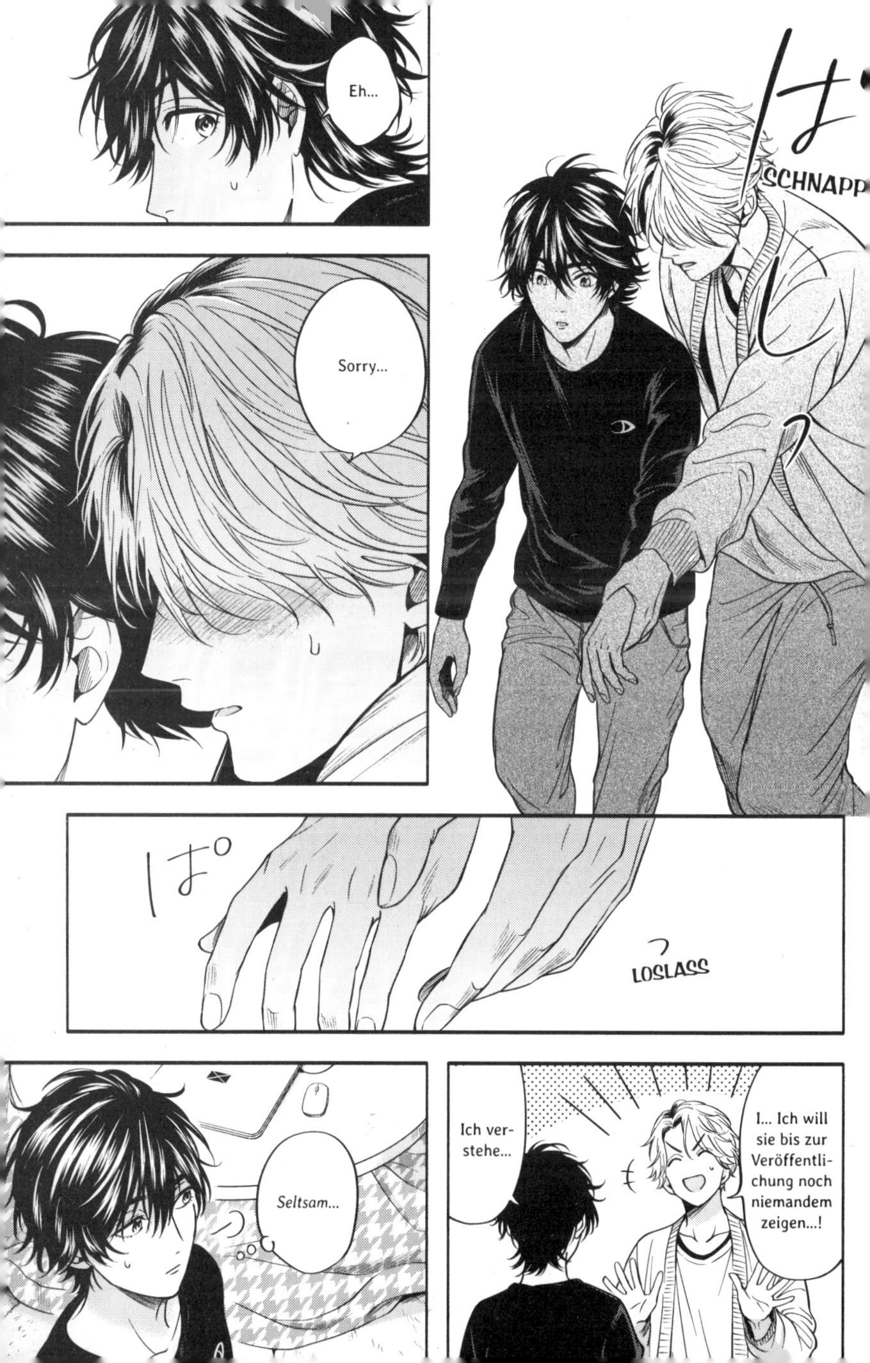

SCHNAPP
Eh...
Sorry...
LOSLASS
I... Ich will sie bis zur Veröffentlichung noch niemandem zeigen...!
Ich verstehe...
Seltsam...

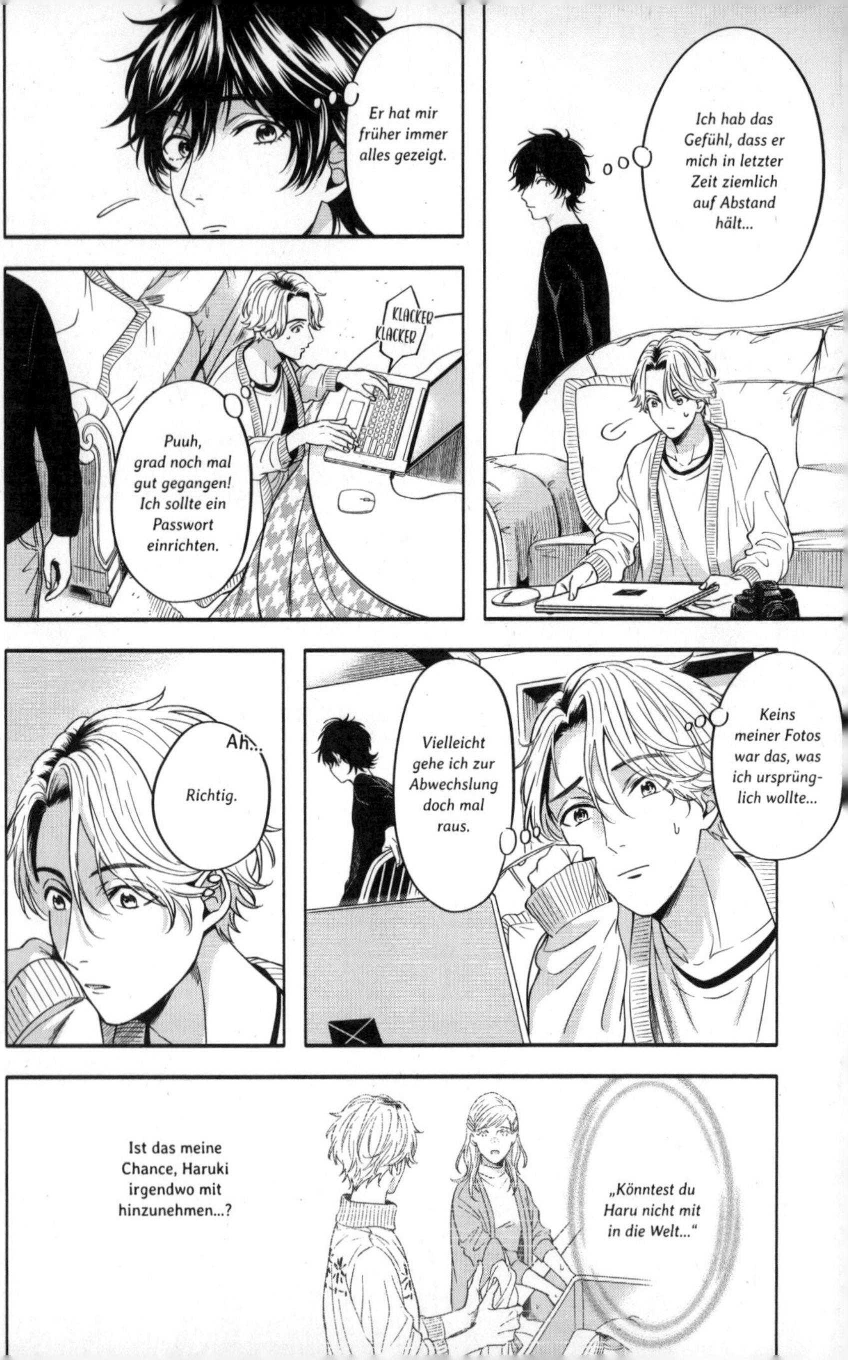

Ich hab das Gefühl, dass er mich in letzter Zeit ziemlich auf Abstand hält...
Er hat mir früher immer alles gezeigt.
KLACKER KLACKER
Puuh, grad noch mal gut gegangen! Ich sollte ein Passwort einrichten.
Keins meiner Fotos war das, was ich ursprünglich wollte...
Vielleicht gehe ich zur Abwechslung doch mal raus.
Ah...
Richtig.
„Könntest du Haru nicht mit in die Welt..."
Ist das meine Chance, Haruki irgendwo mit hinzunehmen...?

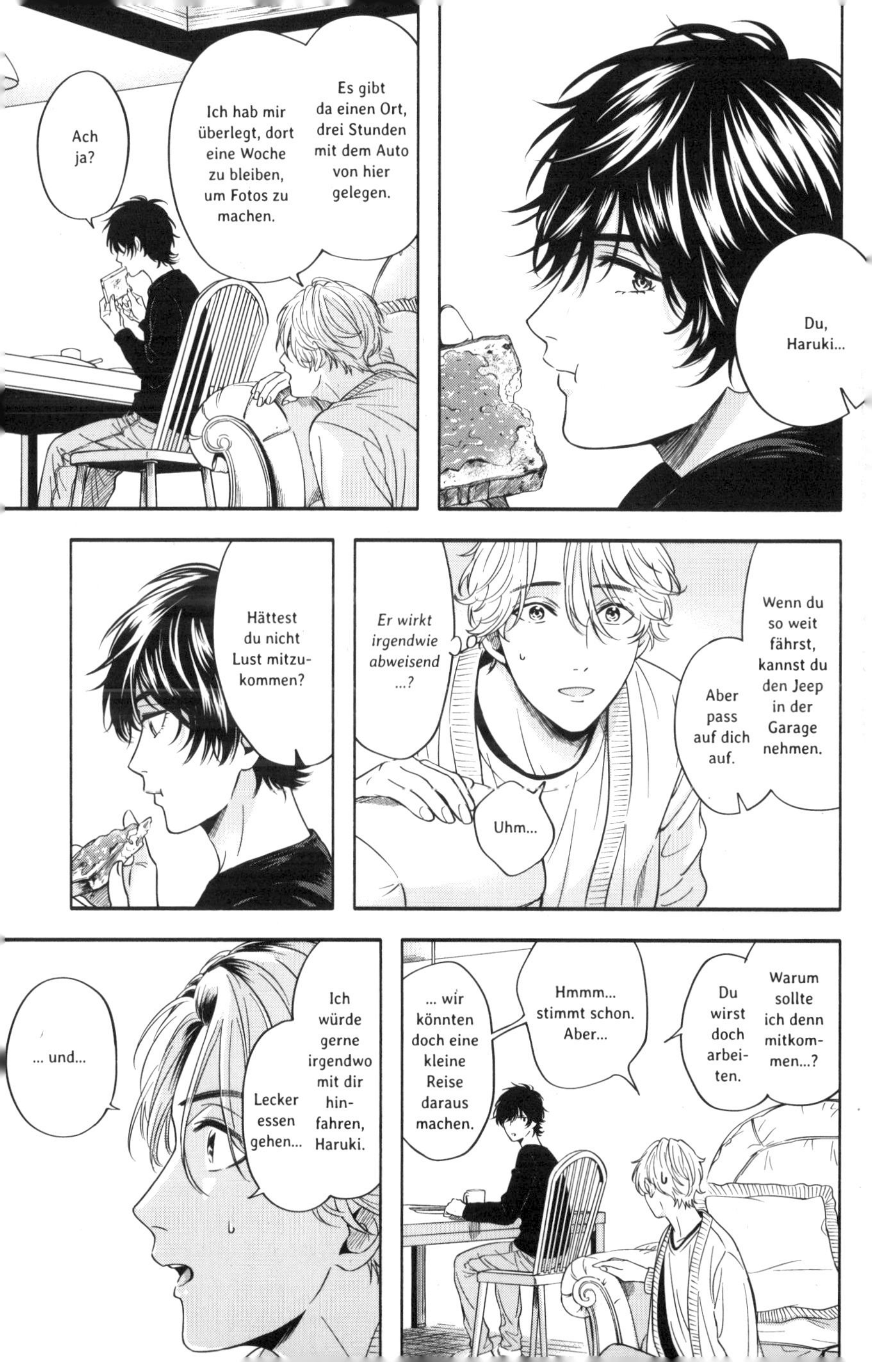

Du, Haruki...
Es gibt da einen Ort, drei Stunden mit dem Auto von hier gelegen.
Ich hab mir überlegt, dort eine Woche zu bleiben, um Fotos zu machen.
Ach ja?
Wenn du so weit fährst, kannst du den Jeep in der Garage nehmen.
Aber pass auf dich auf.
Uhm...
Er wirkt irgendwie abweisend ...?
Hättest du nicht Lust mitzukommen?
Warum sollte ich denn mitkommen...?
Du wirst doch arbeiten.
Hmmm... stimmt schon. Aber...
... wir könnten doch eine kleine Reise daraus machen.
Ich würde gerne irgendwo mit dir hinfahren, Haruki.
Lecker essen gehen...
... und...

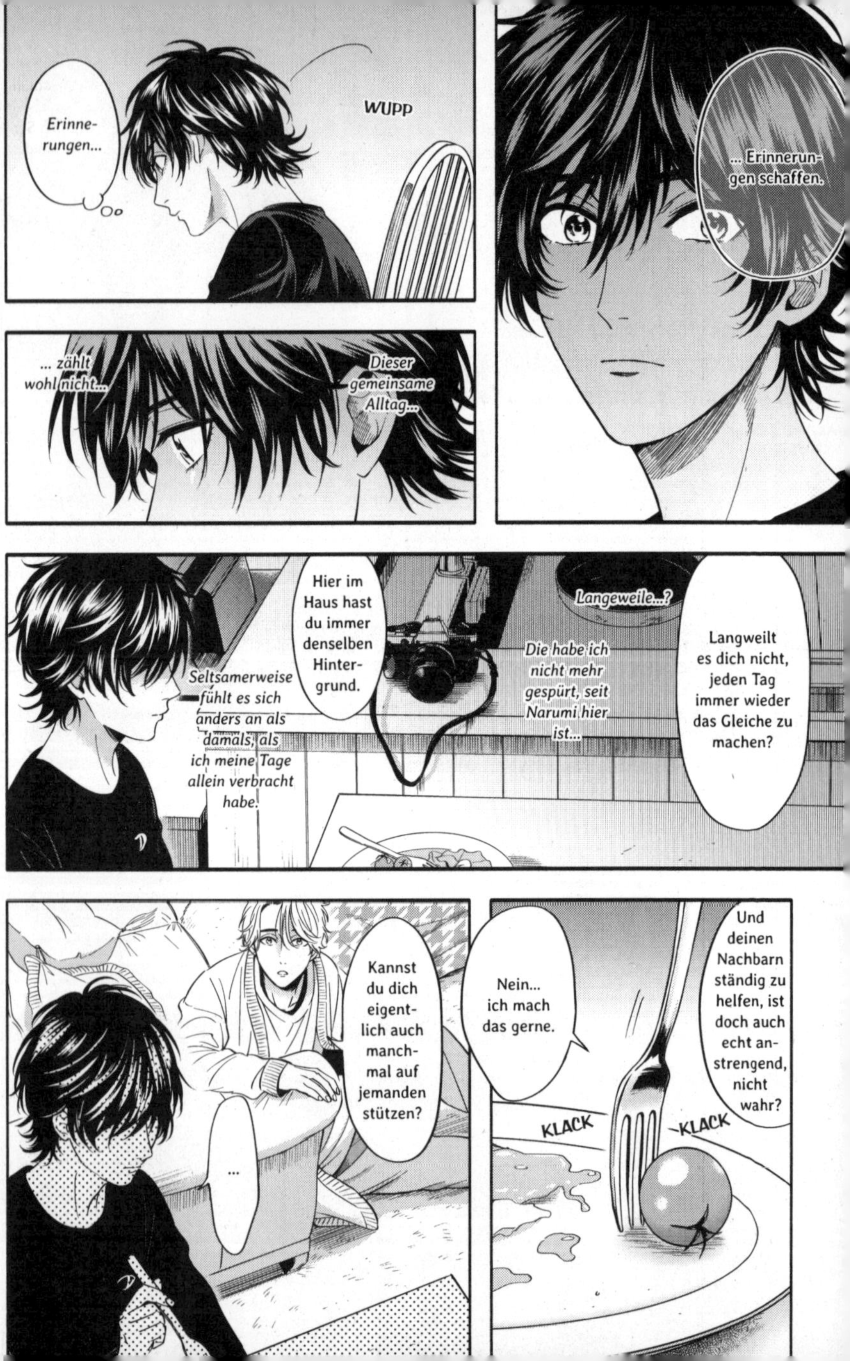

... Erinnerungen schaffen.
WUPP
Erinnerungen...
Dieser gemeinsame Alltag...
... zählt wohl nicht...
Langeweile...?
Langweilt es dich nicht, jeden Tag immer wieder das Gleiche zu machen?
Die habe ich nicht mehr gespürt, seit Narumi hier ist...
Hier im Haus hast du immer denselben Hintergrund.
Seltsamerweise fühlt es sich anders an als damals, als ich meine Tage allein verbracht habe.
Und deinen Nachbarn ständig zu helfen, ist doch auch echt anstrengend, nicht wahr?
KLACK
KLACK
Nein... ich mach das gerne.
Kannst du dich eigentlich auch manchmal auf jemanden stützen?
...

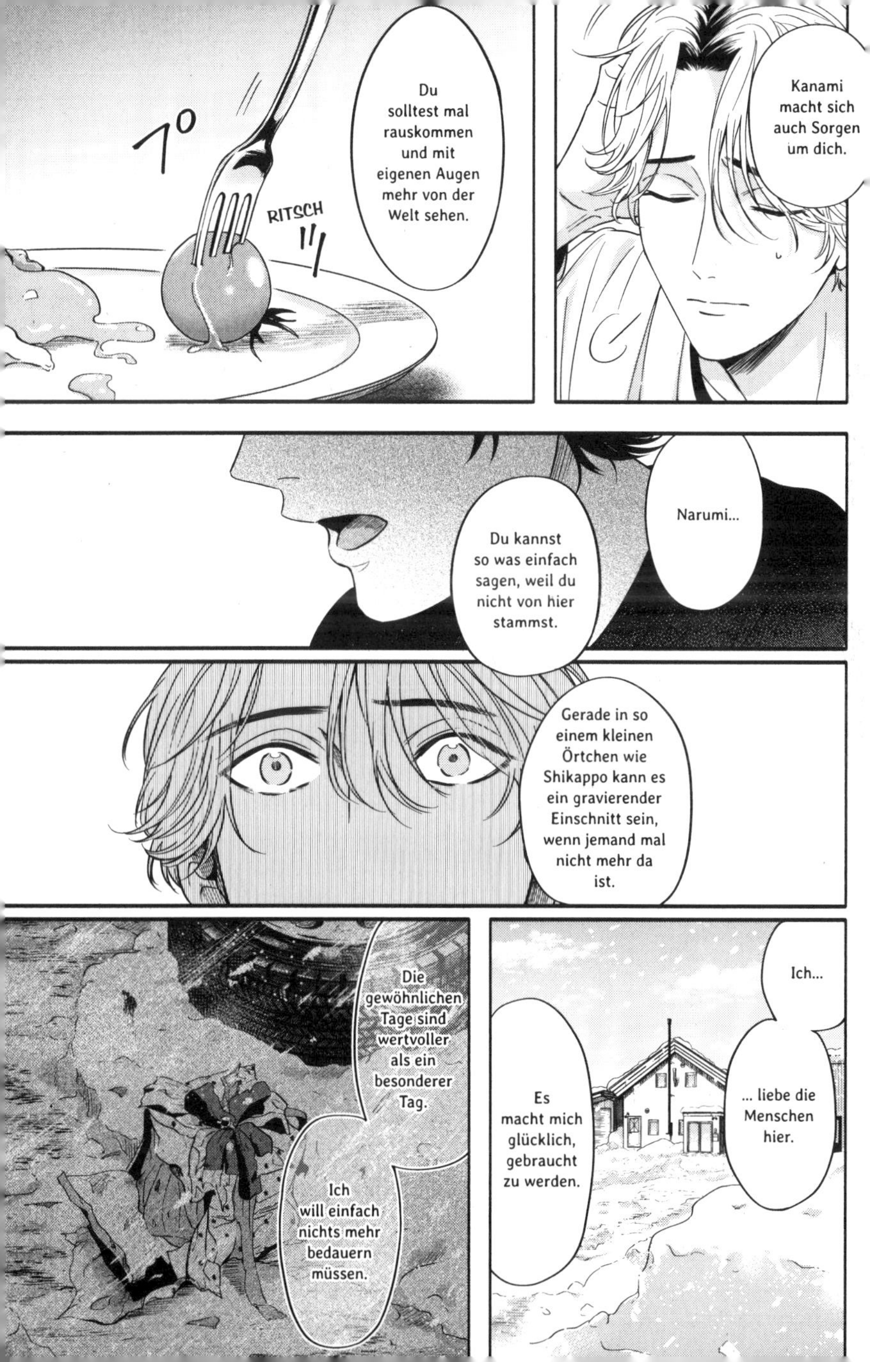
Kanami macht sich auch Sorgen um dich.
Du solltest mal rauskommen und mit eigenen Augen mehr von der Welt sehen.
RITSCH
Narumi...
Du kannst so was einfach sagen, weil du nicht von hier stammst.
Gerade in so einem kleinen Örtchen wie Shikappo kann es ein gravierender Einschnitt sein, wenn jemand mal nicht mehr da ist.
Ich...
... liebe die Menschen hier.
Es macht mich glücklich, gebraucht zu werden.
Die gewöhnlichen Tage sind wertvoller als ein besonderer Tag.
Ich will einfach nichts mehr bedauern müssen.

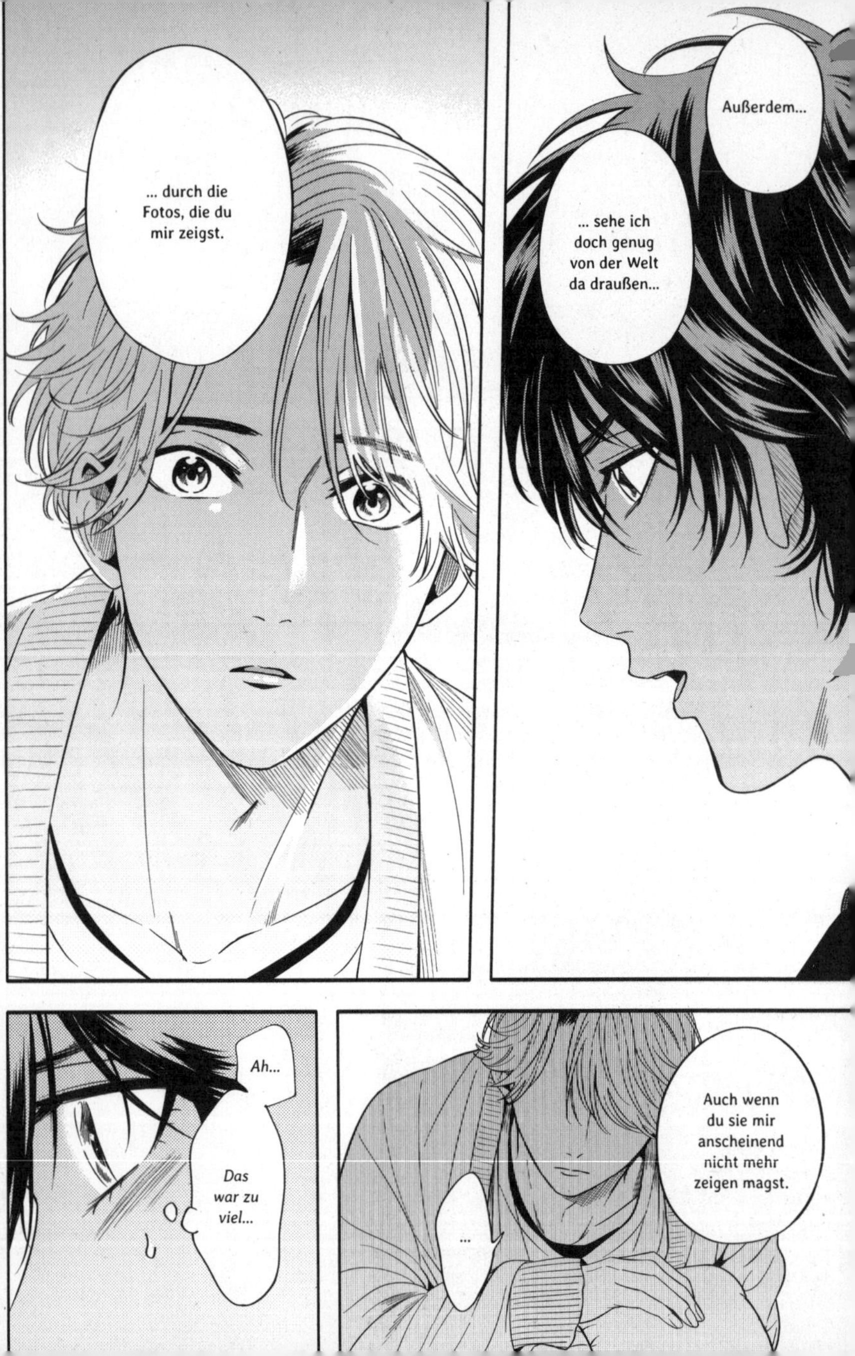
Außerdem...
... sehe ich doch genug von der Welt da draußen...
... durch die Fotos, die du mir zeigst.
Auch wenn du sie mir anscheinend nicht mehr zeigen magst.
...
Ah...
Das war zu viel...

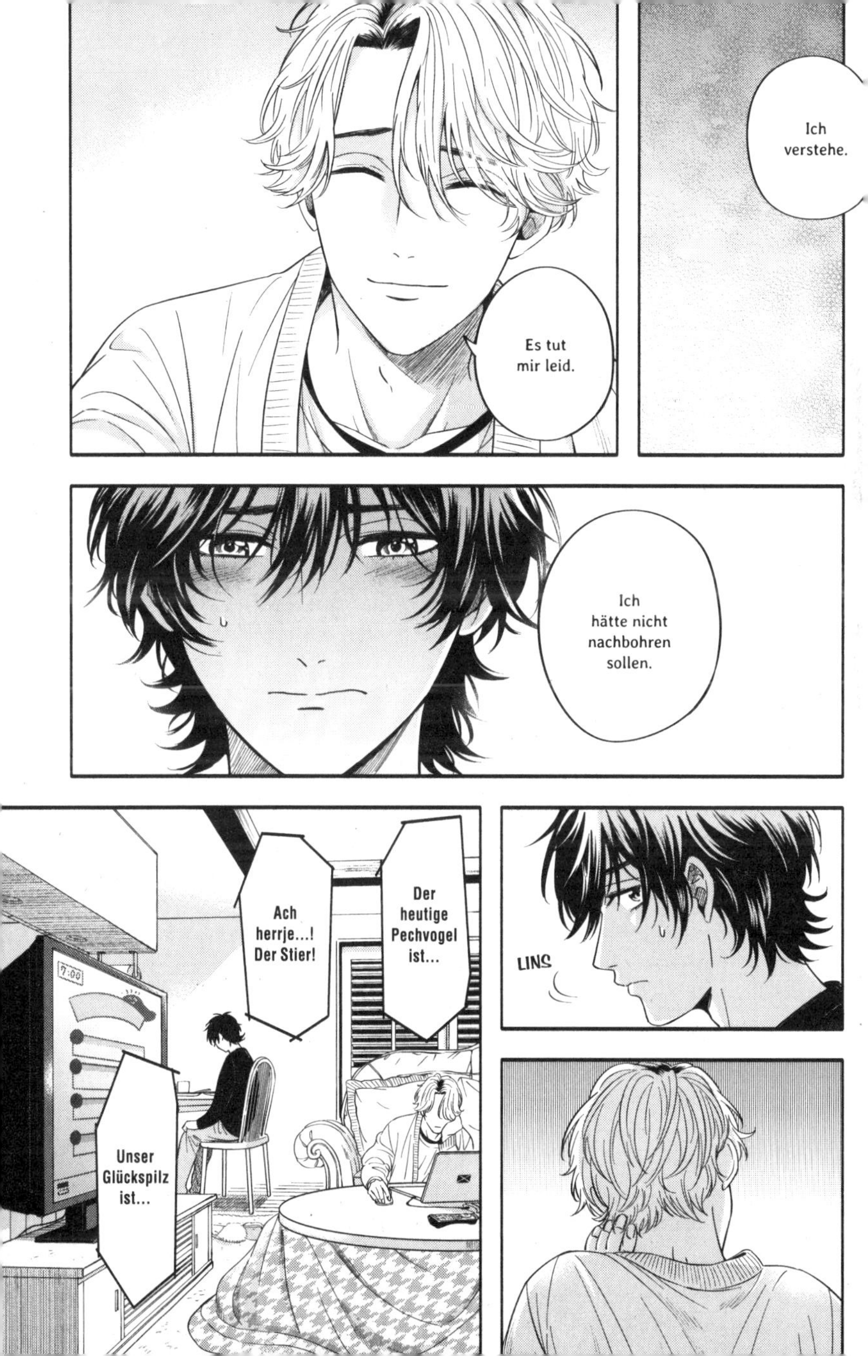
Ich verstehe.
Es tut mir leid.
Ich hätte nicht nachbohren sollen.
LINS
Der heutige Pechvogel ist...
Ach herrje...! Der Stier!
Unser Glückspilz ist...

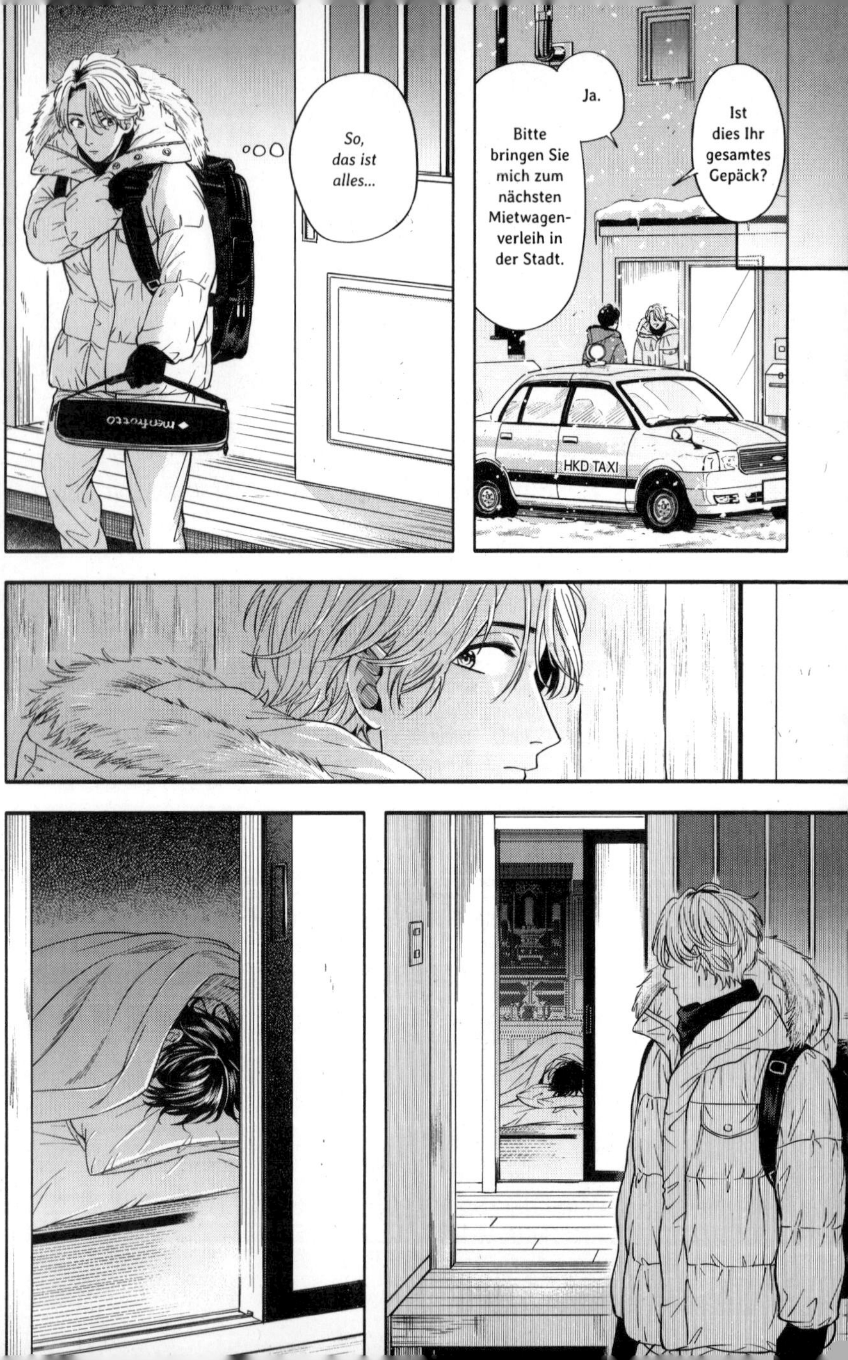
Ist dies Ihr gesamtes Gepäck?
Ja.
Bitte bringen Sie mich zum nächsten Mietwagen-verleih in der Stadt.
HKD TAXI
So, das ist alles...

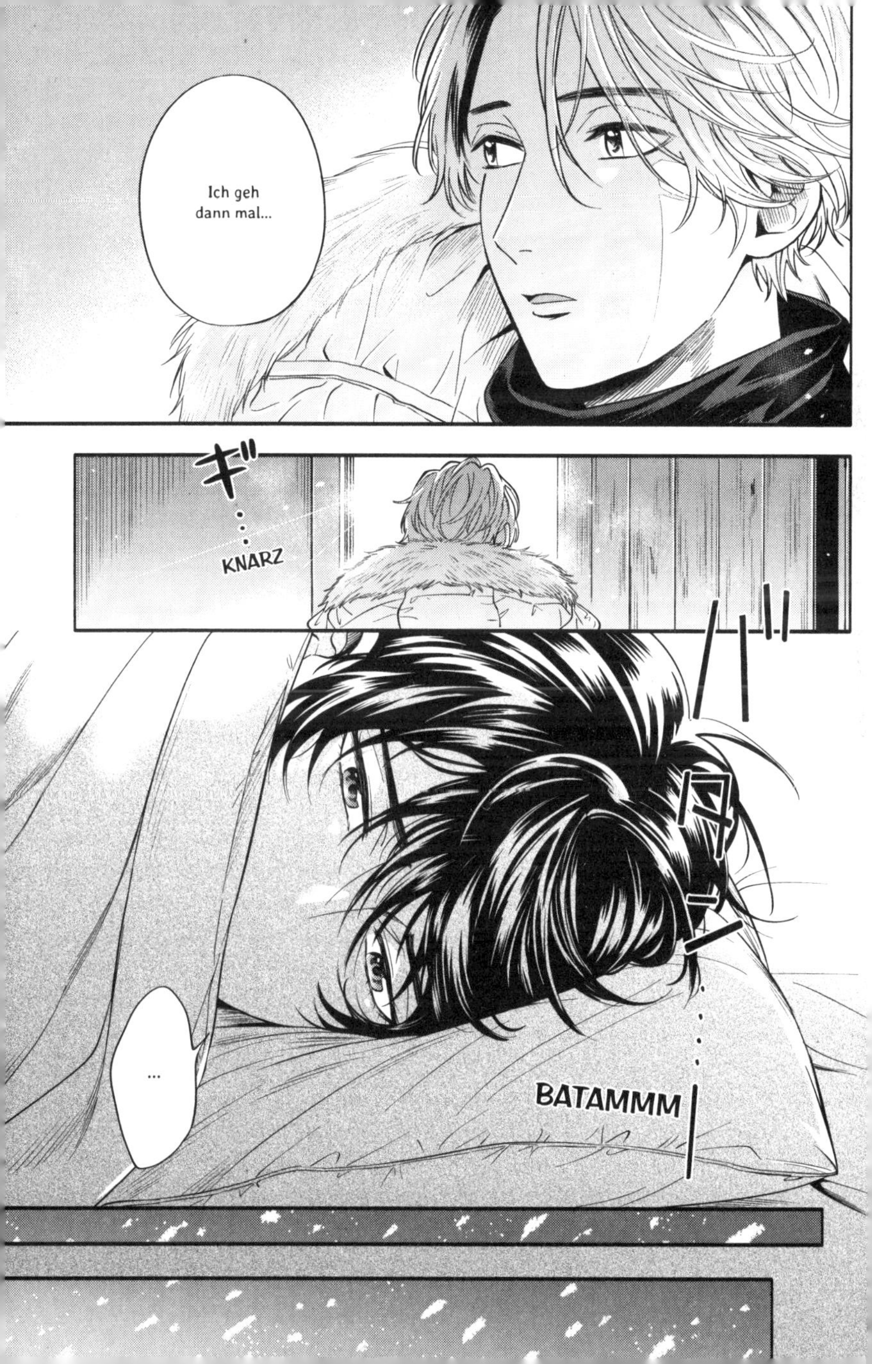
Ich geh dann mal...
ギ…
KNARZ
BATAMMM
...

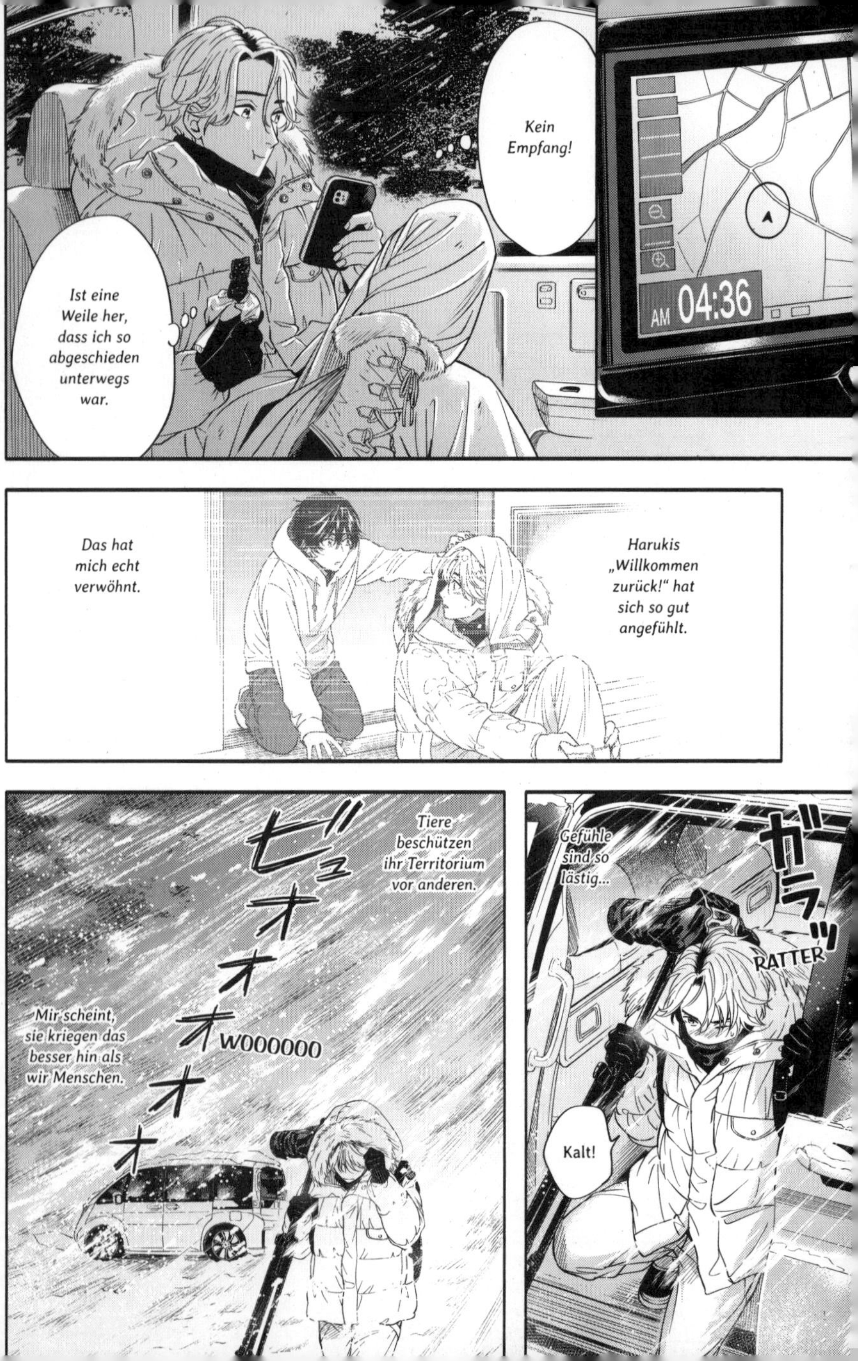
Kein Empfang!
AM 04:36
Ist eine Weile her, dass ich so abgeschieden unterwegs war.
Harukis „Willkommen zurück!“ hat sich so gut angefühlt.
Das hat mich echt verwöhnt.
Gefühle sind so lästig...
ガラッ
RATTER
Kalt!
Tiere beschützen ihr Territorium vor anderen.
ビュオオオオオ
WOOOOOO
Mir scheint, sie kriegen das besser hin als wir Menschen.

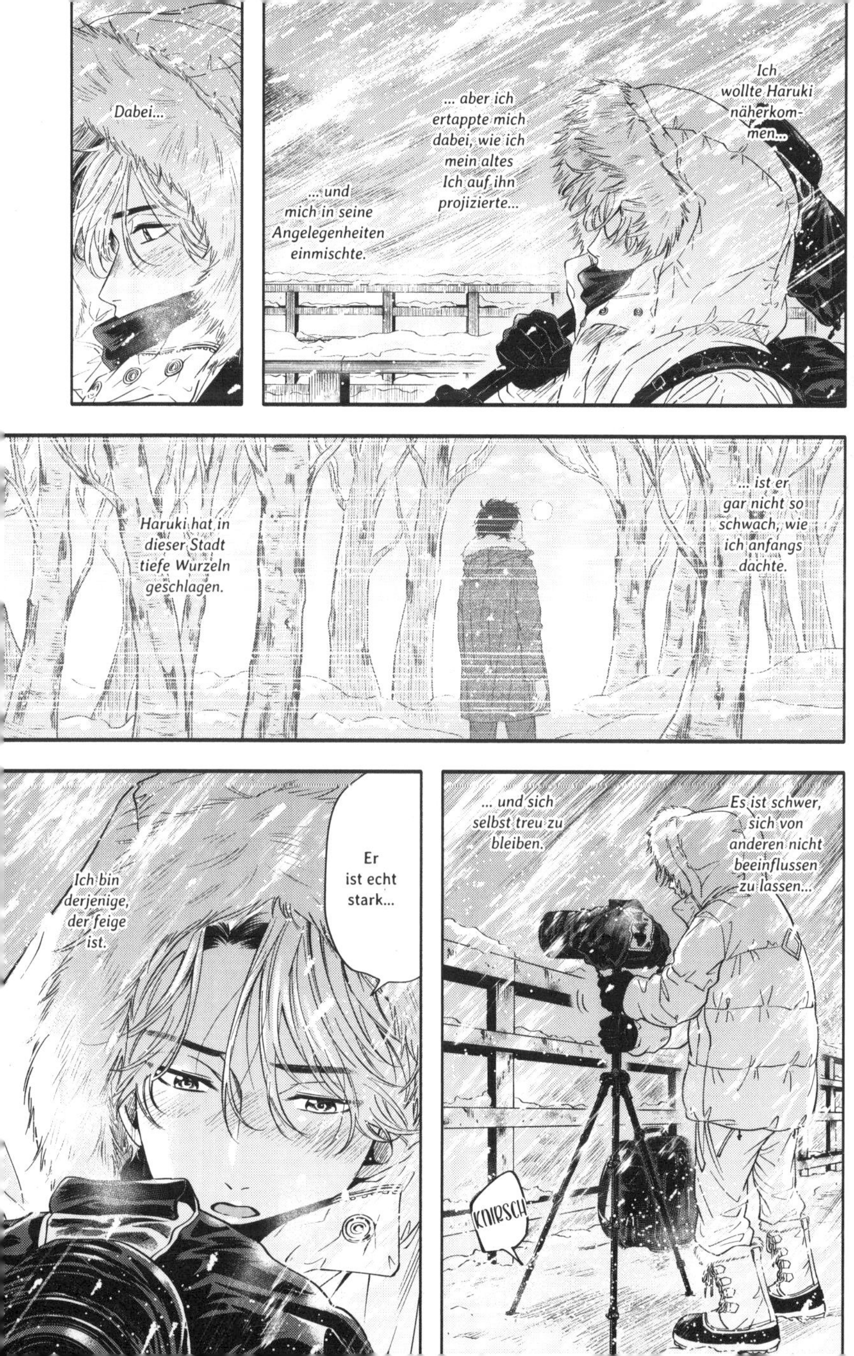
Ich wollte Haruki näherkommen...
... aber ich ertappte mich dabei, wie ich mein altes Ich auf ihn projizierte...
... und mich in seine Angelegenheiten einmischte.
Dabei...
... ist er gar nicht so schwach, wie ich anfangs dachte.
Haruki hat in dieser Stadt tiefe Wurzeln geschlagen.
Es ist schwer, sich von anderen nicht beeinflussen zu lassen...
... und sich selbst treu zu bleiben.
KNIRSCH
Er ist echt stark...
Ich bin derjenige, der feige ist.

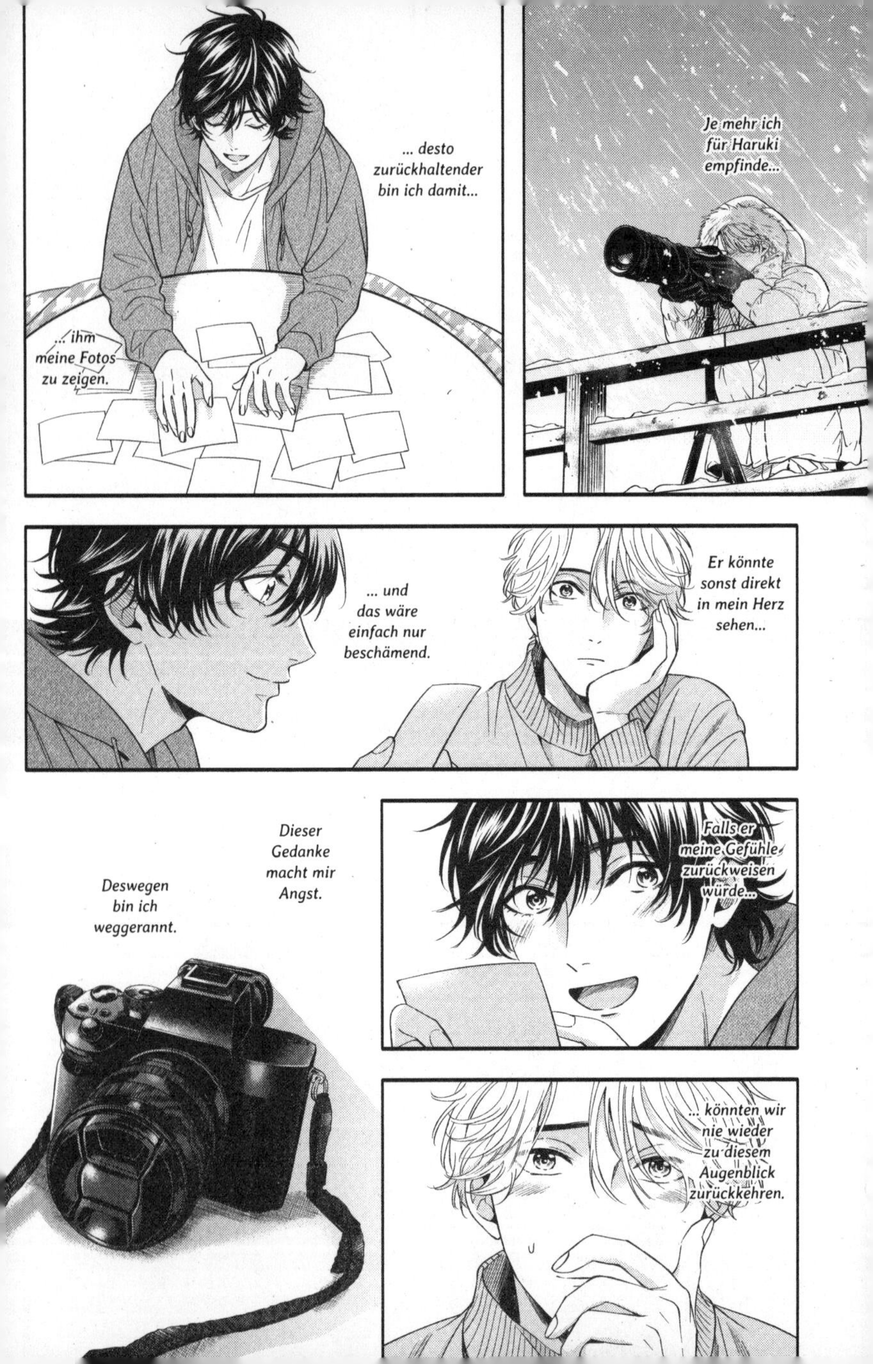
Je mehr ich für Haruki empfinde...
... desto zurückhaltender bin ich damit...
... ihm meine Fotos zu zeigen.
Er könnte sonst direkt in mein Herz sehen...
... und das wäre einfach nur beschämend.
Falls er meine Gefühle zurückweisen würde...
... könnten wir nie wieder zu diesem Augenblick zurückkehren.
Dieser Gedanke macht mir Angst.
Deswegen bin ich weggerannt.

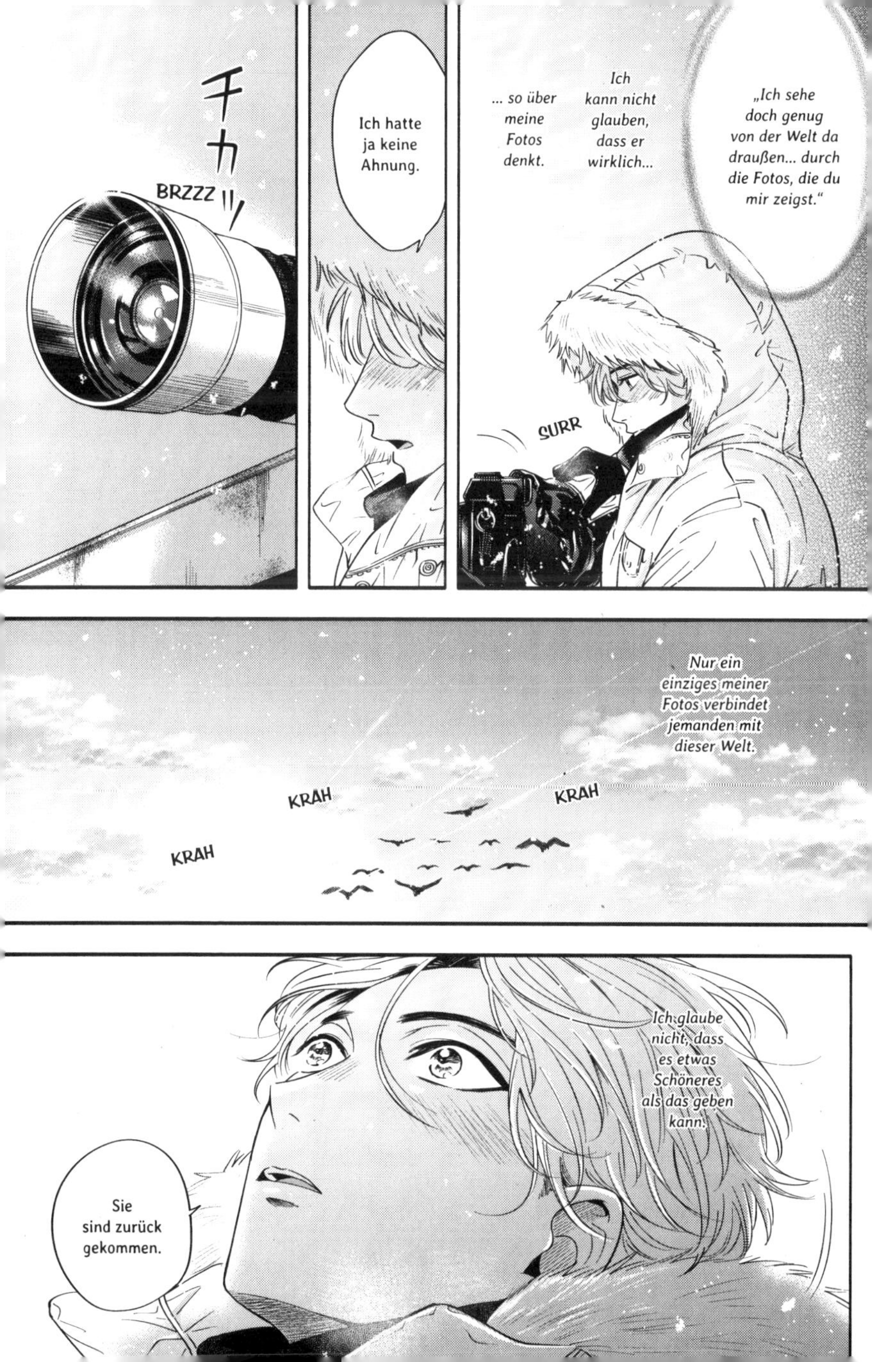
„Ich sehe doch genug von der Welt da draußen… durch die Fotos, die du mir zeigst.“
Ich kann nicht glauben, dass er wirklich…
… so über meine Fotos denkt.
SURR
Ich hatte ja keine Ahnung.
チカ
BRZZZ
Nur ein einziges meiner Fotos verbindet jemanden mit dieser Welt.
KRAH
KRAH
KRAH
Ich glaube nicht, dass es etwas Schöneres als das geben kann.
Sie sind zurück gekommen.

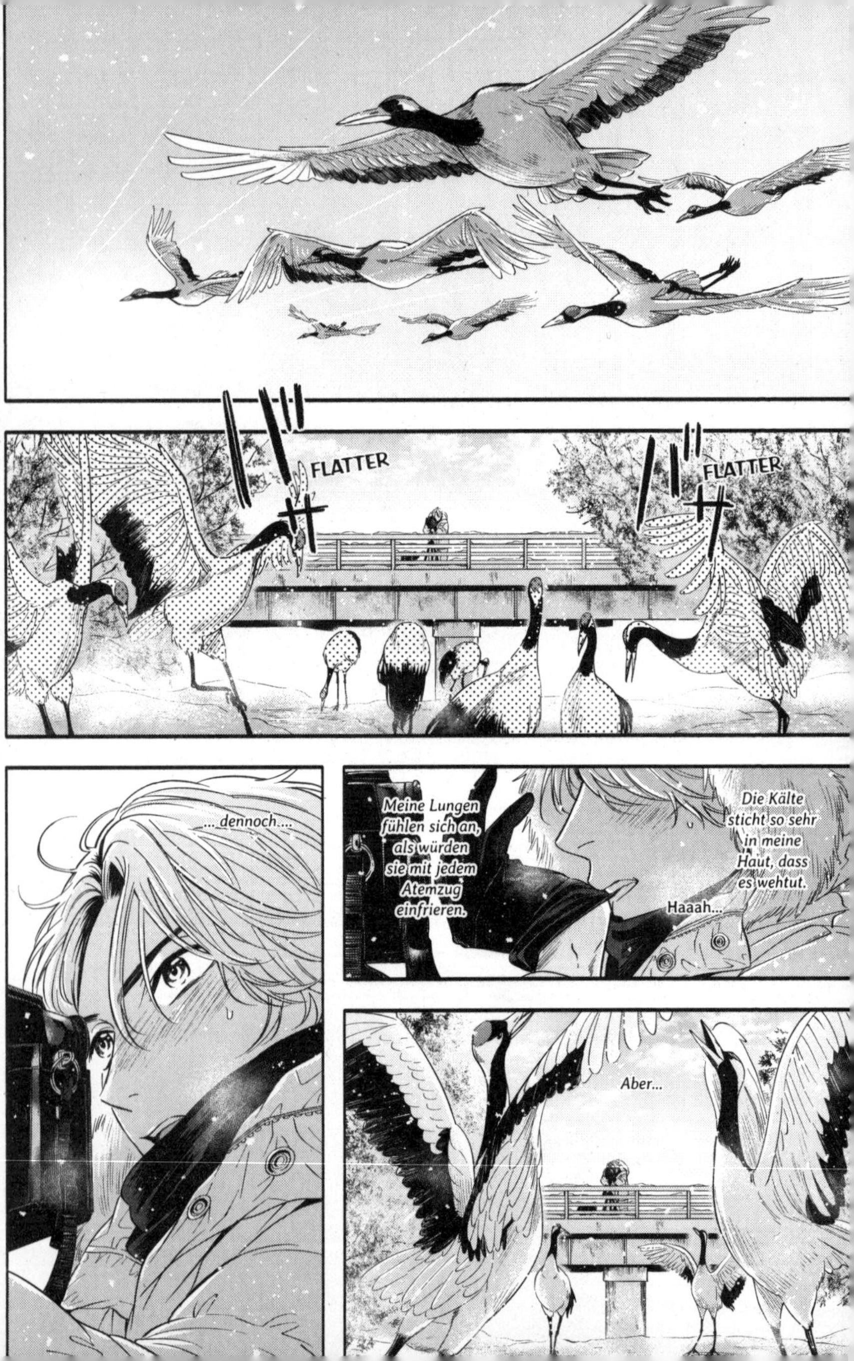
FLATTER
FLATTER
Die Kälte sticht so sehr in meine Haut, dass es wehtut.
Haaah...
Meine Lungen fühlen sich an, als würden sie mit jedem Atemzug einfrieren.
Aber...
... dennoch....

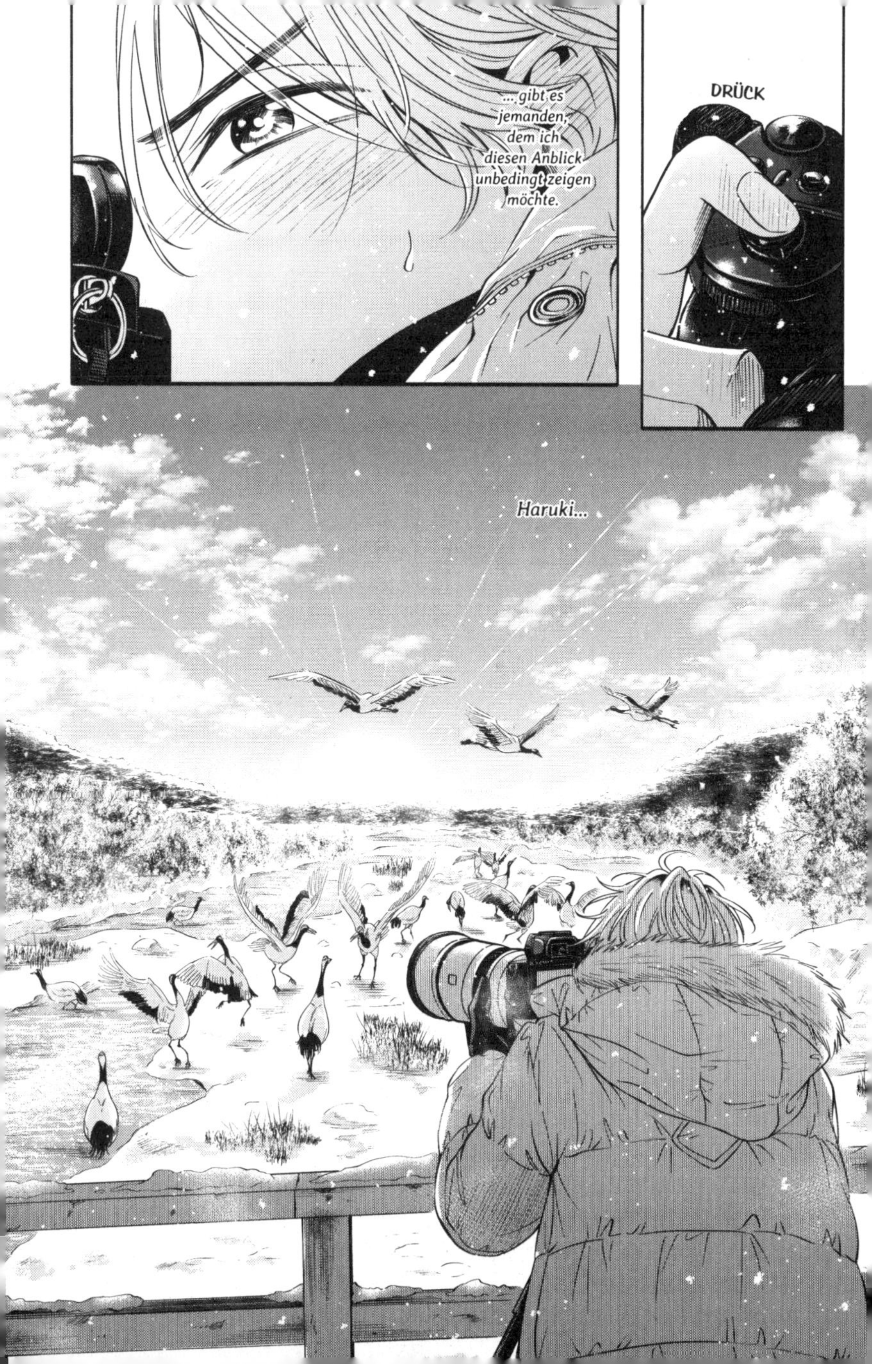
DRÜCK
... gibt es jemanden, dem ich diesen Anblick unbedingt zeigen möchte.
Haruki...

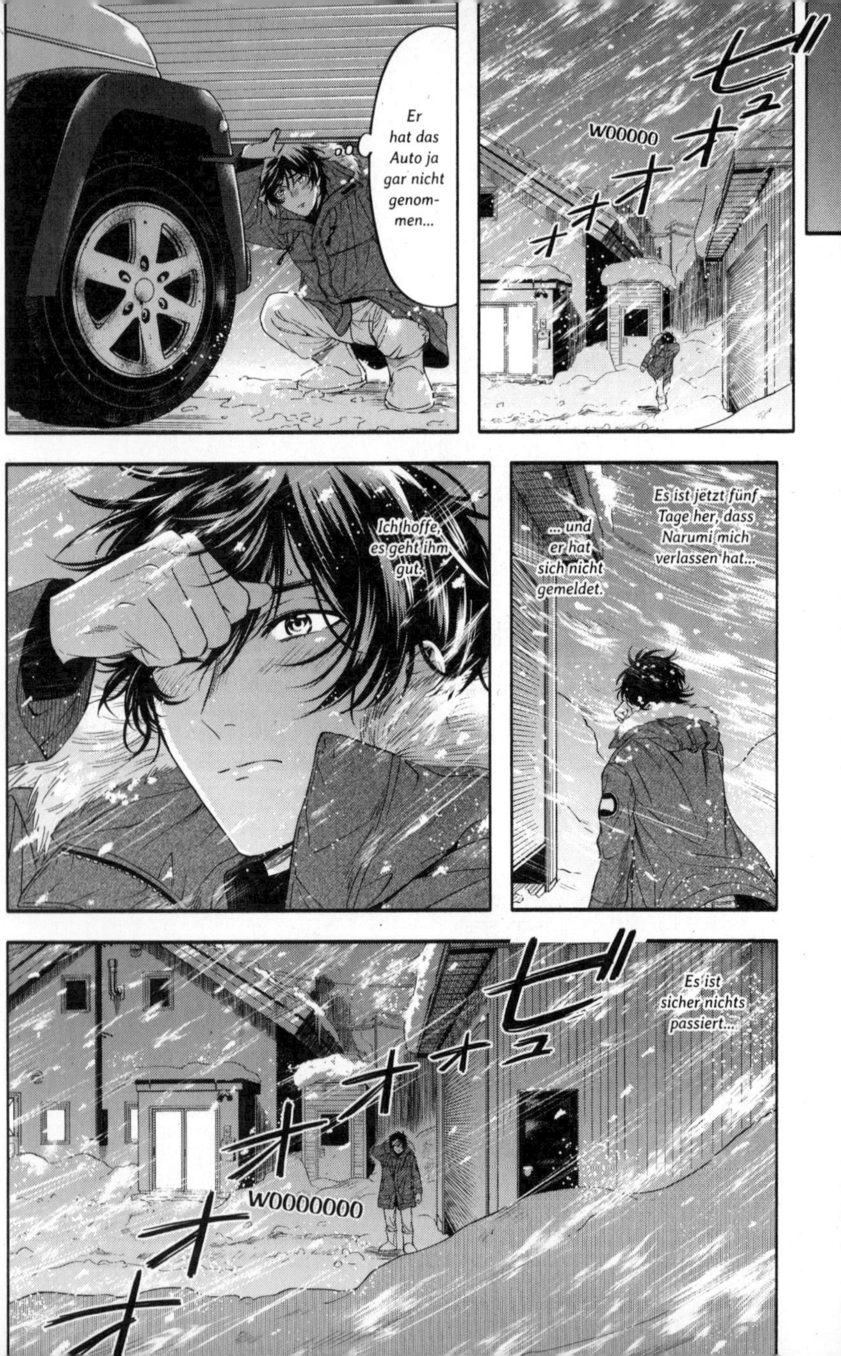
WOOOOO
Er hat das Auto ja gar nicht genommen...
Es ist jetzt fünf Tage her, dass Narumi mich verlassen hat...
... und er hat sich nicht gemeldet.
Ich hoffe, es geht ihm gut.
Es ist sicher nichts passiert...
WOOOOOOO

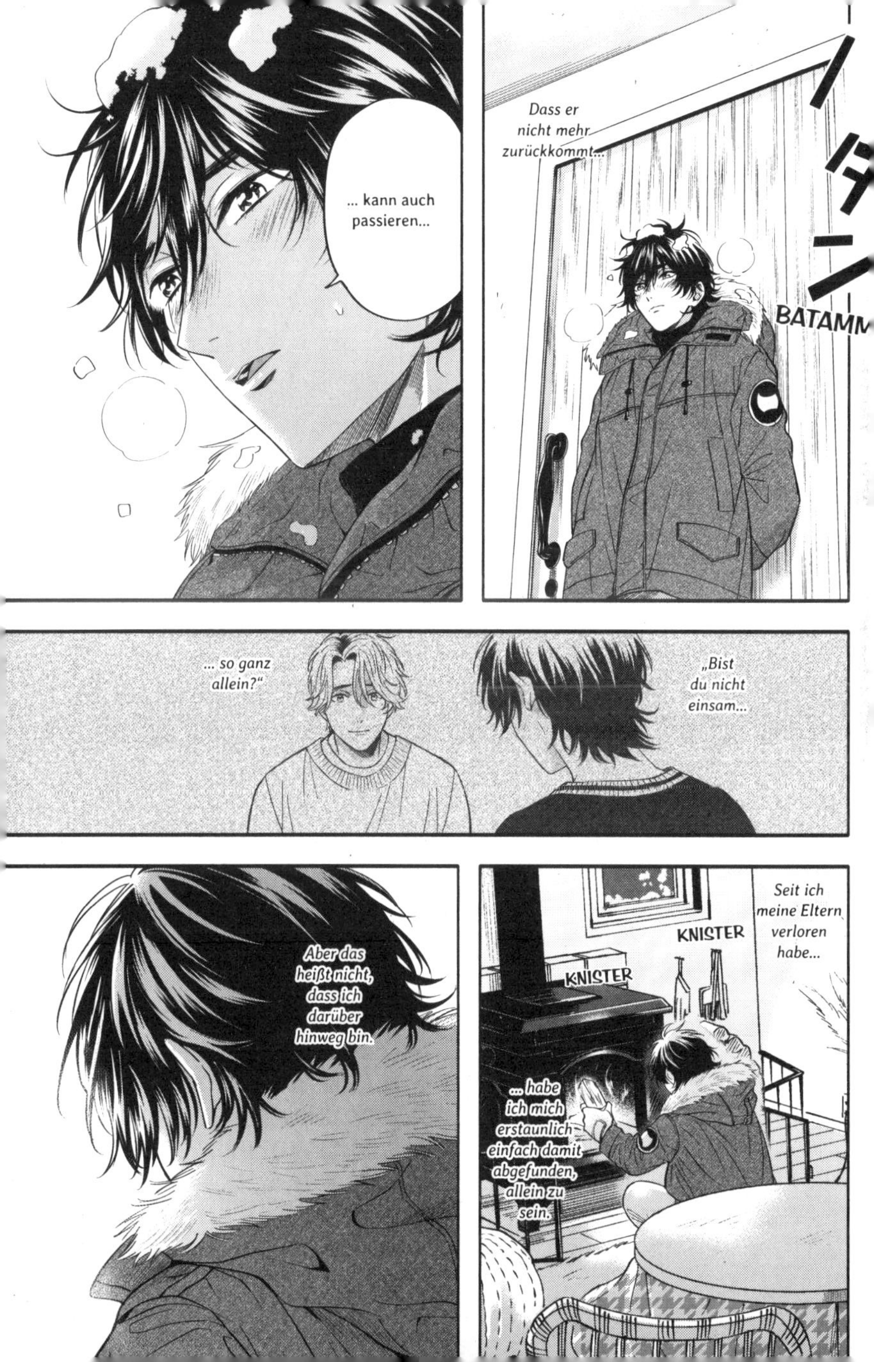

Dass er nicht mehr zurückkommt...
BATAMM
... kann auch passieren...
„Bist du nicht einsam...
... so ganz allein?“
Seit ich meine Eltern verloren habe...
KNISTER
KNISTER
... habe ich mich erstaunlich einfach damit abgefunden, allein zu sein.
Aber das heißt nicht, dass ich darüber hinweg bin.

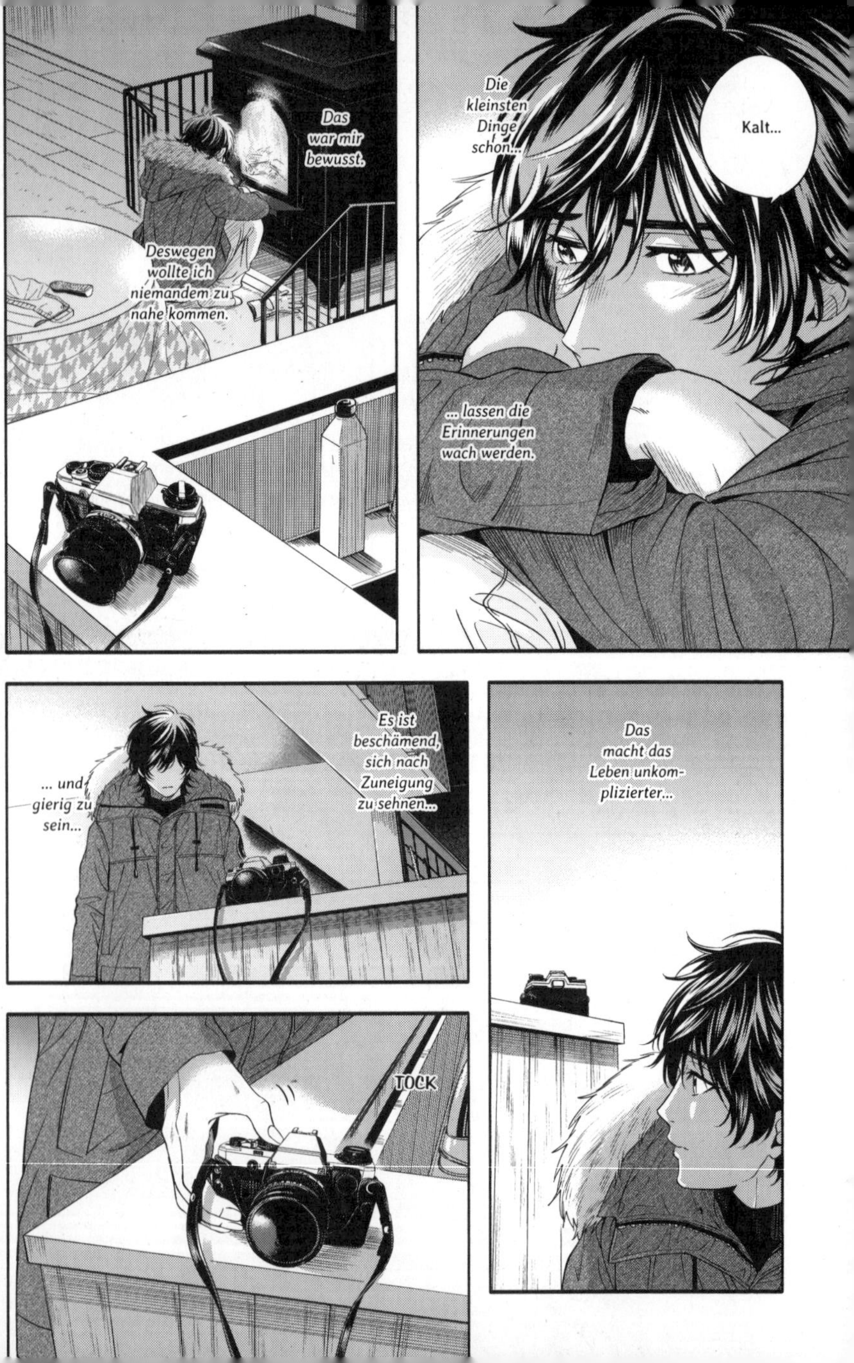

Kalt...
Die kleinsten Dinge schon...
... lassen die Erinnerungen wach werden.
Das war mir bewusst.
Deswegen wollte ich niemandem zu nahe kommen.
Das macht das Leben unkomplizierter...
Es ist beschämend, sich nach Zuneigung zu sehnen...
... und gierig zu sein...
TOCK

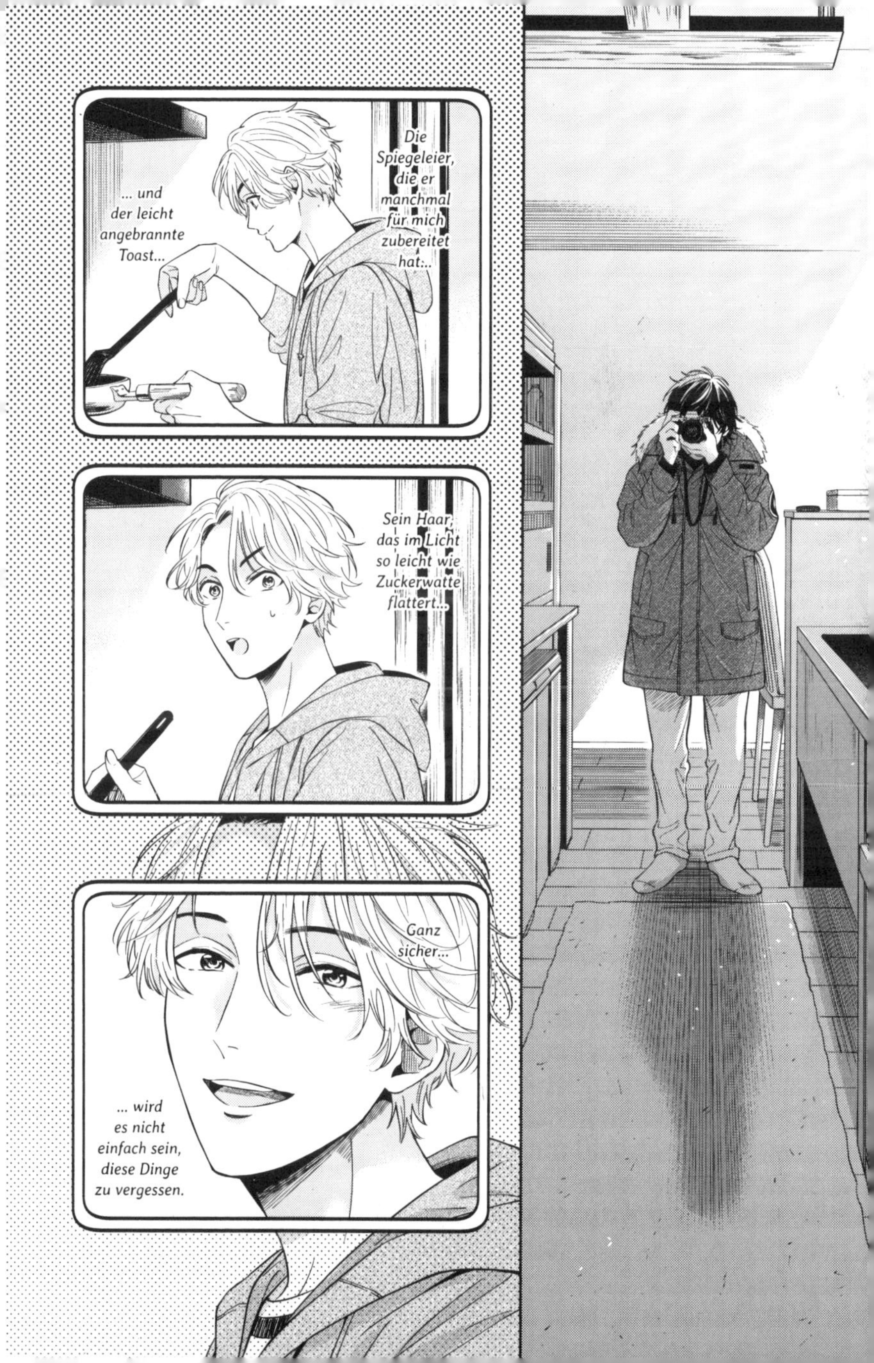

Die Spiegeleier, die er manchmal für mich zubereitet hat...
... und der leicht angebrannte Toast...
Sein Haar, das im Licht so leicht wie Zuckerwatte flattert...
Ganz sicher...
... wird es nicht einfach sein, diese Dinge zu vergessen.

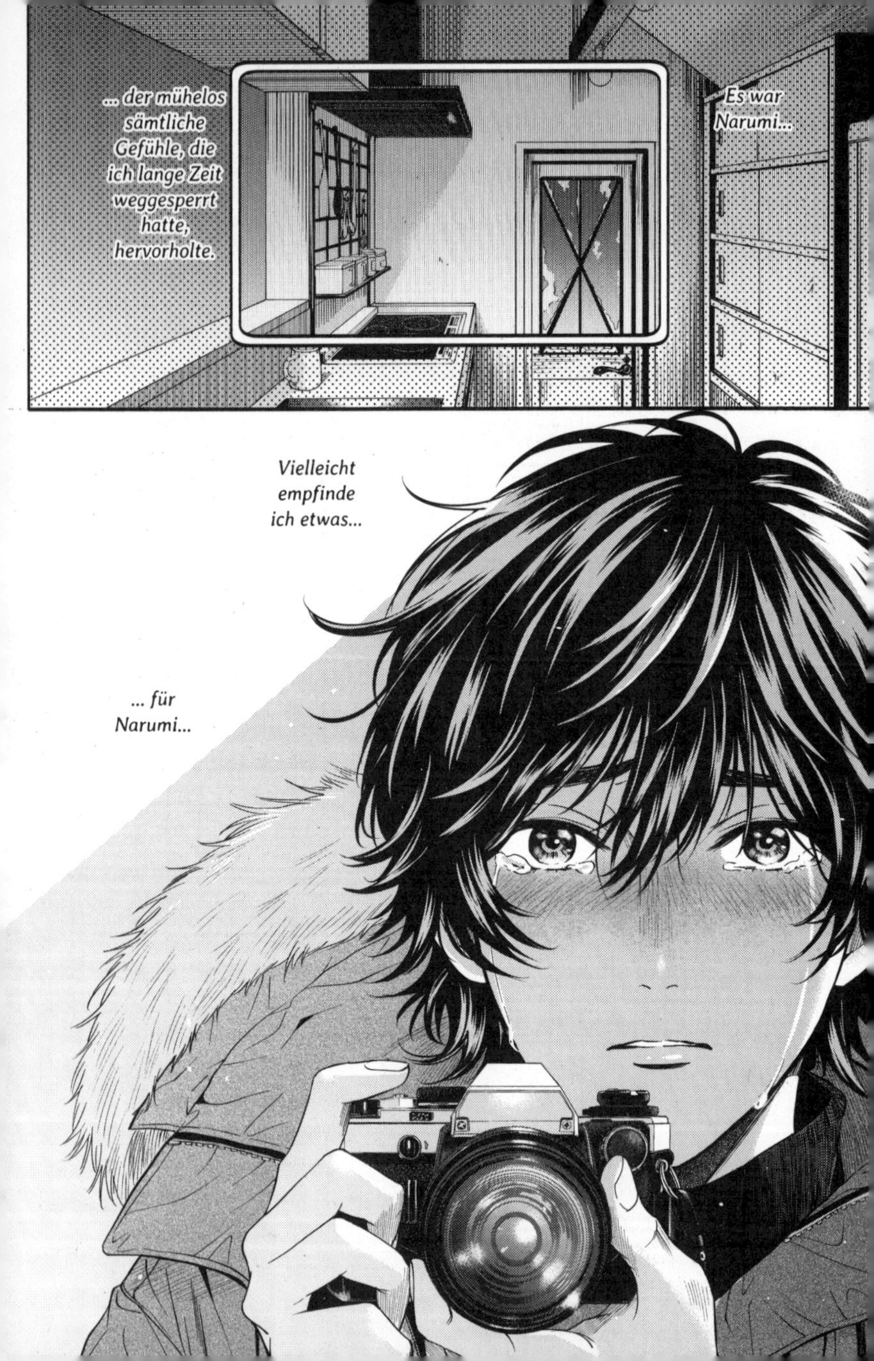
Es war Narumi...
... der mühelos sämtliche Gefühle, die ich lange Zeit weggesperrt hatte, hervorholte.
Vielleicht empfinde ich etwas...
... für Narumi...

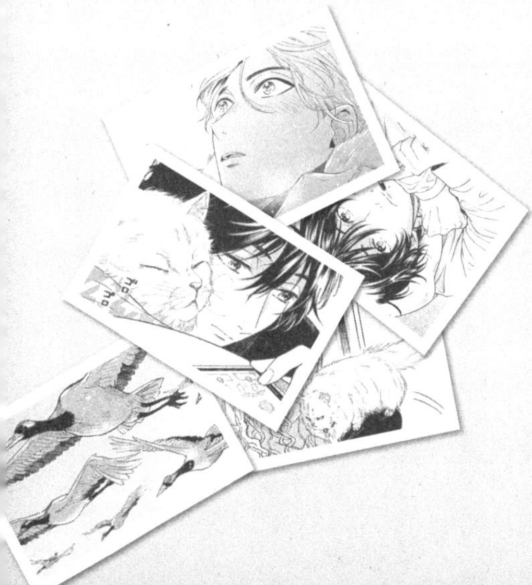
ゴロ
ゴロ

SNOW FAIRY

Tomo Serizawa

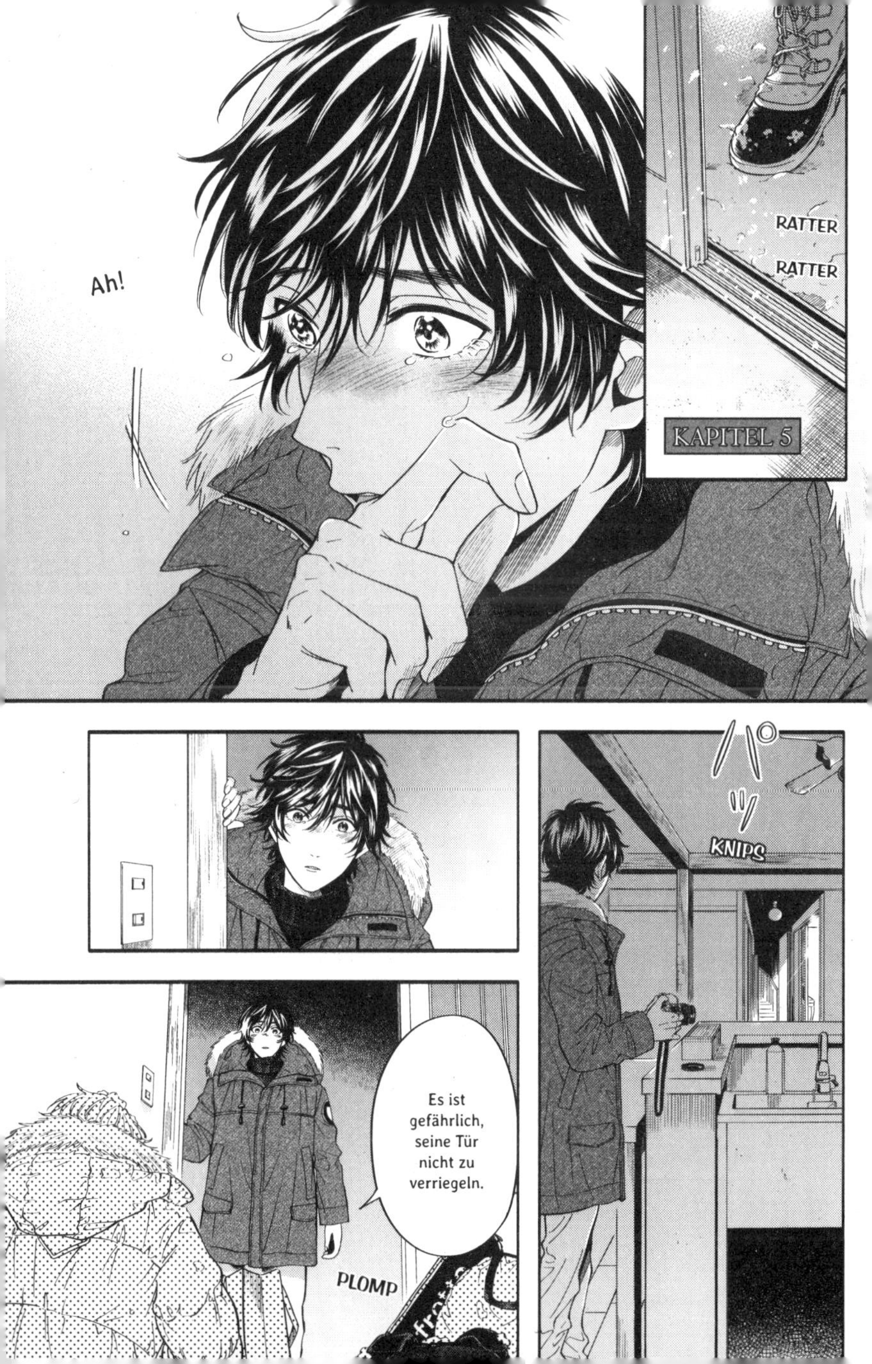
RATTER
RATTER
KAPITEL 5
Ah!
KNIPS
Es ist gefährlich, seine Tür nicht zu verriegeln.
PLOMP

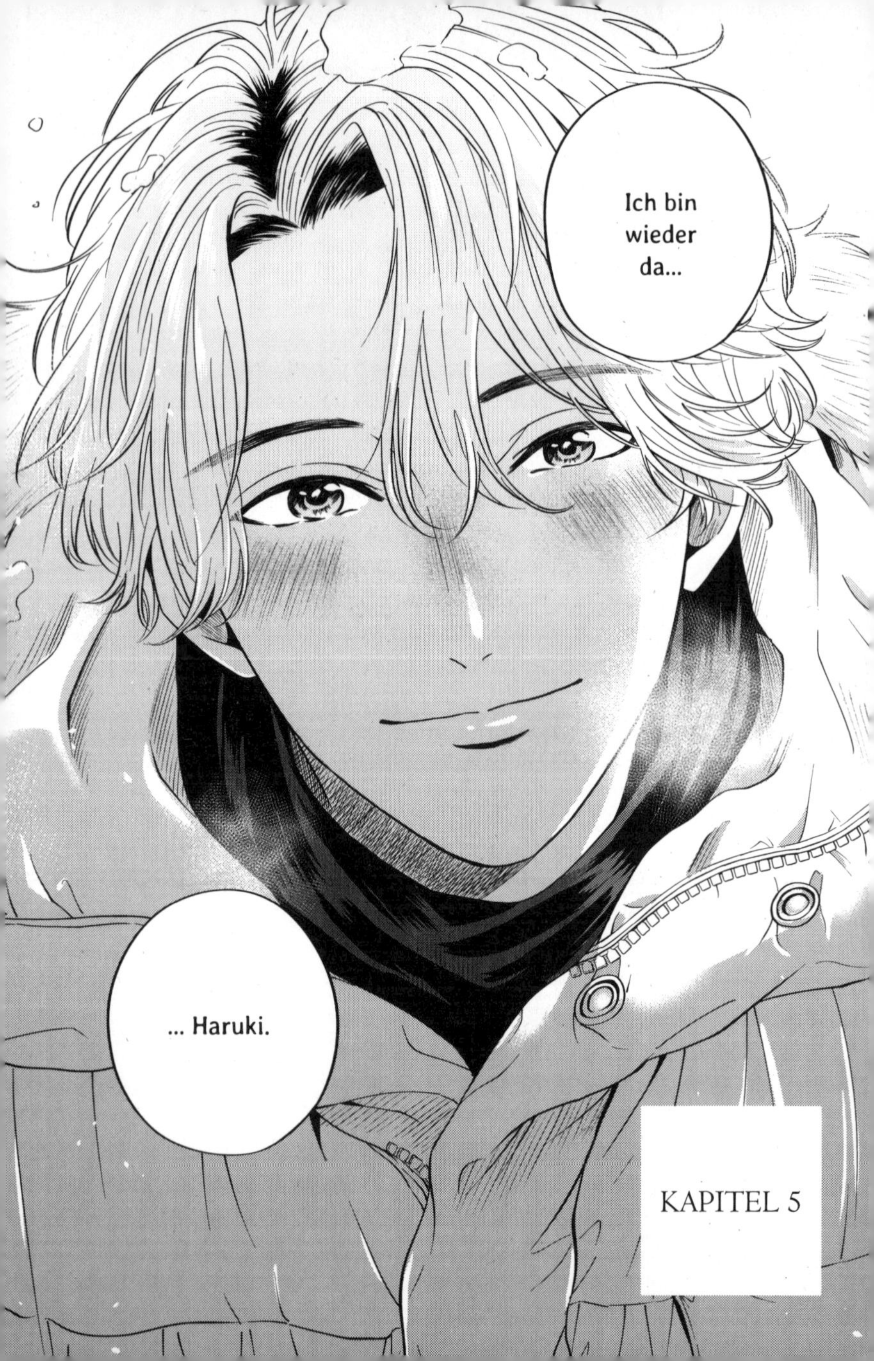
Ich bin wieder da...
... Haruki.
KAPITEL 5

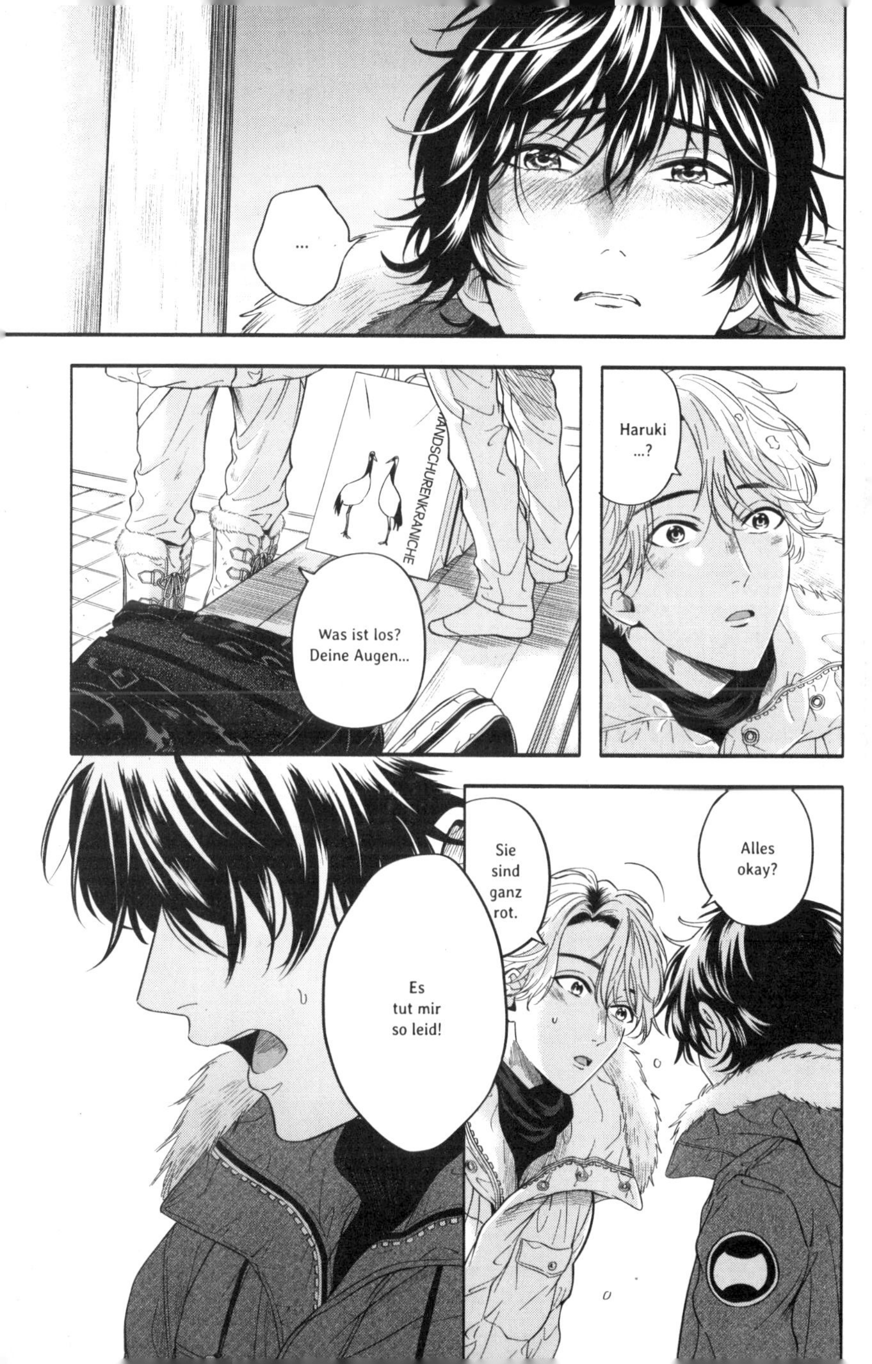
...
Haruki ...?
Was ist los? Deine Augen...
ANDSCHURENKRANICHE
Alles okay?
Sie sind ganz rot.
Es tut mir so leid!

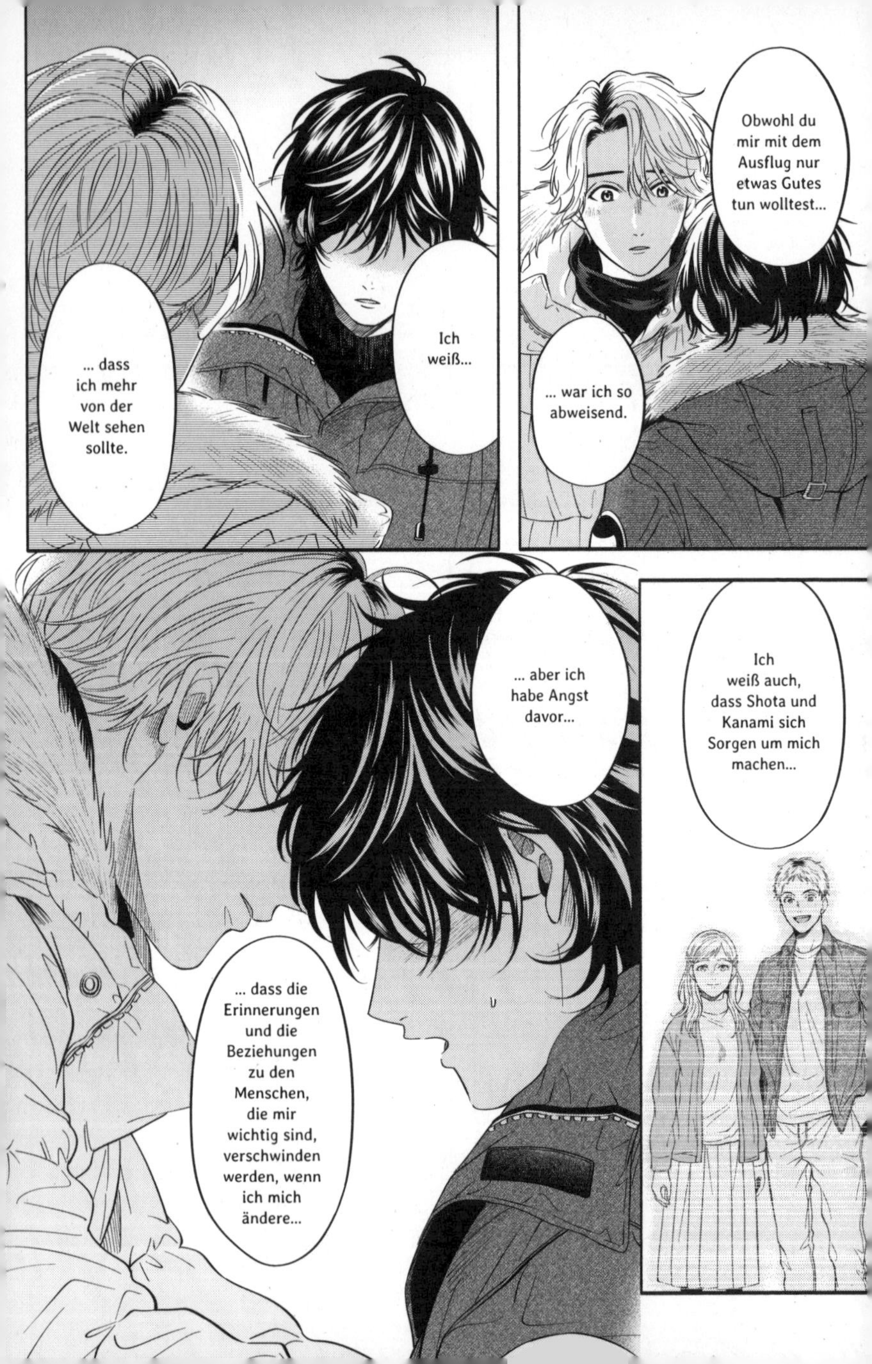
Obwohl du mir mit dem Ausflug nur etwas Gutes tun wolltest...
... war ich so abweisend.
Ich weiß...
... dass ich mehr von der Welt sehen sollte.
Ich weiß auch, dass Shota und Kanami sich Sorgen um mich machen...
... aber ich habe Angst davor...
... dass die Erinnerungen und die Beziehungen zu den Menschen, die mir wichtig sind, verschwinden werden, wenn ich mich ändere...

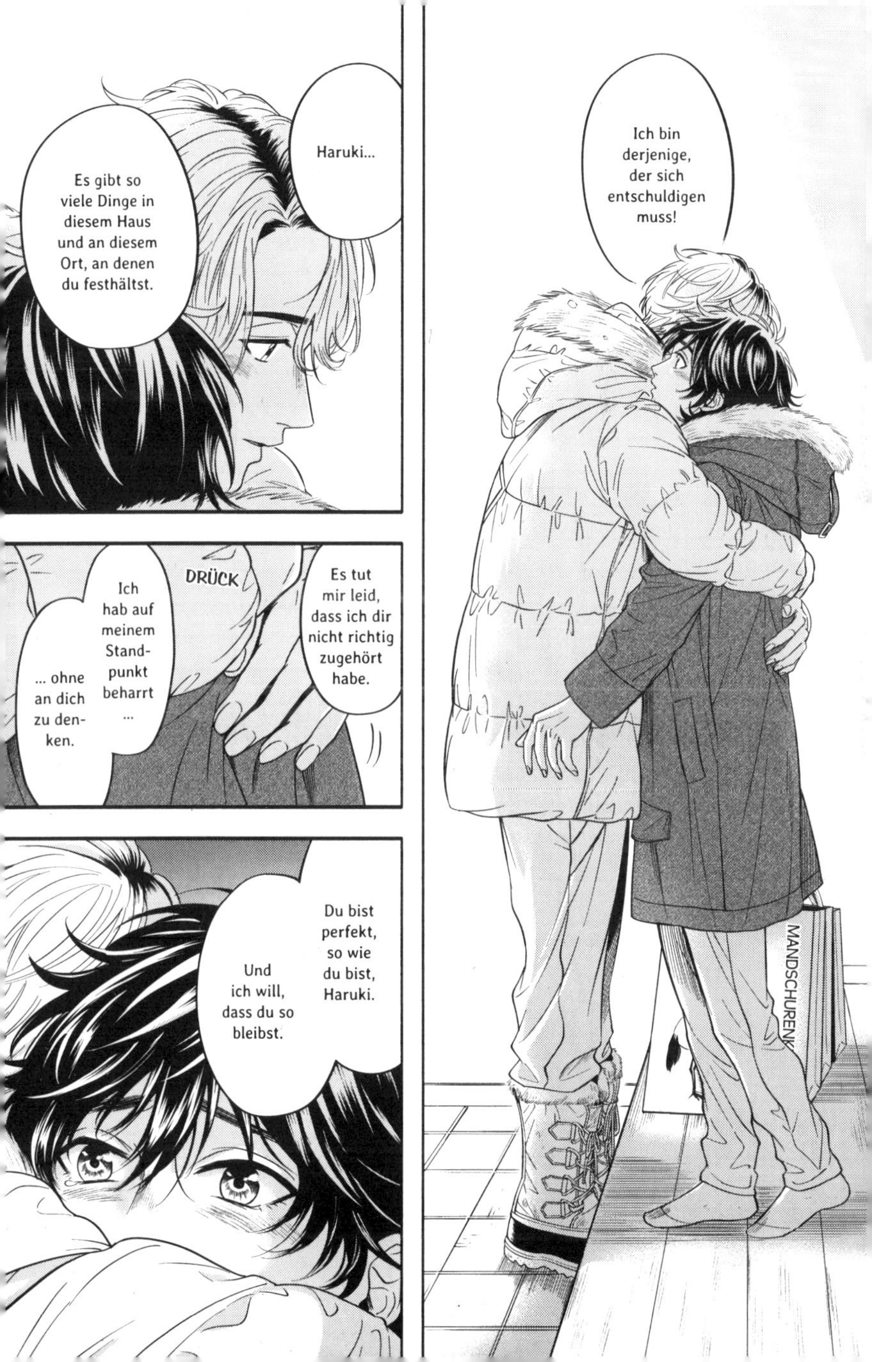
Ich bin derjenige, der sich entschuldigen muss!
MANDSCHURENK
Haruki...
Es gibt so viele Dinge in diesem Haus und an diesem Ort, an denen du festhältst.
Es tut mir leid, dass ich dir nicht richtig zugehört habe.
DRÜCK
Ich hab auf meinem Standpunkt beharrt ...
... ohne an dich zu denken.
Du bist perfekt, so wie du bist, Haruki.
Und ich will, dass du so bleibst.

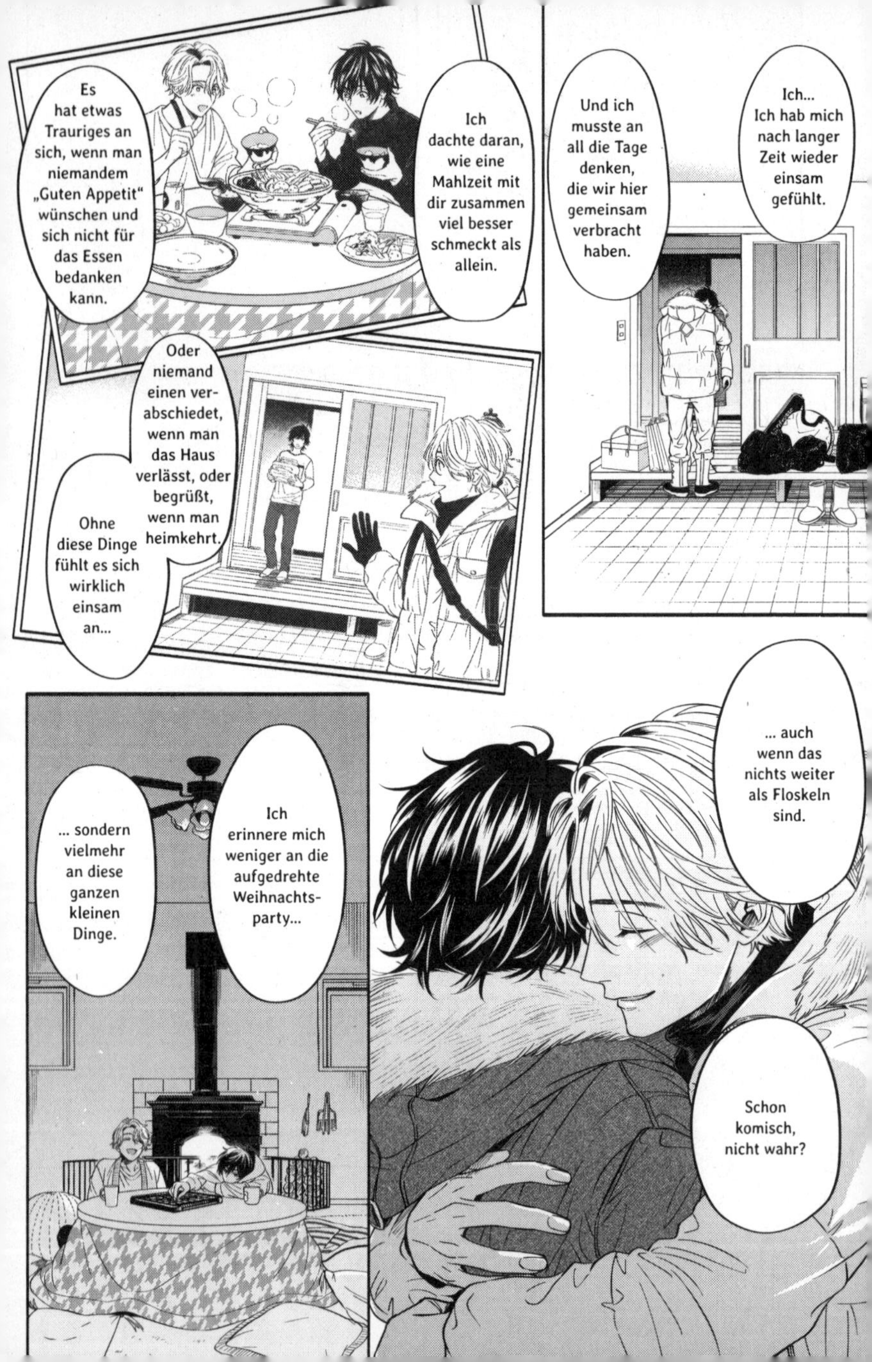
Ich... Ich hab mich nach langer Zeit wieder einsam gefühlt.
Und ich musste an all die Tage denken, die wir hier gemeinsam verbracht haben.
Ich dachte daran, wie eine Mahlzeit mit dir zusammen viel besser schmeckt als allein.
Es hat etwas Trauriges an sich, wenn man niemandem „Guten Appetit“ wünschen und sich nicht für das Essen bedanken kann.
Oder niemand einen verabschiedet, wenn man das Haus verlässt, oder begrüßt, wenn man heimkehrt.
Ohne diese Dinge fühlt es sich wirklich einsam an...
... auch wenn das nichts weiter als Floskeln sind.
Schon komisch, nicht wahr?
Ich erinnere mich weniger an die aufgedrehte Weihnachtsparty...
... sondern vielmehr an diese ganzen kleinen Dinge.

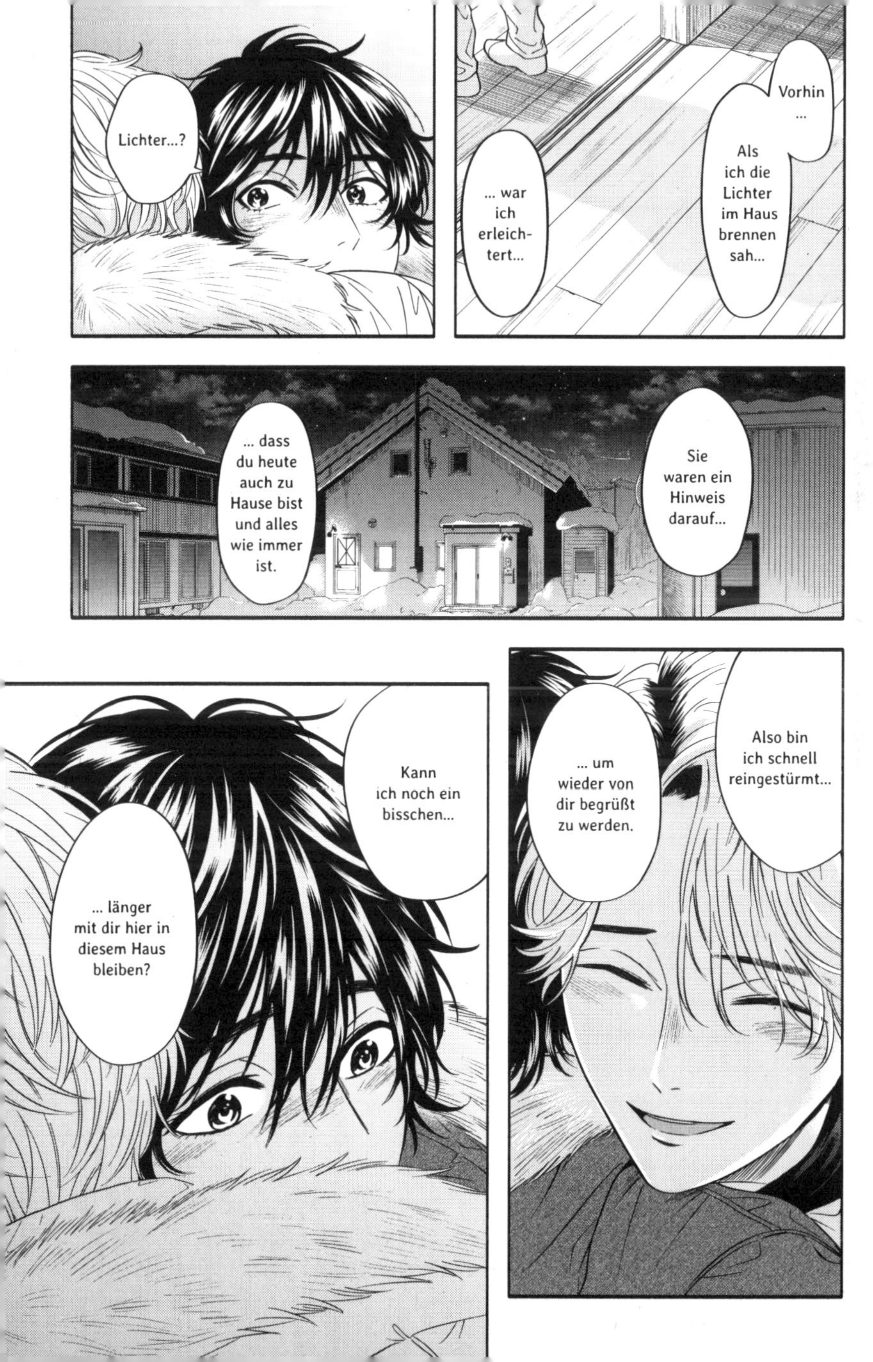
Vorhin ...
Als ich die Lichter im Haus brennen sah...
... war ich erleichtert...
Lichter...?
Sie waren ein Hinweis darauf...
... dass du heute auch zu Hause bist und alles wie immer ist.
Also bin ich schnell reingestürmt...
... um wieder von dir begrüßt zu werden.
Kann ich noch ein bisschen...
... länger mit dir hier in diesem Haus bleiben?

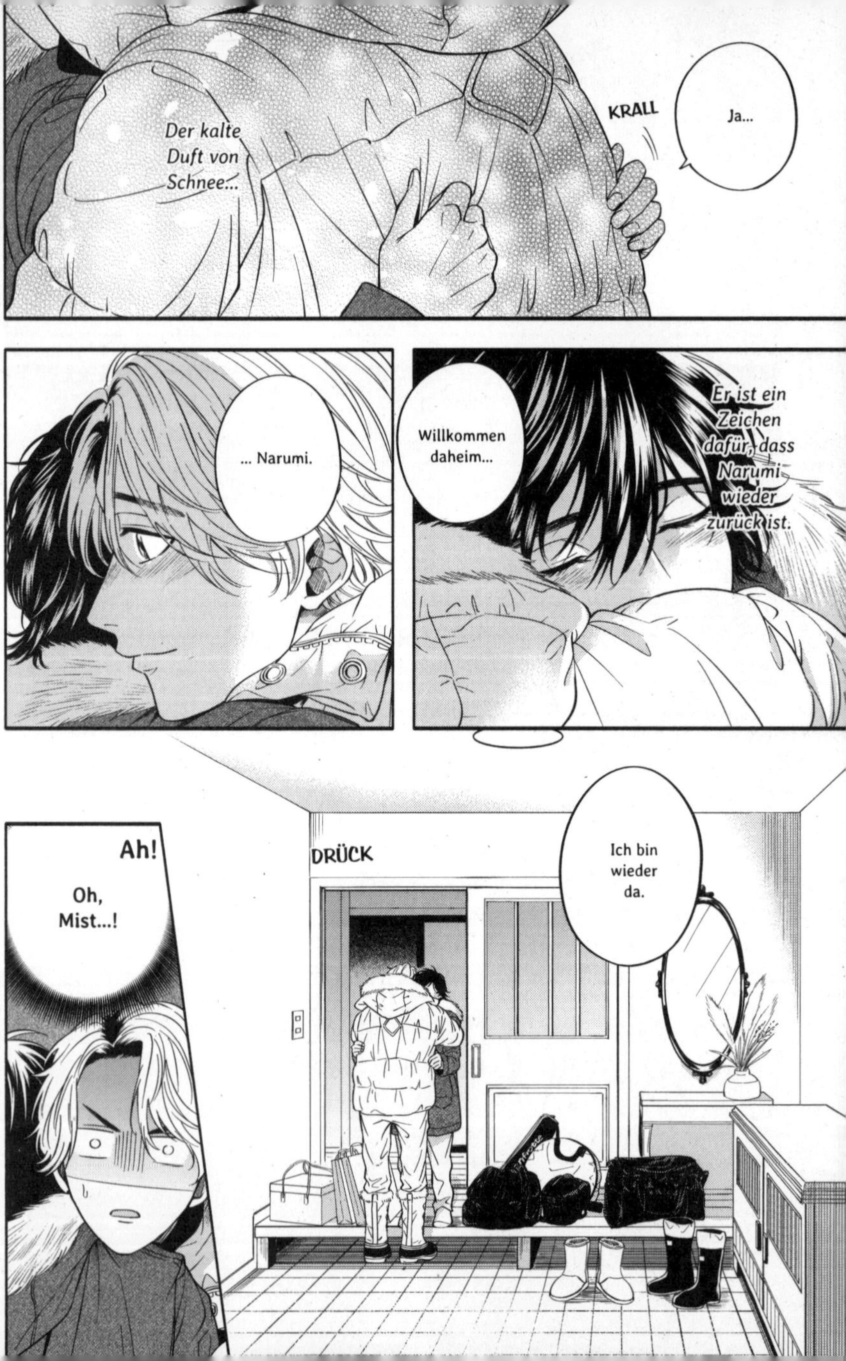

Ja...
KRALL
Der kalte Duft von Schnee...
Willkommen daheim...
Er ist ein Zeichen dafür, dass Narumi wieder zurück ist.
... Narumi.
Ich bin wieder da.
DRÜCK
Ah!
Oh, Mist...!

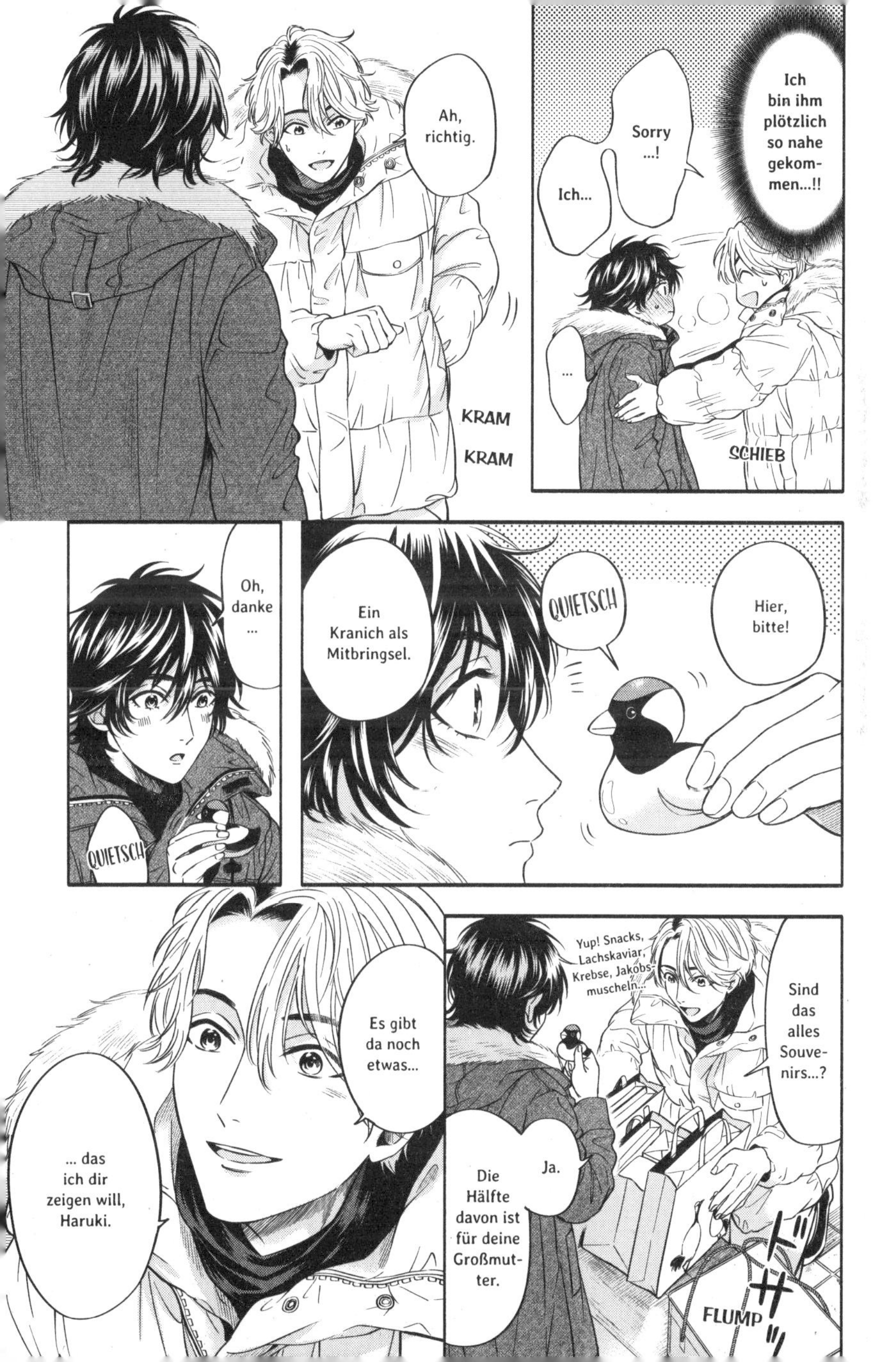Ich bin ihm plötzlich so nahe gekommen...!!
Sorry ...!
Ich...
...
SCHIEB
Ah, richtig.
KRAM
KRAM
Hier, bitte!
QUIETSCH
Ein Kranich als Mitbringsel.
Oh, danke ...
QUIETSCH
Sind das alles Souvenirs...?
Yup! Snacks, Lachskaviar, Krebse, Jakobsmuscheln...
Ja.
Die Hälfte davon ist für deine Großmutter.
FLUMP
Es gibt da noch etwas...
... das ich dir zeigen will, Haruki.

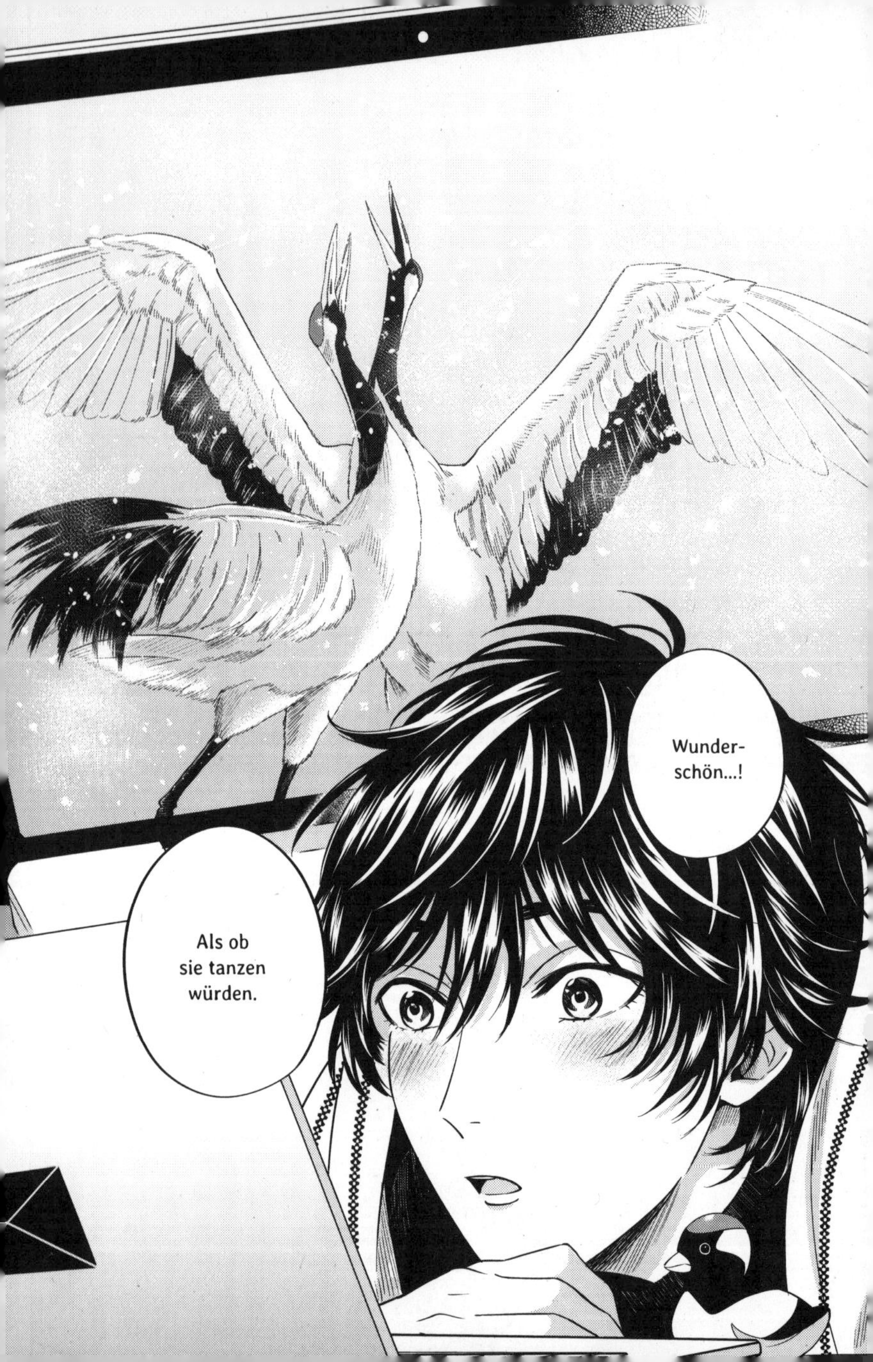
Wunder-
schön...!
Als ob
sie tanzen
würden.

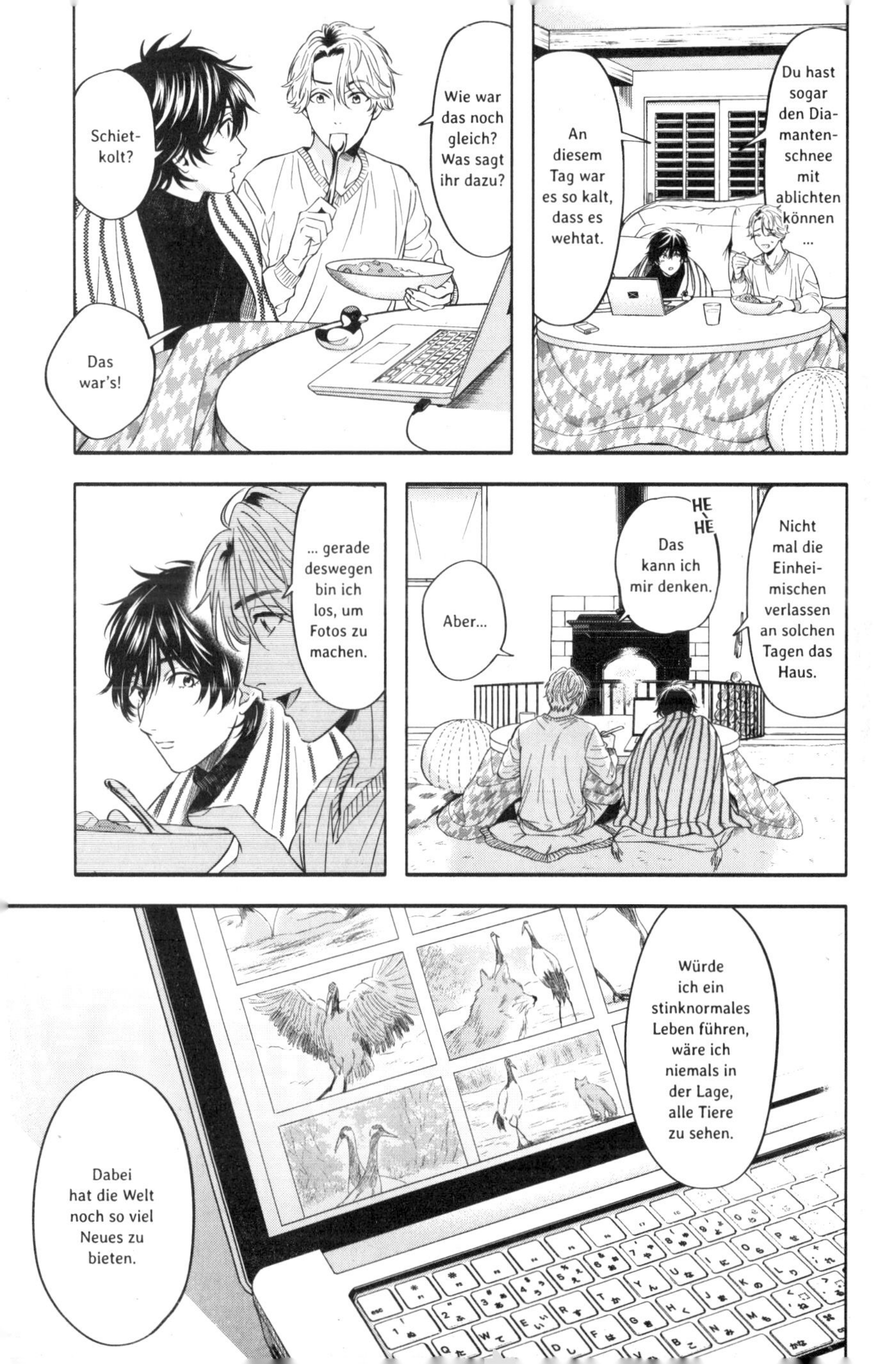
Du hast sogar den Diamantenschnee mit ablichten können ...
An diesem Tag war es so kalt, dass es wehtat.
Wie war das noch gleich? Was sagt ihr dazu?
Schietkolt?
Das war's!
Nicht mal die Einheimischen verlassen an solchen Tagen das Haus.
HE HÈ
Das kann ich mir denken.
Aber...
... gerade deswegen bin ich los, um Fotos zu machen.
Würde ich ein stinknormales Leben führen, wäre ich niemals in der Lage, alle Tiere zu sehen.
Dabei hat die Welt noch so viel Neues zu bieten.

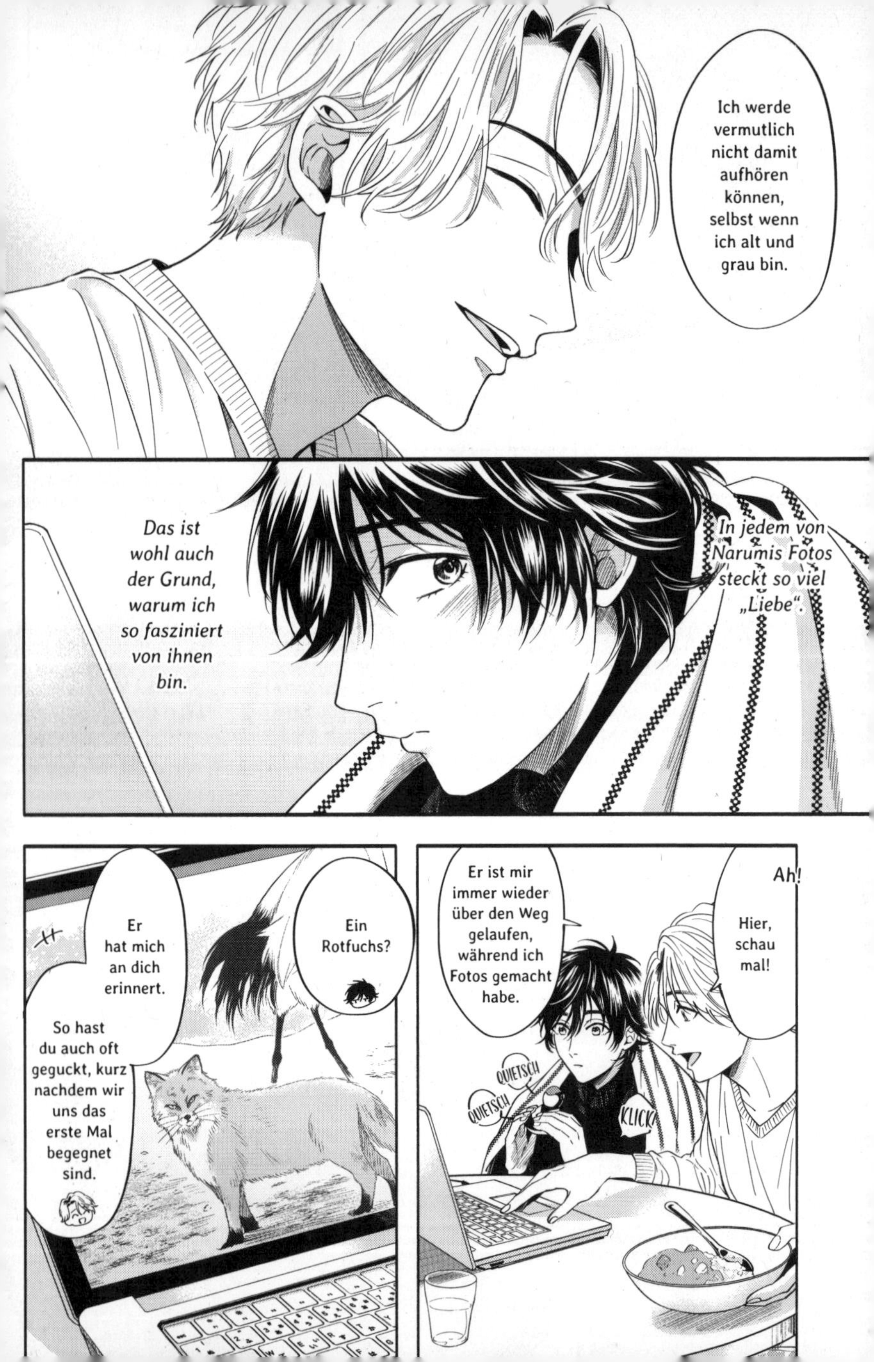
Ich werde vermutlich nicht damit aufhören können, selbst wenn ich alt und grau bin.
In jedem von Narumis Fotos steckt so viel „Liebe“.
Das ist wohl auch der Grund, warum ich so fasziniert von ihnen bin.
Ah!
Hier, schau mal!
Er ist mir immer wieder über den Weg gelaufen, während ich Fotos gemacht habe.
QUIETSCH
QUIETSCH
KLICK
Ein Rotfuchs?
Er hat mich an dich erinnert.
So hast du auch oft geguckt, kurz nachdem wir uns das erste Mal begegnet sind.

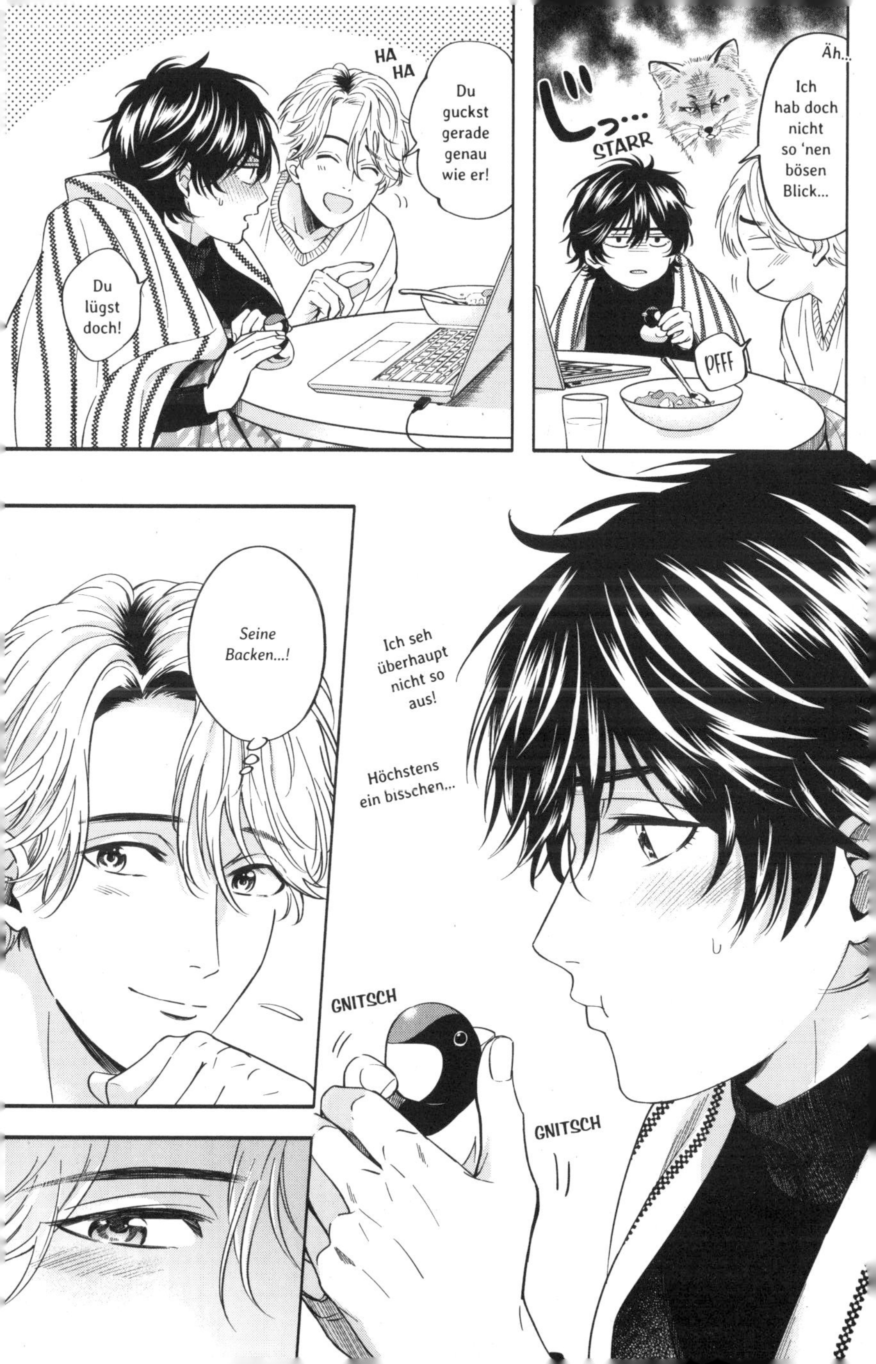
Äh...
Ich hab doch nicht so 'nen bösen Blick...
じっ... STARR
PFFF
HA HA
Du guckst gerade genau wie er!
Du lügst doch!
Ich seh überhaupt nicht so aus!
Höchstens ein bisschen...
Seine Backen...!
GNITSCH
GNITSCH

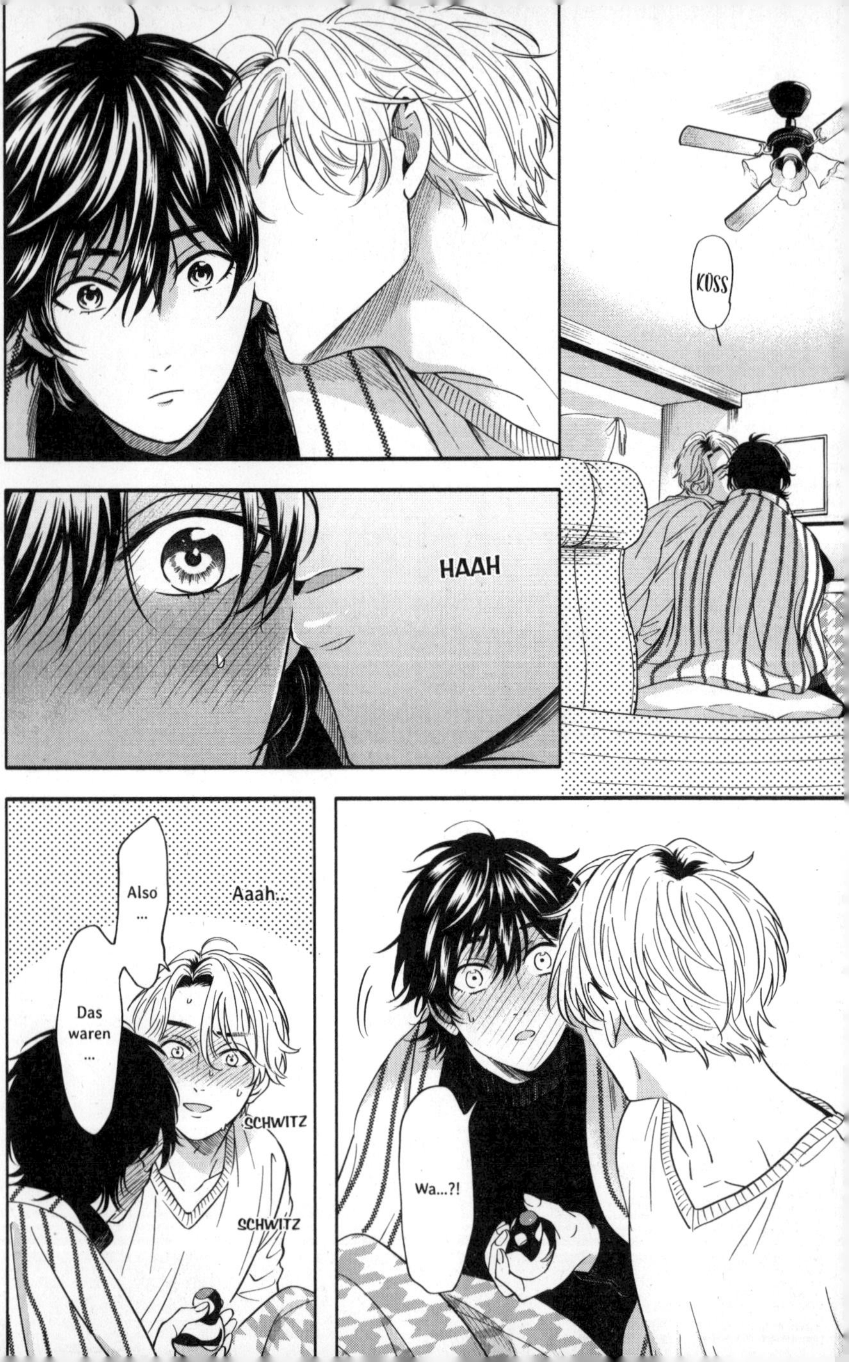
KÜSS
HAAH
Wa...?!
Aaah...
Also ...
Das waren ...
SCHWITZ
SCHWITZ

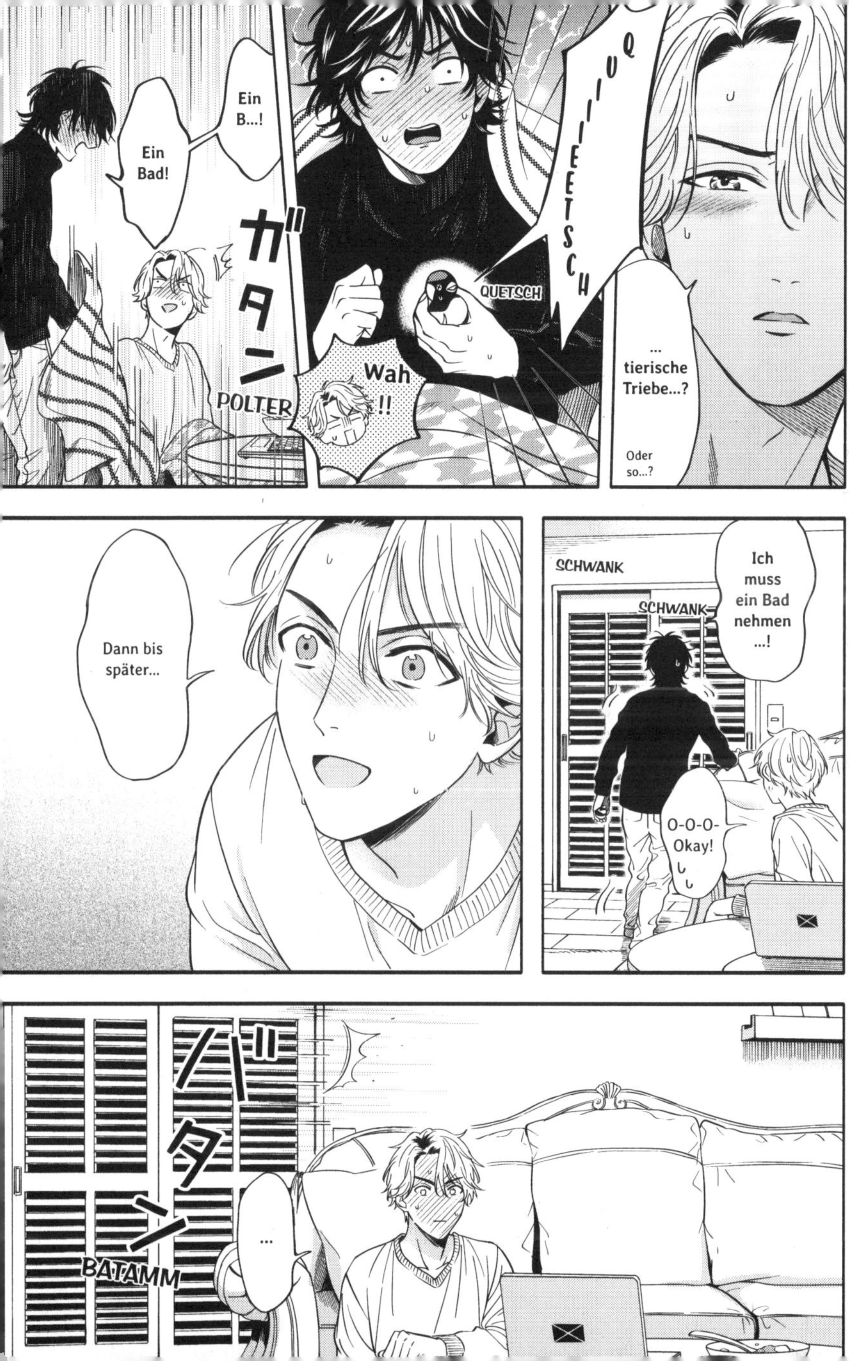

...
tierische Triebe...?
Oder so...?
QUIIIIEETSCH
QUETSCH
Wah !!
Ein B...!
Ein Bad!
POLTER
Ich muss ein Bad nehmen ...!
SCHWANK
SCHWANK
O-O-O-Okay!
Dann bis später...
BATAMM
...

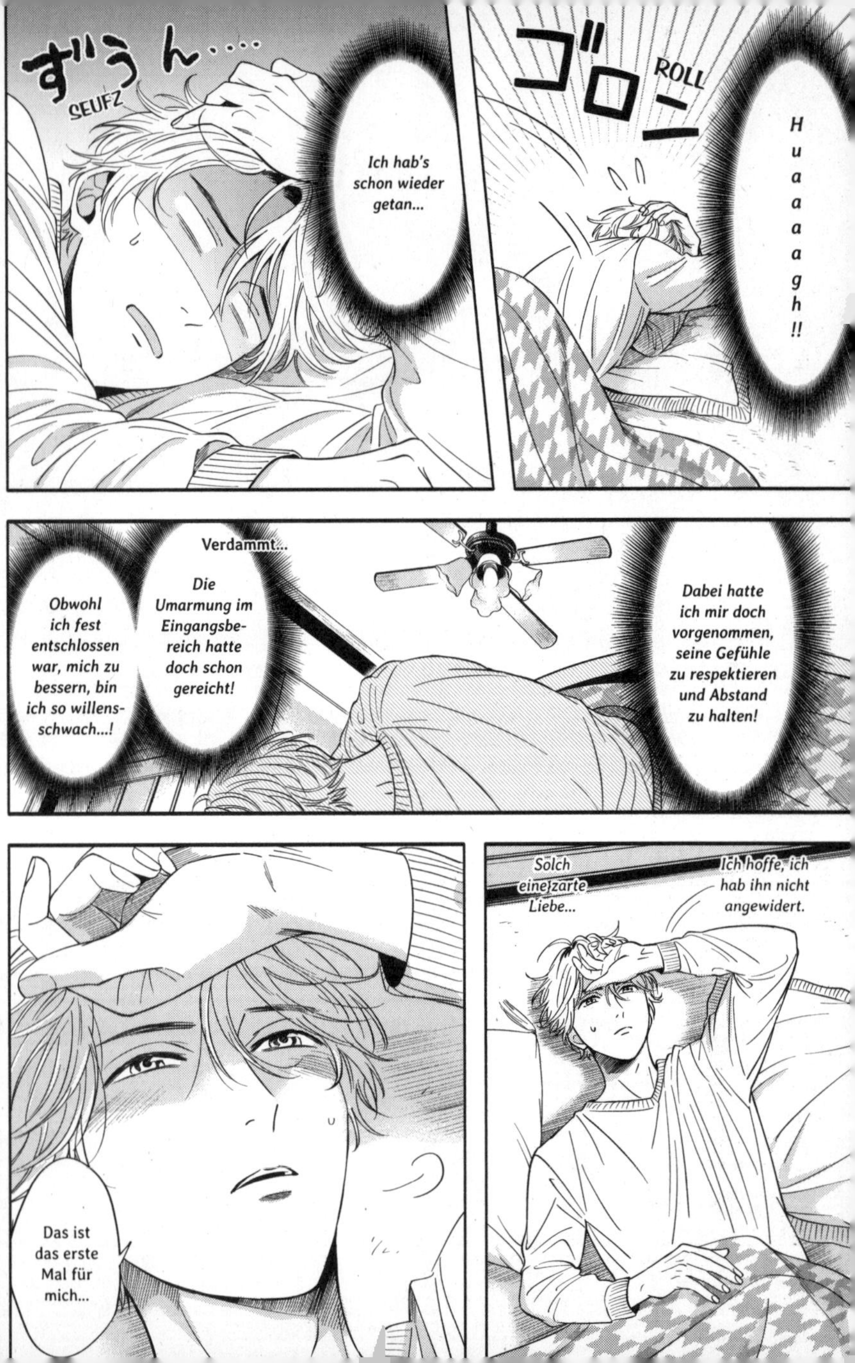
ゴロー
ROLL
Huaaaaagh!!
ずぅん…
SEUFZ
Ich hab's schon wieder getan...
Dabei hatte ich mir doch vorgenommen, seine Gefühle zu respektieren und Abstand zu halten!
Verdammt...
Die Umarmung im Eingangsbereich hatte doch schon gereicht!
Obwohl ich fest entschlossen war, mich zu bessern, bin ich so willensschwach...!
Ich hoffe, ich hab ihn nicht angewidert.
Solch eine zarte Liebe...
Das ist das erste Mal für mich...

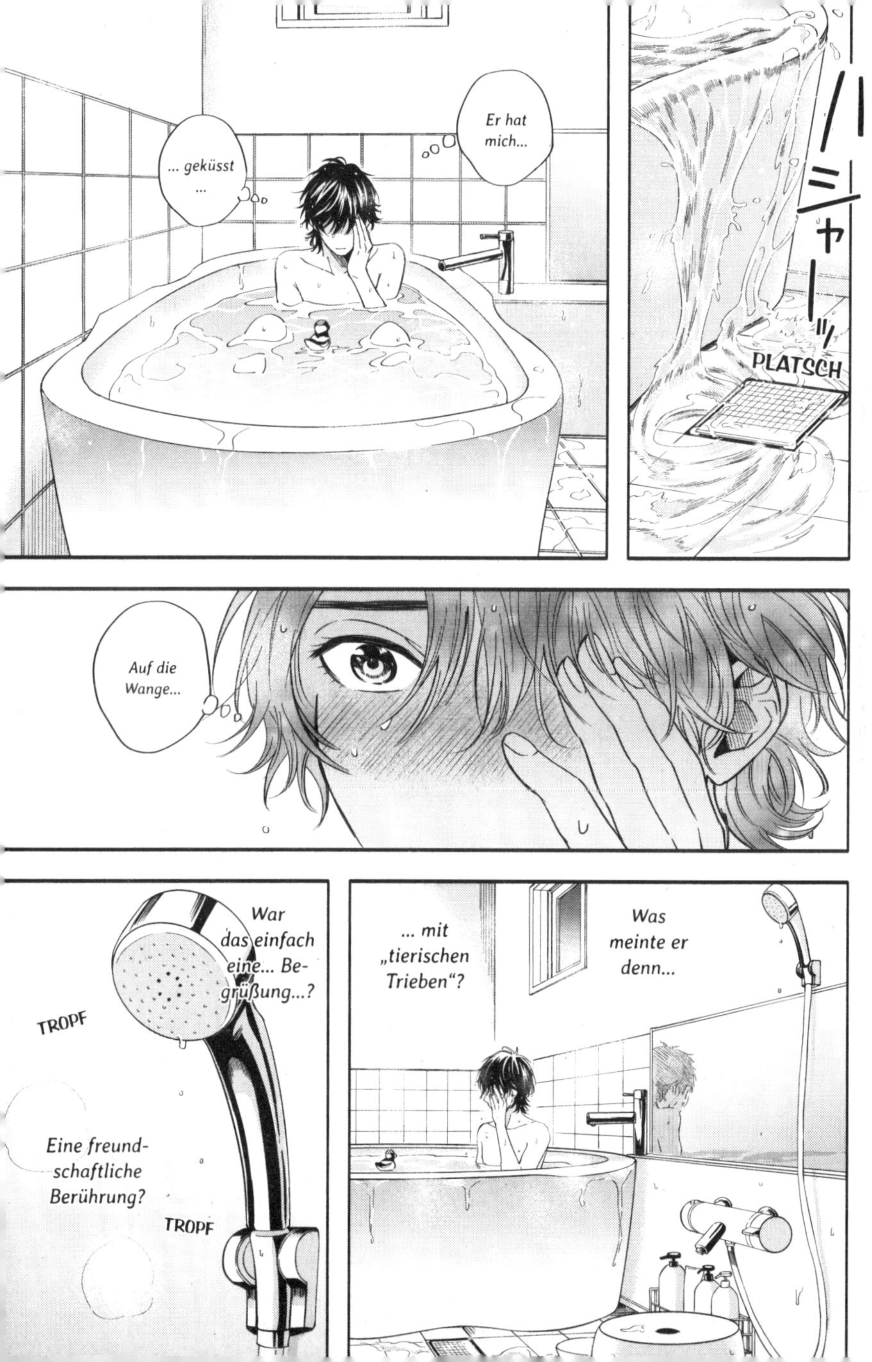
PLATSCH
Er hat mich...
... geküsst ...
Auf die Wange...
Was meinte er denn...
... mit „tierischen Trieben“?
War das einfach eine... Begrüßung...?
TROPF
Eine freundschaftliche Berührung?
TROPF

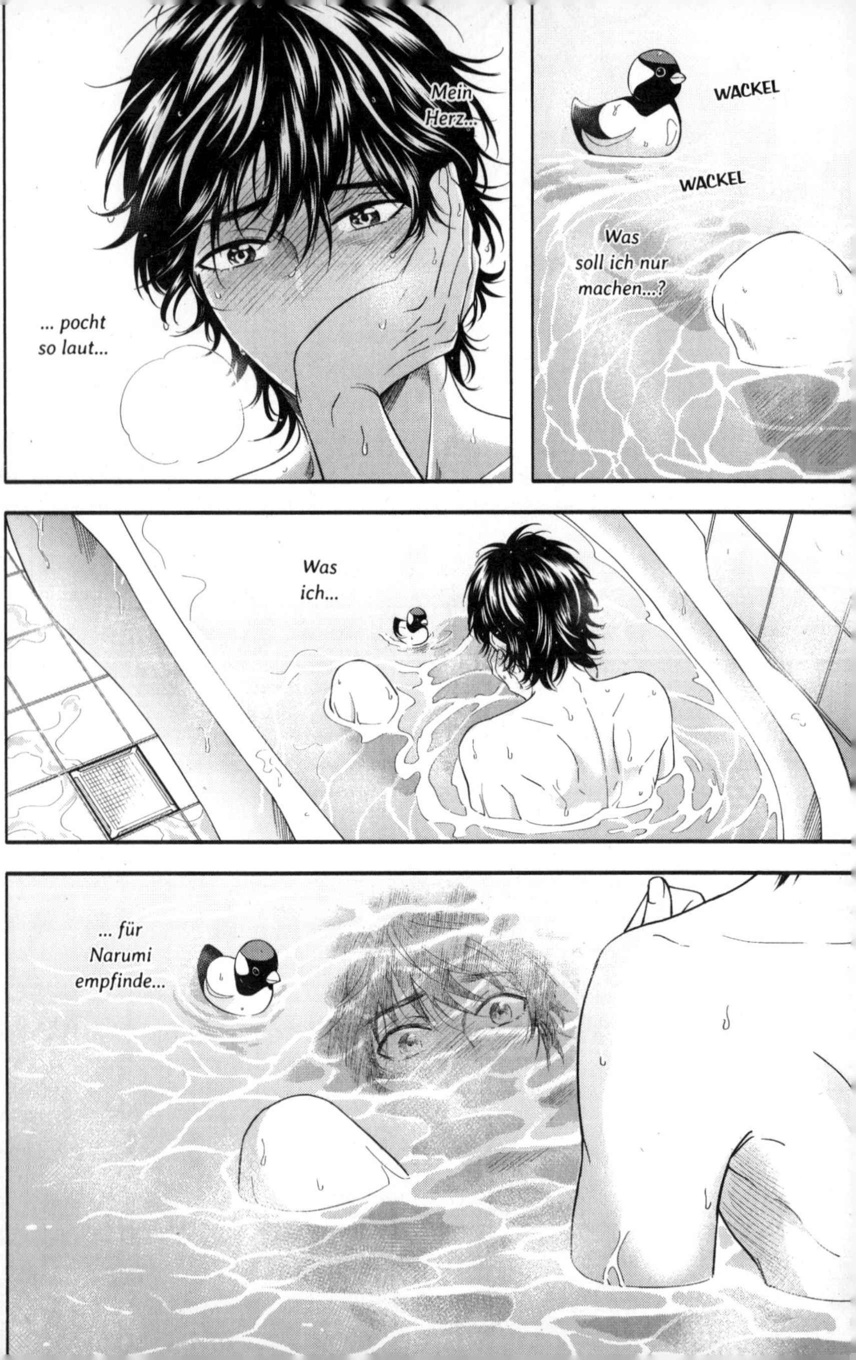
WACKEL
WACKEL
Was soll ich nur machen...?
Mein Herz...
... pocht so laut...
Was ich...
... für Narumi empfinde...

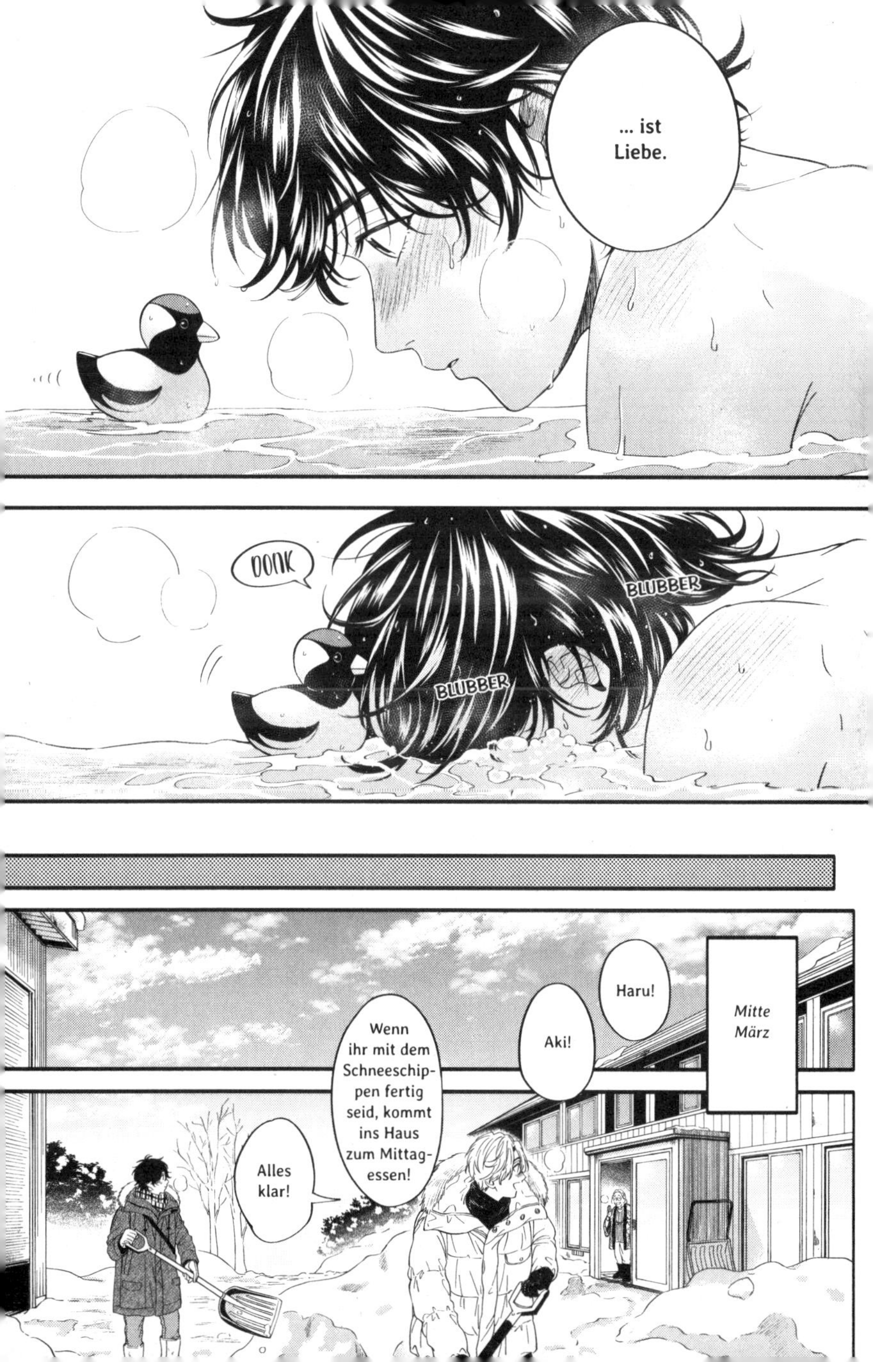

... ist Liebe.
DONK
BLUBBER
BLUBBER
Mitte März
Haru!
Aki!
Wenn ihr mit dem Schneeschippen fertig seid, kommt ins Haus zum Mittagessen!
Alles klar!

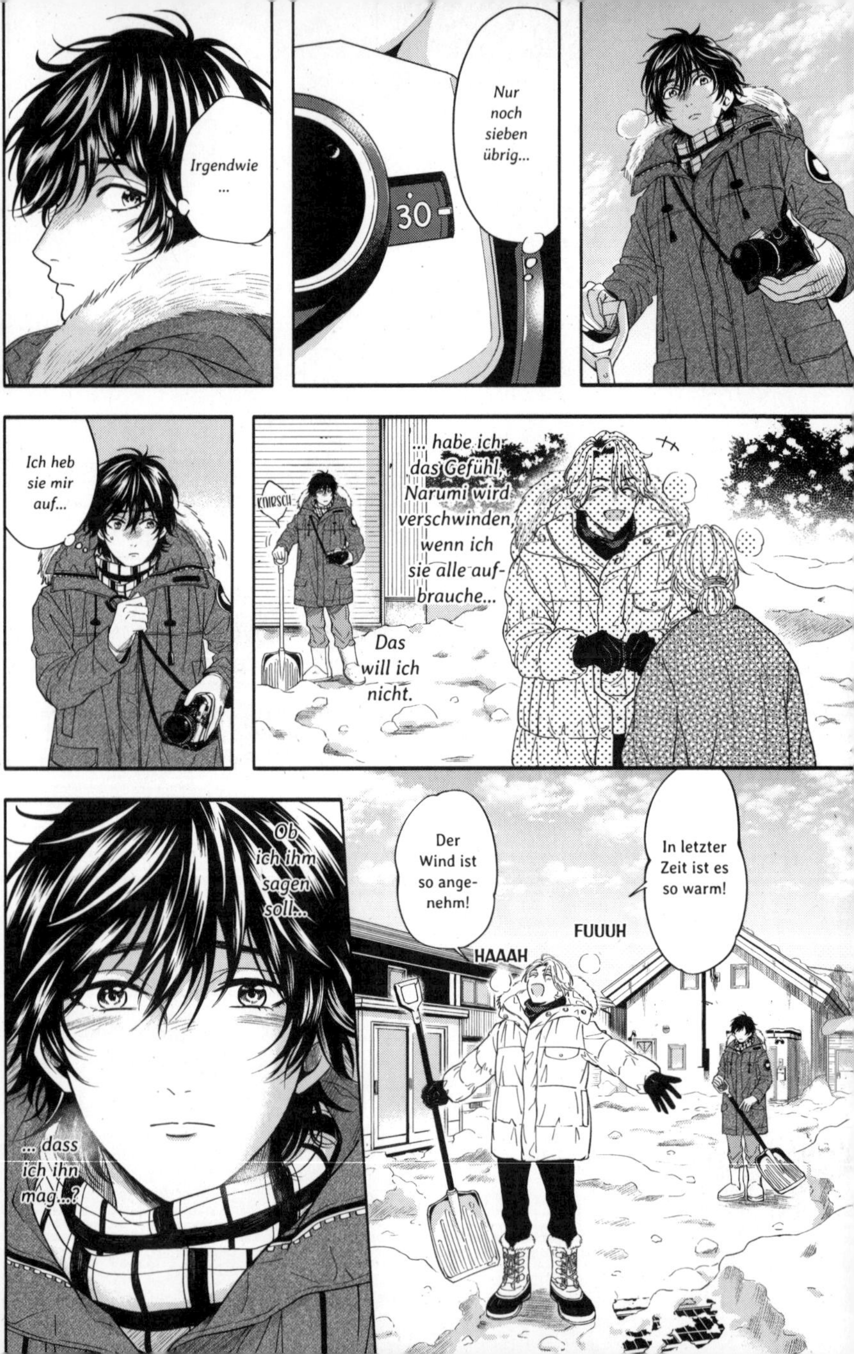
Nur noch sieben übrig...
30
Irgendwie ...
... habe ich das Gefühl, Narumi wird verschwinden, wenn ich sie alle aufbrauche...
KNIRSCH
Das will ich nicht.
Ich heb sie mir auf...
In letzter Zeit ist es so warm!
FUUUH
Der Wind ist so angenehm!
HAAAH
Ob ich ihm sagen soll...
... dass ich ihn mag...?

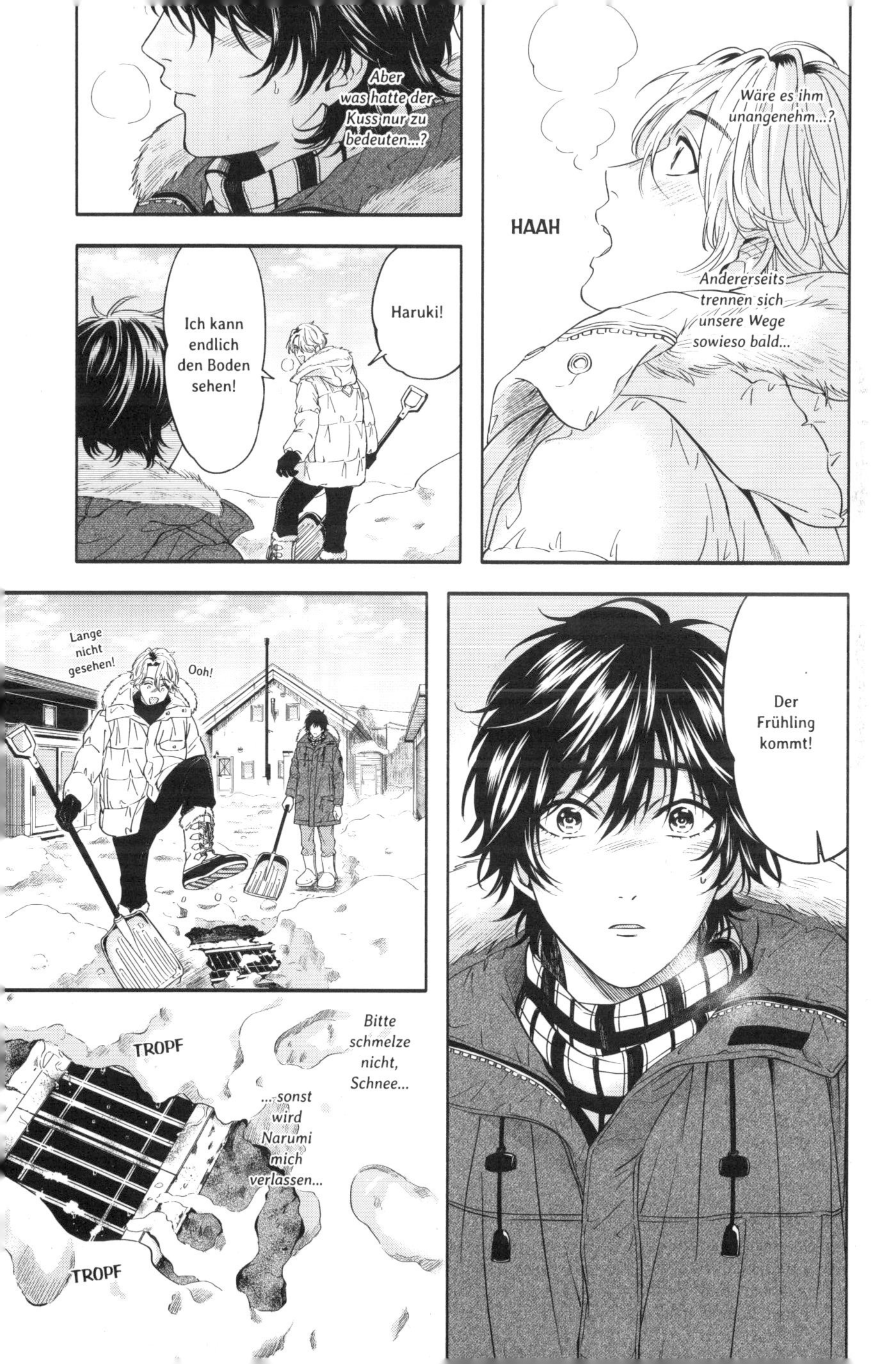

Wäre es ihm unangenehm...?
HAAH
Andererseits trennen sich unsere Wege sowieso bald...
Aber was hatte der Kuss nur zu bedeuten...?
Haruki!
Ich kann endlich den Boden sehen!
Der Frühling kommt!
Ooh!
Lange nicht gesehen!
Bitte schmelze nicht, Schnee...
TROPF
...sonst wird Narumi mich verlassen...
TROPF

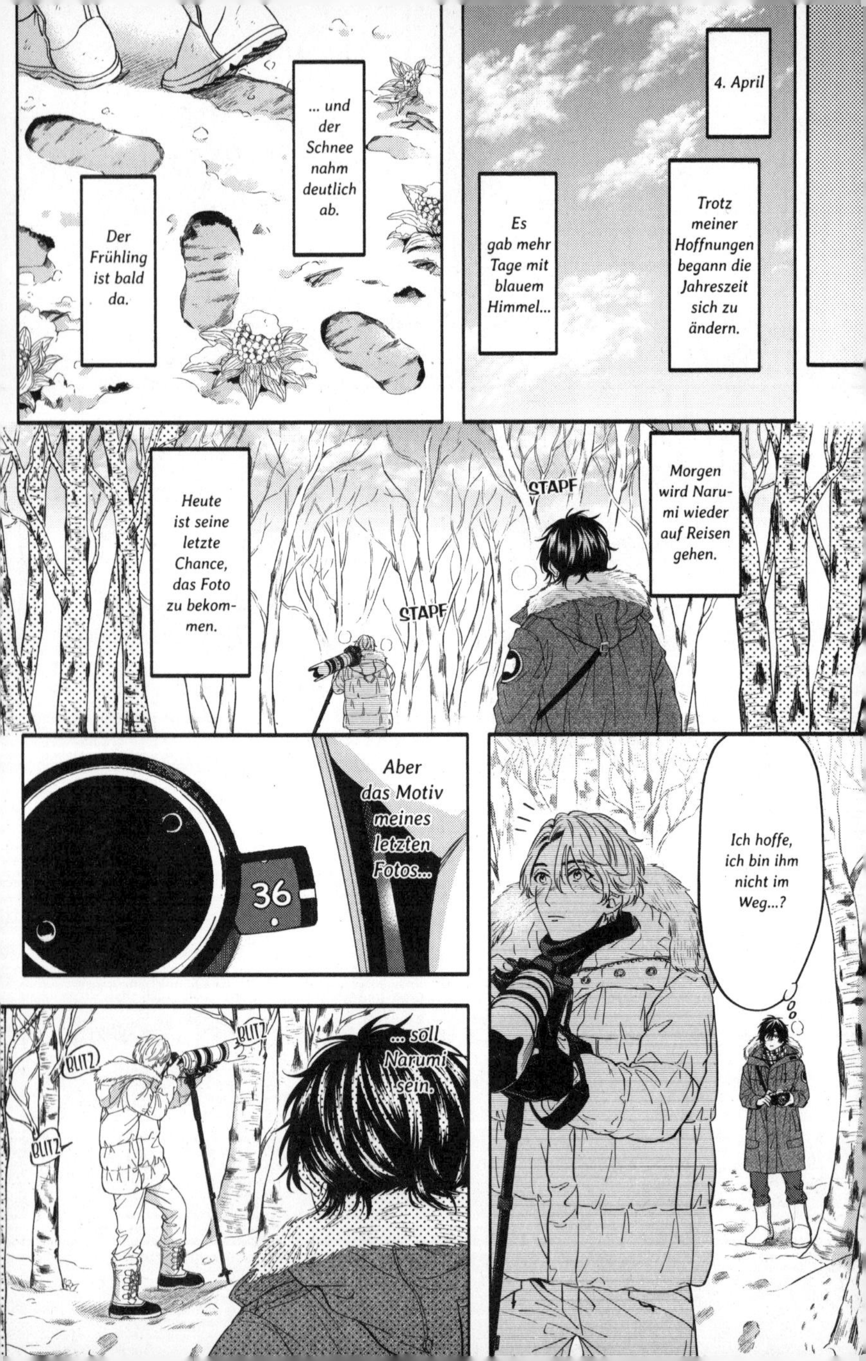

4. April
Trotz meiner Hoffnungen begann die Jahreszeit sich zu ändern.
Es gab mehr Tage mit blauem Himmel...
... und der Schnee nahm deutlich ab.
Der Frühling ist bald da.
Morgen wird Narumi wieder auf Reisen gehen.
STAPF
STAPF
Heute ist seine letzte Chance, das Foto zu bekommen.
Ich hoffe, ich bin ihm nicht im Weg...?
Aber das Motiv meines letzten Fotos...
36
... soll Narumi sein.
BLITZ
BLITZ
BLITZ

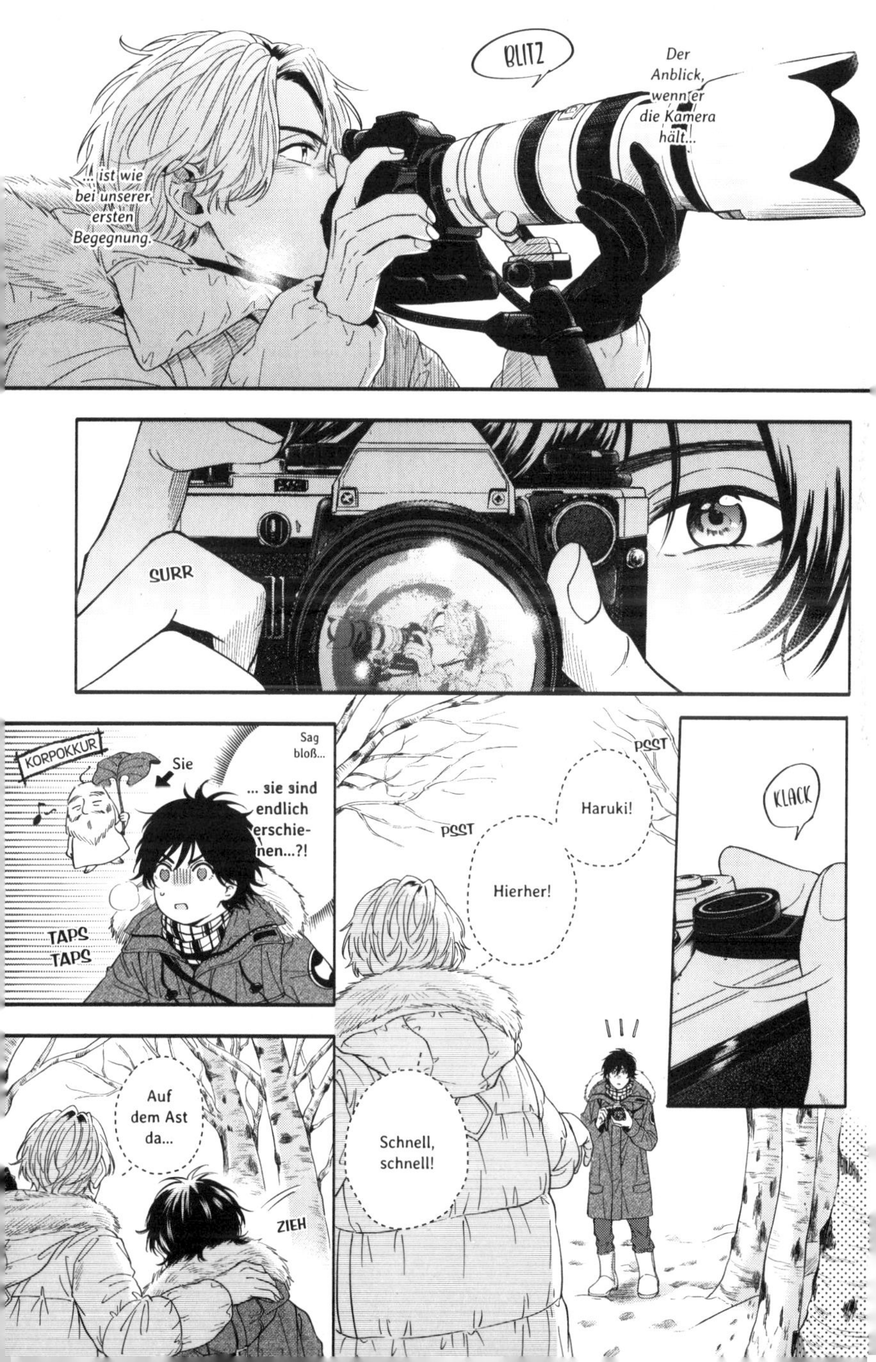
Der Anblick, wenn er die Kamera hält...
BLITZ
... ist wie bei unserer ersten Begegnung.
SURR
KLACK
PSST
Haruki!
Hierher!
PSST
Sag bloß...
... sie sind endlich erschienen...?!
Sie
KORPOKKUR
TAPS TAPS
Schnell, schnell!
Auf dem Ast da...
ZIEH

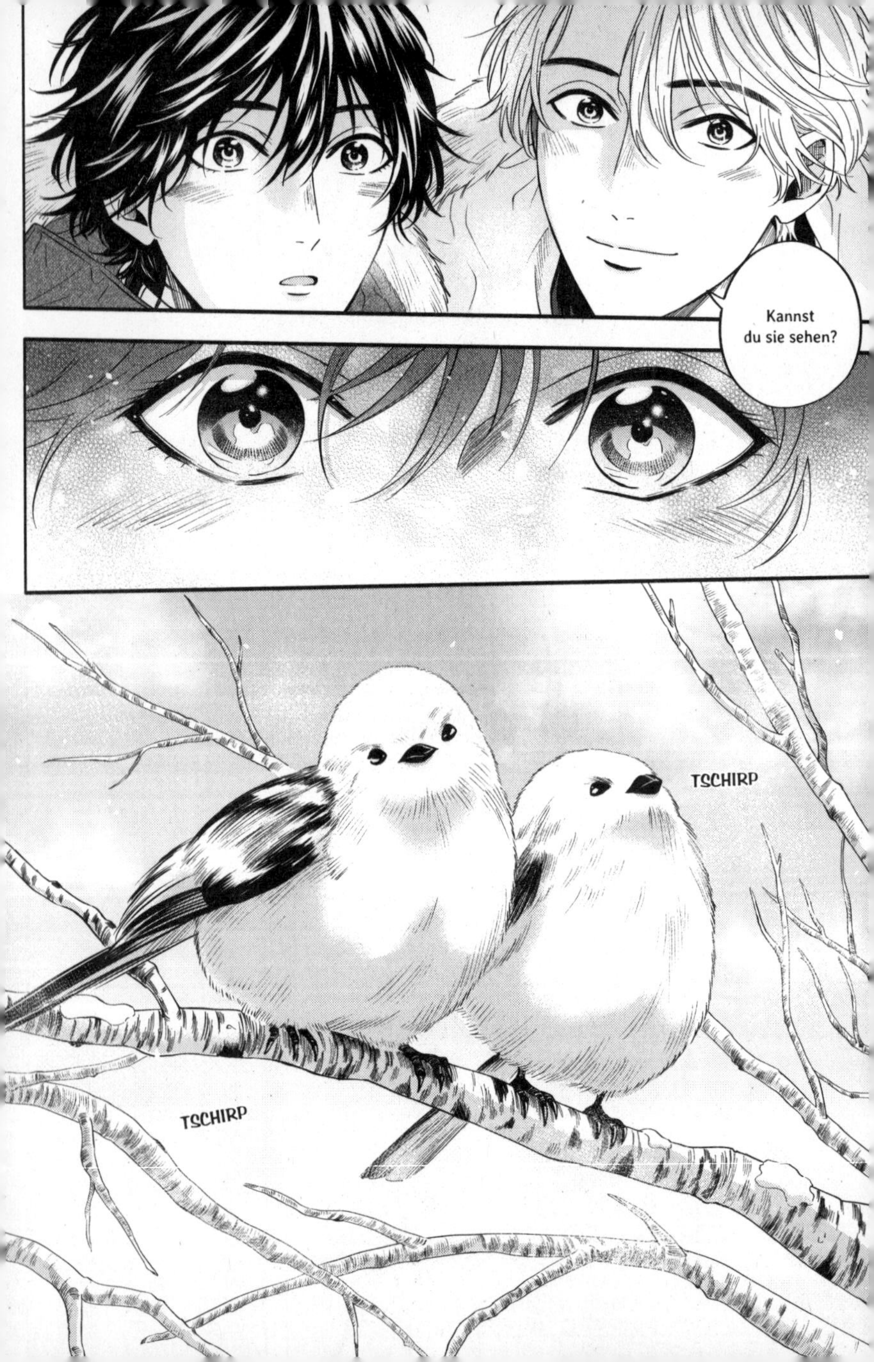
Kannst du sie sehen?
TSCHIRP
TSCHIRP

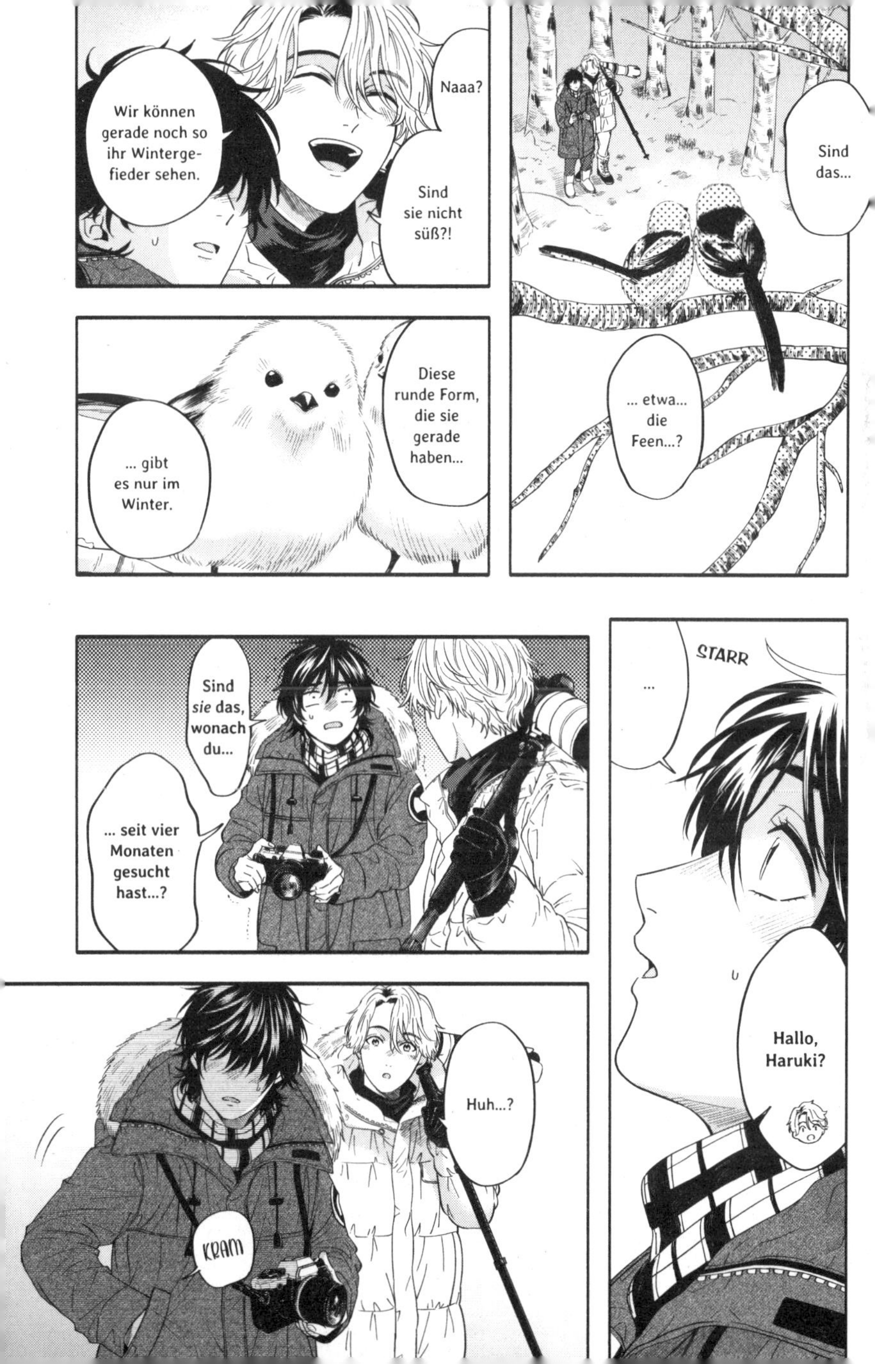
Sind das...
... etwa... die Feen...?
Naaa?
Sind sie nicht süß?!
Wir können gerade noch so ihr Wintergefieder sehen.
Diese runde Form, die sie gerade haben...
... gibt es nur im Winter.
STARR
...
Hallo, Haruki?
Sind *sie* das, wonach du...
... seit vier Monaten gesucht hast...?
Huh...?
KRAM

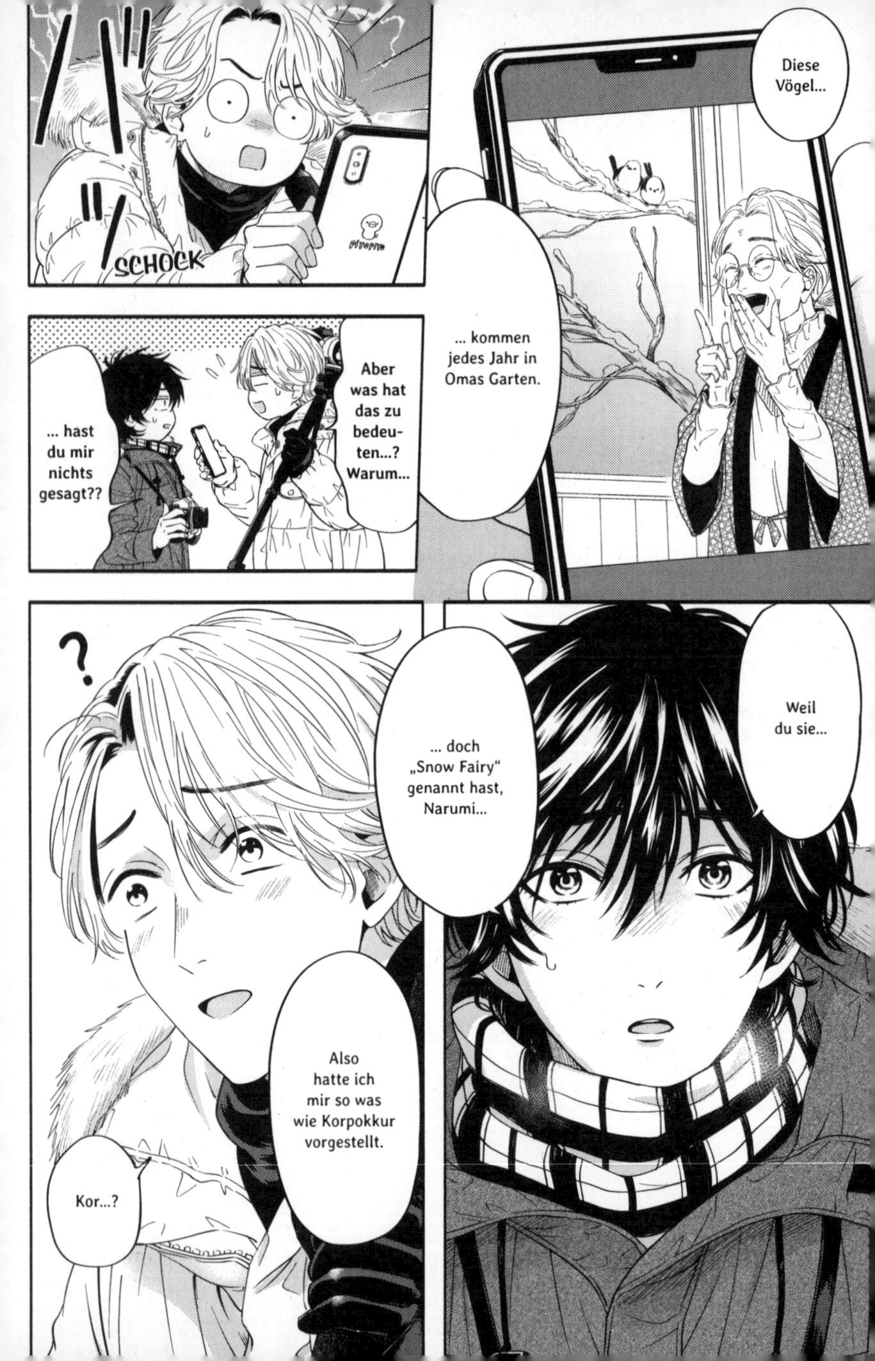
Diese Vögel...
... kommen jedes Jahr in Omas Garten.
SCHOCK
Aber was hat das zu bedeuten...? Warum...
... hast du mir nichts gesagt??
Weil du sie...
... doch „Snow Fairy“ genannt hast, Narumi...
Also hatte ich mir so was wie Korpokkur vorgestellt.
Kor...?

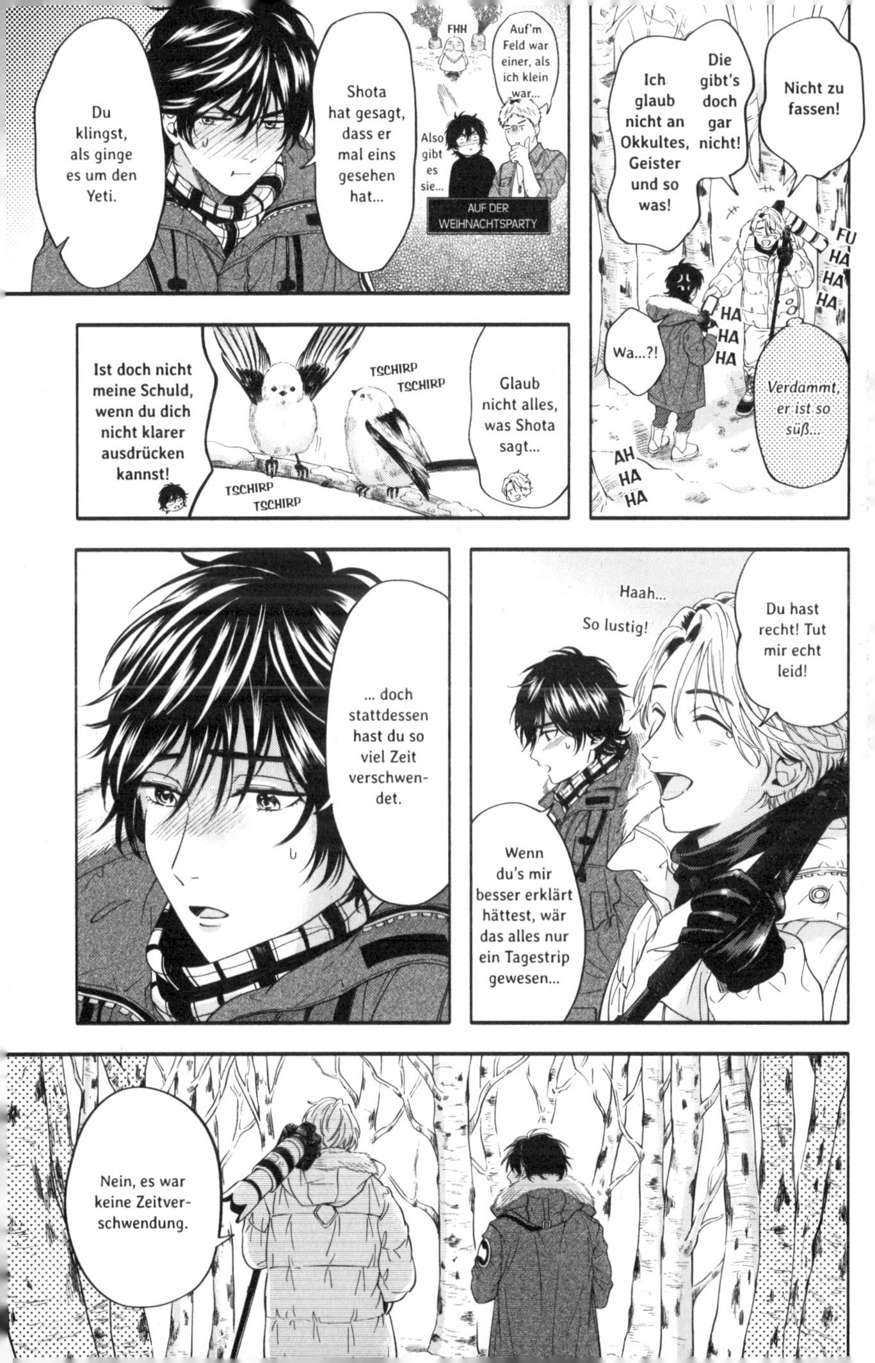

Shota hat gesagt, dass er mal eins gesehen hat...
Auf'm Feld war einer, als ich klein war...
FHH
Also gibt es sie...
AUF DER WEIHNACHTSPARTY
Du klingst, als ginge es um den Yeti.
Nicht zu fassen!
Die gibt's doch gar nicht!
Ich glaub nicht an Okkultes, Geister und so was!
FU HA HA HA
HA HA HA
AH HA HA
Wa...?!
Verdammt, er ist so süß...
Glaub nicht alles, was Shota sagt...
TSCHIRP TSCHIRP
TSCHIRP TSCHIRP
Ist doch nicht meine Schuld, wenn du dich nicht klarer ausdrücken kannst!
Haah... So lustig!
Du hast recht! Tut mir echt leid!
Wenn du's mir besser erklärt hättest, wär das alles nur ein Tagestrip gewesen...
... doch stattdessen hast du so viel Zeit verschwendet.
Nein, es war keine Zeitverschwendung.

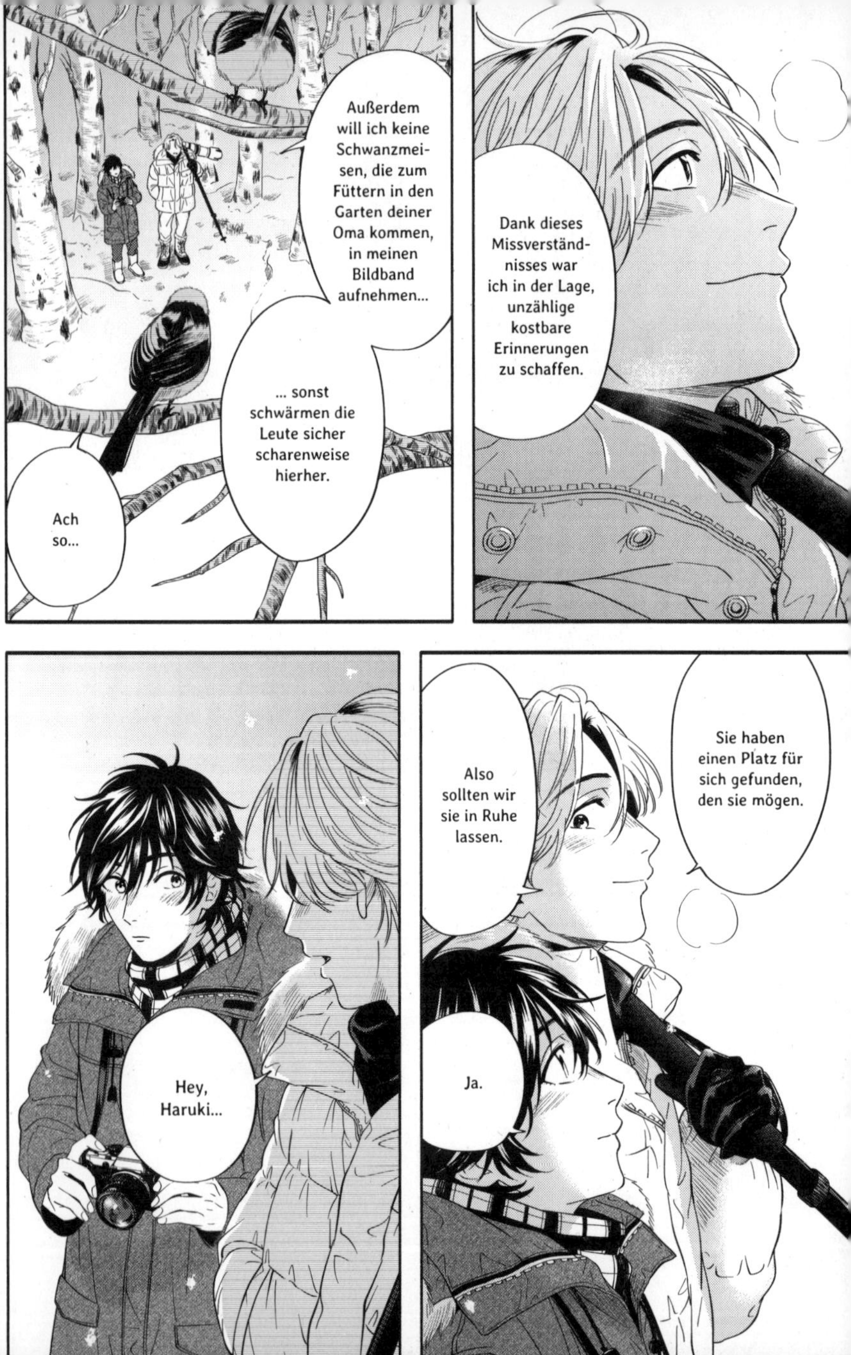
Dank dieses Missverständnisses war ich in der Lage, unzählige kostbare Erinnerungen zu schaffen.
Außerdem will ich keine Schwanzmeisen, die zum Füttern in den Garten deiner Oma kommen, in meinen Bildband aufnehmen...
... sonst schwärmen die Leute sicher scharenweise hierher.
Ach so...
Sie haben einen Platz für sich gefunden, den sie mögen.
Also sollten wir sie in Ruhe lassen.
Ja.
Hey, Haruki...

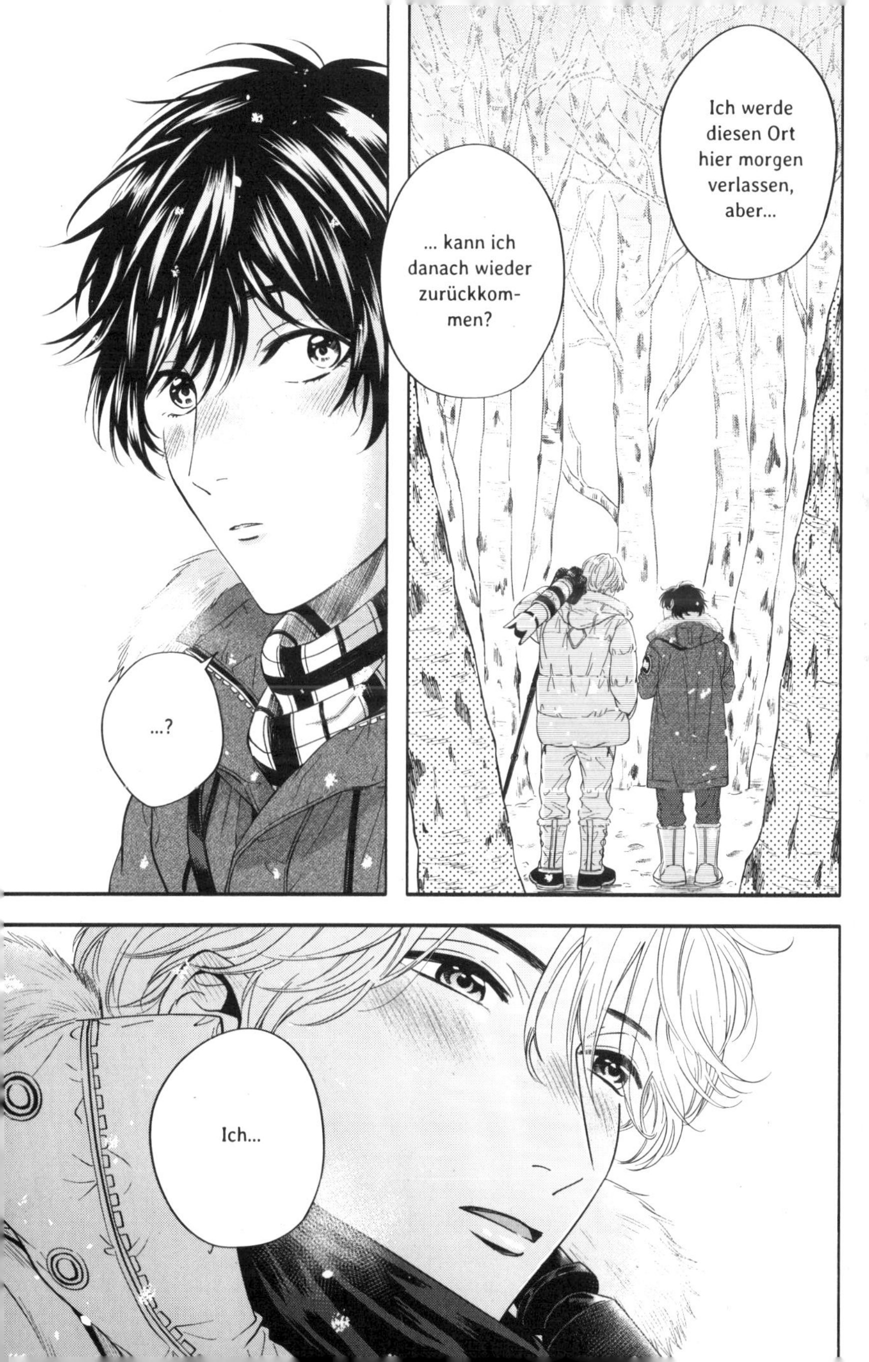
Ich werde diesen Ort hier morgen verlassen, aber...
... kann ich danach wieder zurückkommen?
...?
Ich...

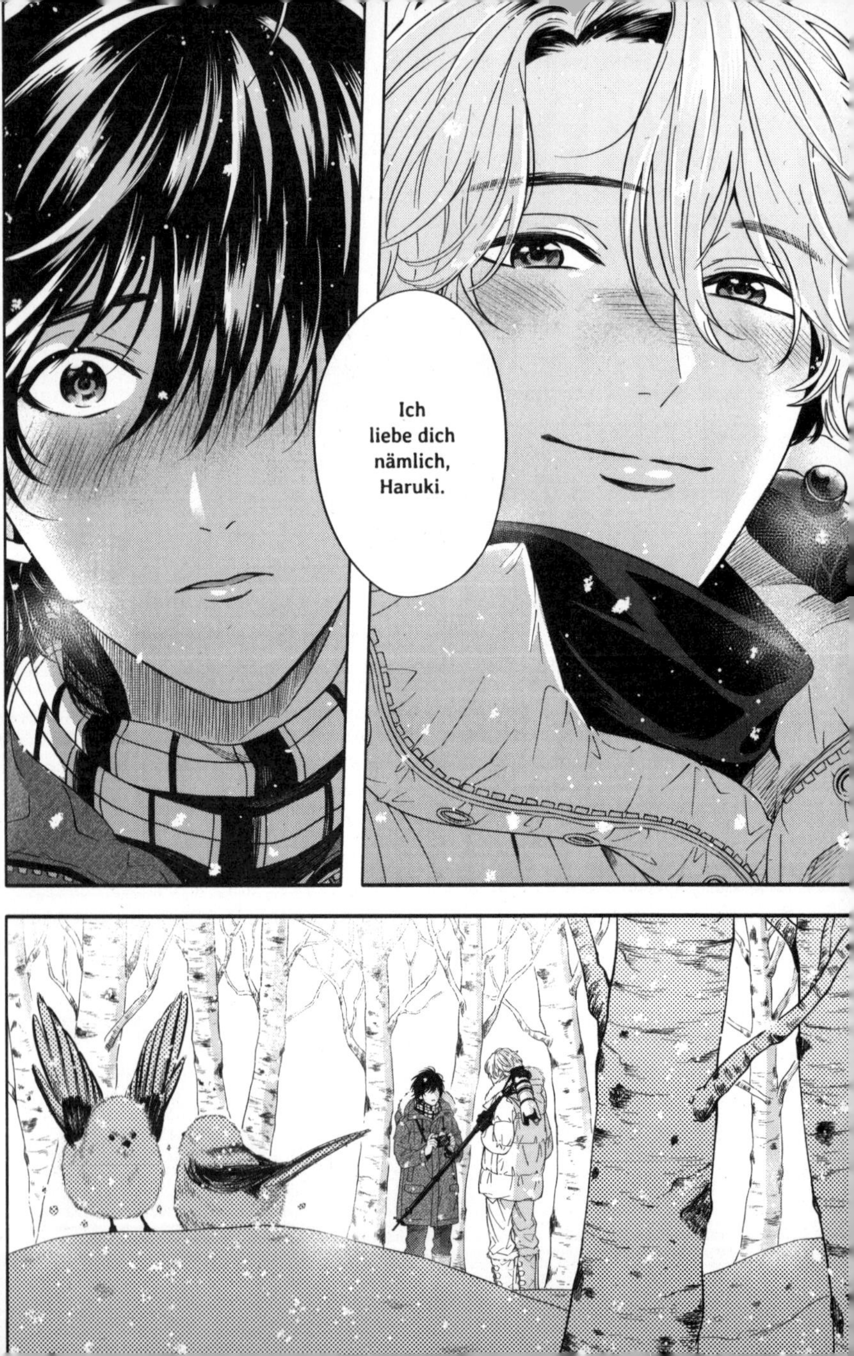
Ich liebe dich nämlich, Haruki.

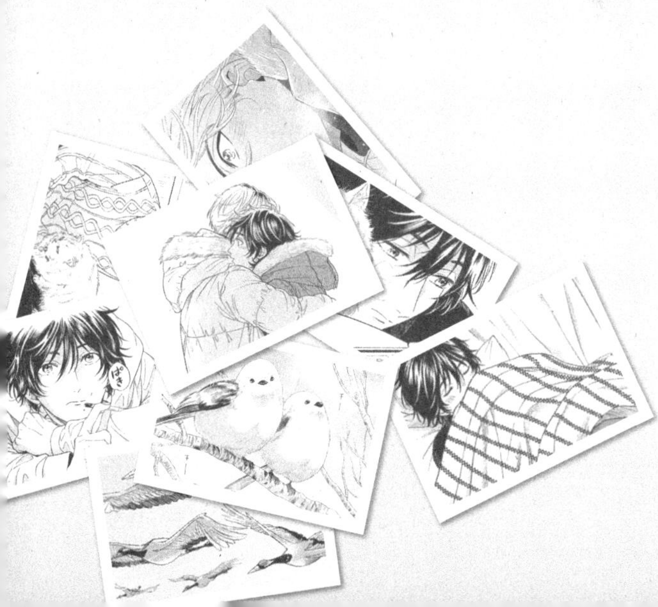
ぱき

SNOW FAIRY

Tomo Serizawa

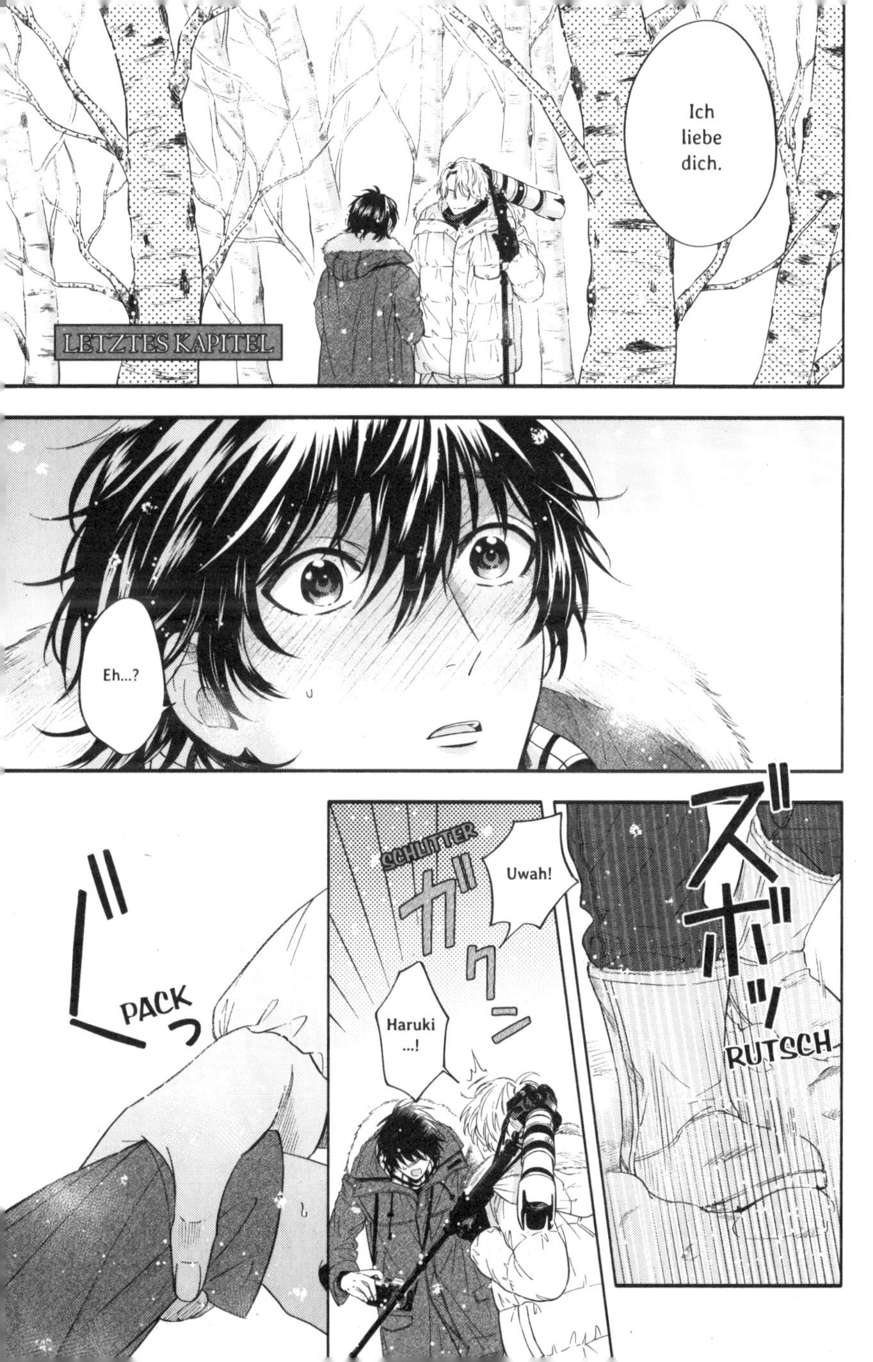
LETZTES KAPITEL
Ich liebe dich.
Eh...?
RUTSCH
Uwah!
SCHLITTER
Haruki ...!
PACK

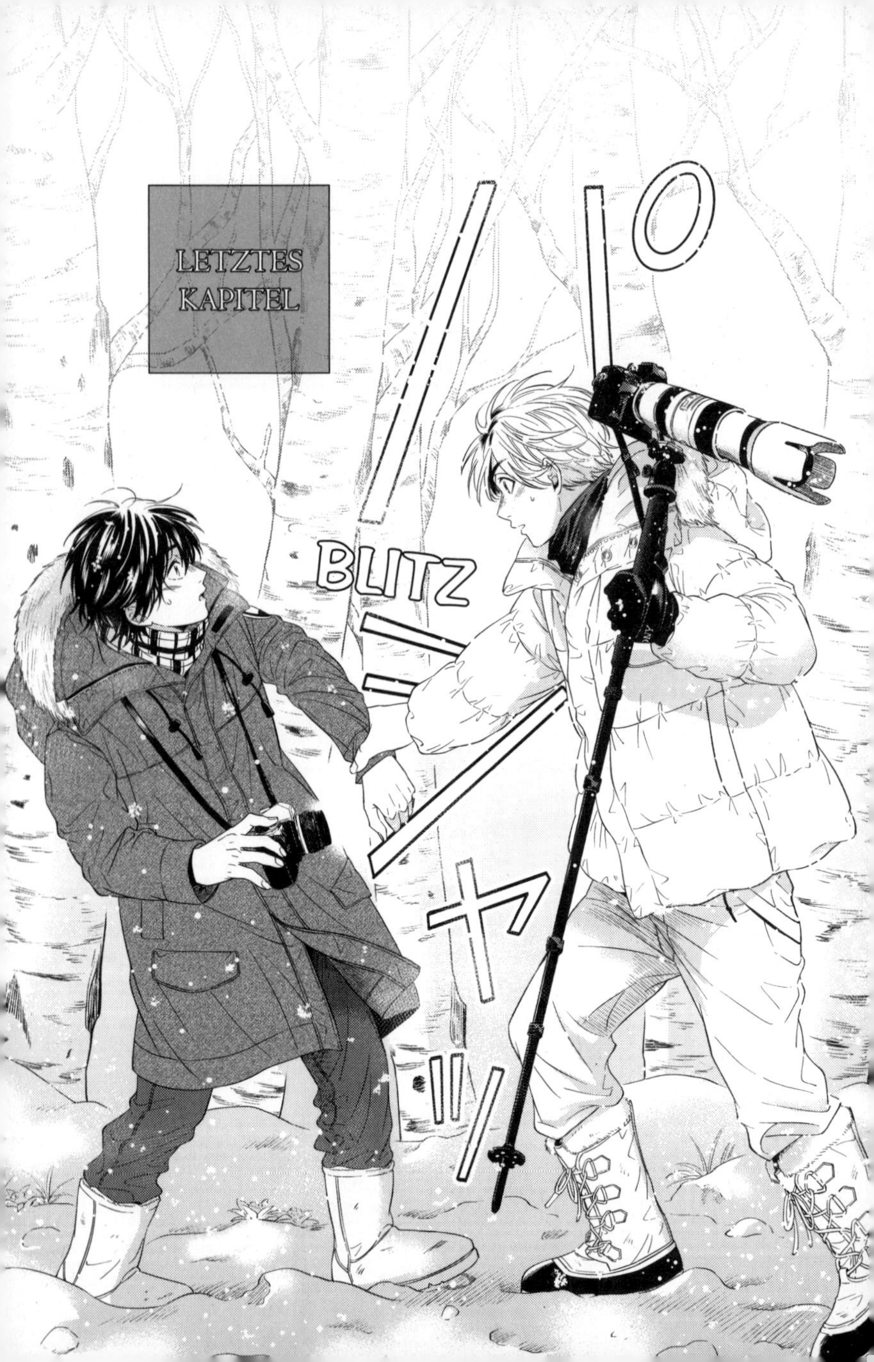
LETZTES KAPITEL
BLITZ

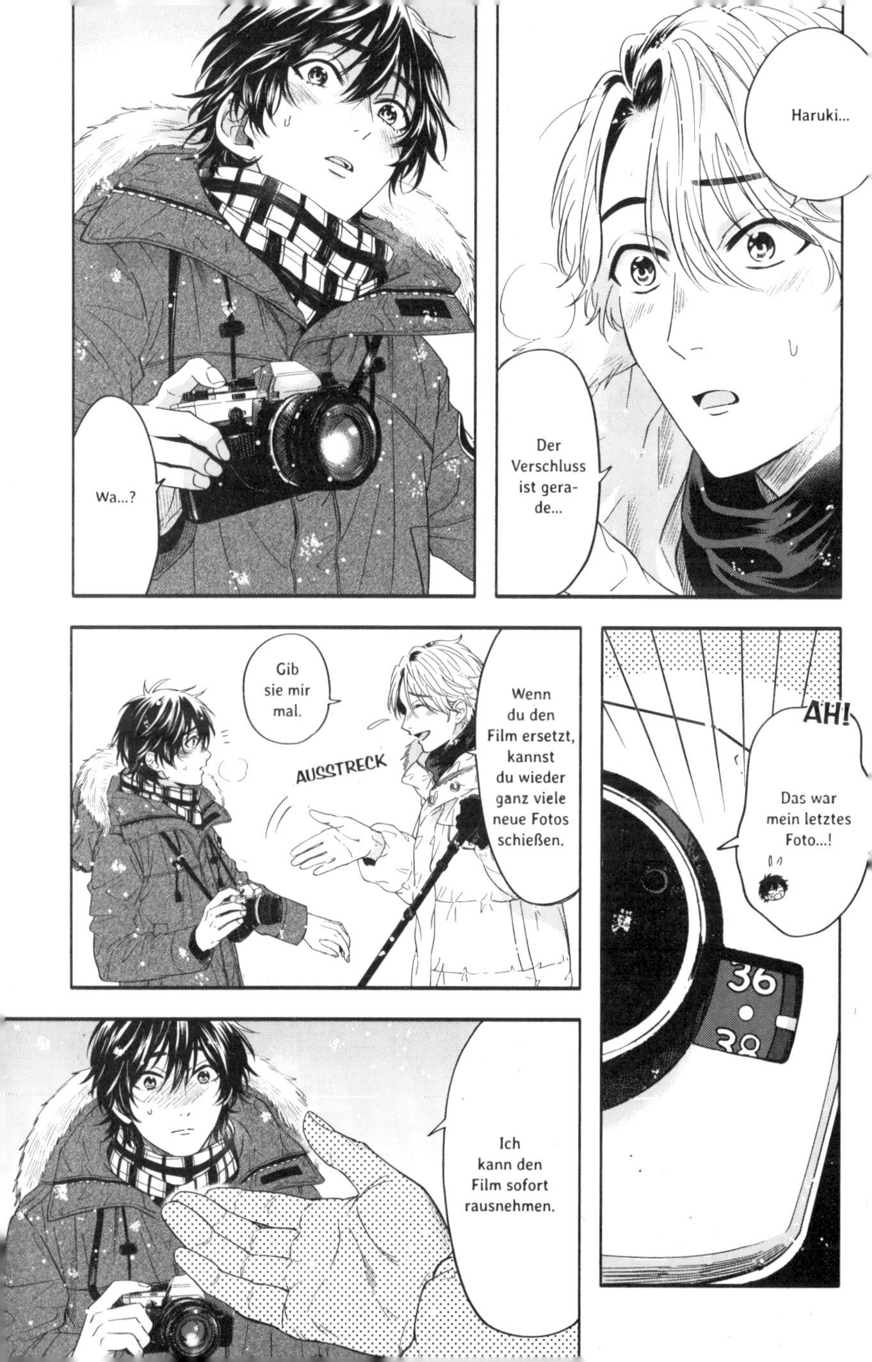

Haruki...
Der Verschluss ist gerade...
Wa...?
AH!
Das war mein letztes Foto...!
Wenn du den Film ersetzt, kannst du wieder ganz viele neue Fotos schießen.
Gib sie mir mal.
AUSSTRECK
Ich kann den Film sofort rausnehmen.

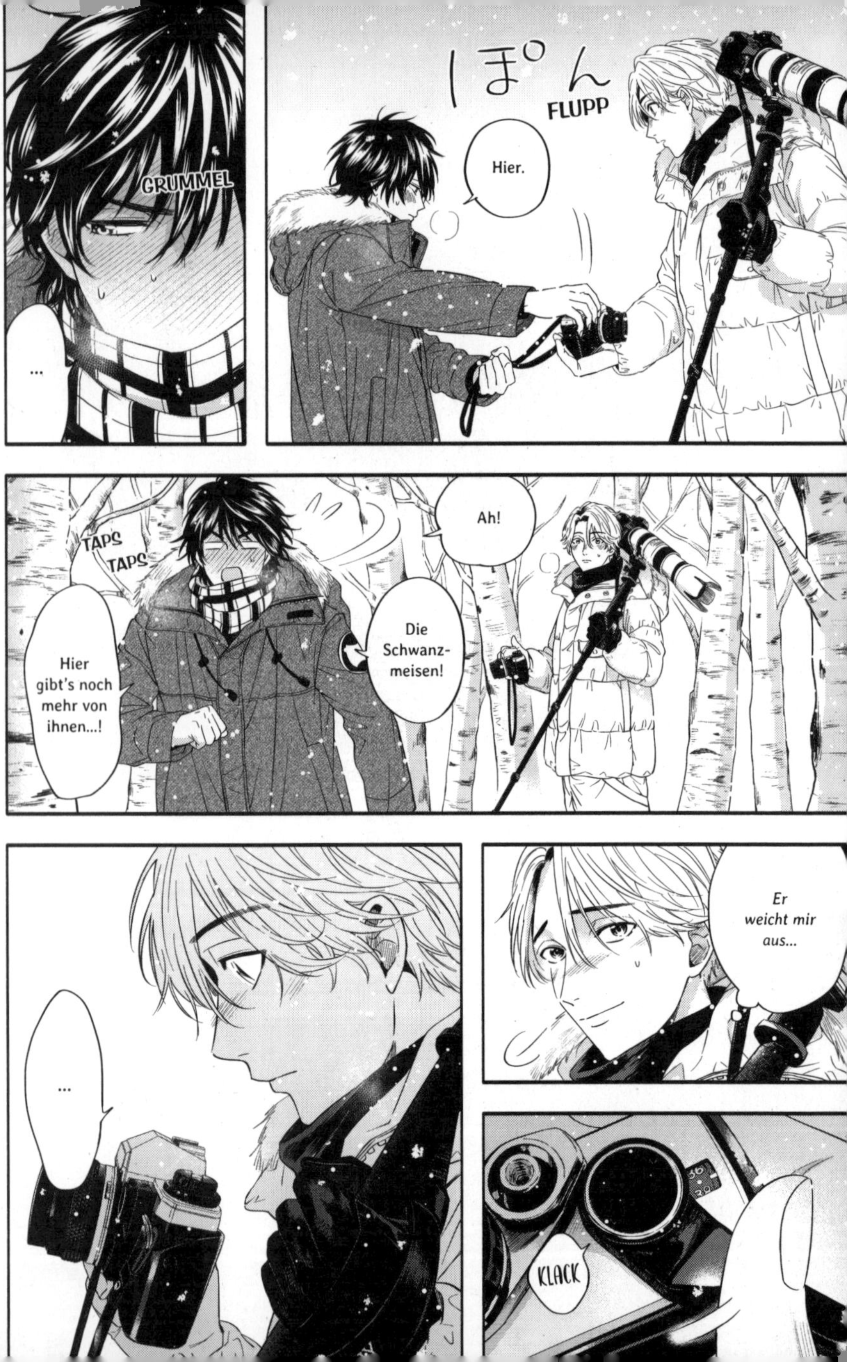
ぽん
FLUPP
Hier.
GRUMMEL
...
Ah!
Die Schwanz-meisen!
TAPS
TAPS
Hier gibt's noch mehr von ihnen...!
Er weicht mir aus...
...
KLACK

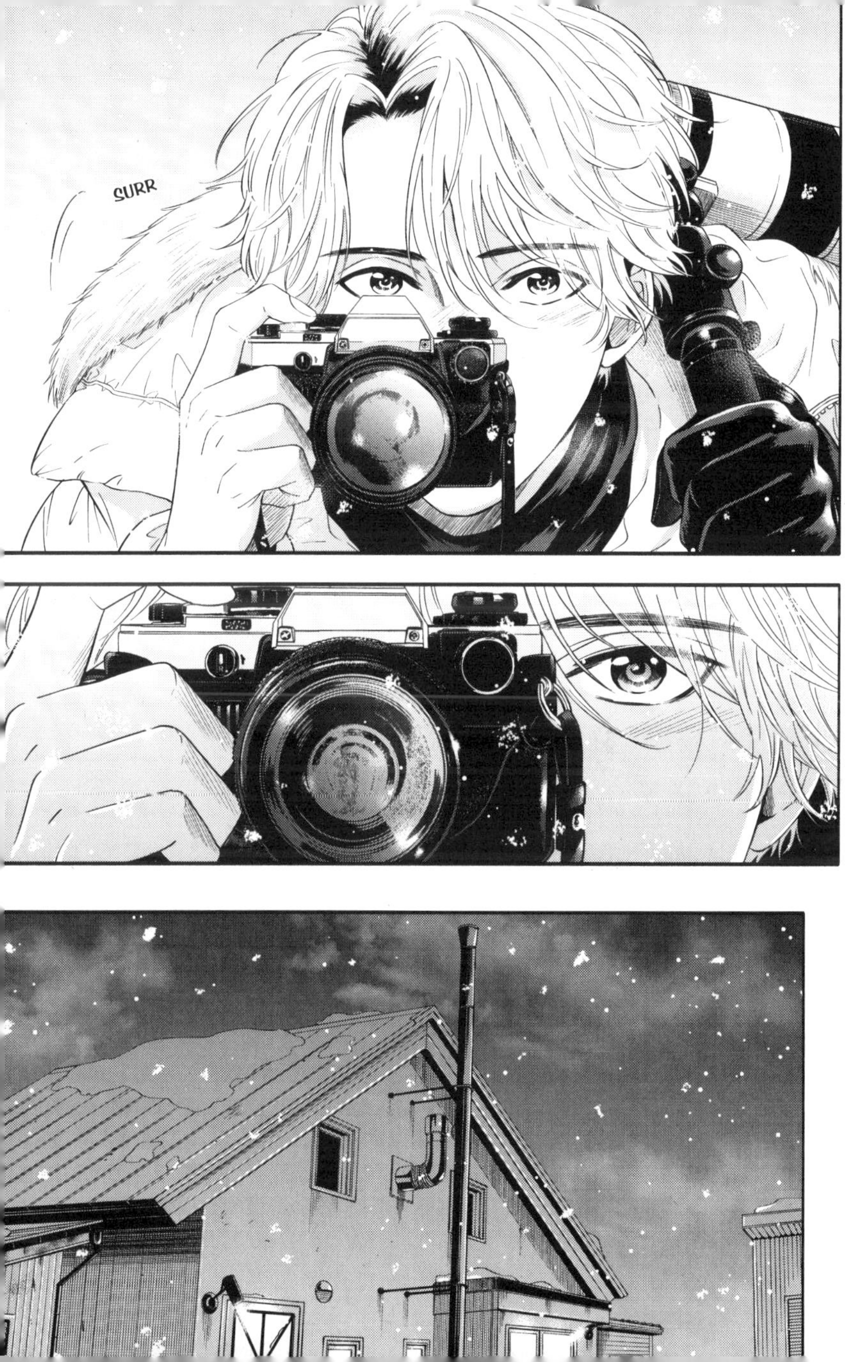
SURR

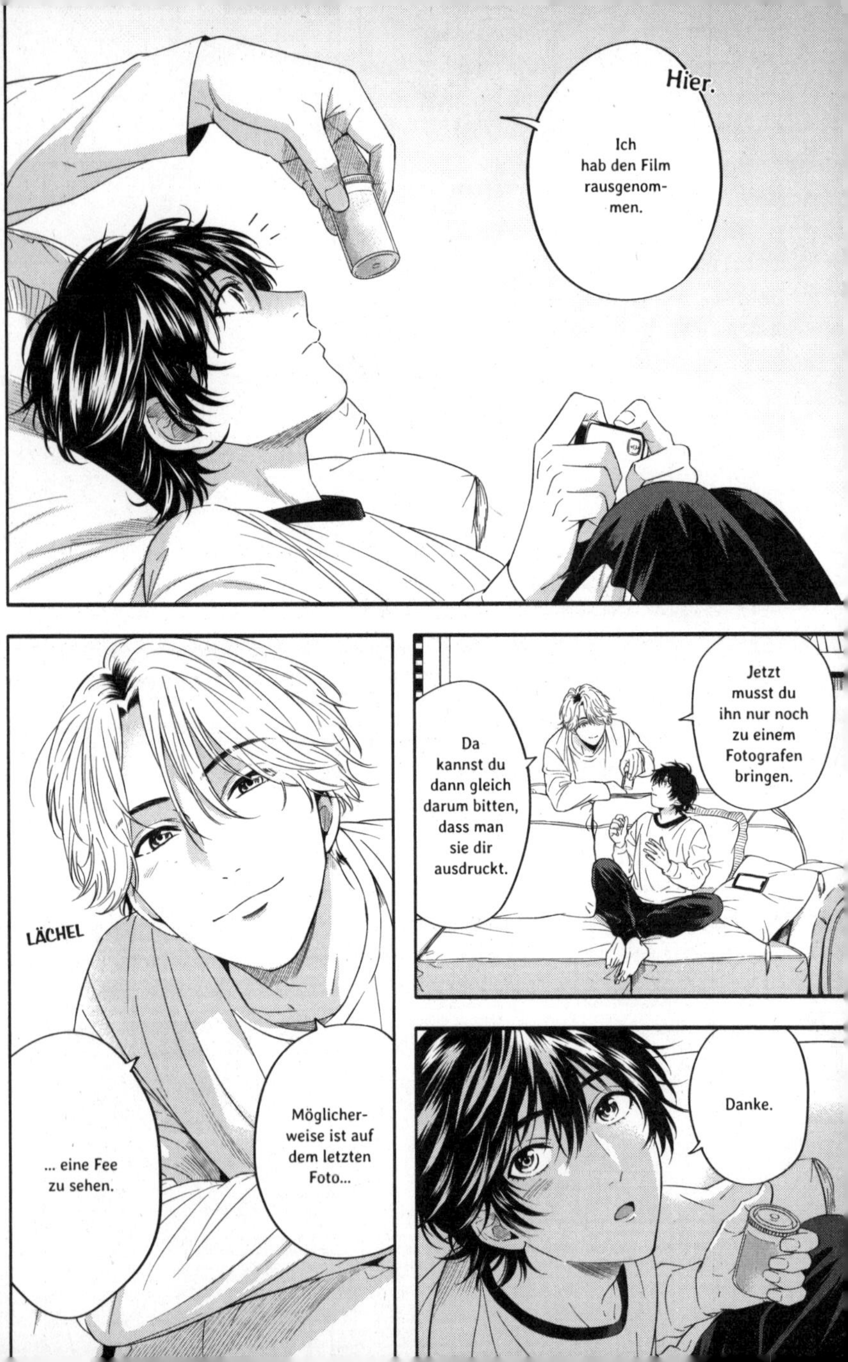
Hier.
Ich hab den Film rausgenommen.
Jetzt musst du ihn nur noch zu einem Fotografen bringen.
Da kannst du dann gleich darum bitten, dass man sie dir ausdruckt.
Danke.
LÄCHEL
Möglicherweise ist auf dem letzten Foto...
... eine Fee zu sehen.

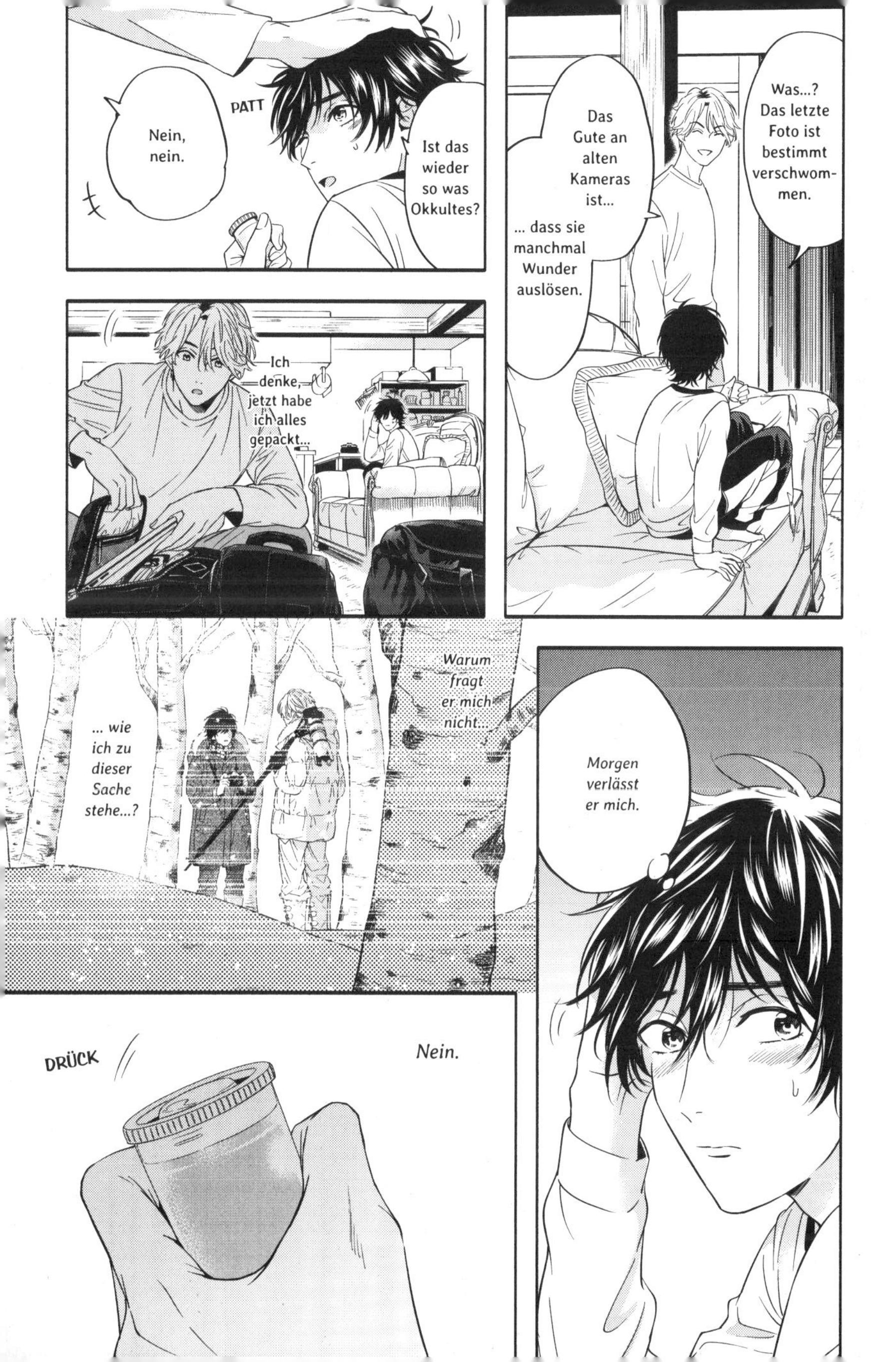
Was...? Das letzte Foto ist bestimmt verschwommen.
Das Gute an alten Kameras ist...
... dass sie manchmal Wunder auslösen.
PATT
Ist das wieder so was Okkultes?
Nein, nein.
Ich denke, jetzt habe ich alles gepackt...
Morgen verlässt er mich.
Warum fragt er mich nicht...
... wie ich zu dieser Sache stehe...?
Nein.
DRÜCK

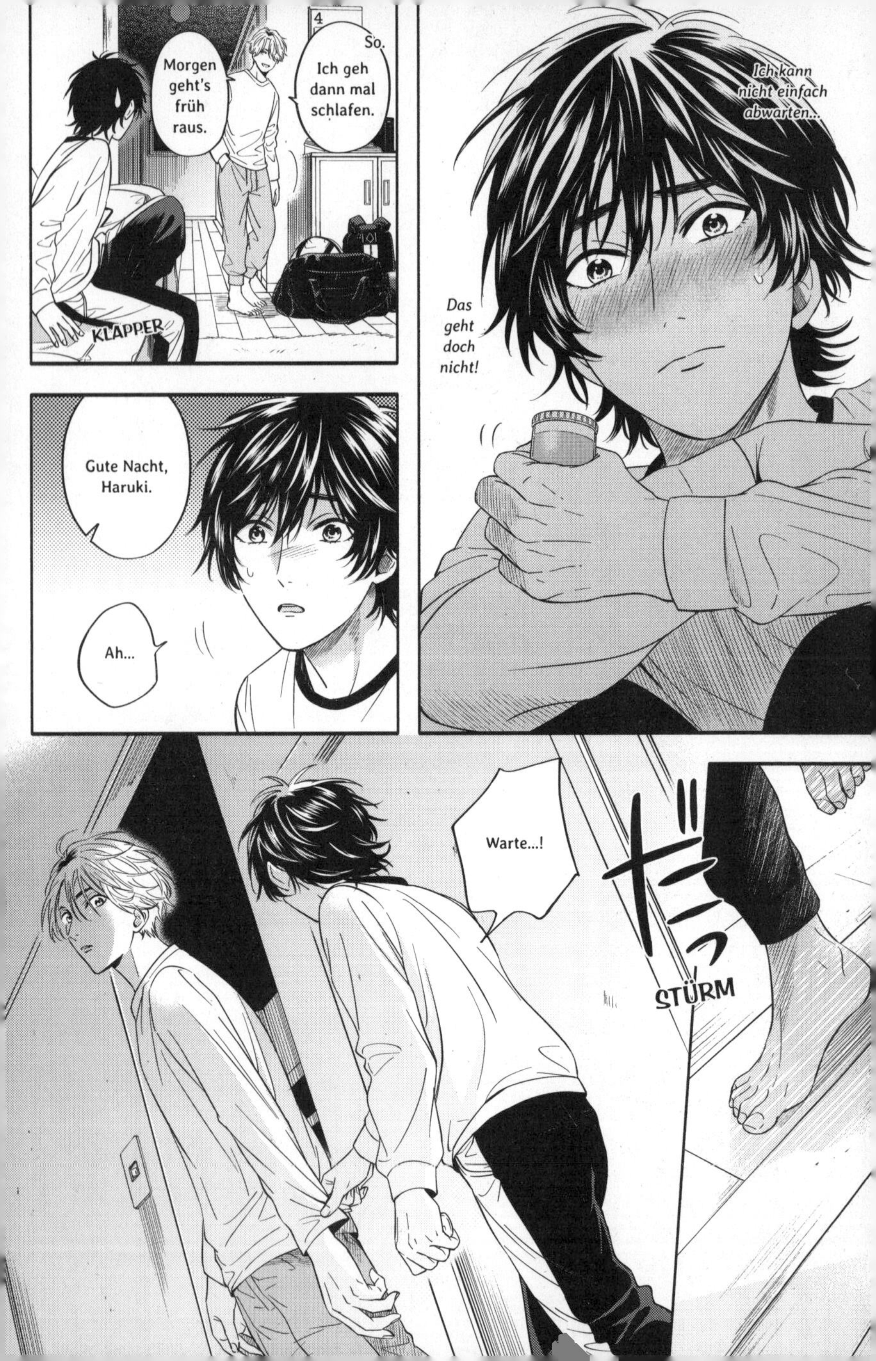
So.
Ich geh dann mal schlafen.
Morgen geht's früh raus.
KLAPPER
Gute Nacht, Haruki.
Ah...
Ich kann nicht einfach abwarten...
Das geht doch nicht!
Warte...!
STÜRM

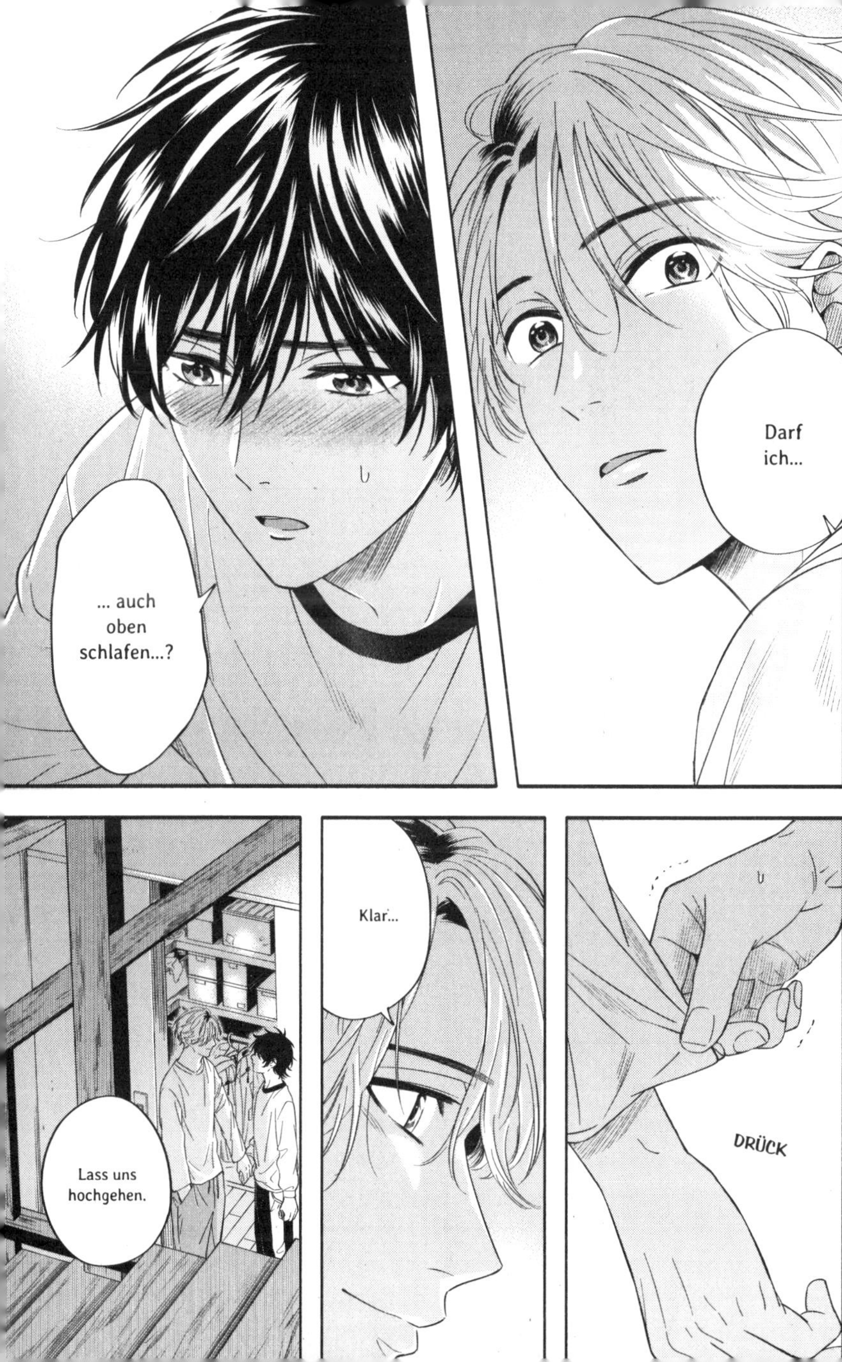
Darf ich...
... auch oben schlafen...?
DRÜCK
Klar...
Lass uns hochgehen.

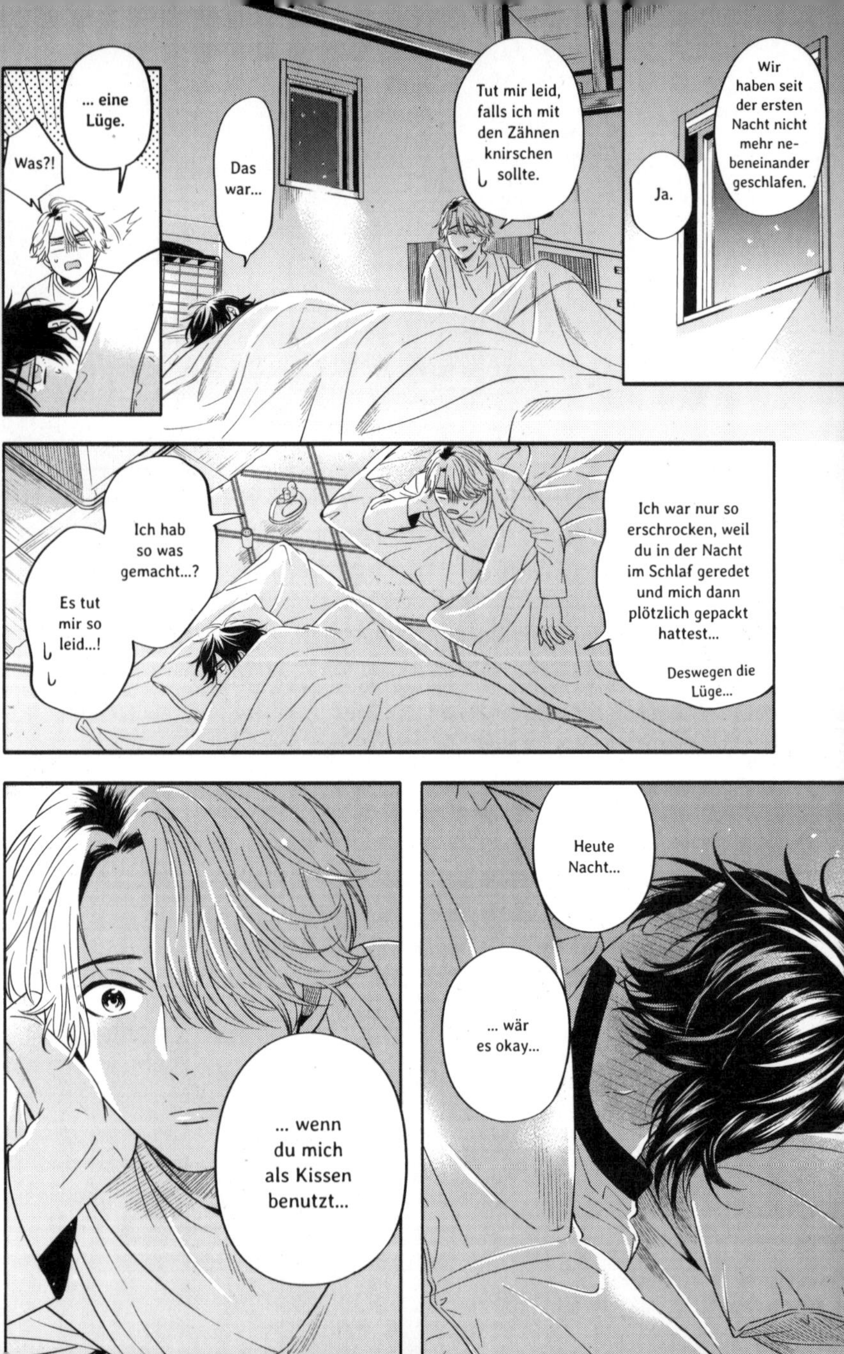
Wir haben seit der ersten Nacht nicht mehr ne-beneinander geschlafen.
Ja.
Tut mir leid, falls ich mit den Zähnen knirschen sollte.
Das war...
... eine Lüge.
Was?!
Ich war nur so erschrocken, weil du in der Nacht im Schlaf geredet und mich dann plötzlich gepackt hattest...
Deswegen die Lüge...
Ich hab so was gemacht...?
Es tut mir so leid...!
Heute Nacht...
... wär es okay...
... wenn du mich als Kissen benutzt...

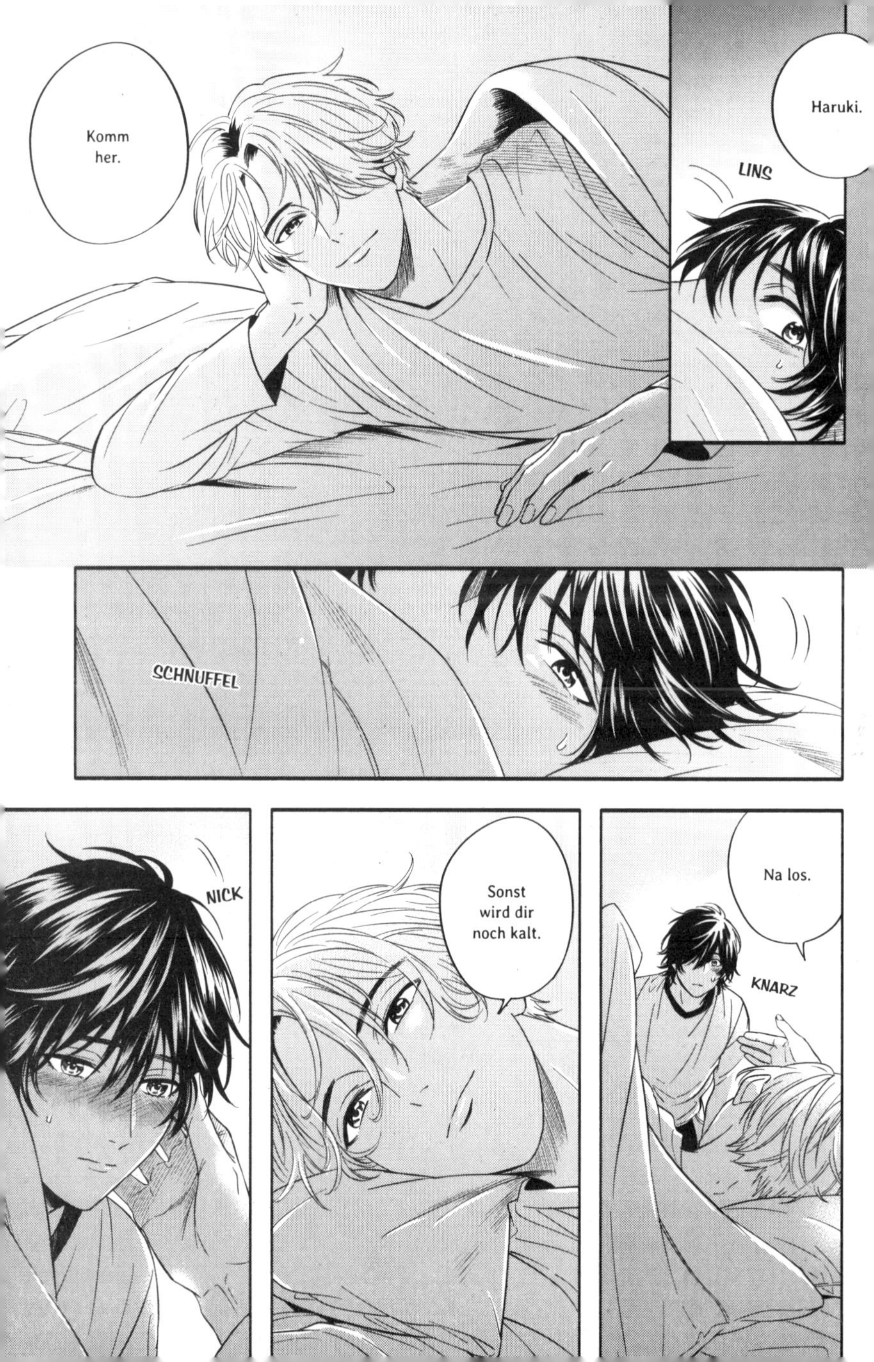

Haruki.
LINS
Komm her.
SCHNUFFEL
Na los.
KNARZ
Sonst wird dir noch kalt.
NICK

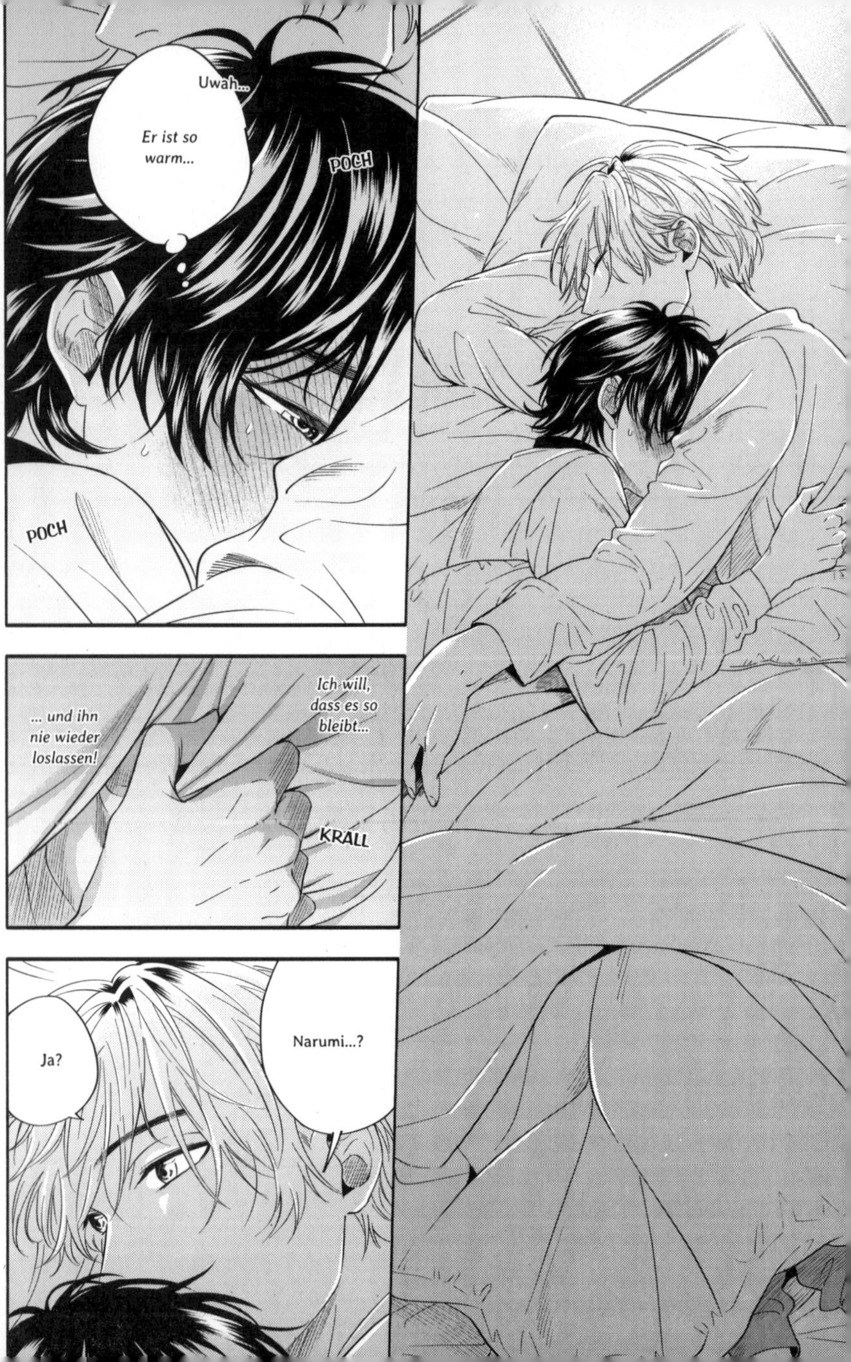
Uwah...
Er ist so warm...
POCH
POCH
Ich will, dass es so bleibt...
... und ihn nie wieder loslassen!
KRALL
Narumi...?
Ja?

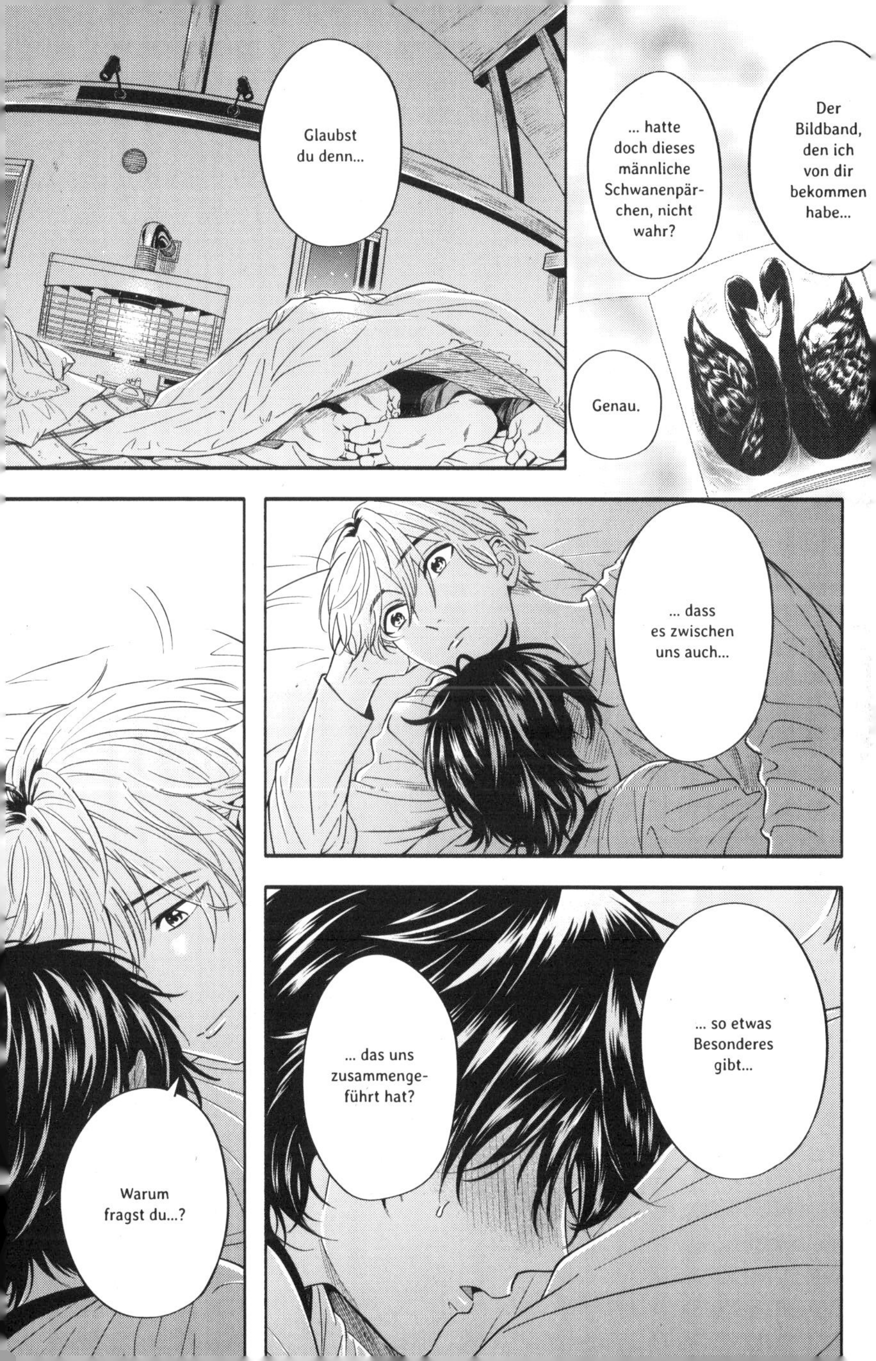
Der Bildband, den ich von dir bekommen habe...
... hatte doch dieses männliche Schwanenpär-chen, nicht wahr?
Genau.
Glaubst du denn...
... dass es zwischen uns auch...
... so etwas Besonderes gibt...
... das uns zusammenge-führt hat?
Warum fragst du...?

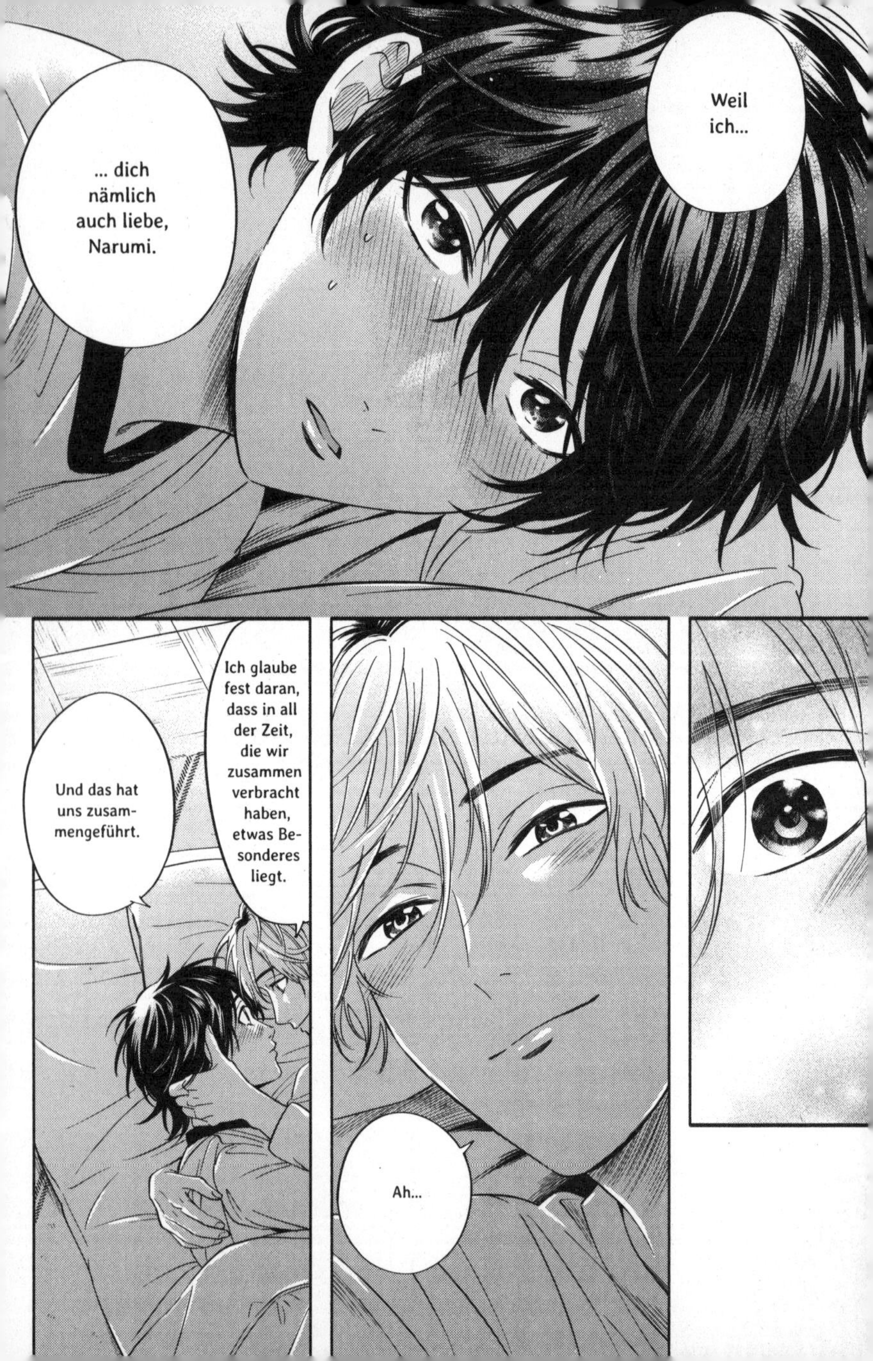

Weil ich...
... dich nämlich auch liebe, Narumi.
Ich glaube fest daran, dass in all der Zeit, die wir zusammen verbracht haben, etwas Besonderes liegt.
Und das hat uns zusammengeführt.
Ah...

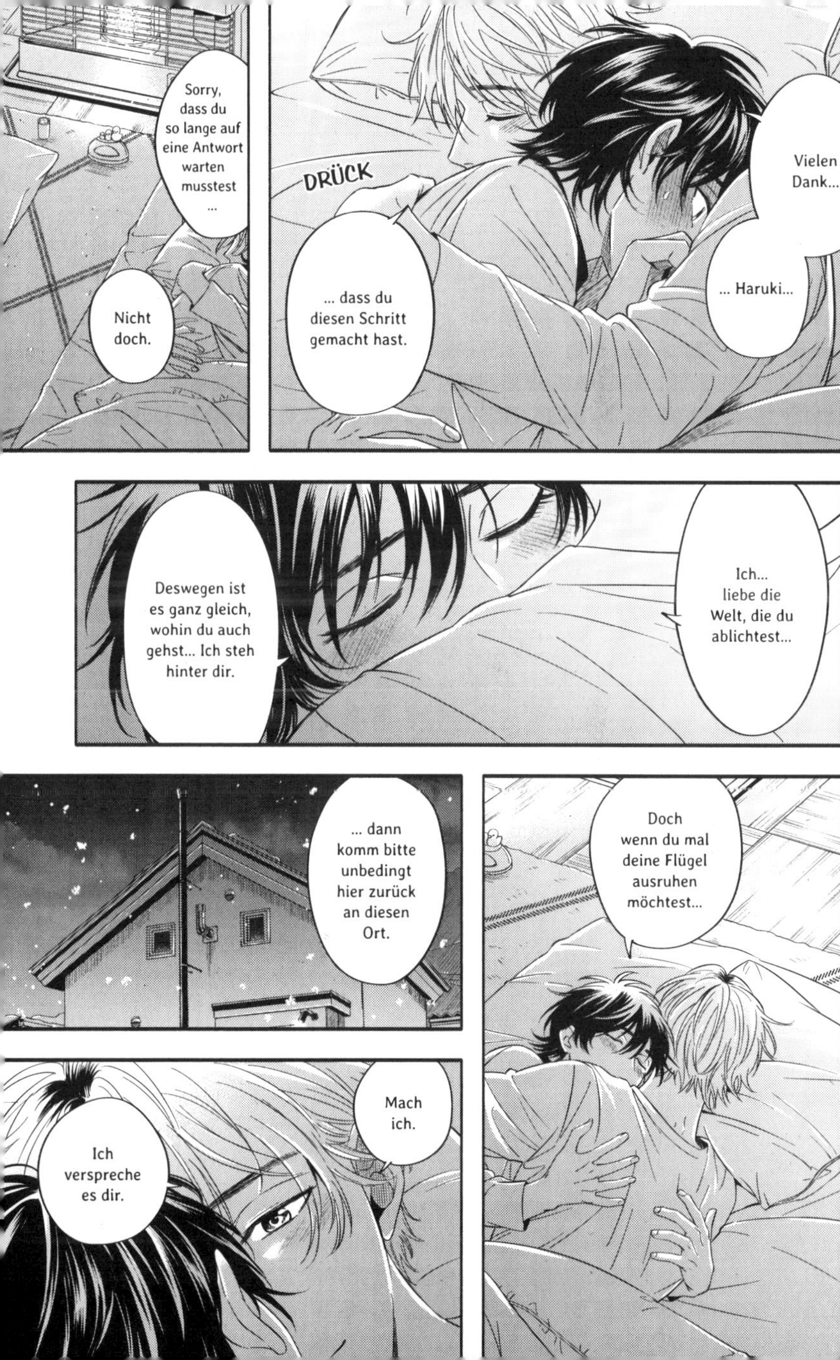
Vielen Dank...
... Haruki...
DRÜCK
... dass du diesen Schritt gemacht hast.
Sorry, dass du so lange auf eine Antwort warten musstest ...
Nicht doch.
Ich... liebe die Welt, die du ablichtest...
Deswegen ist es ganz gleich, wohin du auch gehst... Ich steh hinter dir.
Doch wenn du mal deine Flügel ausruhen möchtest...
... dann komm bitte unbedingt hier zurück an diesen Ort.
Mach ich.
Ich verspreche es dir.

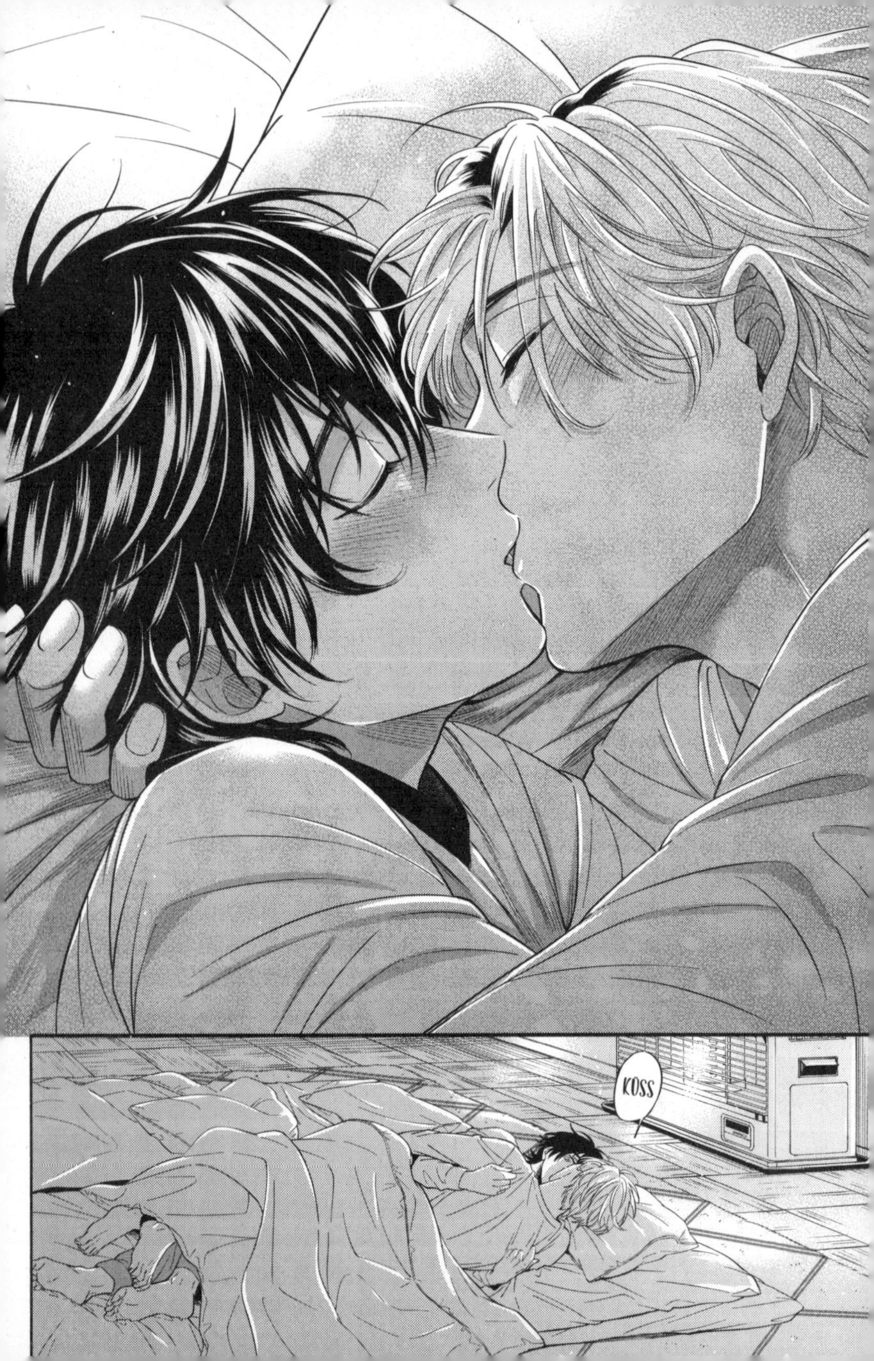
KÜSS

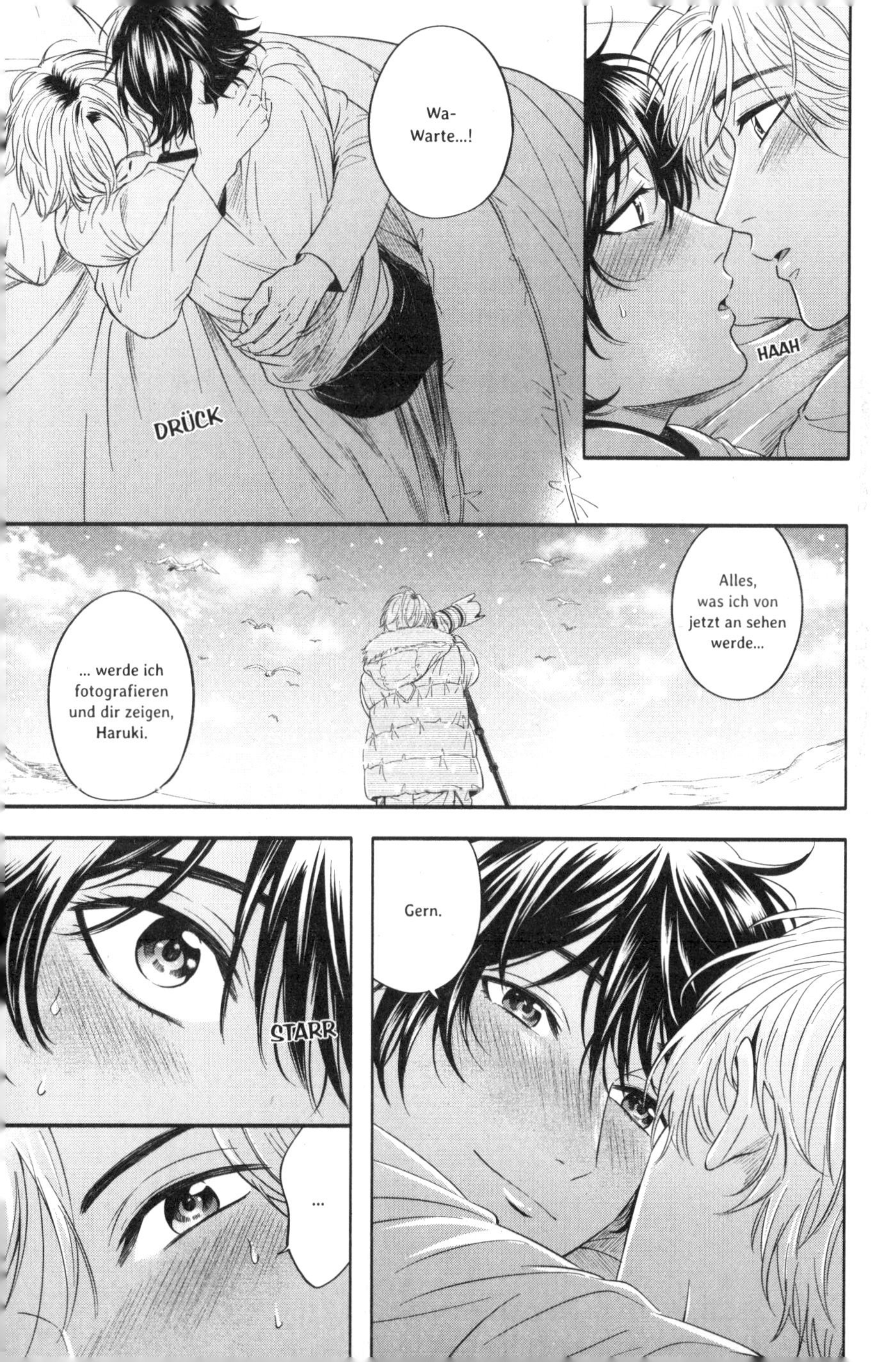
HAAH
Wa-
Warte...!
DRÜCK
Alles,
was ich von
jetzt an sehen
werde...
... werde ich
fotografieren
und dir zeigen,
Haruki.
Gern.
STARR
...

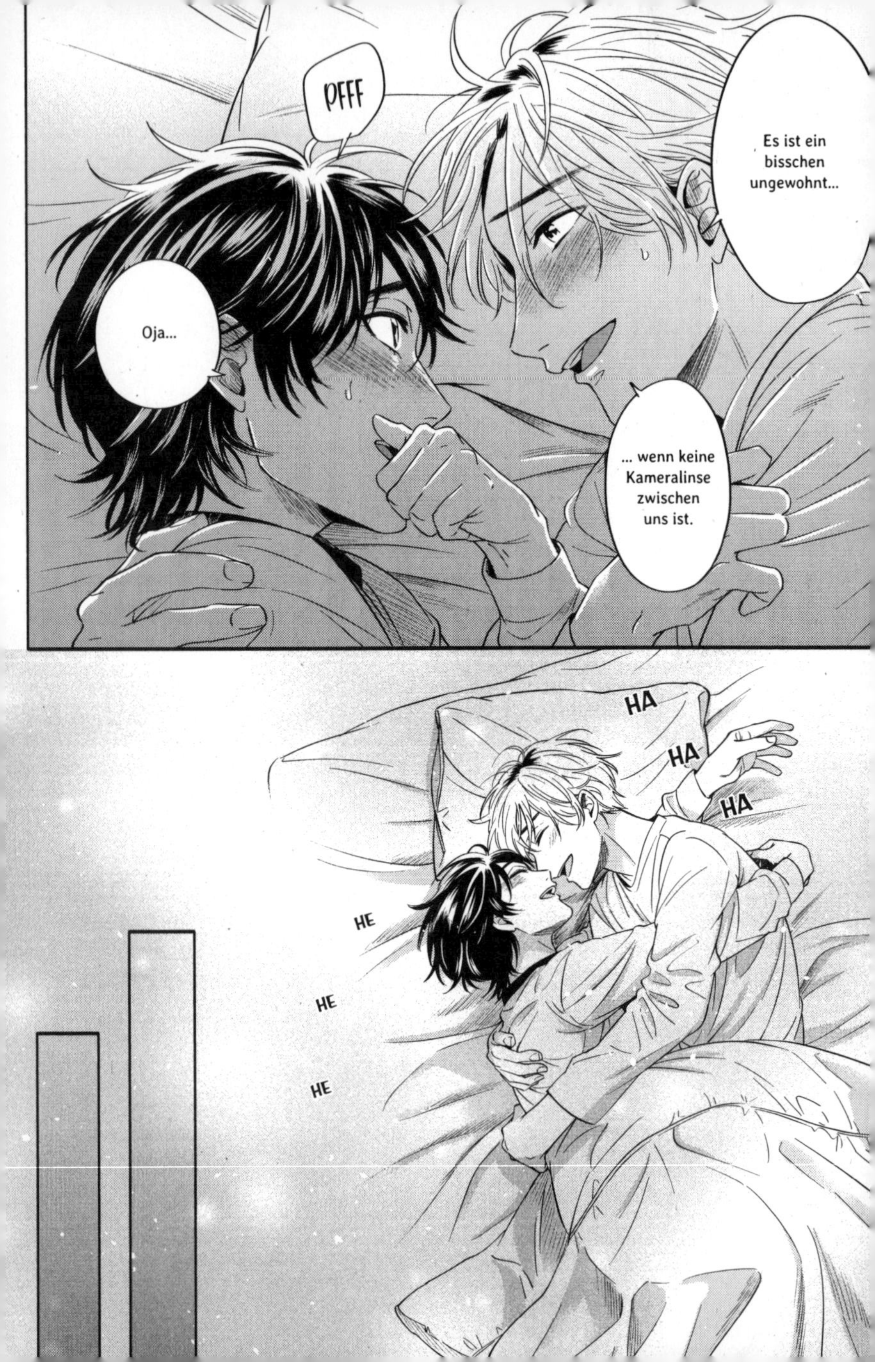
Es ist ein bisschen ungewohnt...
PFFF
... wenn keine Kameralinse zwischen uns ist.
Oja...
HA
HA
HA
HE
HE
HE

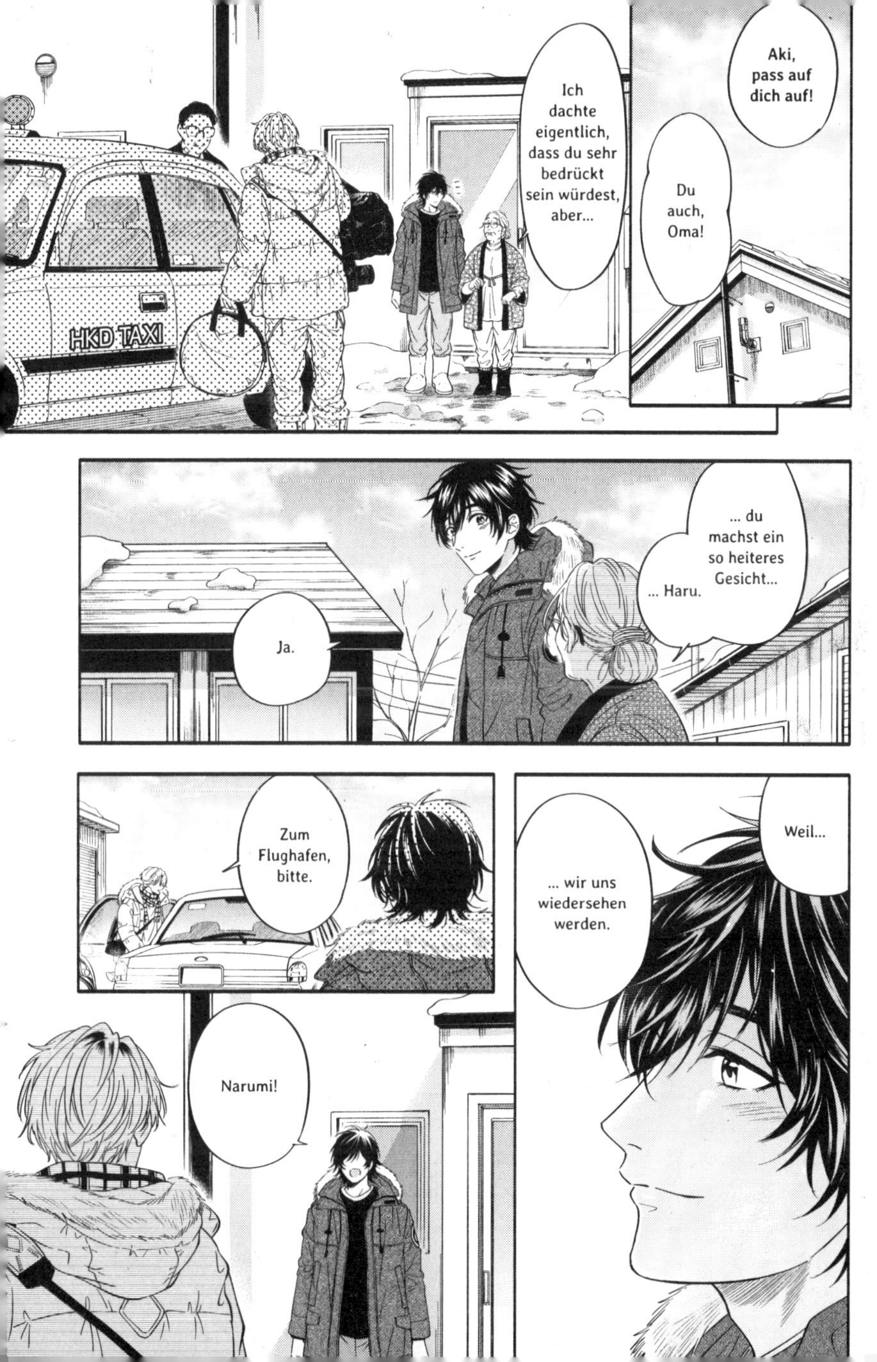
Aki, pass auf dich auf!
Du auch, Oma!
Ich dachte eigentlich, dass du sehr bedrückt sein würdest, aber...
HKD TAXI
... du machst ein so heiteres Gesicht...
... Haru.
Ja.
Weil...
... wir uns wiedersehen werden.
Zum Flughafen, bitte.
Narumi!

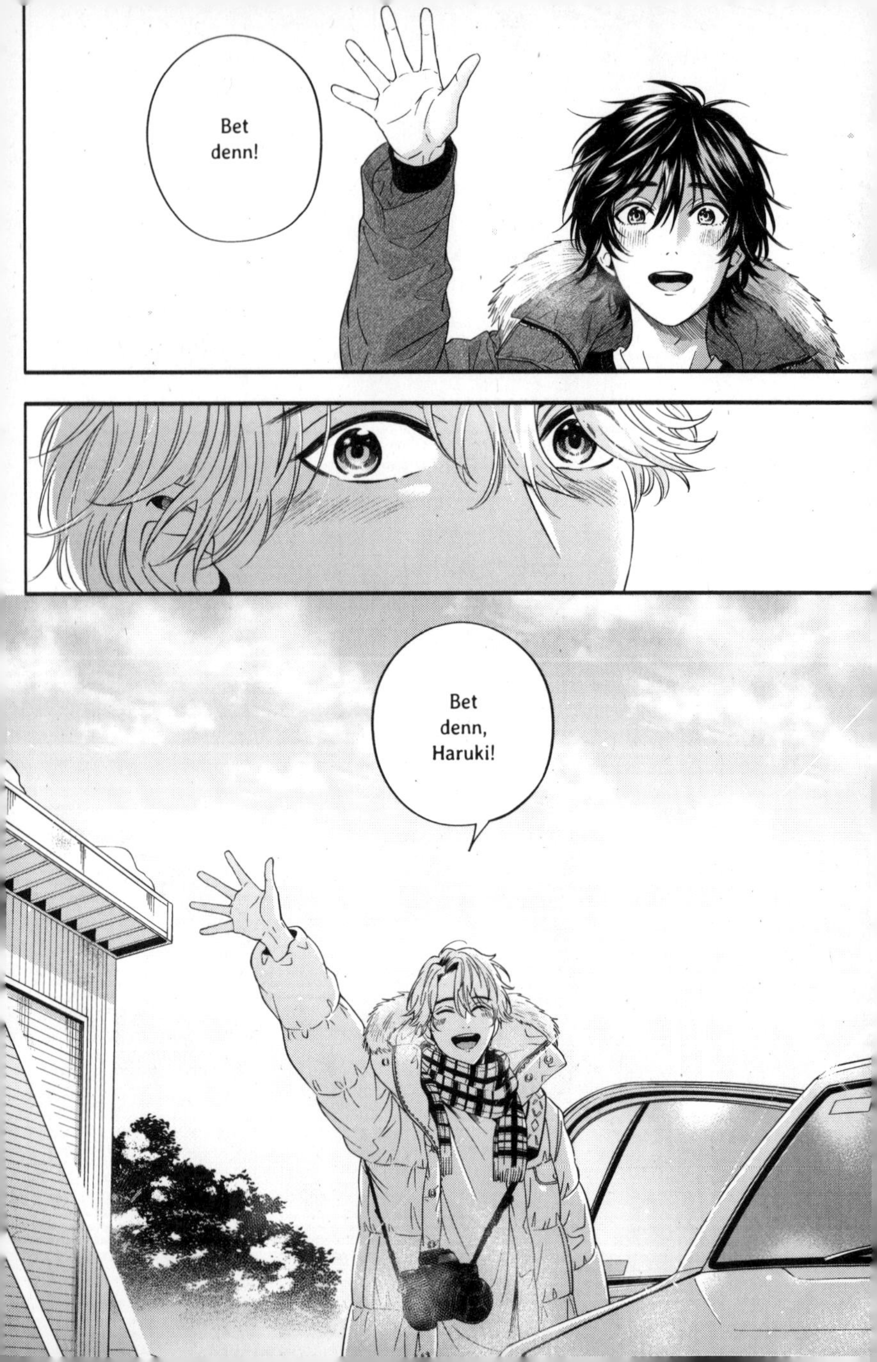
Bet denn!
Bet denn, Haruki!

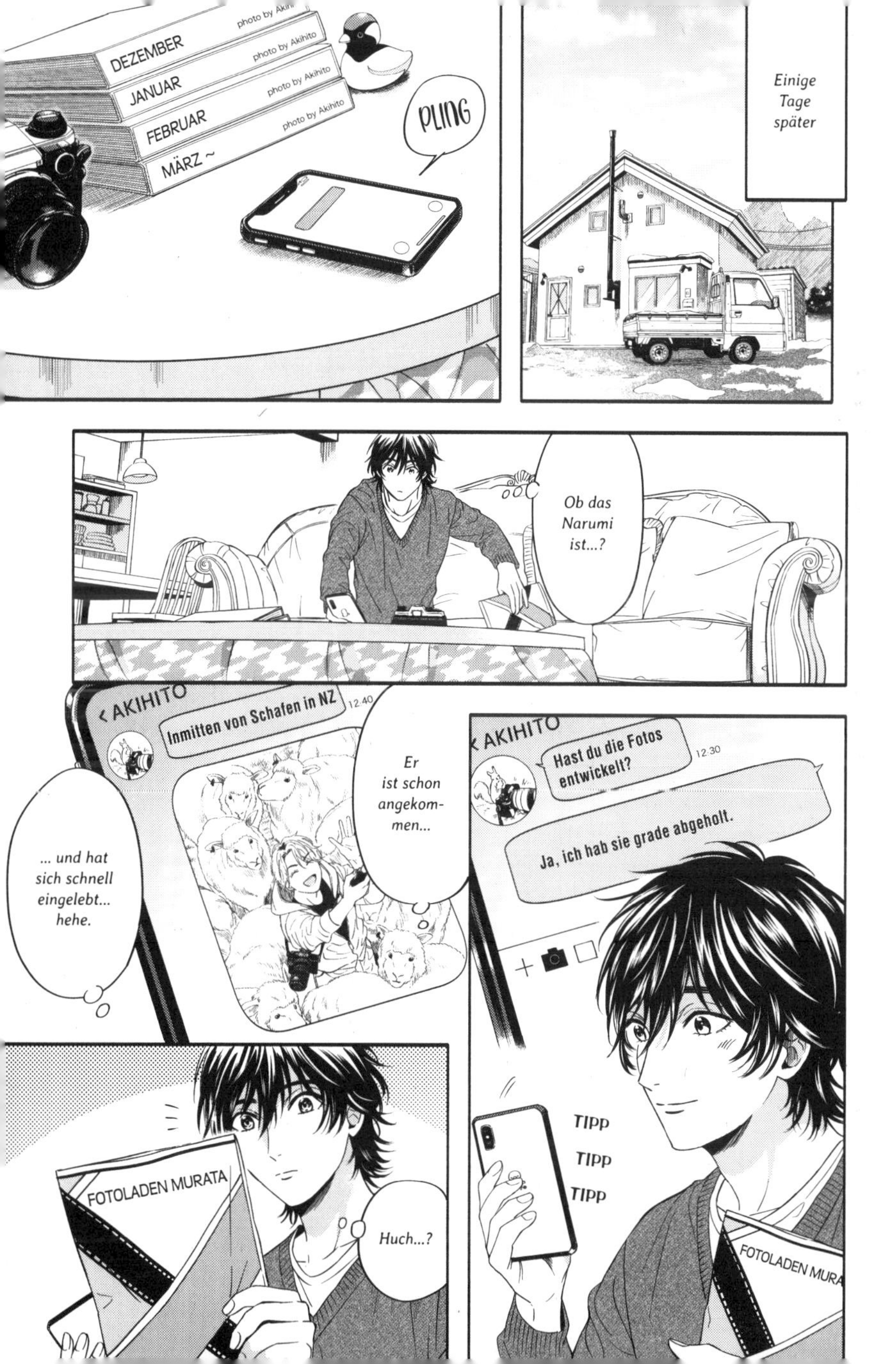
Einige Tage später
DEZEMBER photo by Akihito
JANUAR photo by Akihito
FEBRUAR photo by Akihito
MÄRZ ~ photo by Akihito
PLING
Ob das Narumi ist...?
AKIHITO
Hast du die Fotos entwickelt?
12:30
Ja, ich hab sie grade abgeholt.
TIPP
TIPP
TIPP
FOTOLADEN MURATA
AKIHITO
Inmitten von Schafen in NZ
12:40
Er ist schon angekommen...
... und hat sich schnell eingelebt... hehe.
FOTOLADEN MURATA
Huch...?

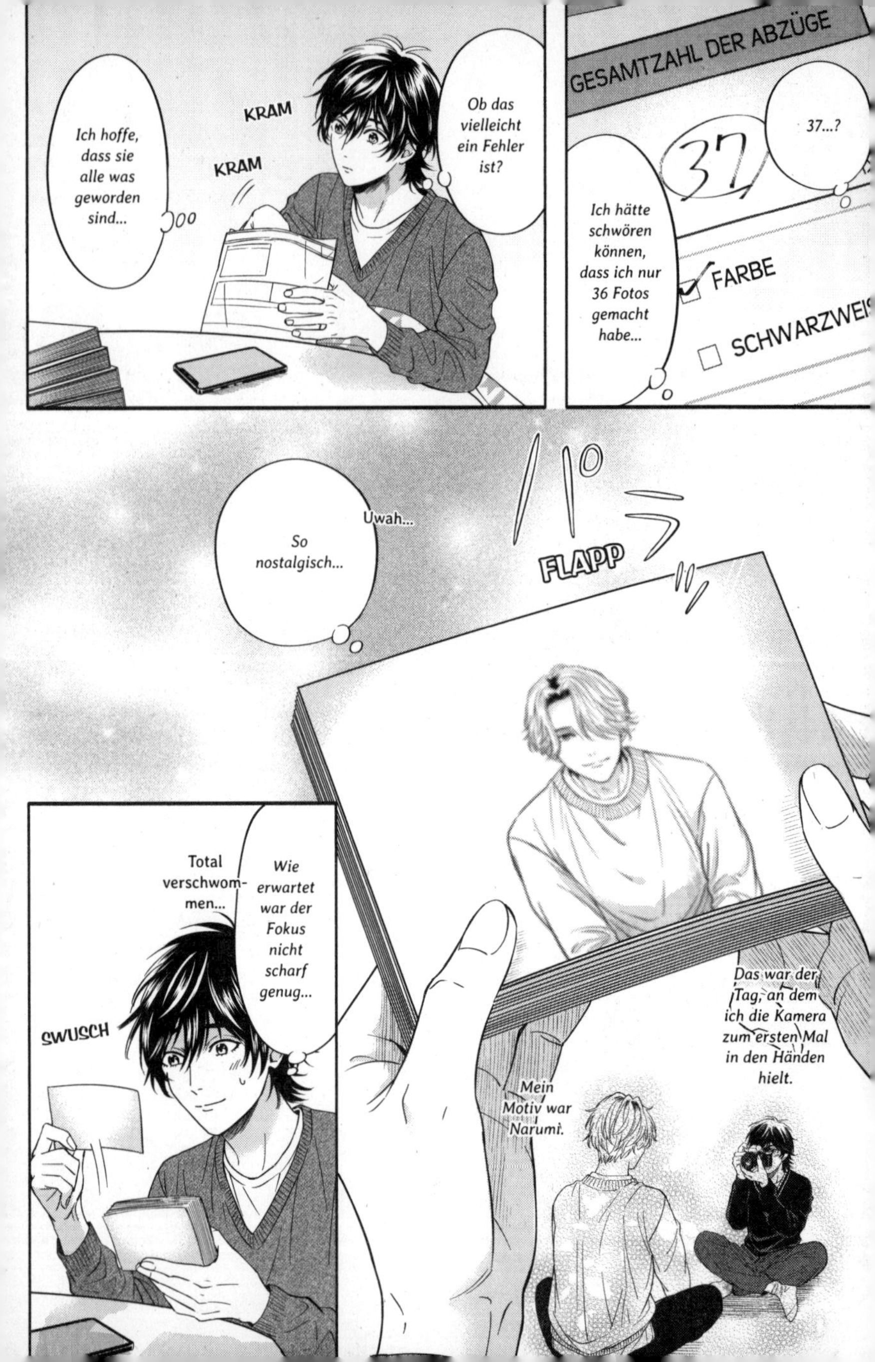
GESAMTZAHL DER ABZÜGE
37
FARBE
SCHWARZWEIS
37…?
Ich hätte schwören können, dass ich nur 36 Fotos gemacht habe…
Ob das vielleicht ein Fehler ist?
KRAM
KRAM
Ich hoffe, dass sie alle was geworden sind…
FLAPP
Uwah…
So nostalgisch…
Das war der Tag, an dem ich die Kamera zum ersten Mal in den Händen hielt.
Mein Motiv war Narumi.
Wie erwartet war der Fokus nicht scharf genug…
Total verschwommen…
SWUSCH

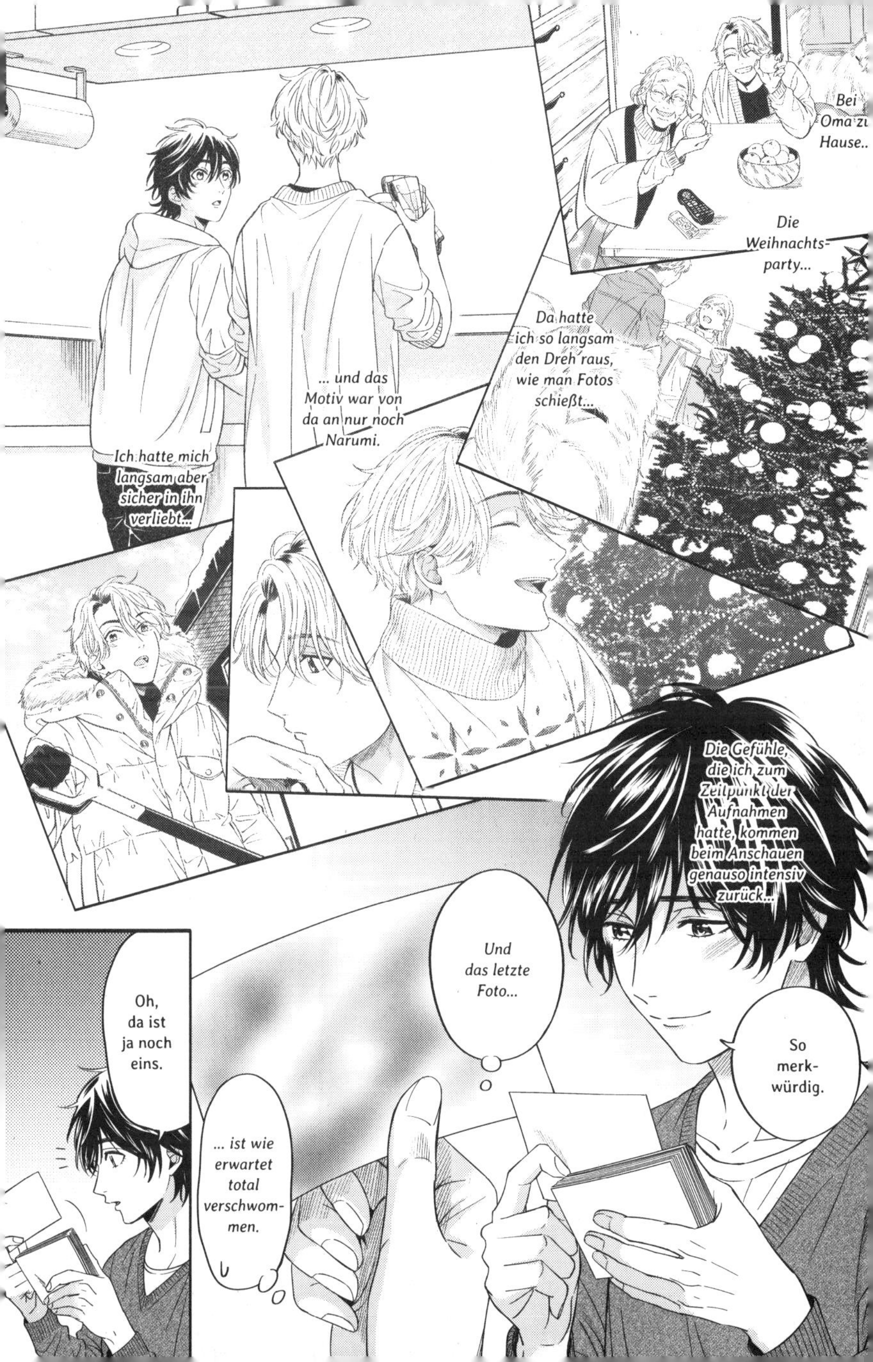
Bei Oma zu Hause..
Die Weihnachts-party...
Da hatte ich so langsam den Dreh raus, wie man Fotos schießt...
... und das Motiv war von da an nur noch Narumi.
Ich hatte mich langsam aber sicher in ihn verliebt...
Die Gefühle, die ich zum Zeitpunkt der Aufnahmen hatte, kommen beim Anschauen genauso intensiv zurück...
So merk-würdig.
Und das letzte Foto...
... ist wie erwartet total verschwom-men.
Oh, da ist ja noch eins.

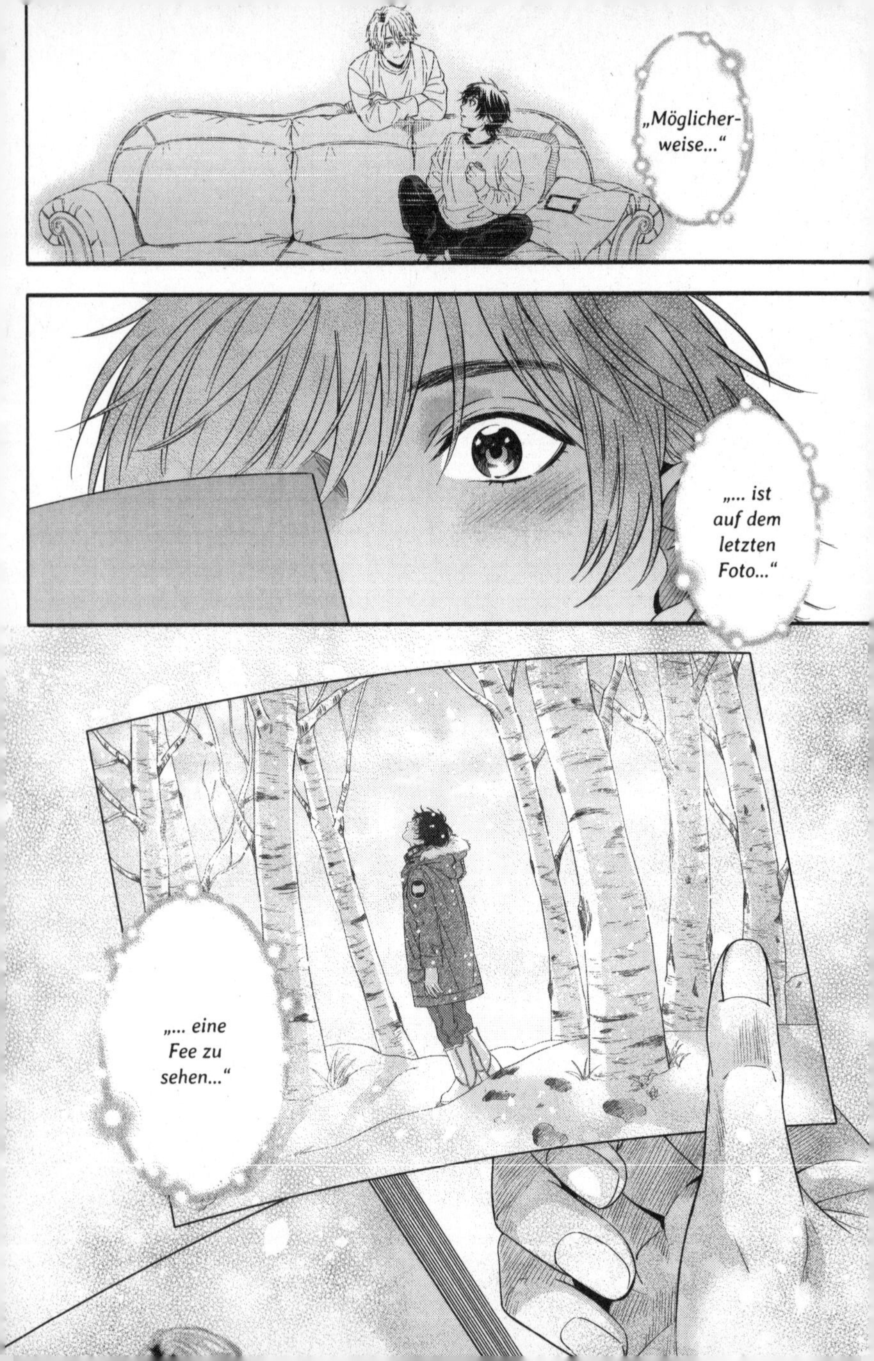
„Möglicher-
weise…“
„… ist auf dem letzten Foto…“
„… eine Fee zu sehen…“

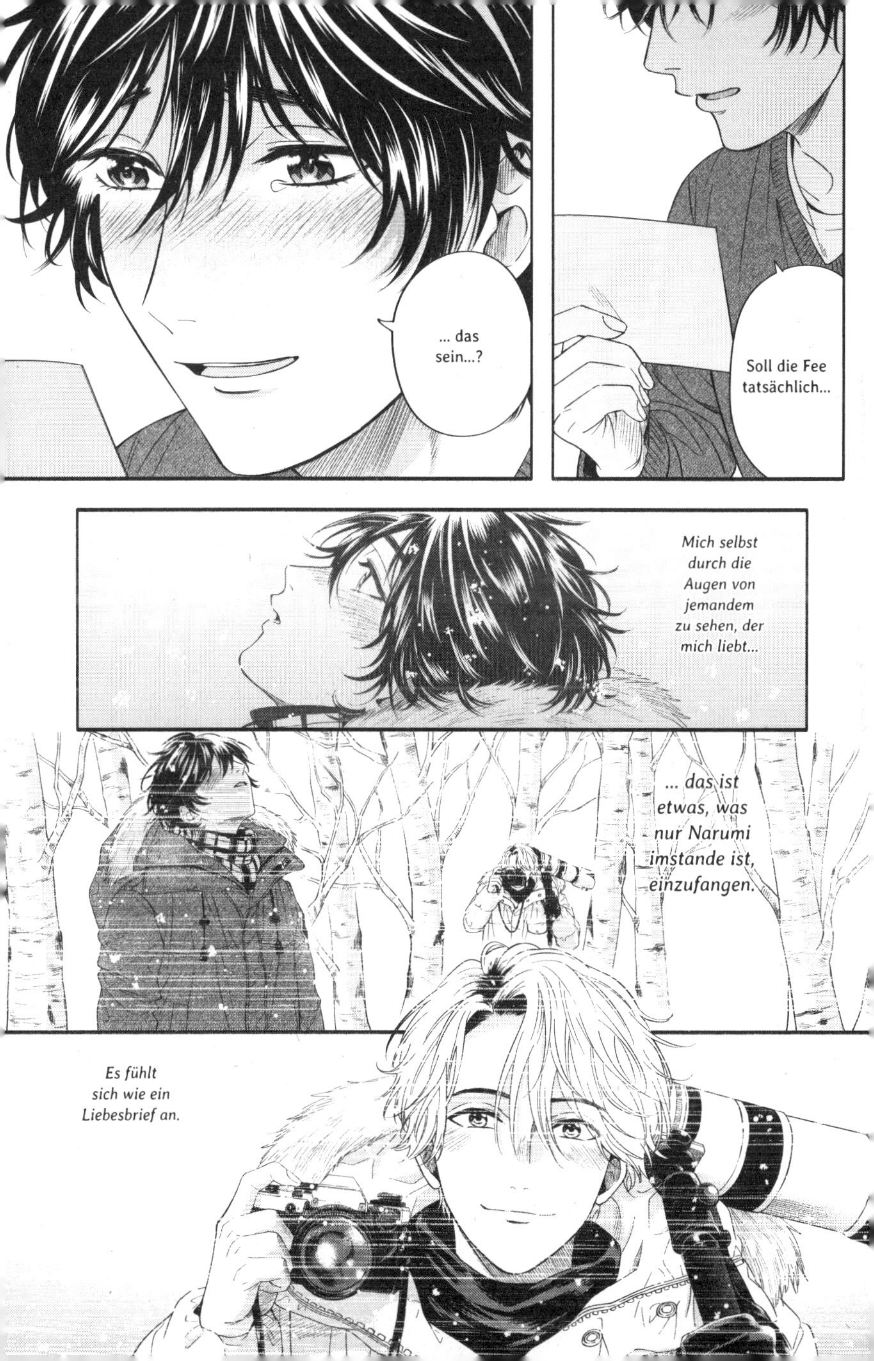
Soll die Fee tatsächlich…
… das sein…?
Mich selbst durch die Augen von jemandem zu sehen, der mich liebt…
… das ist etwas, was nur Narumi imstande ist, einzufangen.
Es fühlt sich wie ein Liebesbrief an.

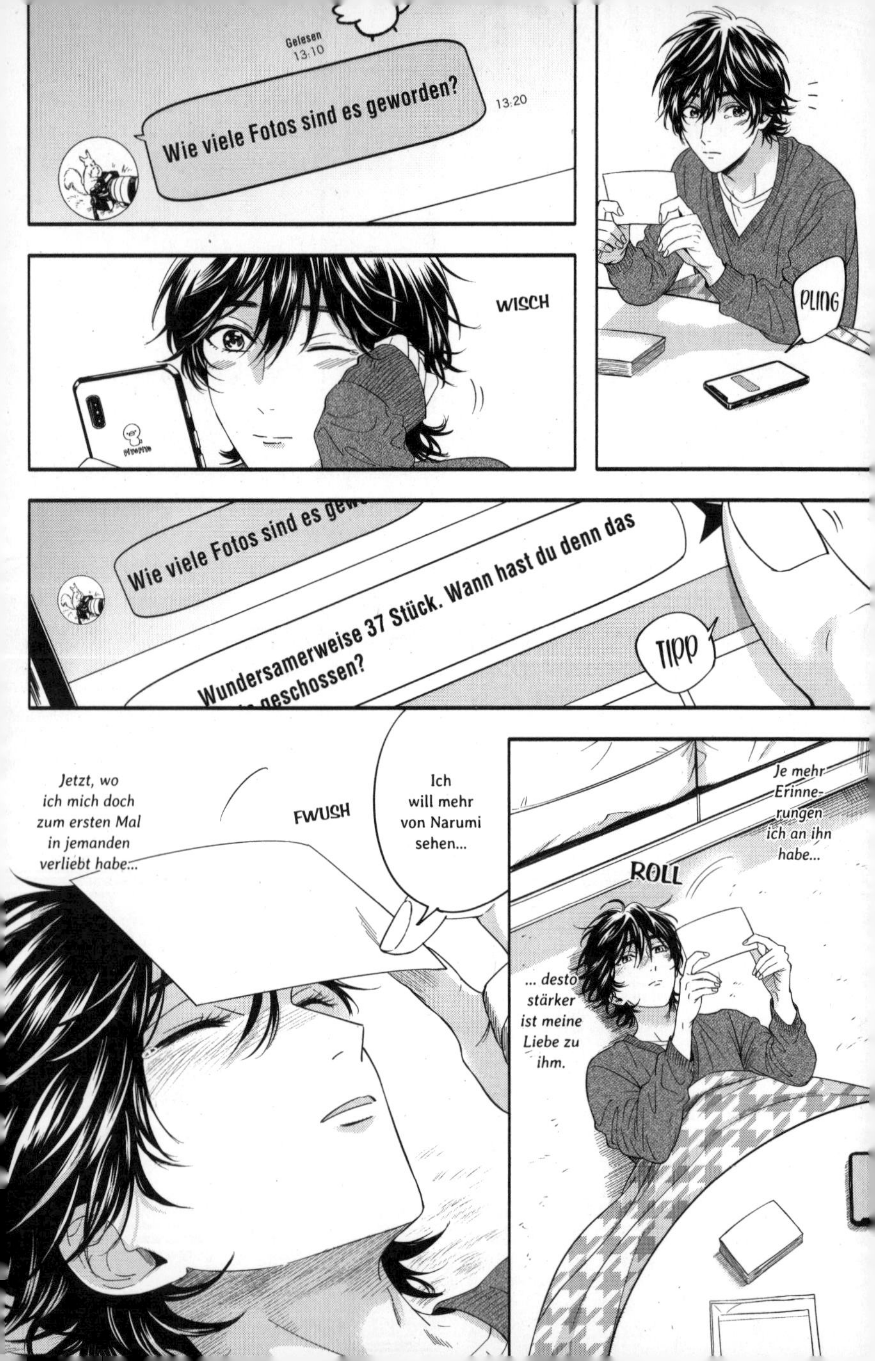
PLING
Gelesen
13:10
Wie viele Fotos sind es geworden?
13:20
WISCH
Wie viele Fotos sind es gew
Wundersamerweise 37 Stück. Wann hast du denn das
geschossen?
TIPP
Jetzt, wo ich mich doch zum ersten Mal in jemanden verliebt habe...
FWUSH
Ich will mehr von Narumi sehen...
Je mehr Erinne-rungen ich an ihn habe...
ROLL
... desto stärker ist meine Liebe zu ihm.

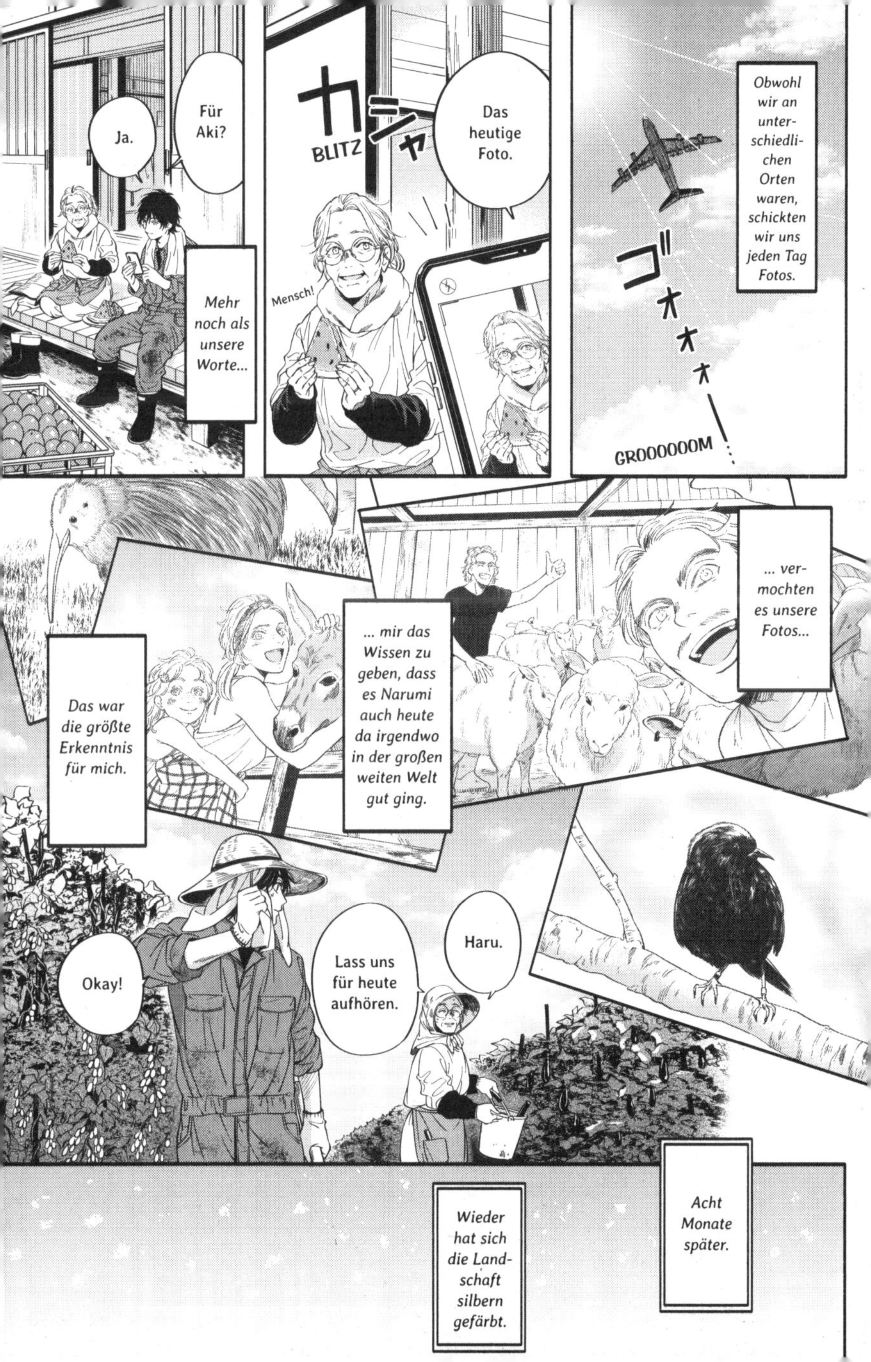
Obwohl wir an unterschiedlichen Orten waren, schickten wir uns jeden Tag Fotos.
GROOOOOOM
Das heutige Foto.
BLITZ
Mensch!
Für Aki?
Ja.
Mehr noch als unsere Worte...
... vermochten es unsere Fotos...
... mir das Wissen zu geben, dass es Narumi auch heute da irgendwo in der großen weiten Welt gut ging.
Das war die größte Erkenntnis für mich.
Haru.
Lass uns für heute aufhören.
Okay!
Acht Monate später.
Wieder hat sich die Landschaft silbern gefärbt.

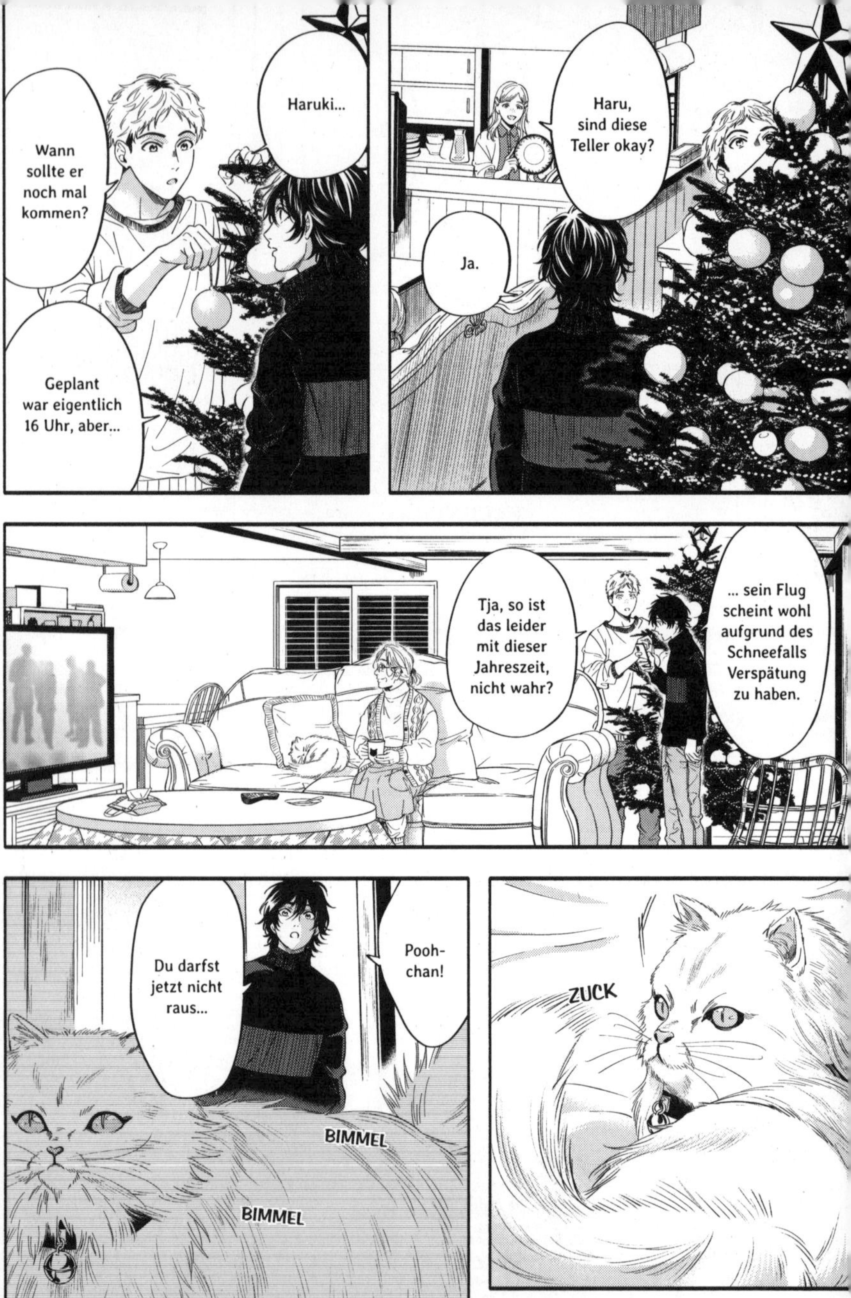
Haru, sind diese Teller okay?
Ja.
Haruki...
Wann sollte er noch mal kommen?
Geplant war eigentlich 16 Uhr, aber...
... sein Flug scheint wohl aufgrund des Schneefalls Verspätung zu haben.
Tja, so ist das leider mit dieser Jahreszeit, nicht wahr?
ZUCK
Pooh-chan!
Du darfst jetzt nicht raus...
BIMMEL
BIMMEL

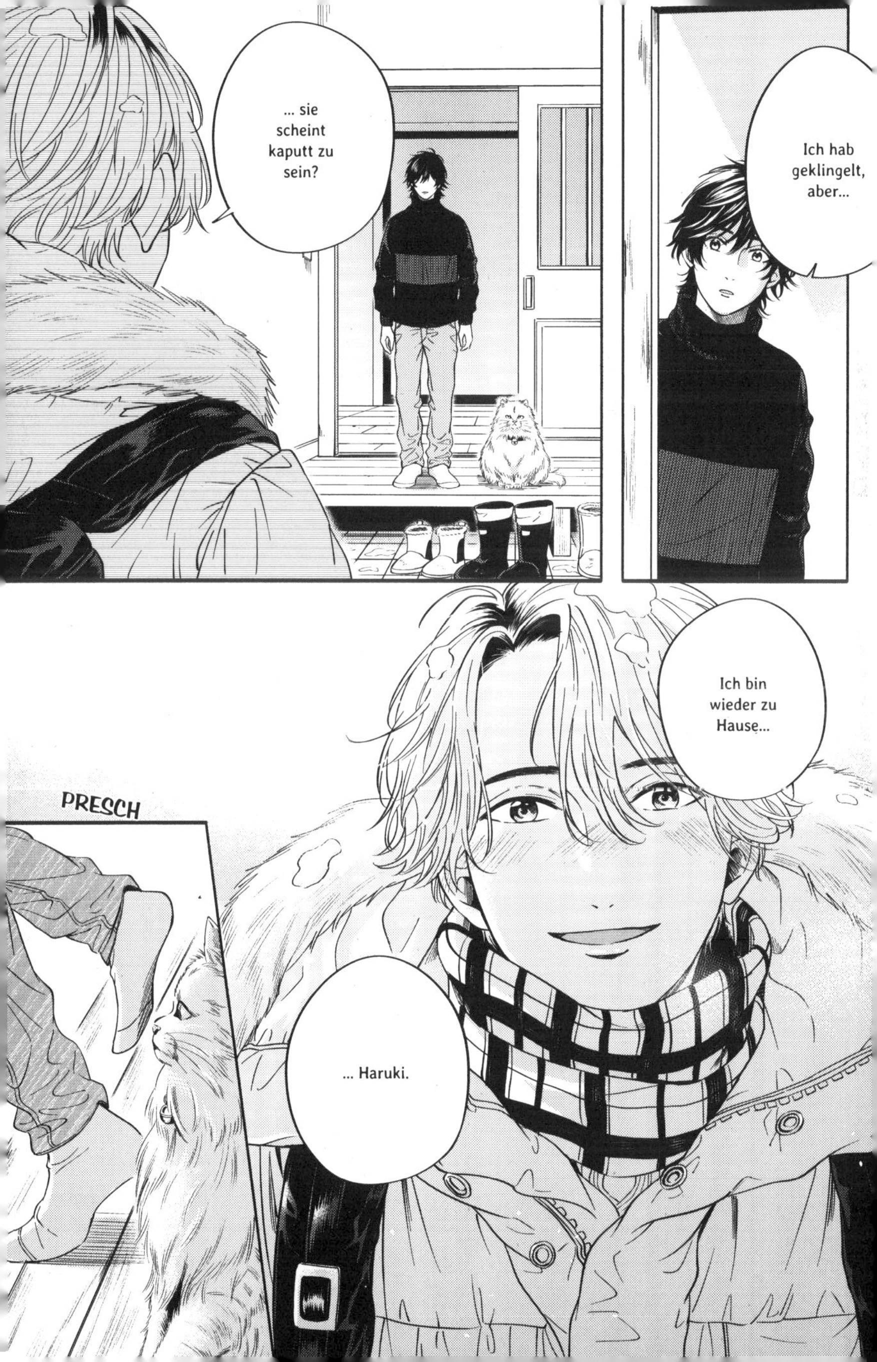
Ich hab geklingelt, aber...
... sie scheint kaputt zu sein?
Ich bin wieder zu Hause...
PRESCH
... Haruki.

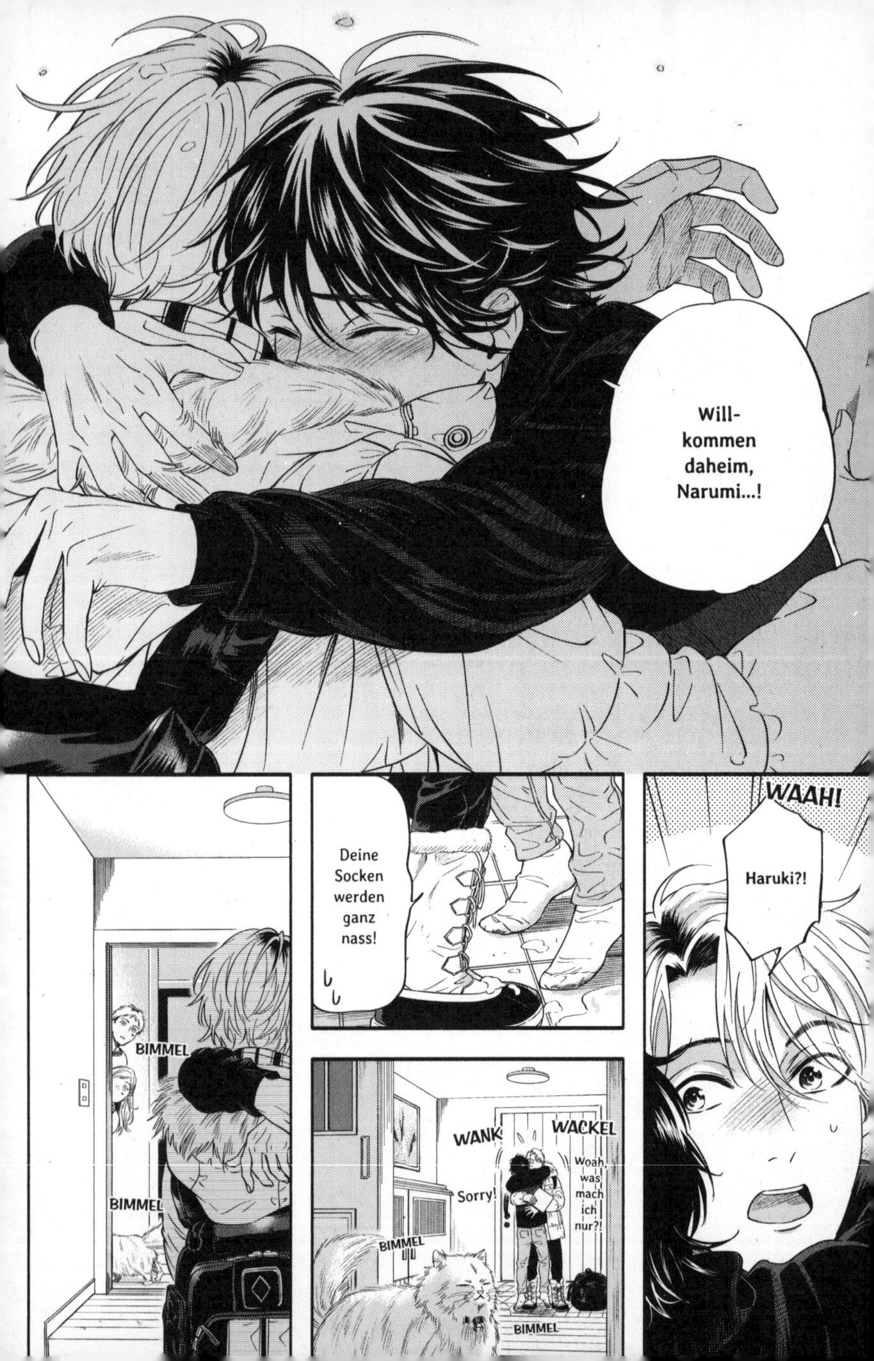
Will-
kommen
daheim,
Narumi...!
WAAH!
Haruki?!
Deine
Socken
werden
ganz
nass!
BIMMEL
BIMMEL
WANK
WACKEL
Woah,
was
mach
ich
nur?!
Sorry!
BIMMEL
BIMMEL

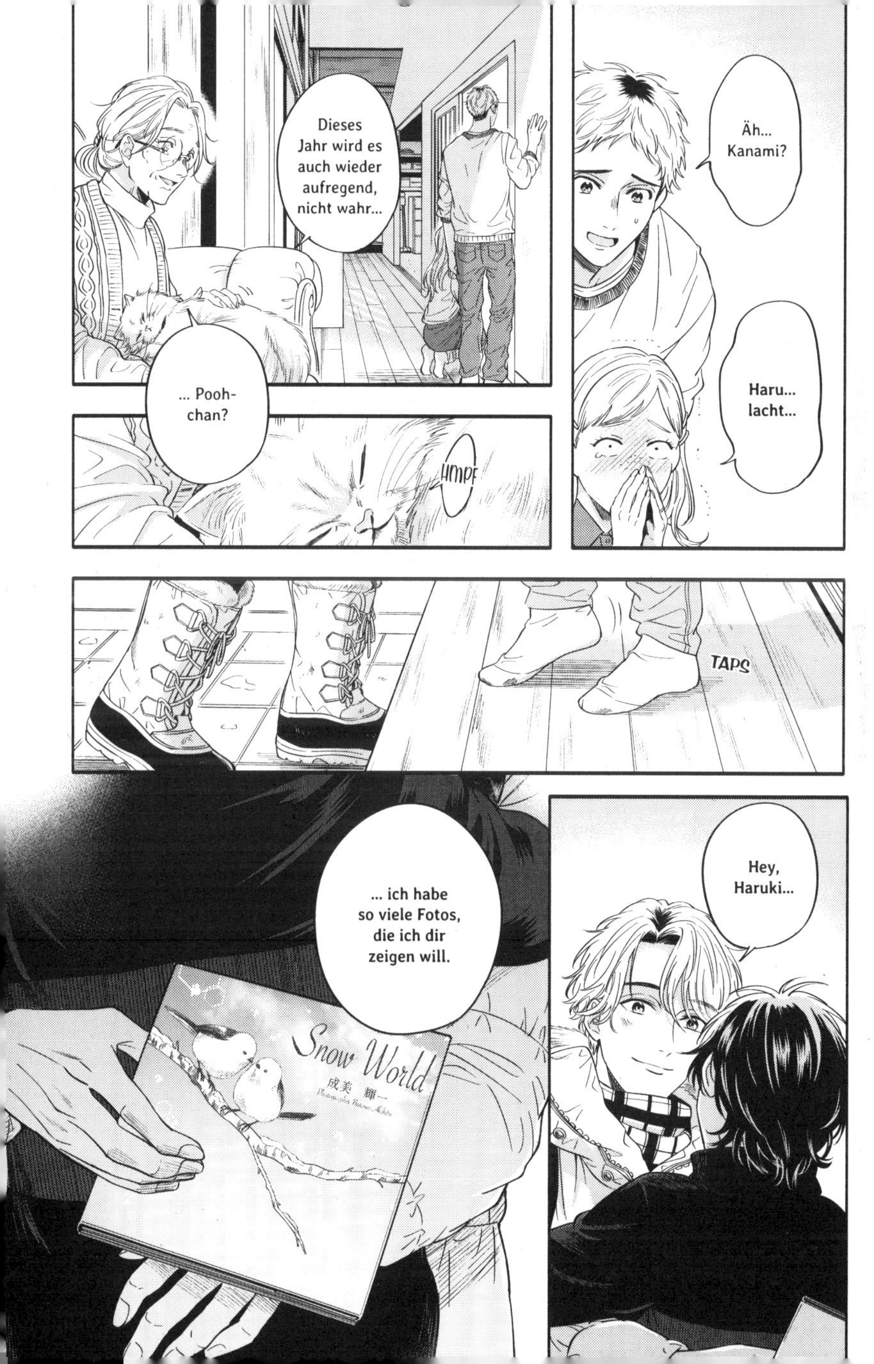
Äh... Kanami?
Haru... lacht...
Dieses Jahr wird es auch wieder aufregend, nicht wahr...
... Pooh-chan?
HMPF
TAPS
Hey, Haruki...
... ich habe so viele Fotos, die ich dir zeigen will.
Snow World
成美 輝一

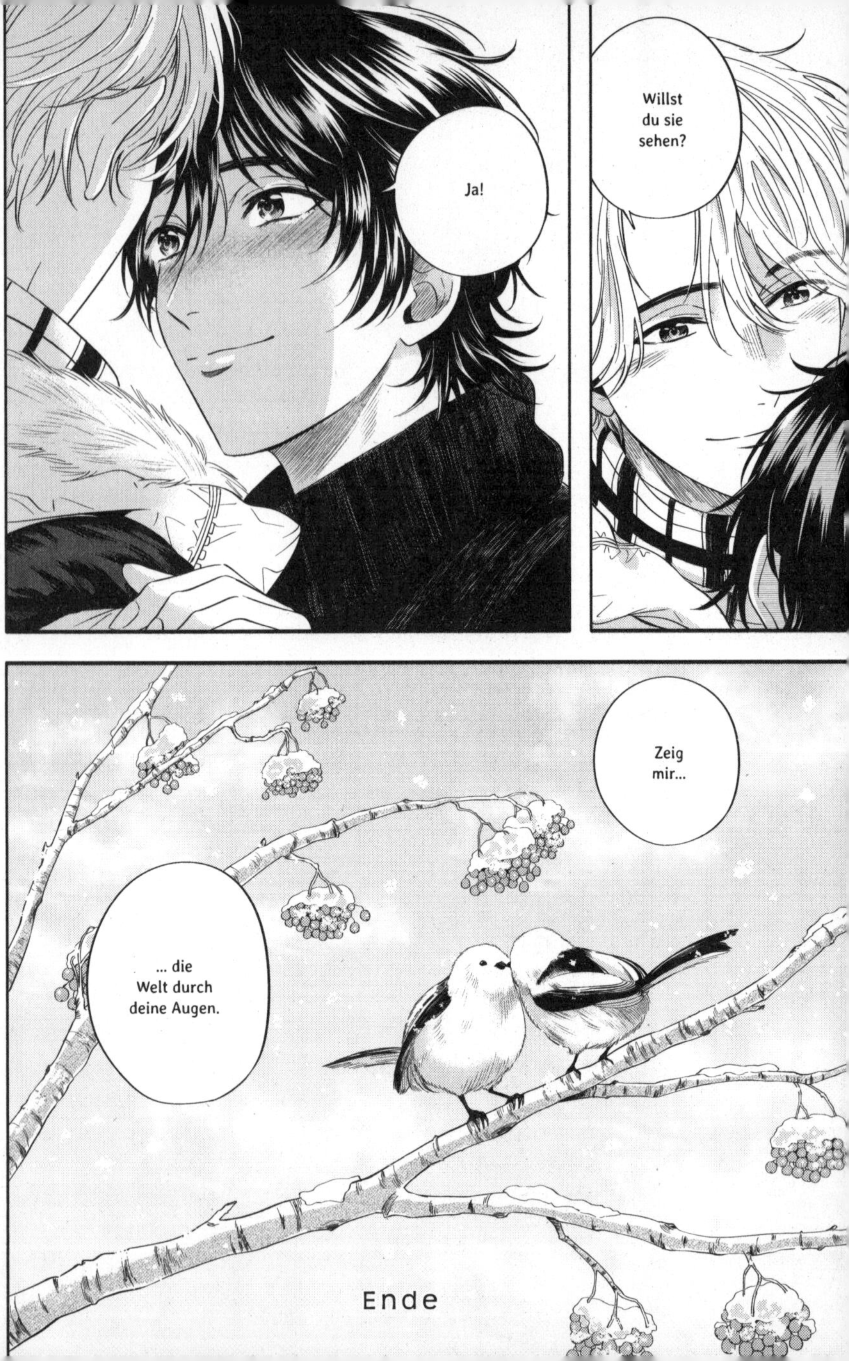
Willst du sie sehen?
Ja!
Zeig mir...
... die Welt durch deine Augen.
Ende

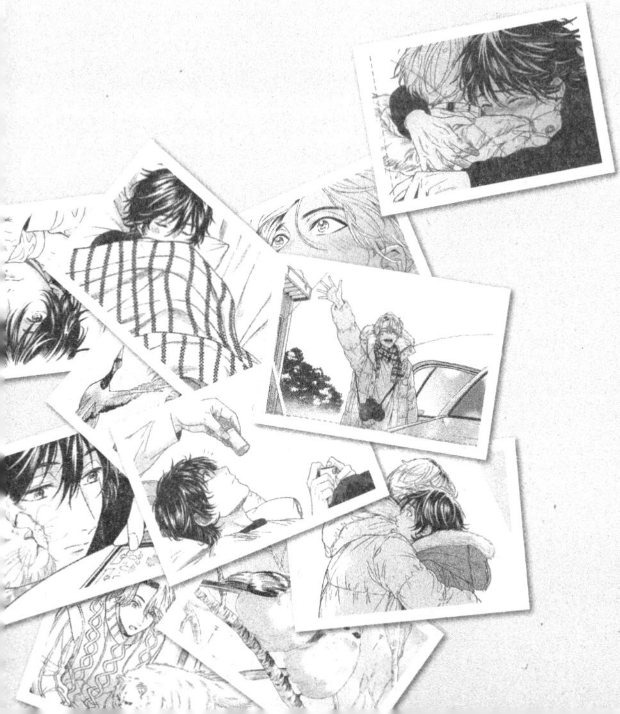

SNOW FAIRY

Tomo Serizawa

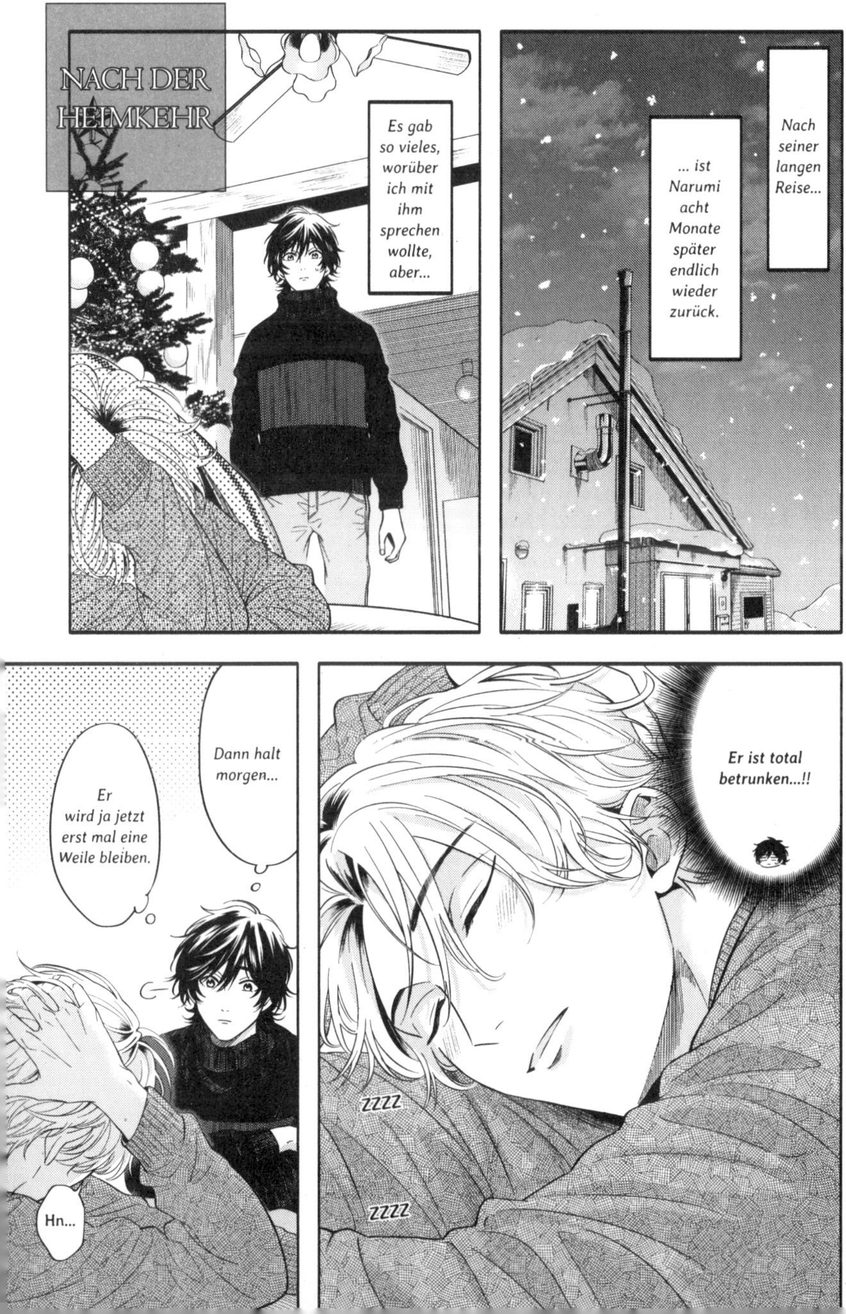
NACH DER HEIMKEHR
Nach seiner langen Reise...
... ist Narumi acht Monate später endlich wieder zurück.
Es gab so vieles, worüber ich mit ihm sprechen wollte, aber...
Er ist total betrunken...!!
ZZZZ
ZZZZ
Dann halt morgen...
Er wird ja jetzt erst mal eine Weile bleiben.
Hn...

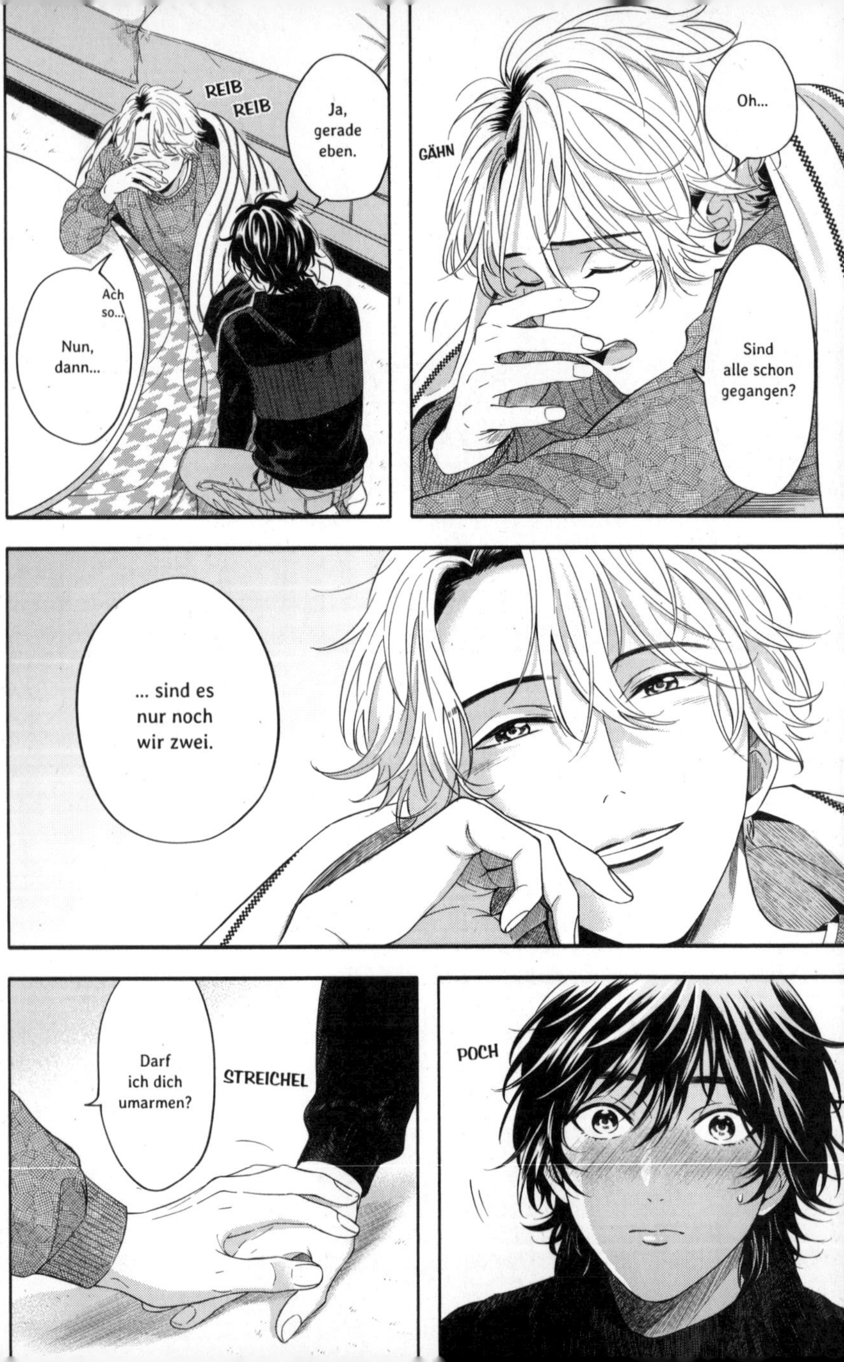
Oh...
GÄHN
Sind alle schon gegangen?
REIB REIB
Ja, gerade eben.
Ach so...
Nun, dann...
... sind es nur noch wir zwei.
POCH
Darf ich dich umarmen?
STREICHEL

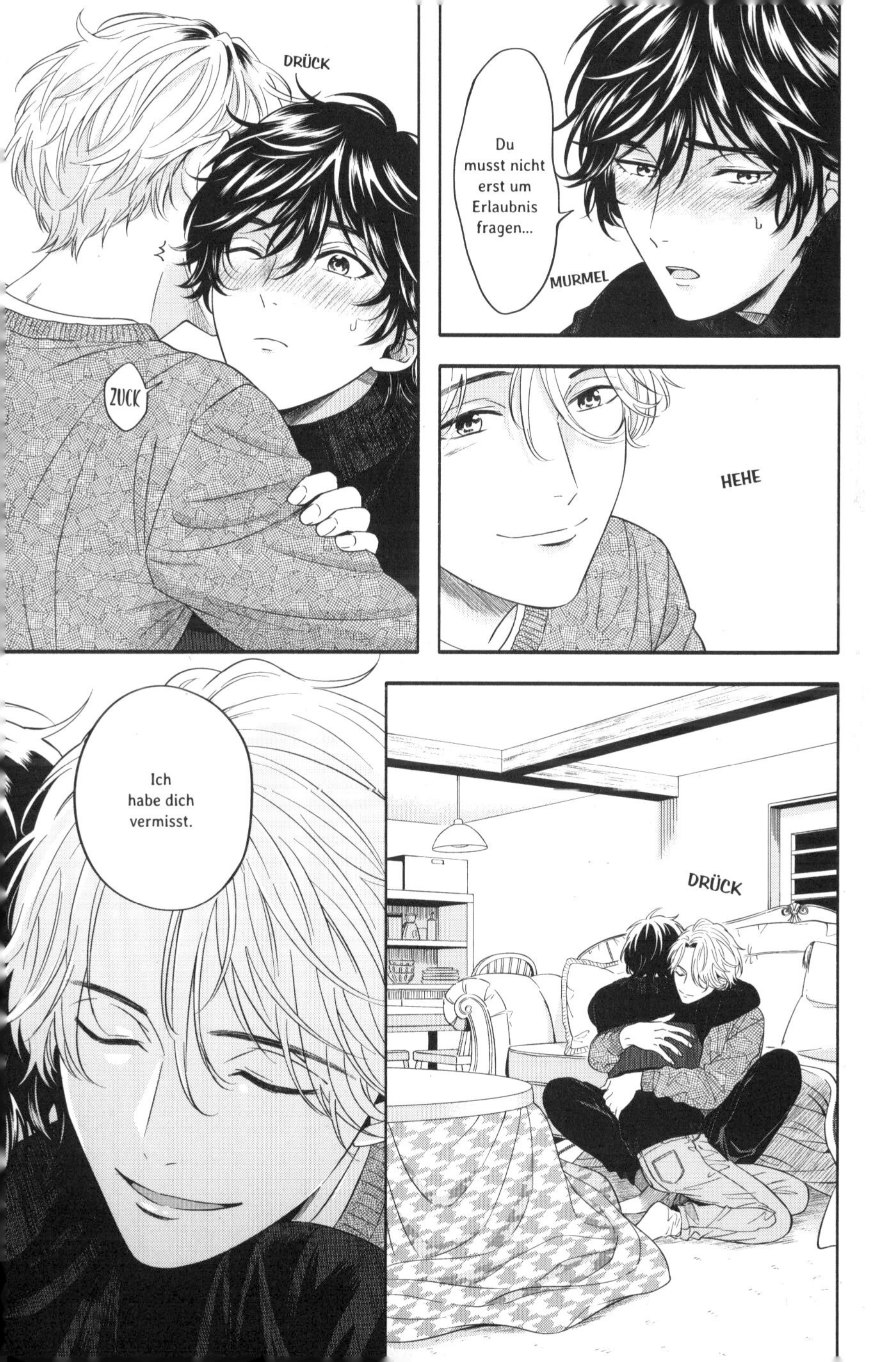
DRÜCK
ZUCK
Du musst nicht erst um Erlaubnis fragen...
MURMEL
HEHE
DRÜCK
Ich habe dich vermisst.

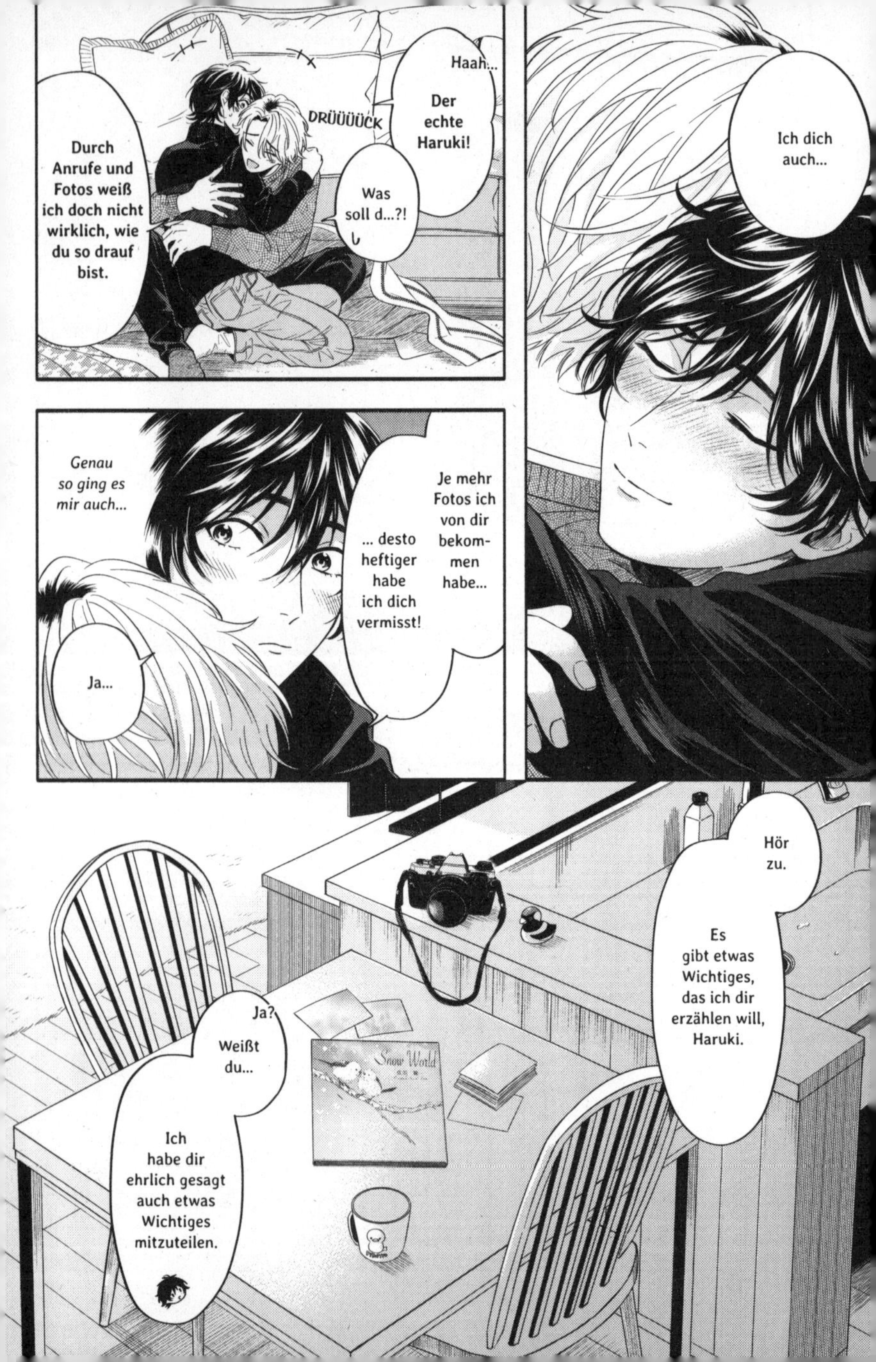
Ich dich auch...
Haah...
Der echte Haruki!
DRÜÜÜÜCK
Was soll d...?!
Durch Anrufe und Fotos weiß ich doch nicht wirklich, wie du so drauf bist.
Je mehr Fotos ich von dir bekommen habe...
... desto heftiger habe ich dich vermisst!
Genau so ging es mir auch...
Ja...
Hör zu.
Es gibt etwas Wichtiges, das ich dir erzählen will, Haruki.
Ja?
Weißt du...
Ich habe dir ehrlich gesagt auch etwas Wichtiges mitzuteilen.
Snow World

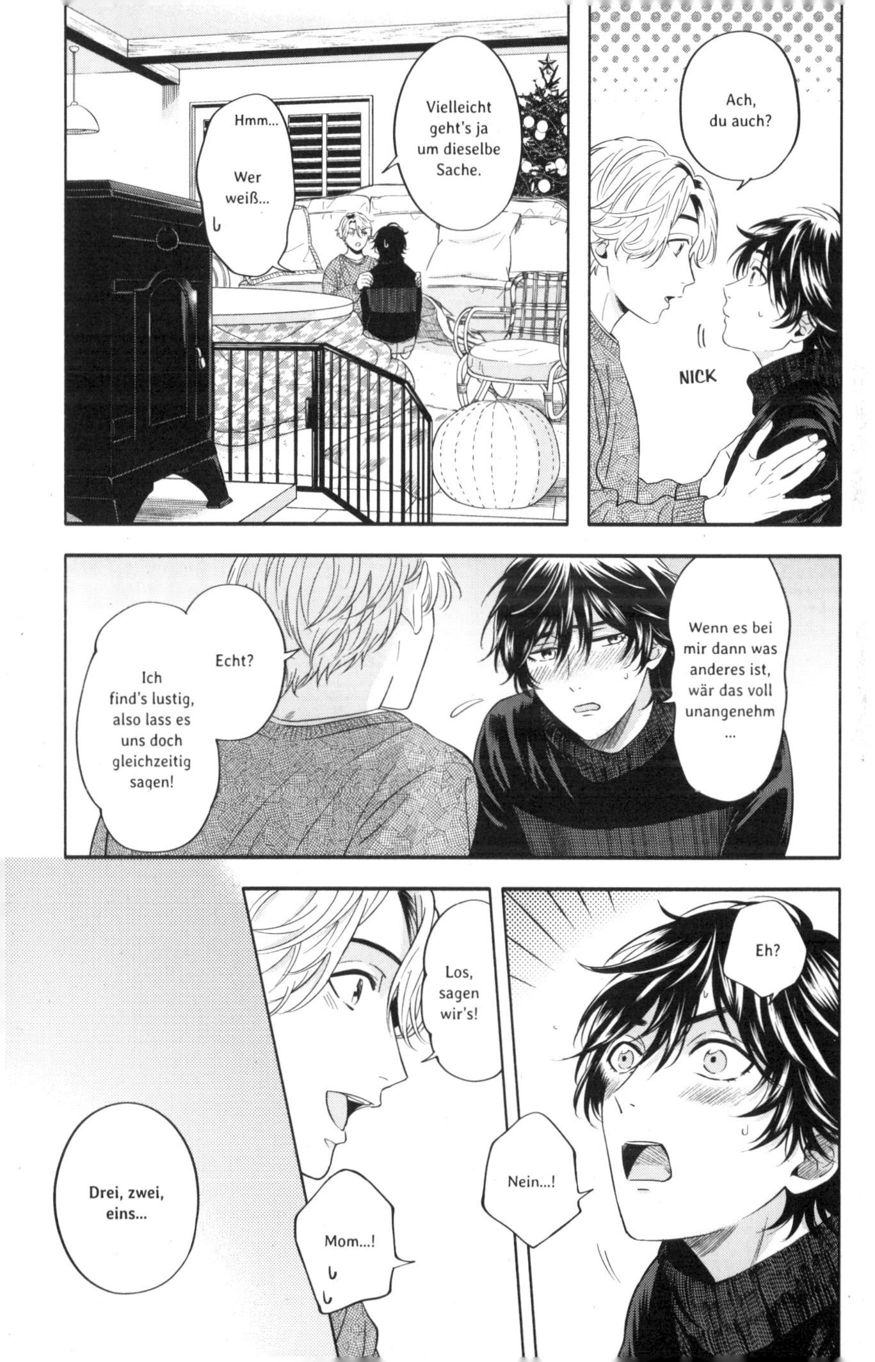
Ach,
du auch?
NICK
Vielleicht geht's ja um dieselbe Sache.
Hmm...
Wer weiß...
Wenn es bei mir dann was anderes ist, wär das voll unangenehm ...
Echt?
Ich find's lustig, also lass es uns doch gleichzeitig sagen!
Eh?
Nein...!
Los, sagen wir's!
Drei, zwei, eins...
Mom...!

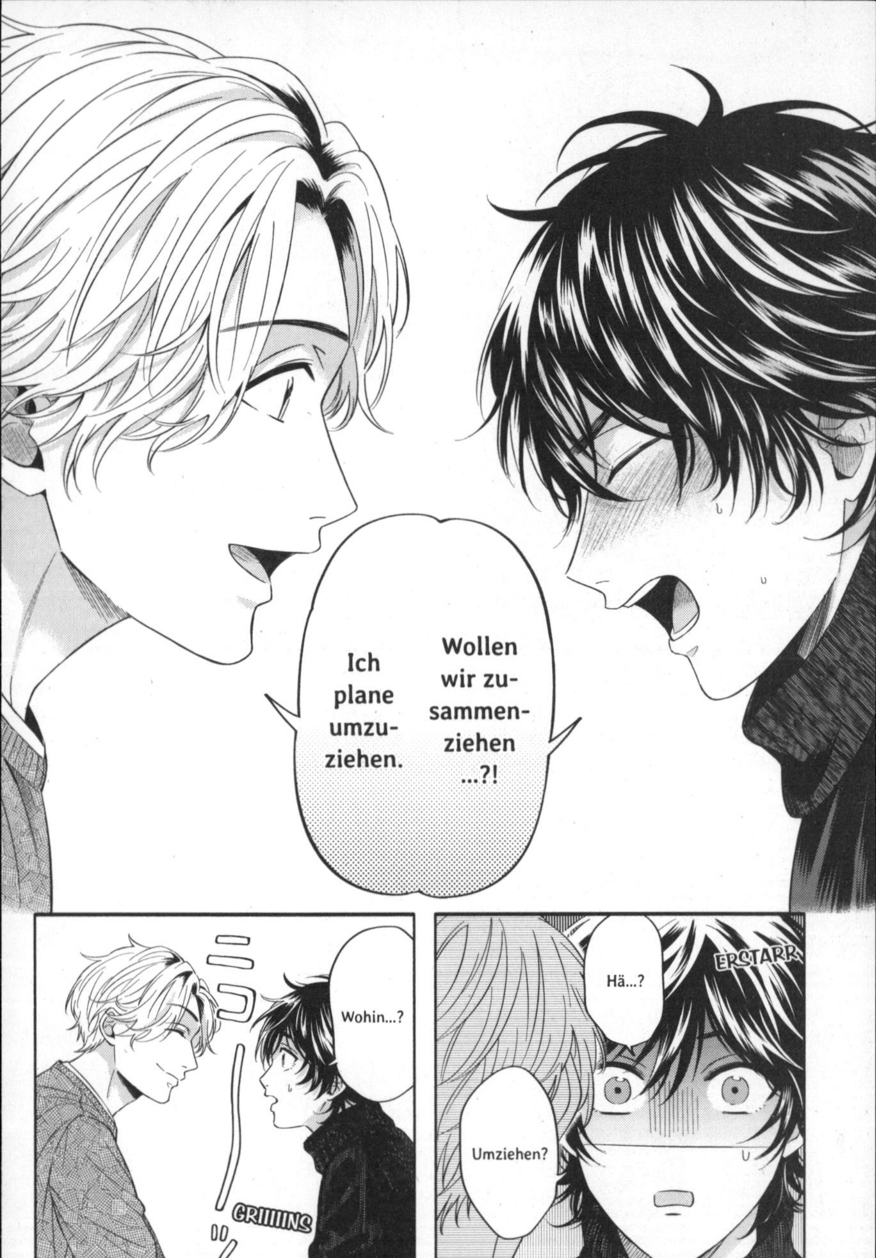
Ich plane umzuziehen.
Wollen wir zusammenziehen ...?!
ERSTARR
Hä...?
Umziehen?
Wohin...?
GRIIIIINS

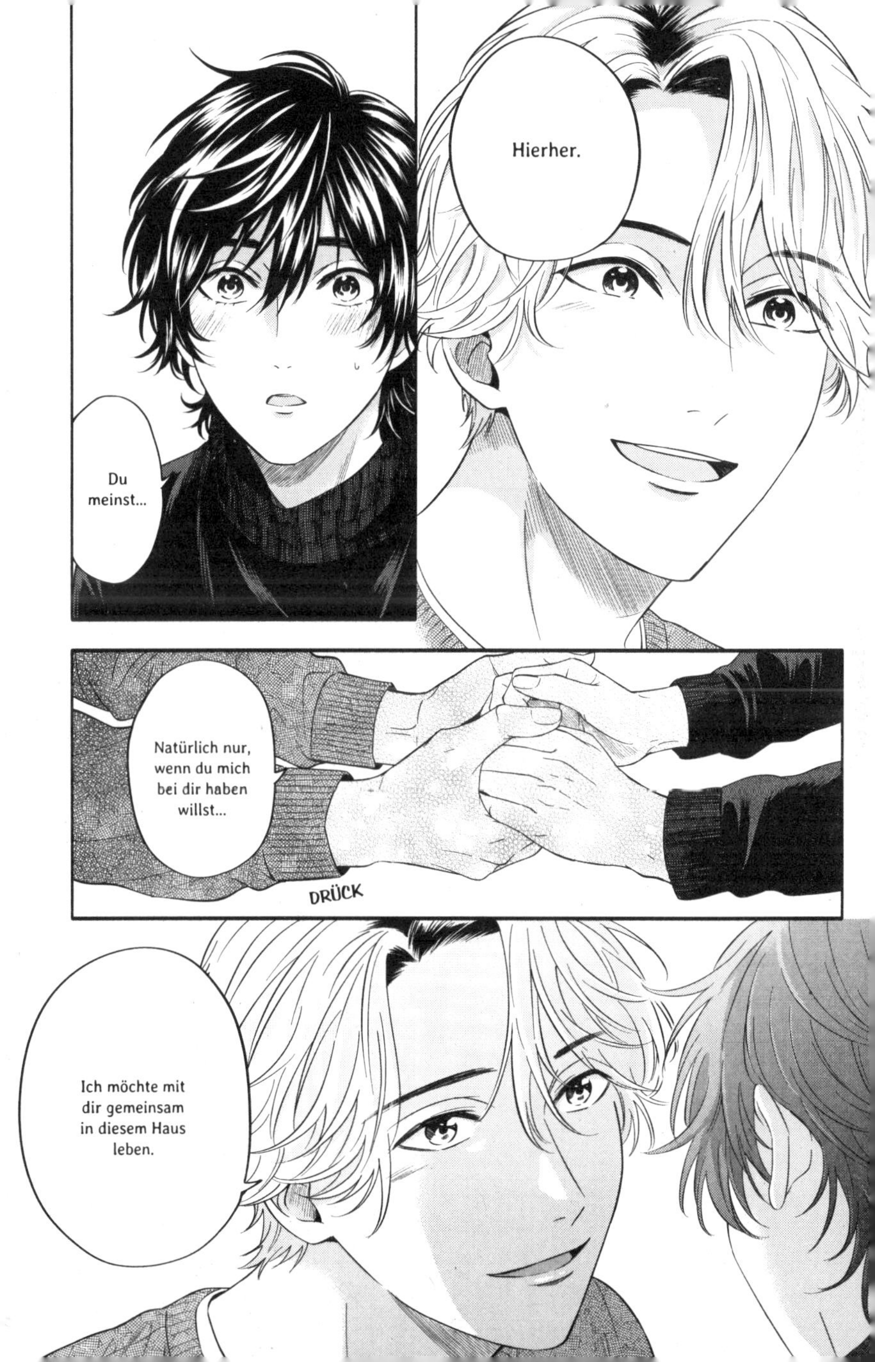
Hierher.
Du meinst...
Natürlich nur, wenn du mich bei dir haben willst...
DRÜCK
Ich möchte mit dir gemeinsam in diesem Haus leben.

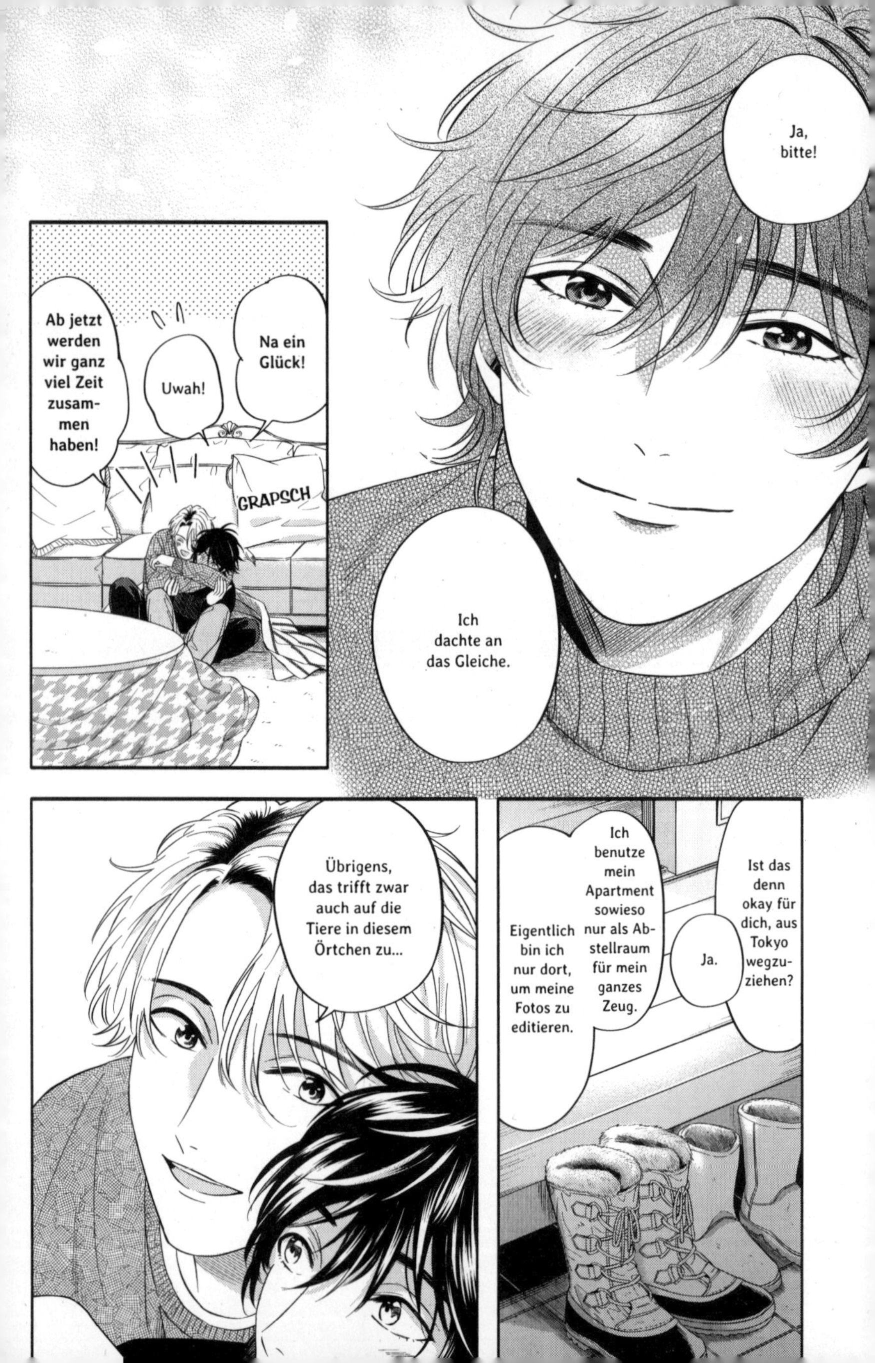
Ja, bitte!
Ich dachte an das Gleiche.
Na ein Glück!
Uwah!
GRAPSCH
Ab jetzt werden wir ganz viel Zeit zusammen haben!
Ist das denn okay für dich, aus Tokyo wegzuziehen?
Ja.
Ich benutze mein Apartment sowieso nur als Abstellraum für mein ganzes Zeug.
Eigentlich bin ich nur dort, um meine Fotos zu editieren.
Übrigens, das trifft zwar auch auf die Tiere in diesem Örtchen zu...

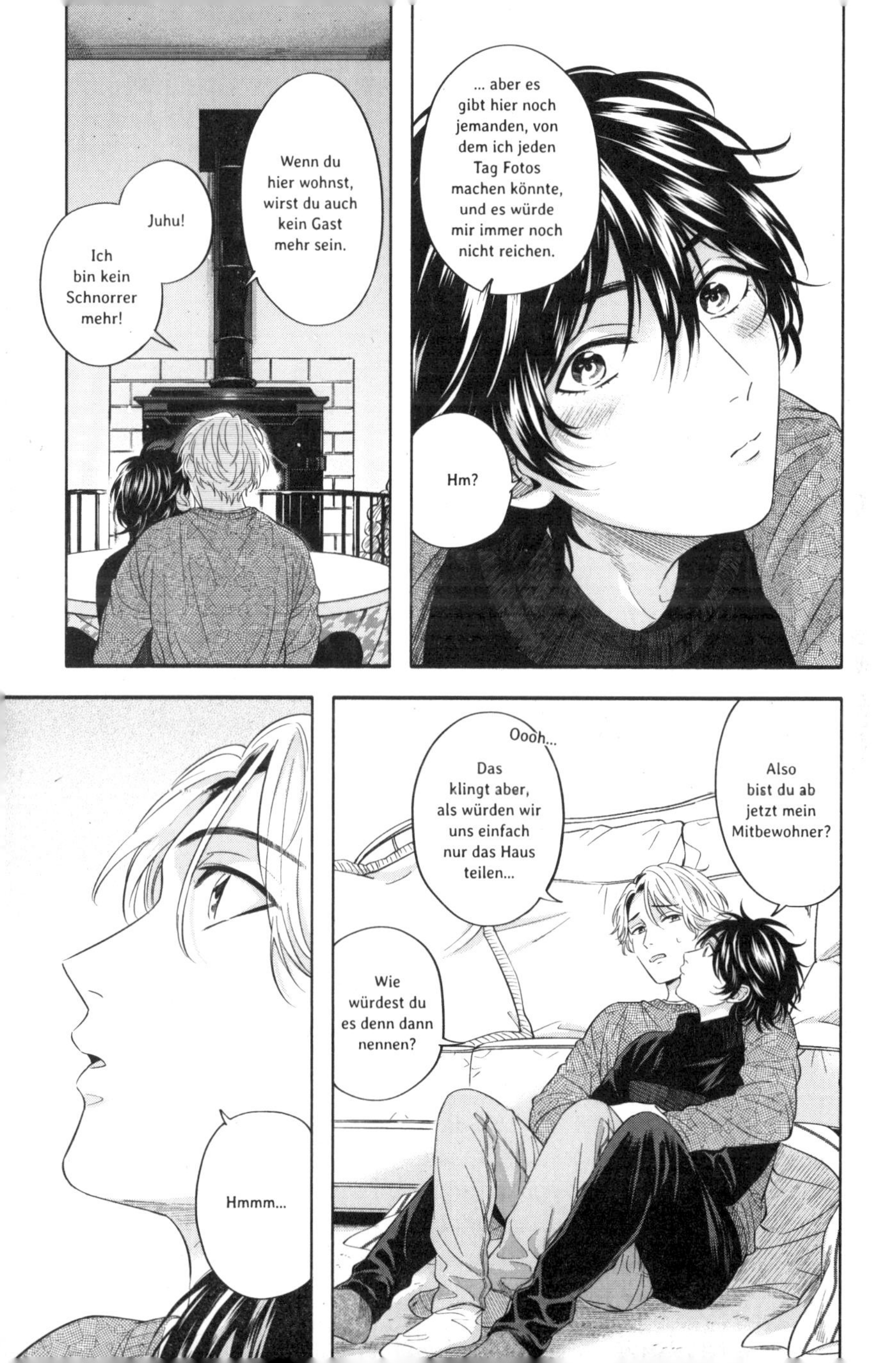
... aber es gibt hier noch jemanden, von dem ich jeden Tag Fotos machen könnte, und es würde mir immer noch nicht reichen.
Hm?
Wenn du hier wohnst, wirst du auch kein Gast mehr sein.
Juhu!
Ich bin kein Schnorrer mehr!
Also bist du ab jetzt mein Mitbewohner?
Oooh...
Das klingt aber, als würden wir uns einfach nur das Haus teilen...
Wie würdest du es denn dann nennen?
Hmmm...

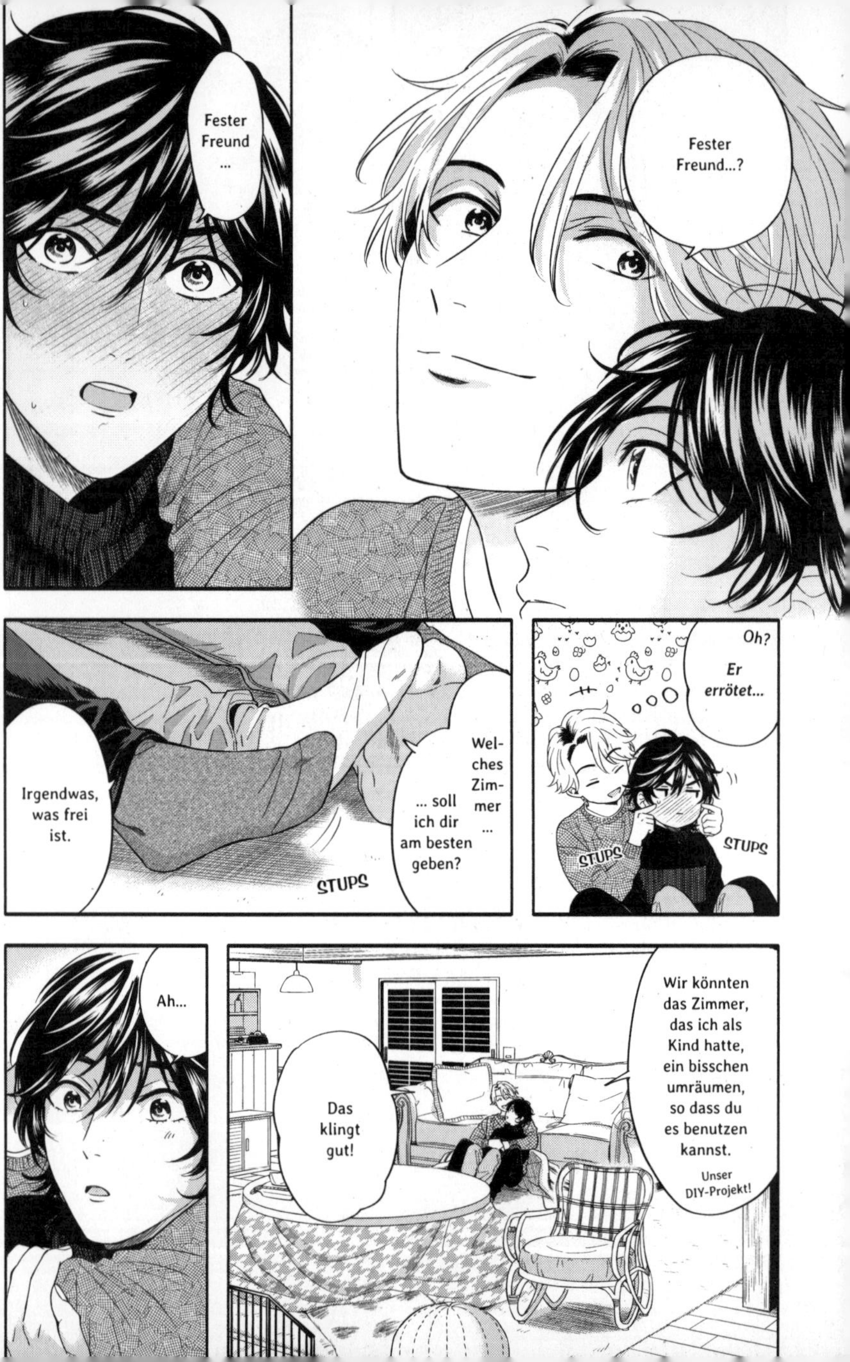
Fester Freund...?
Fester Freund ...
Oh?
Er errötet...
STUPS
STUPS
Welches Zimmer ...
... soll ich dir am besten geben?
STUPS
Irgendwas, was frei ist.
Wir könnten das Zimmer, das ich als Kind hatte, ein bisschen umräumen, so dass du es benutzen kannst.
Unser DIY-Projekt!
Das klingt gut!
Ah...

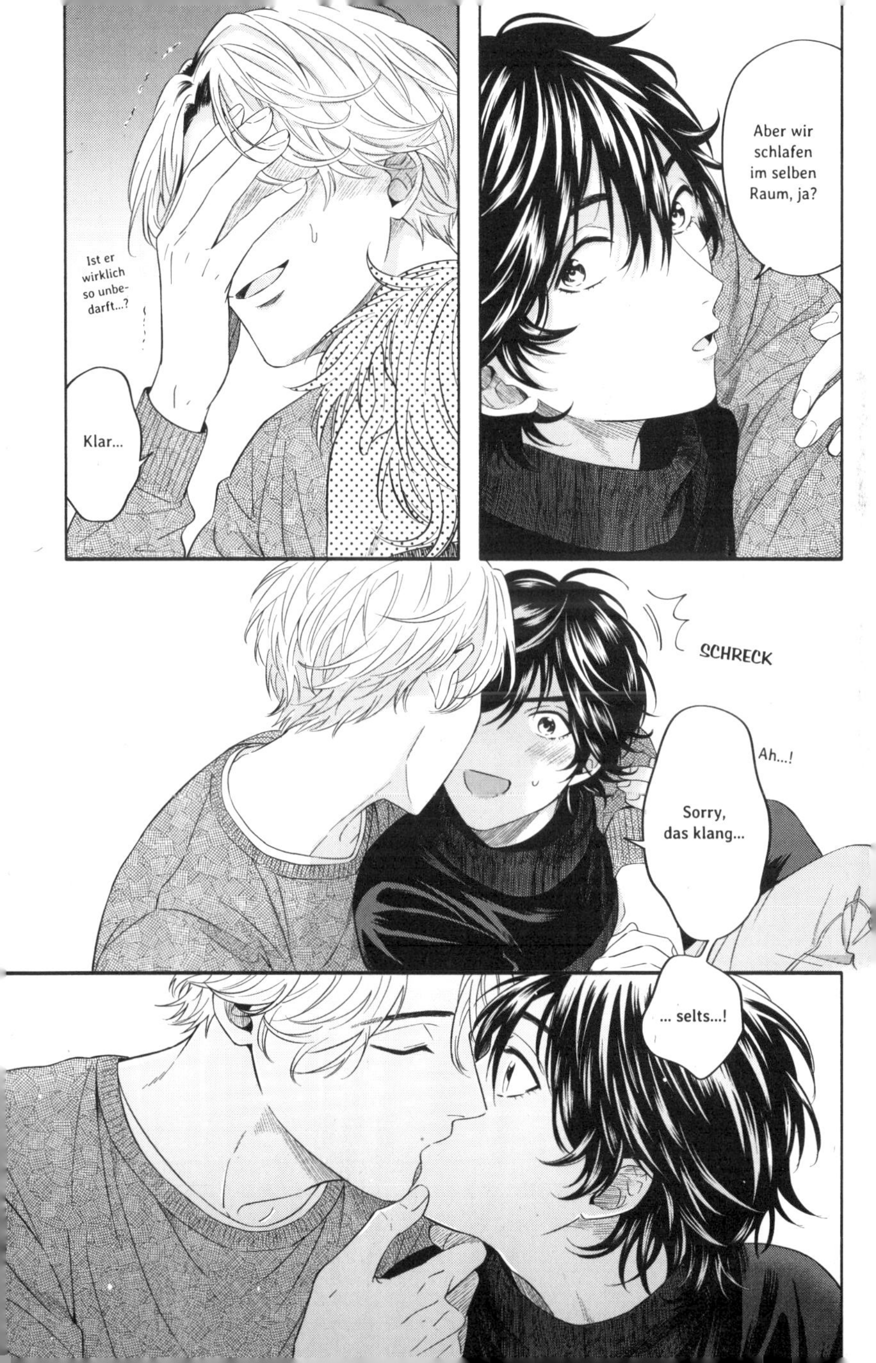
Aber wir schlafen im selben Raum, ja?
Ist er wirklich so unbedarft...?
Klar...
SCHRECK
Ah...!
Sorry, das klang...
... selts...!

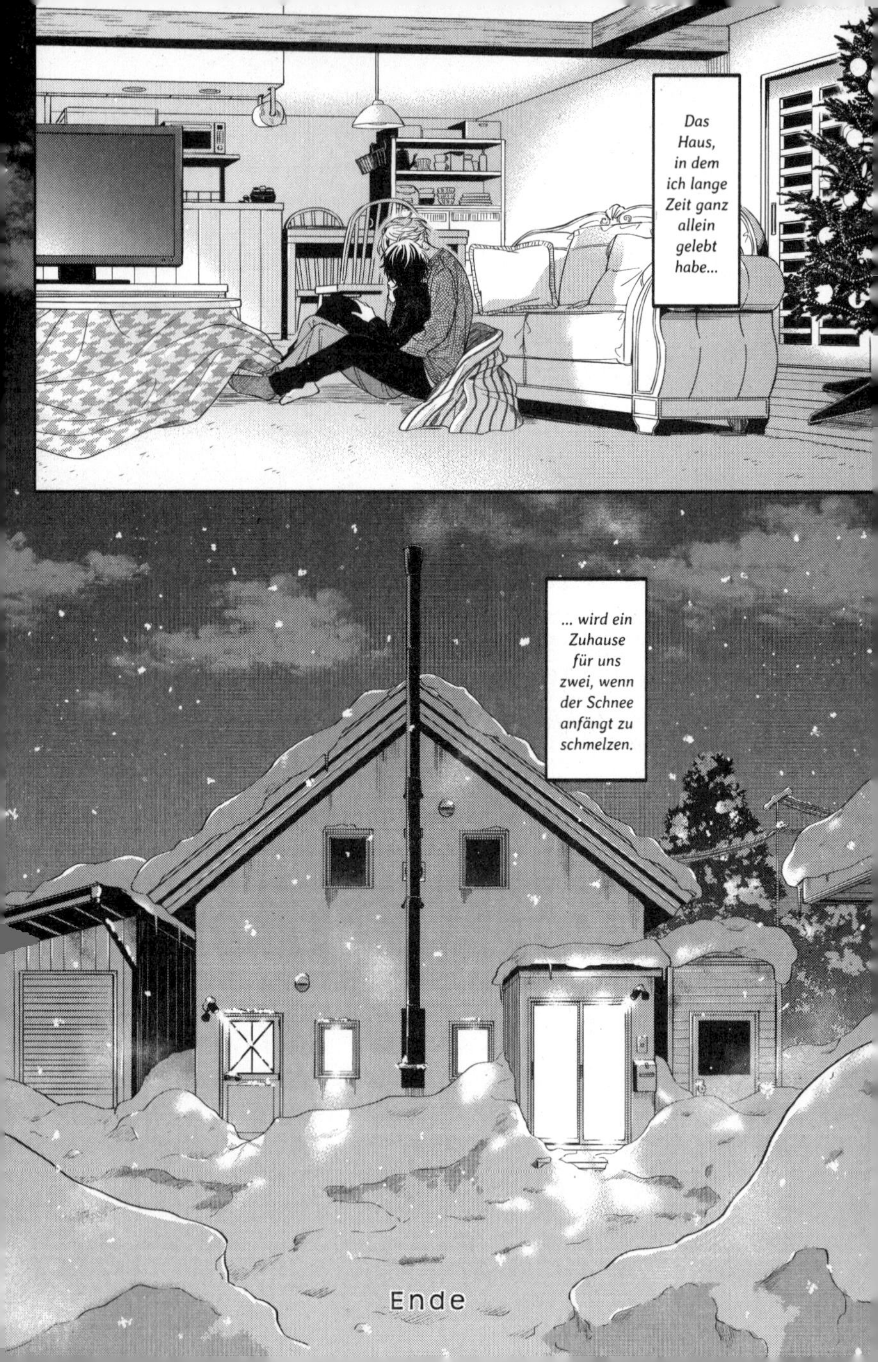
Das Haus, in dem ich lange Zeit ganz allein gelebt habe...
... wird ein Zuhause für uns zwei, wenn der Schnee anfängt zu schmelzen.
Ende